ମନକୁ ଜିତିଲେ ବିଜୟ

ଲେଖକ
ସୂର୍ଯ୍ୟ ସିହ୍ନା
ମାନବ ପ୍ରଶିକ୍ଷକ ତଥା ପ୍ରେରକ

ଡାଇମଣ୍ଡ ବୁକ୍ସ
www.diamondbooks.in

ପ୍ରକାଶକ : ଡାଇମଣ୍ଡ ପକେଟ୍ ବୁକ୍ସ (ପ୍ରା.) ଲି.
X-30, ଓଖଲା ଇଣ୍ଡଷ୍ଟ୍ରିଆଲ ଏରିଆ, ଫେଜ - II
ନୂଆ ଦିଲ୍ଲୀ - 110020
ଦୂରଭାଷ : 011-41611861
ୱେବ୍‌ସାଇଟ୍ : www.diamondbook.in
ଇ ମେଲ୍ : sales@dpb.in
ସଂସ୍କରଣ : 2014
ଟାଇପ୍ ଓ ସେଟିଙ୍ଗ୍ : ଭିନର୍ଜି ଟ୍ରେକ୍
ଆନ୍ତରିକ ସଜ୍ଜା : ଏସ୍.ବି. ରିଲେସାନ୍ସ
ମୁଦ୍ରକ : ଆଦର୍ଶ ପ୍ରିଣ୍ଟର୍ସ, ଶାହଦରା, ଦିଲ୍ଲୀ - 32

Man Ke Jeetey Jeet (Oriya)

By: Surya Sinha

ସମର୍ପଣ

ଏହି ପୁସ୍ତକ, ଜଗଜ୍ଜନନୀ ମା'
ବୈଷ୍ଣୋ ଦେବୀଙ୍କ ଚରଣକମଳରେ
ସମର୍ପିତ, ଯାହାଙ୍କର ଅପାର କରୁଣା
ମୋ ଉପରେ ରହିଛି ।

ପ୍ରକାଶକଙ୍କ ତରଫରୁ

ଏହି ପୁସ୍ତକରେ ସୂର୍ଯ୍ୟ ସିହ୍ନା, ବହୁତ ପୁଙ୍ଖାନୁପୁଙ୍ଖ ଭାବରେ ମନୁଷ୍ୟ ମନ ବାବଦରେ ବିଶ୍ଳେଷଣ କରିବାକୁ ଚେଷ୍ଟା କରିଛନ୍ତି । ମନୁଷ୍ୟ ମନର ସେହି ଦୁଇଟି ମୁଖ୍ୟ, ଚେତନ ଓ ଅବଚେତନ ଭାଗର ଆମ ଜୀବନରେ କେତେ ବଡ଼ ଯୋଗଦାନ ରହିଛି ତଥା ସେହି ଦୁଇଟି, ଆମ ଜୀବନରେ ପ୍ରତିକ୍ଷଣ ଘଟୁଥିବା କାର୍ଯ୍ୟକଳାପରେ କେତେ ପରିମାଣରେ ପ୍ରମୁଖ ଭୂମିକା ନିର୍ବାହ କରନ୍ତି, ସେହି ବିଷୟରେ ସେ ବହୁତ ବିସ୍ତୃତ ଭାବେ ବର୍ଣ୍ଣନା କରିଛନ୍ତି । ଏହି ପୁସ୍ତକରେ ସେ ମନୁଷ୍ୟର ଅନେକ ଶଙ୍କା, ସମସ୍ୟା, ଉସ୍ଥୁକତାଗୁଡ଼ିକର ନିବାରଣ କରିବା ସହିତ ଜୀବନରେ ଉତ୍ପନ୍ନ ହେଉଥିବା ପରିସ୍ଥିତିଜନ୍ୟ ସମସ୍ୟା ତଥା କଠିନତାଗୁଡ଼ିକର ନିରାକରଣ କରିବାର ମଧ୍ୟ ଚେଷ୍ଟା କରିଛନ୍ତି । ଆମେ କହିପାରିବା ଯେ, ଏହି ପୁସ୍ତକ ଆମ ଜୀବନରେ ପୂର୍ବରୁ ଜଡ଼ିତ ଥିବା ଏବଂ ଆଗତ ସମସ୍ତ ସମସ୍ୟାଗୁଡ଼ିକର ସମାଧାନ ଖୋଜିବାରେ ଲୋକମାନଙ୍କର ସମ୍ପୂର୍ଣ୍ଣ ମାର୍ଗଦର୍ଶନ କରିବ ।

ପୂର୍ବ ପୁସ୍ତକଗୁଡ଼ିକ ପରି ସୂର୍ଯ୍ୟ ସିହ୍ନାଙ୍କ କଲମ ନିସୃତ ଏହି ପୁସ୍ତକ **'ମନକୁ ଜିତିଲେ ବିଜୟ'** ମଧ୍ୟ ପାଠକଙ୍କ ଦ୍ୱାରା ଆଦୃତ ହେବ, ଏହା ମୋର ବିଶ୍ୱାସ ।

ପ୍ରକାଶକ

ମୁଁ ଏହି ପୁସ୍ତକ କାହିଁକି ଲେଖିଲି ?

ବନ୍ଧୁଗଣ !

ମୁଁ ଏହି କଥାକୁ ନେଇ ଅତ୍ୟନ୍ତ ସନ୍ତୁଷ୍ଟ ଯେ, ନେଟ୍‌ୱର୍କ ମାର୍କେଟିଙ୍ଗ୍ ଅଥବା ଲୋକ-ବ୍ୟବହାର ଅଥବା ଜୀବନର ଉଚ୍ଚତମ ମୂଲ୍ୟ ସମ୍ପର୍କିତ ସଫଳତାଦାୟକ ପୁସ୍ତକ ହୋଇଥାଉନା କାହିଁକି, ଆପଣ ମୋ ପ୍ରକାଶିତ ସମସ୍ତ ପୁସ୍ତକଗୁଡ଼ିକୁ ପସନ୍ଦ ତଥା ଆଦର କରିଛନ୍ତି । ମୋତେ, ଯୁବା ପାଠକମାନଙ୍କର ଭରପୁର ସହଯୋଗ ମିଳିଛି ।

ସେହି ଶୃଙ୍ଖଳାରେ ମୋର ଏହି ନୂତନ ପୁସ୍ତକ ହେଉଛି - **ମନକୁ ଜିତିଲେ ବିଜୟ ।**

ଏହି ପୁସ୍ତକ ଲେଖିବା ପୂର୍ବରୁ ମୁଁ, ବିଶ୍ୱର ଅନେକ ସଫଳତମ ବ୍ୟକ୍ତି, ଅନେକ ବିଜେତା ଏବଂ ଅନେକ ଏପରି ଲୋକମାନଙ୍କର ଇତିହାସ ପଢ଼ିଲି, ଯେଉଁମାନେ ଶୂନ୍ୟରୁ ଶୀର୍ଷ ପର୍ଯ୍ୟନ୍ତ ପହଞ୍ଚିଛନ୍ତି । ସେହି ସମସ୍ତଙ୍କ ମଧ୍ୟରେ ମୋତେ ଗୋଟିଏ ଜିନିଷ ସମାନ ଦୃଷ୍ଟିଗୋଚର ହେଲା, ତାହାହେଉଛି, ଏହି ସମସ୍ତେ ନିଜ ନିଜର ଲକ୍ଷ୍ୟସ୍ଥଳ ହାସଲ କରିବା ପୂର୍ବରୁ ନିଜ ମନକୁ ଜିତିବାର କାମ କରିଥିଲେ । ଏହିପ୍ରକାରେ ମୁଁ ଏହି ନିର୍ଣ୍ଣୟରେ ପହଞ୍ଚିଲି ଯେ, ବିଶ୍ୱକୁ ଜିତିବା ପୂର୍ବରୁ ନିଜ ମନକୁ ଜିତିବା ଅତ୍ୟନ୍ତ ଜରୁରୀ ଅଟେ । ଯେଉଁ ବ୍ୟକ୍ତି ନିଜ ମନକୁ ଜିତିପାରେ, ସେ ହିଁ ଜଗତର ସମସ୍ତ କଷ୍ଟକୁ ଅଣଦେଖା କରି ବିଜେତା ହୋଇଥାଏ । ସେ ହିଁ ପହଞ୍ଚିଥାଏ ଶୂନ୍ୟରୁ ଶୀର୍ଷ ପର୍ଯ୍ୟନ୍ତ ।

ପ୍ରସ୍ତୁତ ପୁସ୍ତକରେ ମୁଁ ଏହା କହିବାକୁ ଚେଷ୍ଟା କରିଛି ଯେ, ମନକୁ ଜିତିବା କ'ଣ ? କିପରି ନିଜ ମନ ଉପରେ ବିଜୟପ୍ରାପ୍ତ କରିବେ ? କିପରି ନିଜ ମନକୁ ନିୟନ୍ତ୍ରିତ କରି ତାକୁ ଏକ ପ୍ରଶିକ୍ଷିତ ଘୋଡ଼ା ପରି ସଫଳତା ପାଇବା ପାଇଁ ସେହି ମାର୍ଗରେ ଦୌଡ଼ାଇପାରିବେ ?

ବର୍ତ୍ତମାନ ପ୍ରଶ୍ନ ହେଉଛି ଯେ, ମନକୁ କିପରି ଜିତିବା ?

ଯେପରି ଅପଣମାନେ ଜାଣନ୍ତି ଯେ, ମନ ଅତ୍ୟନ୍ତ ଚଞ୍ଚଳ, ଏହାର ଗତି ବାୟୁଠାରୁ ମଧ୍ୟ ଦ୍ରୁତ ତଥା ଏହା ଅତୀବ ଜିଦ୍‌ଖୋର୍ ଓ ହଟିଆ ଅଟେ । ଯଦି ସେ ଗୋଟିଏ ଥର ନିଜ ଜିଦ୍‌କୁ ଚାଲିଆସେ, ତେବେ ଲୋକକୁ କର୍ତ୍ତୃତ୍ୱହୀନ କରିଦିଏ ଏବଂ ନିଜ ଅନୁସାରେ, ନିଜ ରାସ୍ତାରେ ଚଲାଇଥାଏ, ତାହା ଠିକ୍ ରାସ୍ତା ହେଉ ବା ଭୁଲ୍ ରାସ୍ତା ହେଉ । ଜଗତର ପ୍ରତ୍ୟେକ ପ୍ରାଣୀ ମନର ଅଧିନ ଅଟନ୍ତି । ମାତ୍ର, ଏପରି କିଛି ବିରଳ ଅଛନ୍ତି, ଯେଉଁମାନେ ନିଜ ମନକୁ ଶାସନାଧିନ ରଖିଛନ୍ତି । ମନକୁ ନିଜ ଅନୁସାରେ ଚଲାଇଥା'ନ୍ତି ।

ଏହି ପୁସ୍ତକରେ ମୁଁ, କିପରି ଭାବେ ମନକୁ ବଶୀଭୂତ କରି ତାକୁ ଜିତିପାରିବେ ଏବଂ ସଫଳତାର ଶୀର୍ଷରେ ପହଞ୍ଚି କିପରି ଜୀବନରେ ସୁଖ-ଶାନ୍ତି, ସନ୍ତୋଷ, ସମୃଦ୍ଧି ଆଦି ପ୍ରାପ୍ତ କରିବେ, ତାହାସବୁ ବର୍ଣ୍ଣନା କରିଛି ।

ମନକୁ ଜିତିବାର ସକରାତ୍ମକ ବିଚାର, ସୁସ୍ଥ ଚିନ୍ତା, ବିଶ୍ୱାସ, ଆତ୍ମ ବିଶ୍ଳେଷଣ, ଜ୍ଞାନ ଆହରଣ, ଆତ୍ମଚିନ୍ତନ, ଚେତନା, ପ୍ରକୃତି ସହିତ ସଂଲଗ୍ନତା, କର୍ମ କରିବାର ଭାବନା, ଆତ୍ମ ପରାମର୍ଶ, ବୁଦ୍ଧି-ବିବେକାଦି ଅନେକ ପ୍ରକ୍ରିୟା ରହିଛି ଏବଂ ଏହିସବୁ ପ୍ରକ୍ରିୟା ଉପରେ ମୁଁ, ପ୍ରସ୍ତୁତ ପୁସ୍ତକରେ ବିସ୍ତାରପୂର୍ବକ ଆଲୋକପାତ କରିଛି ।

ଯଦି ଆପଣ ସଫଳ ହେବାକୁ ଚାହାଁନ୍ତି, ତେବେ ଯଦି ଏହି ପୁସ୍ତକରେ ଦିଆଯାଇଥିବା ପରାମର୍ଶଗୁଡ଼ିକୁ ପାଳନ କରି ଆପଣ ନିଜ ମନକୁ ବଶୀଭୂତ କରିନିଅନ୍ତି, ଅର୍ଥାତ୍ ମନକୁ ଜିତିନିଅନ୍ତି, ତେବେ ଆପଣ ସଫଳ ହୋଇପାରିବେ ।

ଥରେ ଯଦି ଆପଣ, ମୋ ପରାମର୍ଶାନୁସାରେ ନିଜ ମନକୁ ଜିତିନିଅନ୍ତି, ତେବେ ମୋର ବିଶ୍ୱାସ, ଆପଣ ଜଗତକୁ ଜିତିପାରିବେ ।

ଯେପରି ଆପଣ ଜାଣନ୍ତି, ବ୍ୟସ୍ତତା କାରଣରୁ ମୁଁ ଅଧିକ ଲେଖାକାର୍ଯ୍ୟ କରିପାରୁନି । ସେପରି ବି ମୁଁ ଜୀବିକା ନିର୍ବାହ ପାଇଁ ଲେଖାକାର୍ଯ୍ୟ କରେନାହିଁ । ମୁଁ ଲେଖୁଛି, କେବଳ ମୋର ସେହି ଲକ୍ଷ-ଲକ୍ଷ ଅନୁଗାମୀମାନଙ୍କର ମାର୍ଗଦର୍ଶନ କରିବା ପାଇଁ, ଯେଉଁମାନେ କୌଣସି କାରଣବଶତଃ, ମୋର ଆତ୍ମବିକାଶ ସମ୍ବନ୍ଧିତ ସେମିନାର୍ ଓ ବିଭିନ୍ନ ସହରମାନଙ୍କରେ ହେଉଥିବା କର୍ମଶାଳାଗୁଡ଼ିକରେ ଅଂଶଗ୍ରହଣ କରିପାରନ୍ତି ନାହିଁ । ମୁଁ, ମୋର ସେହି ପାଠକମାନଙ୍କ ନିକଟରେ କୃତଜ୍ଞ, ଯେଉଁମାନେ ଇ-ମେଲ୍ ମାଧ୍ୟମରେ ମୋତେ ସୂଚିତ କରୁଛନ୍ତି ଯେ, ମୋ ପୁସ୍ତକ ଦ୍ୱାରା ସେମାନଙ୍କୁ ଭରପୁର

ଲାଭ ମିଳୁଛି । ଏଥିରେ, ବିଭିନ୍ନ ସ୍କୁଲ୍‌ର ବିଦ୍ୟାର୍ଥୀ, କଲେଜ୍ ଛାତ୍ର-ଛାତ୍ରୀ, ଶିକ୍ଷକ-ଶିକ୍ଷୟତ୍ରୀ, ଗୃହିଣୀ ତଥା ଛୋଟ ପିଲାମାନେ ମଧ୍ୟ ସାମିଲ୍ ଅଛନ୍ତି ।

ଏହା ମୋ ପାଇଁ ଅତ୍ୟନ୍ତ ଗର୍ବର ବିଷୟ ଯେ, ପ୍ରତ୍ୟେକ ବୟସ ବର୍ଗର ପାଠକମାନେ ମୋ ସହିତ ଜଡ଼ିତ ଅଛନ୍ତି । କେବଳ ଏତିକି ନୁହେଁ, ନେଟ୍‌ୱର୍କ ମାର୍କେଟିଙ୍ଗ୍ ବିଜ୍‌ନେସ୍ ସହିତ ଜଡ଼ିତ ଥିବା ଲକ୍ଷ-ଲକ୍ଷ ନେଟ୍‌ୱର୍କର୍ ମଧ୍ୟ ମୋର ନେଟ୍‌ୱର୍କ ମାର୍କେଟିଙ୍ଗ୍ ବିଜ୍‌ନେସ୍ ସମ୍ବନ୍ଧିତ ପୁସ୍ତକଗୁଡ଼ିକରୁ ଲାଭ ଉଠାଉଛନ୍ତି ଏବଂ ମୋତେ ଗର୍ବର ସହିତ ସୂଚିତ କରୁଛନ୍ତି ଯେ, ମୋ ପରାମର୍ଶ ତଥା ସୂତ୍ର ଦ୍ୱାରା କିପରି ଭାବରେ ସେମାନଙ୍କର ଜୀବନରେ ପରିବର୍ତ୍ତନ ଆସିଛି ଏବଂ କିପରି ଭାବେ ସେମାନେ ଆଜି ଏକ ସୁଖମୟ ଜୀବନ ଅତିବାହିତ କରୁଛନ୍ତି ।

ଏହି ସନ୍ଦର୍ଭରେ, ମୁଁ ମୋର ସମସ୍ତ ପ୍ରକାଶକମାନଙ୍କ ନିକଟରେ ଚିର କୃତଜ୍ଞ । ମାତ୍ର, ଡାଇମଣ୍ଡ୍ ପକେଟ୍ ବୁକ୍ସର ଶ୍ରୀ ନରେନ୍ଦ୍ର କୁମାର ବର୍ମାଙ୍କ ନିକଟରେ ବିଶେଷ ଭାବରେ କୃତଜ୍ଞ, କାରଣ ସେ ପୁସ୍ତକଗୁଡ଼ିକୁ ନା କେବଳ ହିନ୍ଦୀରେ, ବରଂ ଭାରତର ଅନ୍ୟାନ୍ୟ ଭାଷା, ଯେପରି ଇଂରାଜୀ, ମରାଠି, କନ୍ନଡ଼, ବଂଗଳା, ଆସାମୀ, ଓଡ଼ିଆ, ତେଲୁଗୁ, ମଲୟାଲମ୍, ଗୁଜରାଟୀ ଆଦି ଭାଷାରେ ପ୍ରକାଶିତ କରି ଭାରତର କୋଣ-ଅନୁକୋଣରେ ପହଞ୍ଚାଇଛନ୍ତି ।

ଏହି ପୁସ୍ତକ **'ମନକୁ ଜିତିଲେ ବିଜୟ'**କୁ ମଧ୍ୟ ସେ ଅନେକ ଭାଷାରେ ପ୍ରକାଶିତ କରୁଛନ୍ତି । ଯେପରି ମୁଁ ଆପଣଙ୍କୁ ପ୍ରଥମରୁ କହିସାରିଛି ଯେ, ତାଙ୍କର ଓ ମୋର ଉଦ୍ଦେଶ୍ୟ ଗୋଟିଏ - ସମଗ୍ର ବିଶ୍ୱର ଯୁବପିଢ଼ିମାନଙ୍କର ମାର୍ଗଦର୍ଶନ ଓ ସେମାନଙ୍କର ବିକାଶ ।

ତେଣୁ, ମୋ ପ୍ରିୟ ପାଠକବୃନ୍ଦ, ଏହି ପୁସ୍ତକ ମଧ୍ୟ ଆପଣଙ୍କର ସଠିକ୍ ମାର୍ଗଦର୍ଶନ କରିବ, ଏହା ମୋର ଆଶା ଓ ବିଶ୍ୱାସ । ଏହି ପୁସ୍ତକ ସନ୍ଦର୍ଭରେ ମଧ୍ୟ ମୁଁ ଆପଣମାନଙ୍କ ପରାମର୍ଶର ଆତୁରତାର ସହ ଅପେକ୍ଷା କରିବି ।

ମୁଁ ଏଠାରେ ମୋ ପାଠକମାନଙ୍କୁ ବିଶେଷ ଅନୁରୋଧ କରିବାକୁ ଚାହିଁବି ଯେ, ସେମାନେ ଜୀବନରେ ପୂର୍ଣ୍ଣ ସଫଳତା ପ୍ରାପ୍ତ କରିବା ନିମନ୍ତେ ଏବଂ ନିଜ ଆତ୍ମବିକାଶ ପାଇଁ ମୋ ଦ୍ୱାରା ଲିଖିତ ଅନ୍ୟାନ୍ୟ ପୁସ୍ତକମାନ, ଯେପରି 'ଆପଣ ଓ ଆପଣଙ୍କ ବ୍ୟବହାର', 'ସକରାତ୍ମକ ବିଚାରର କୁହୁକ', 'ଆସନ୍ତୁ, ହେବା ସଫଳ ବକ୍ତା', 'କାହାଣୀ କଥା କୁହେ', 'ମନକୁ ଜିତିଲେ ବିଜୟ', 'ସମ୍ପୂର୍ଣ୍ଣ ବ୍ୟକ୍ତିତ୍ୱ ବିକାଶ',

'କିଛି ଶୁଣା କିଛି ଅଶୁଣା କାହାଣୀ', 'ସଫଳ ବକ୍ତା', 'ଲୋକ ବ୍ୟବହାର' ଏବଂ 'ଜାଗ, ଉଠ, ଆଗକୁ ବଢ଼'କୁ ମଧ୍ୟ ନିଶ୍ଚିତ ପଢ଼ନ୍ତୁ । ମୋର ବିଶ୍ୱାସ, ଏହି ପୁସ୍ତକଗୁଡ଼ିକୁ ପଢ଼ିଲେ, ପ୍ରତ୍ୟେକ ସ୍ତରରେ ଲାଭ ହିଁ ହେବ ଏବଂ ଜୀବନର ପ୍ରତ୍ୟେକ ମୋଡ଼ରେ ଏହି ପୁସ୍ତକ ମାଧ୍ୟମରେ ସହାୟତା ପ୍ରାପ୍ତ ହେବ ।

ଆପଣଙ୍କର

ସୂର୍ଯ୍ୟ ସିହ୍ନା

website : www.suryasinha.com
email : surya@suryasinha.com, winnerztrack@gmail.com

ଥରେ ଜଣେ ଗ୍ରାହକ ଗୋଟିଏ ଚିତ୍ର ଦୋକାନକୁ ଗଲା । ସେଠାରେ ସେ ଅଜବ ଚିତ୍ରମାନ ଦେଖିବାକୁପାଇଲା । ପ୍ରଥମ ଚିତ୍ରରେ ସମ୍ପୂର୍ଣ୍ଣ ମୁହଁଟି କେଶମୟ ଥିଲା ତଥା ପାଦରେ ପଙ୍ଖା ଥିଲା । ଅନ୍ୟ ଏକ ଚିତ୍ରରେ ମୁଣ୍ଡଟି ପଛପଟୁ ଲଣ୍ଡା ଥିଲା ।

ଗ୍ରାହକ ପଚାରିଲା, ''ଏହି ଚିତ୍ର କାହାର ?''

ଦୋକାନୀ କହିଲା, ''ସୁଯୋଗର ।''

ଗ୍ରାହକ, ''ଏହାର ସମ୍ପୂର୍ଣ୍ଣ ମୁହଁରେ କେଶ କାହିଁକି ରହିଛି ?''

ଦୋକାନୀ, ''କାରଣ, ଅଧିକାଂଶ ସମୟରେ ଯେତେବେଳେ ସୁଯୋଗ ଆସେ, ମନୁଷ୍ୟ ତାକୁ ଚିହ୍ନିପାରେ ନାହିଁ ।''

ଗ୍ରାହକ, ''ଆଉ ଏହାର ପାଦରେ ପଙ୍ଖା କାହିଁକି ଅଛି ?''

ଦୋକାନୀ, ''ଏହା ଏଥିପାଇଁ, କାରଣ ସେ ତୁରନ୍ତ ଫେରିଯାଇଥାଏ । ଯଦି ତା'ର ସଦୁପଯୋଗ ନହୁଏ, ତେବେ ତାହା ତତ୍‌କ୍ଷଣାତ୍ ଉଡ଼ିଯାଏ ।''

ଗ୍ରାହକ, ''ଆଉ, ଏହି ଅନ୍ୟ ଚିତ୍ରରେ ପଛପଟୁ ଲଣ୍ଡା ମୁଣ୍ଡ କାହାର ?''

ଦୋକାନୀ, ''ଏହା ମଧ୍ୟ ସୁଯୋଗର । ଯଦି ସୁଯୋଗକୁ ସାମନାରୁ ହିଁ କେଶରୁ ଧରିନେବେ, ତେବେ ସୁଯୋଗ ଆପଣଙ୍କର । ଆଉ ଯଦି ଆପଣ ସାମାନ୍ୟ ଡେରିରେ ଧରିବାକୁ ଚେଷ୍ଟା କରିବେ, ତେବେ ପଛପଟ ଲଣ୍ଡା ମୁଣ୍ଡ ହାତରେ ଆସିବ, ଆଉ ତାହା ଖସି ପଳାଇବ ।'' ଗ୍ରାହକ ଏହି ଚିତ୍ରଗୁଡ଼ିକର ରହସ୍ୟ ଜାଣି ବିସ୍ମିତ ହୋଇଗଲା, ହେଲେ ଏବେ ସେ, ଏହାର ରହସ୍ୟ ବୁଝିପାରିଥିଲା ।

ଆପଣ ଅନେକଥର, ଅନ୍ୟମାନଙ୍କୁ କହିବାର ଶୁଣିଥିବେ କିମ୍ବା ନିଜେ ମଧ୍ୟ କହିଥିବେ ଯେ, ''ମୋତେ ସୁଯୋଗ ମିଳିଲା ନାହିଁ ।'' ମାତ୍ର ଏହା, ନିଜ ଦାୟିତ୍ୱରୁ ମୁହଁ ମୋଡ଼ିବା ତଥା ନିଜର ତ୍ରୁଟିକୁ ଲୁଚାଇବାର କେବଳମାତ୍ର ଗୋଟିଏ ବାହାନା ଅଟେ । ଭଗବାନ ଆମକୁ ଅନେକ ସୁଯୋଗ ମଧ୍ୟରେ ଜନ୍ମ ଦେଇଛନ୍ତି । ସୁଯୋଗ ସବୁବେଳେ ଆମ ସମ୍ମୁଖରେ ଯିବା-ଆସିବା କରିଥାଏ, ହେଲେ ଆମେ ତାକୁ ଚିହ୍ନିପାରିନଥାଉ କିମ୍ବା ଚିହ୍ନିବାରେ ବିଳମ୍ବ କରିଦେଉ । ଅନେକ ଥର ଏପରି ମଧ୍ୟ ହୁଏ ଯେ. ଆମେ କେବଳ ଏଥିପାଇଁ ଗୋଟିଏ ସୁଯୋଗକୁ ହାତଛଡ଼ା କରିଦେଉ, କାରଣ ଆମେ ବଡ଼ ସୁଯୋଗ ଅପେକ୍ଷାରେ ରହିଥାଉ । କିନ୍ତୁ, ଆମକୁ ବୁଝିବାକୁ ହେବ, ସୁଯୋଗ ଛୋଟ କିମ୍ବା ବଡ଼ ହୋଇନଥାଏ । ଆମକୁ ସବୁ ସୁଯୋଗର ପୂର୍ଣ୍ଣ ସଦୁପଯୋଗ କରିବା ଉଚିତ୍ ।

ବିଷୟ ସୂଚୀ

କ୍ରମାଙ୍କ	ବିଷୟ	ପୃଷ୍ଠା ସଂଖ୍ୟା

ବହୁତ ଦିନ ତଳର କଥା, ଗୋଟିଏ ଗାଁରେ ସୁକର୍ମା ନାମକ ଜଣେ କାଠକଟାଳି ରହୁଥିଲା । ତା'ସ୍ତ୍ରୀର ନାମ ଥିଲା ରୋହିଣୀ। ସେ ଅତ୍ୟନ୍ତ ପରିଶ୍ରମୀ ଓ ନିଜ ପ୍ରେରଣା ଦ୍ୱାରା ବଞ୍ଚୁଥିବା ସ୍ତ୍ରୀ ଥିଲା । ଅନେକ ଦିନରୁ ସୁକର୍ମା ପାଖରେ କୌଣସି କାମ ନଥିଲା, ଯେଉଁକାରଣରୁ ତା'ର ଆର୍ଥିକ ସ୍ଥିତି ଭଲ ନଥିଲା । ନିଜର ଭବିଷ୍ୟତକୁ ନେଇ ସୁକର୍ମା ଓ ତା'ସ୍ତ୍ରୀ ରୋହିଣୀ ବହୁତ ଚିନ୍ତିତ ରହୁଥିଲେ । ସୁକର୍ମାର ସ୍ତ୍ରୀ, ତାକୁ ସାନ୍ତ୍ୱନା ଦେଉଥିଲା ଯେ, ଦିନେ ନା ଦିନେ ନିଶ୍ଚୟ ଭଲ ଦିନ ଆସିବ । ହେଲେ ସୁକର୍ମା, ନିଜ ସ୍ୱଭାବ ଅନୁଯାୟୀ ତା'କଥା ଉପରେ ବିଶ୍ୱାସ କରୁନଥିଲା । ସୁକର୍ମା କହିବାନୁସାରେ, ଜଣେ କାଠକଟାଳି ନିଜ ଜୀବନରେ କୌଣସି ବଡ଼ କାମ କିପରି ବା କରିପାରିବ ? ଏପରି କହି ସୁକର୍ମା ଚୁପ୍ ହୋଇଯାଉଥିଲା । ଦିନେ ସୁକର୍ମା କାମ ଖୋଜିବା ପାଇଁ ସହର ଆଡ଼କୁ ଚାଲିଲା । ଯିବା ବାଟରେ ସେ ଦେଖିଲା ଯେ, ଗୋଟିଏ ବିଶାଳ ହାତୀର ଆଗ ଗୋଡ଼ରେ ଗୋଟିଏ ଛୋଟ ଦଉଡ଼ି ବନ୍ଧା ହୋଇଛି ଓ ସେ ଶାନ୍ତିପୂର୍ବକ ଠିଆ ହୋଇଛି । ଏହାଦେଖି ସେ ବହୁତ ଆଶ୍ଚର୍ଯ୍ୟ ହେଲା ।

ସୁକର୍ମା, ହାତୀ ନିକଟରେ ଠିଆ ହୋଇଥିବା ମାହୁନ୍ତକୁ, ହାତୀର ଶାନ୍ତିପୂର୍ବକ ଠିଆ ହେବାର କାରଣ ପଚାରିଲା, ''ଭାଇ ! ଏଭଳି ଏକ ଭୀମକାୟ ହାତୀ, ଗୋଟିଏ ଛୋଟ ଦଉଡ଼ିରେ ବନ୍ଧାହୋଇ କିପରି ଭାବରେ ଚୁପ୍‌ଚାପ୍ ଠିଆହୋଇଛି ?'' ମାହୁନ୍ତ ଉତ୍ତର ଦେଲା, ''ପିଲାବେଳୁ ହାତୀକୁ ଦଉଡ଼ିରେ ବାନ୍ଧିକରି ରଖାଯାଏ । ସେହି ସମୟରେ ତା'ଠାରେ ଅଧିକ ବଳ ନଥିବା କାରଣରୁ ସେ ବାରମ୍ବାର ଦଉଡ଼ିକୁ ଛିଣ୍ଡାଇବାକୁ ଚେଷ୍ଟା କଲେ ମଧ୍ୟ ସଫଳ ହୁଏନାହିଁ । ଧୀରେଧୀରେ ସେ ଏହା ବିଶ୍ୱାସ କରିନିଏ ଯେ ସେ, ଏହି ଦଉଡ଼ିକୁ ଛିଣ୍ଡାଇ ପାରିବନାହିଁ । ବଡ଼ ହେବାପରେ ମଧ୍ୟ ତା'ର ଏହି ମାନସିକତାରେ ପରିବର୍ତ୍ତନ ହୁଏନାହିଁ । ସେଥିପାଇଁ, ସେ ଏହାକୁ କେବେବି ଛିଣ୍ଡାଇବାକୁ ଚେଷ୍ଟା କରେନାହିଁ ଓ ଚୁପ୍‌ଚାପ୍ ଠିଆହୋଇ ରହିଥାଏ ।'' ସୁକର୍ମା ଆଶ୍ଚର୍ଯ୍ୟ ହୋଇଗଲା ଯେ, ହାତୀ ପରି ପଶୁ, ଏତେ ଶକ୍ତିଶାଳୀ ହୋଇମଧ୍ୟ କେବଳ ମନ ଦ୍ୱାରା ପରାଜିତ ହେବା କାରଣରୁ ଦଉଡ଼ିର ବନ୍ଧନରେ ବାନ୍ଧିହୋଇ ଚୁପ୍‌ଚାପ୍ ଠିଆହୋଇ ରହୁଛି ।

ସୁକର୍ମାକୁ ଏହି ଘଟଣା ମାଧ୍ୟମରେ ଜୀବନର ମୂଳମନ୍ତ୍ରର ଜ୍ଞାନ ହୋଇଯାଏ ଏବଂ ସେ ତୁରନ୍ତ ନିଜ ମନରେ ଏହା ପ୍ରଣକରେ ଯେ, ଆଜିଠାରୁ ସେ, ହାତୀ ଭଳି ମାନସିକ ଦାସତ୍ୱର ବନ୍ଧନରେ ବାନ୍ଧିହୋଇ ରହିବନାହିଁ । ''ମାନସିକ ବାଧା ରୂପୀ ଦଉଡ଼ିରେ ବାନ୍ଧିହୋଇ ମୋର ହାତୀ ରୂପୀ ବ୍ୟକ୍ତିତ୍ୱ ସଫଳ ହୋଇପାରୁନଥିଲା । ମୁଁ ତାକୁ ବର୍ତ୍ତମାନ ହିଁ ମୁକ୍ତ କରୁଛି । ଏବେ ମୁଁ, ମୋ ମନକୁ ଜିଣିନେଇଛି ଏବଂ ମୁଁ ବହୁତ କିଛି କରିପାରିବି ।'' ଏହିପରି ଭାବିଭାବି ସୁକର୍ମା ପୁଣି ନିଜ ଘର ଅଭିମୁଖେ ଫେରିଚାଲେ ।

ମନକୁ ଜିତିଲେ ବିଜୟ

ବନ୍ଧୁଗଣ, ଭଗବାନ ମନୁଷ୍ୟକୁ ଜନ୍ମଦେବା ସହିତ ଏକ ଅଦ୍ଭୁତ ଶକ୍ତି ମଧ୍ୟ ପ୍ରଦାନ କରିଛନ୍ତି । ସାଧାରଣତଃ, ଜଣେ ବ୍ୟକ୍ତି ସେହି ଶକ୍ତି ପ୍ରତି ଧ୍ୟାନ ଦେଇନଥାଏ କିମ୍ବା ତାହା ବିଷୟରେ ଅଜ୍ଞାନ ଥାଏ । ଯେତେବେଳେକି, ଜଣେ ବ୍ୟକ୍ତି ସହିତ ରହି ସେହି ଶକ୍ତି ନିରନ୍ତର ତାକୁ ପ୍ରତ୍ୟେକ ପାଦରେ ବିଜୟୀ କରାଇଥାଏ ଏବଂ ଯଦି ମନୁଷ୍ୟଠାରେ ସେହି ଶକ୍ତିର ଅଭାବ ଥାଏ କିମ୍ବା ସେହି ଶକ୍ତି ଦୁର୍ବଳ ହୋଇଥାଏ ତେବେ ସେହି ବ୍ୟକ୍ତିକୁ ଉକ୍ତ ଶକ୍ତି ଧୂଳିସାତ୍ କରିଦିଏ ।

ସେହି ଶକ୍ତି ହେଉଛି – ବିଶ୍ୱାସ ! ନିଜ ଉପରେ ବିଶ୍ୱାସ ଅର୍ଥାତ୍ ଆତ୍ମବିଶ୍ୱାସ ।

ଗୋଟିଏ ପ୍ରବାଦ ରହିଛି – ମନକୁ ଜିତିଲେ ବିଜୟ, ମନଠାରୁ ହାରିଲେ ପରାଜୟ ।

ଯିଏ ମନକୁ ଜିତିନେଲା, ଜାଣନ୍ତୁ, ସେ ସମଗ୍ର ବିଶ୍ୱକୁ ଜିତିନେଲା ଏବଂ ଯିଏ ମନଠାରୁ ହାରିଗଲା, ସେ ସବୁକିଛି ହାରିଗଲା । ମନକୁ ଜିତିବାର ସବୁଠାରୁ ବଡ଼ ଅସ୍ତ୍ର ହେଉଛି – ଆତ୍ମବିଶ୍ୱାସ ।

ଏହା ଏପରି ଏକ ମହାଶକ୍ତି ଅଟେ, ଯାହା ବଳରେ ମନୁଷ୍ୟ ଜୀବନରେ ସବୁକିଛି କରିପାରିବ...ସବୁକିଛି । ଏପରିକି ଅସମ୍ଭବକୁ ସମ୍ଭବ କରି ଦେଖାଇପାରିବ । ଗିରିଶୃଙ୍ଗ ସ୍ପର୍ଶ କରିପାରିବ, ସମୁଦ୍ରର ଗଭୀରତା ମାପିପାରିବ । ଯଦି ଜଣେ ବ୍ୟକ୍ତି ନିଜ ମନକୁ ନିୟନ୍ତ୍ରିତ କରି, ନିଜ ଆତ୍ମବିଶ୍ୱାସକୁ ଜାଗୃତ

ନିଜ ମନରେ ବିଶ୍ୱାସ ଜନ୍ମାନ୍ତୁ । ବିଶ୍ୱାସକୁ ନିଜ ମନରେ ସ୍ଥାପିତ କରିନିଅନ୍ତୁ । ବିଶ୍ୱାସ ଦ୍ୱାରା ନିଜ ମନକୁ ଜିତିପାରିଲେ ଆପଣ ଜଗତକୁ ଜିତିପାରିବେ । ସେଥିପାଇଁ କୁହାଯାଇଛି – ମନକୁ ଜିତିଲେ ବିଜୟ, ମନଠାରୁ ହାରିଲେ ପରାଜୟ ।

– ସୂର୍ଯ୍ୟ ସିହ୍ନା

କରିପାରିବ, ତେବେ ଏହି ଆତ୍ମବିଶ୍ୱାସ, ତା'ମନର ଏକ ପ୍ରମୁଖ ଶକ୍ତିରେ ପରିବର୍ତ୍ତିତ ହୋଇଯିବ ଏବଂ ଏହିପ୍ରକାରେ ସେହି ବ୍ୟକ୍ତି, ନିଜ ମନର ଶକ୍ତି ବଳରେ ଏପରି ସମସ୍ତ କାର୍ଯ୍ୟ କରିପାରିବ, ଯାହାକୁ ପୂର୍ବରୁ କୌଣସି ମନୁଷ୍ୟ କରିନଥିବ । ଏପରି କାର୍ଯ୍ୟ, ଯାହାକୁ କରିବାର କଳ୍ପନା ମଧ୍ୟ ଦୁଷ୍କର ପ୍ରତୀତ ହେଉଥିବ ।

ବନ୍ଧୁଗଣ, ଏପରି ସେତେବେଳେ ହୋଇପାରିବ, ଯେତେବେଳେ ଆପଣ ନିଜର ବିଶ୍ୱାସ ଅର୍ଥାତ୍ ଆତ୍ମବିଶ୍ୱାକୁ ଜାଗୃତ କରିପାରିବେ । ଯେଉଁ ଲୋକମାନେ ନିଜର ଆତ୍ମବିଶ୍ୱାସକୁ ଜାଗୃତ କରିପାରନ୍ତି, ସଫଳତା ସେମାନଙ୍କର ପାଦ ସ୍ପର୍ଶ କରିଥାଏ । ମାତ୍ର, ଏହି ବିଶ୍ୱାସକୁ ଜାଗୃତ କରିବା ସମସ୍ତଙ୍କ ପକ୍ଷରେ ସହଜ ନୁହେଁ ।

ଆତ୍ମବିଶ୍ୱାସର ଅଭାବ କାରଣରୁ ଅନେକ ଲୋକ ନିଜ ବିଶ୍ୱାସକୁ ଜାଗୃତ କରିପାରନ୍ତି ନାହିଁ । ସେମାନେ ବିଶ୍ୱାସ ହିଁ କରିପାରନ୍ତି ନାହିଁ ଯେ ସେମାନେ, ଏପରି ଅସୀମ ଶକ୍ତିର ସ୍ୱାମୀ ଅଟନ୍ତି, ଯାହା ସେମାନଙ୍କ ମଧ୍ୟରେ ବିଦ୍ୟମାନ ରହି ସେମାନଙ୍କୁ ସବୁକିଛି କରିବାର କ୍ଷମତା ପ୍ରଦାନ କରିଥାଏ । ସବୁକିଛି କରିବାର ସାମର୍ଥ୍ୟତା ସହିତ ଶକ୍ତି ମଧ୍ୟ ପ୍ରଦାନ କରିଥାଏ । ଏହା କିପରି ବିଡ଼ମ୍ବନା, ଲୋକମାନେ ଏହା ସ୍ୱୀକାର କରନ୍ତି ସେମାନେ ଈଶ୍ୱରଙ୍କ ସନ୍ତାନ ବୋଲି, କିନ୍ତୁ ପ୍ରାୟତଃ ଏହା ବିଶ୍ୱାସ କରନ୍ତି ନାହିଁ ଯେ, ସେମାନଙ୍କଠାରେ ମଧ୍ୟ ଈଶ୍ୱରଙ୍କର ଅସୀମ ଶକ୍ତିର ଅଂଶ ବିଦ୍ୟମାନ ଅଛି । ଯେତେବେଳେ ଆମେ ଈଶ୍ୱରଙ୍କ ସନ୍ତାନ ଅଟୁ, ଏହା କିପରି ହୋଇପାରିବ ଯେ, ଆମ ମଧ୍ୟରେ ଈଶ୍ୱରଙ୍କ ଶକ୍ତି ନଥିବ ?

ବିଶ୍ୱରେ ଯେଉଁମାନେ ସଫଳ ହୋଇଛନ୍ତି, ଯେଉଁମାନେ ଇତିହାସ ରଚିଛନ୍ତି, ଯେଉଁମାନେ ଅନ୍ୟ ଲୋକମାନଙ୍କୁ ଚକିତ ହେବାକୁ ବାଧ୍ୟ କରିଛନ୍ତି, ସେମାନେ ଯେଉଁ କାମ ସର୍ବପ୍ରଥମେ କରିଥିଲେ, ତାହାହେଉଛି, ନିଜର ଏହି ଶକ୍ତିକୁ ଜାଗୃତ କରିବାର କାମ, ଯାହାର ଆବଶ୍ୟକତା ଏବେ ଆପଣଙ୍କୁ ଅଛି । ସେମାନେ ଏହି ସତ୍ୟକୁ ଦୃଢ଼ତାର ସ୍ୱୀକାର କଲେ ଯେ, ଆମେ ଈଶ୍ୱରଙ୍କ ସନ୍ତାନ ଅଟୁ ଏବଂ ଆମ ମଧ୍ୟରେ ଈଶ୍ୱରଙ୍କ ପରି ଅସୀମ ଶକ୍ତି ଅଛି । ସେହି ଶକ୍ତି ବଳରେ, ସେମାନେ ଯାହା ଚାହିଁଲେ ତାହା ପାଇଲେ । ସେମାନେ ଏପରି କାର୍ଯ୍ୟ କଲେ, ଯାହା ଇତିହାସରେ ଲିପିବଦ୍ଧ ହୋଇଗଲା । ଏପରି କାର୍ଯ୍ୟ କଲେ, ଯାହାକୁ ଦେଖି ଲୋକମାନେ ଆଶ୍ଚର୍ଯ୍ୟ-ଚକିତ ହୋଇଗଲେ । ସେମାନଙ୍କର ଏହି ଅଭୁତପୂର୍ବ ସଫଳତା ପଛରେ କେବଳମାତ୍ର ଏହି ବିଶ୍ୱାସ ଥିଲା ଯେ, ଆମେ କରିପାରିବୁ, ଆମେ ଇତିହାସ ରଚିପାରିବୁ ।

ସଫଳତାର ଇତିହାସ ରଚିଥିବା ବ୍ୟକ୍ତିମାନେ କୌଣସି ଅନ୍ୟ ଗ୍ରହରୁ ଆସିନଥିଲେ । ସେମାନେ ଦଶ ଭୁଜ-ପାଦ ବିଶିଷ୍ଟ ନଥିଲେ । ଅବଶ୍ୟ, ସେମାନଙ୍କର ଗୋଟିଏ ବିଶେଷତା ଥିଲା, ତାହାହେଉଛି – ନିଜ ଉପରେ ବିଶ୍ୱାସ କରିବାର ଦକ୍ଷତା । ସେମାନଙ୍କୁ କେବଳ ନିଜ ଉପରେ ବିଶ୍ୱାସ ଥିଲା ଏବଂ ସେମାନେ ଜାଣିଥିଲେ ଯେ, ସେମାନେ ଯାହା ଚିନ୍ତା କରୁଛନ୍ତି, ଯେଉଁ କାର୍ଯ୍ୟ କରିବାକୁ ଚାହୁଁଛନ୍ତି, ଯାହା ପାଇବାକୁ ଚାହୁଁଛନ୍ତି, ସେହିସବୁ, ବିଶ୍ୱାସର ଏହି ଶକ୍ତି ବଳରେ ହିଁ ପ୍ରାପ୍ତ କରିପାରିବେ । ସମଗ୍ର ବିଶ୍ୱ, ସେମାନଙ୍କ ଦ୍ୱାରା କରାଯାଇଥିବା କାର୍ଯ୍ୟଗୁଡ଼ିକର ସାକ୍ଷୀ ଅଟେ । ଏହି ବିଶ୍ୱାସ ବଳରେ ହିଁ ସେମାନେ ସଫଳତାର ନୂଆ ନୂଆ ଶିଖର ସ୍ପର୍ଶ କରିଚାଲିଲେ ।

ଆତ୍ମବିଶ୍ୱାସର ଏହି ଶକ୍ତି ବଳରେ ସେହି ଲୋକମାନେ ସଫଳତାର ଶୀର୍ଷକୁ ସ୍ପର୍ଶ କରିଚାଲନ୍ତି, ଯେଉଁମାନଙ୍କୁ ନିଜ ଉପରେ ବିଶ୍ୱାସ ଥାଏ ଯେ ସେମାନେ, ଯାହା କରିବାକୁ ଚାହାଁନ୍ତି, ତାହା କରିପାରିବେ । ଏହା ବିପରୀତେ, ସେହି ଲୋକମାନେ, ଯେଉଁମାନେ ନିଜ ବିଶ୍ୱାସର ପ୍ରଚଣ୍ଡ ରୂପକୁ ଚିହ୍ନନ୍ତି ନାହିଁ, ସେମାନେ ନିଜ ଜୀବନରେ କୌଣସି ଉନ୍ନତି କରିପାରନ୍ତି ନାହିଁ ଏବଂ କୌଣସି ଦିନ ଅଜ୍ଞାତ ଭାବେ ମୃତ୍ୟୁବରଣ କରନ୍ତି । ଦୁନିଆ କଥା ଛାଡ଼ନ୍ତୁ, ତା'ନିଜ ପରିବାର ଲୋକମାନେ ହିଁ ତାକୁ ମନେରଖିପାରନ୍ତି ନାହିଁ । ମନେରଖିବେ ମଧ୍ୟ କ'ଣ ପାଇଁ ଓ କେଉଁଥିପାଇଁ ? ମୃତକ, ନିଜ ଜୀବନରେ ଏପରି କିଛି ବି ତ କରିନଥା'ନ୍ତି, ଯେଉଁଥିପାଇଁ କେହି ତାଙ୍କୁ ମନେରଖିବେ ବା ତାଙ୍କୁ ନିଜ ସ୍ମୃତିରେ ଜୀବିତ ରଖିବେ ।

ଏପରି ମଧ୍ୟ ହୁଏନାହିଁ ଯେ, କୌଣସି ବ୍ୟକ୍ତି, ସମ୍ପୂର୍ଣ୍ଣ ଜୀବନକାଳରେ ଅସଫଳ ହିଁ ରହିଥାଏ । ସମଗ୍ର ଜୀବନରେ ଓ ସମ୍ପୂର୍ଣ୍ଣ ଭାବରେ କେହି ଅସଫଳ ରୁହନ୍ତିନାହିଁ । ଲୋକମାନେ ସଫଳ ମଧ୍ୟ ହୁଅନ୍ତି, ମାତ୍ର, ସେହି ସଫଳତା ବହୁତ ସାମାନ୍ୟ ଓ ଛୋଟ ହୋଇଥାଏ । ତାହାକୁ ପାଇ ହିଁ ସେମାନେ ଅହଙ୍କାର କରିବାକୁ ଲାଗନ୍ତି ଏବଂ ଏହି ଅହଙ୍କାର ବା ଗର୍ବ କାରଣରୁ ସେମାନେ କୂପମଣ୍ଡୁକ ହୋଇ ରହିଯା'ନ୍ତି । ଏପରି ଲୋକମାନଙ୍କୁ ନା ସଫଳତାର ଅର୍ଥ ଜଣାଥାଏ, ଆଉ ନା ହିଁ ସେମାନେ ସଫଳତାର ସ୍ୱାଦକୁ ଦୀର୍ଘ ସମୟ ପର୍ଯ୍ୟନ୍ତ ଚାଖିପାରନ୍ତି ।

ଏଠାରେ ବିଶେଷ ଉଲ୍ଲେଖନୀୟ ଯେ, କୌଣସି ଛୋଟ ଦ୍ରବ୍ୟକୁ ପ୍ରାପ୍ତ କରିନେବା କିମ୍ବା କୌଣସି ଛୋଟ ଲକ୍ଷ୍ୟକୁ ଭେଦ କରିଦେବାକୁ ସଫଳତା କୁହାଯାଏ ନାହିଁ । ଆପଣଙ୍କ ପାଖରେ ଘର ନାହିଁ, କୌଣସି ପ୍ରକାରେ ବ୍ୟବସ୍ଥା କରି ଘର ଖଣ୍ଡେ

କରିଦେବାର ଅର୍ଥ ନୁହେଁ ଯେ, ଆପଣ ଜୀବନରେ ସଫଳ ହୋଇଗଲେ କିମ୍ବା ଆପଣଙ୍କ ଜୀବନ ସାର୍ଥକ ହୋଇଗଲା । ସଫଳତାର ଅର୍ଥ ହେଉଛି - ସଠିକ୍ ମାର୍ଗରେ ଚାଲି ନିରନ୍ତର ଉନ୍ନତି କରୁଥିବେ । ଦୁନିଆରେ, ଯାହା କିଛିବି ଶୁଭ ଓ ଉତ୍ତମ ଅଟେ, ସେହିସବୁକୁ ଲଗାତାର ପ୍ରାପ୍ତ କରୁଥିବା । ନିଜକୁ ଲାଭାନ୍ୱିତ କରିବା ସହିତ ଦେଶ ଓ ସମାଜକୁ ମଧ୍ୟ ଲାଭାନ୍ୱିତ କରିବା ।

ମନେରଖନ୍ତୁ, ମନୁଷ୍ୟକୁ ନିଜ ଉପରେ ଯେତିକି ବିଶ୍ୱାସ ଥାଏ, ଜୀବନରେ ସେ ସେତିକି ସଫଳ ହୋଇଥାଏ । ନିଜ ବିଶ୍ୱାସକୁ ଚିହ୍ନି, ତାକୁ ଜାଗୃତ ତଥା ବୃଦ୍ଧିକରି ଜଣେ ବ୍ୟକ୍ତି ଚମତ୍କାର କରିପାରେ । ଅନ୍ୟମାନଙ୍କ ଆଶ୍ଚର୍ଯ୍ୟ-ଜନକ [illegible] ସଫଳତାମାନ ଅର୍ଜିତ କରିପାରେ । ସେ, ଜଗତକୁ ବାର୍ତ୍ତା ଦେଇପାରେ ଯେ, ଯଦି ଜଣେ ଦୃଢ଼ ନିଷ୍ପତ୍ତି କରିନିଏ, ତେବେ ଏହି ସଂସାରରେ ଅସମ୍ଭବ ବୋଲି କିଛି ନାହିଁ । ନିଜ ଉପରେ କରିଥିବା ବିଶ୍ୱାସ ବଳରେ ହିଁ ବାୟୁ ଏବଂ ନଦୀର ଦିଗ ବଦଳାଇଛନ୍ତି, ଅନ୍ତରୀକ୍ଷ ଉପରେ ବିଜୟପ୍ରାପ୍ତ କରିଛନ୍ତି, ଦୂରତ୍ୱକୁ କମ୍ କରିଛନ୍ତି ତଥା ସ୍ୱର ଲହରକୁ ନିୟନ୍ତ୍ରିତ କରିଛନ୍ତି । ଏହିସବୁ ସମ୍ଭବ ହୋଇଛି କେବଳ ଆତ୍ମବିଶ୍ୱାସ ବଳରେ । ମନୁଷ୍ୟ, ନିଜ ଉପରେ ଯେତିକି ବିଶ୍ୱାସ କରେ, ସମାନୁପାତରେ ହିଁ ତାକୁ ସଫଳତା ମିଳିଚାଲିଥାଏ ।

ପରିତାପର ବିଷୟ ଏହିକି ଯେ, ସାଧାରଣ ଲୋକ, ନିଜ ମଧ୍ୟରେ ଲୁଚିଥିବା ବିଶ୍ୱାସର ଶକ୍ତିକୁ ସଠିକ୍ ଭାବରେ ନା ଚିହ୍ନିପାରେ, ନା ତାକୁ ଜାଗୃତ କରିପାରେ, ଆଉ ନା ହିଁ ତାହାର ସଦୁପଯୋଗ କରି ନିଜ ଜୀବନକୁ ସଫଳ କରିପାରେ । ଅପବାଦକୁ ଛାଡ଼ିଦେଲେ, ସାଧାରଣ ଲୋକ, ନିଜ ଉପରେ ବହୁତ କମ୍ ବା ଏପରି କୁହନ୍ତୁ, ହାରାହାରି ସ୍ତର ପର୍ଯ୍ୟନ୍ତ ହିଁ ବିଶ୍ୱାସ କରିପାରେ । ପରିଣାମସ୍ୱରୂପ, ତା'ଜୀବନ ହାରାହାରି ସ୍ତରରେ ହିଁ ସୀମିତ ହୋଇରହିଯାଏ । ରୋଜଗାର କରିବ, ଖାଇବ, ପିନ୍ଧିବ ଓ ଶେଷରେ ମରିଯିବ ।

ଗୋଟିଏ ଅମୂଲ୍ୟ ବଚନ ଶୁଣନ୍ତୁ, ଅନ୍ୟ ଲୋକମାନେ ସେହି ବ୍ୟକ୍ତି ଉପରେ ବିଶ୍ୱାସ କରନ୍ତି, ଯାହାର ନିଜ ଉପରେ ବିଶ୍ୱାସ ଥାଏ । ଯେଉଁ ବ୍ୟକ୍ତି ନିଜ ଉପରେ ବିଶ୍ୱାସ କରେନାହିଁ, ତାହା ଉପରେ କିଏ ବା ବିଶ୍ୱାସ କରିବ ? କାହିଁକି କରିବ ? ଆଉ କ'ଣ ପାଇଁ କରିବ ?

ଯେତେବେଳେ ଆମେ ନିଜ ଉପରେ ବିଶ୍ୱାସ କରିବା, ସମଗ୍ର ଦୁନିଆ ଆମକୁ

ବିଶ୍ୱାସ କରିବ । ଯେପରି ପ୍ରେମରୁ ପ୍ରେମ ଜାତହୁଏ, ଠିକ୍ ସେହିପରି ବିଶ୍ୱାସରୁ ବିଶ୍ୱାସ ଜାତ ହୋଇଥାଏ ।

ଇତିହାସ ସାକ୍ଷୀ ଅଛି, ଦୁନିଆ ସେହି ଲୋକମାନଙ୍କ ଉପରେ ବିଶ୍ୱାସ କରିଛି, ସେହିମାନଙ୍କୁ ହିଁ ନେତା ମାନିଛି, ଯେଉଁମାନଙ୍କୁ ନିଜ ଉପରେ ବିଶ୍ୱାସ ଥିଲା । ଏହି ସନ୍ଦର୍ଭରେ ମହାତ୍ମା ଗାନ୍ଧୀ, ନେଲ୍ସନ୍ ମଣ୍ଡେଲା, ଆବ୍ରାହମ୍ ଲିଙ୍କନ୍‌ଙ୍କ ପରି ନାମ ଗଣାଯାଇପାରେ । ମହାତ୍ମା ଗାନ୍ଧୀ ଯେତିକି ଦୁର୍ବଳ ଶରୀରର ଥିଲେ, ତାଙ୍କ ବିଶ୍ୱାସ ସେତିକି ଦୃଢ଼ ଥିଲା । ସେ ନିଷ୍ପତ୍ତି ନେଲେ ଯେ, ଅହିଂସା ବଳରେ ସେ ଭାରତକୁ ସ୍ୱାଧୀନ କରାଇବେ ଏବଂ ସେ ତାହା କରି ଦେଖାଇଲେ । ଗାନ୍ଧୀ ଜୀ, ଅହିଂସା ଓ ବିଶ୍ୱାସର ଶକ୍ତି ବଳରେ ଇଂରେଜମାନଙ୍କର ତୋପ ଓ ଖଡ୍ଗକୁ ପରାସ୍ତ କରିଥିଲେ । ଅନ୍ତତଃ, ଇଂରେଜମାନଙ୍କୁ ଭାରତ ଛାଡ଼ିବାକୁ ପଡ଼ିଲା, ସେମାନଙ୍କୁ ଭାରତକୁ ସ୍ୱତନ୍ତ୍ର କରିବାକୁ ହିଁ ପଡ଼ିଲା ।

ସେଥିପାଇଁ ଉଠନ୍ତୁ, ନିଜ ବିଶ୍ୱାସକୁ ଜାଗ୍ରତ କରନ୍ତୁ ଏବଂ ସଫଳତାର ନୂଆ-ନୂଆ ଦିଗନ୍ତଗୁଡ଼ିକୁ ସ୍ପର୍ଶ କରିବା ଆରମ୍ଭ କରନ୍ତୁ । ନିଜ ବିଶ୍ୱାସକୁ ଏହା କହି ବଳ ଦିଅନ୍ତୁ – 'ହଁ, ମୁଁ କରିପାରିବି । ମୁଁ ସବୁକିଛି କରିପାରିବି । ଦୁନିଆରେ ଏପରି କିଛି କାମ ନାହିଁ, ଯାହା ମୁଁ କରିପାରିବି ନାହିଁ । ଈଶ୍ୱରଙ୍କ ସନ୍ତାନ ହୋଇଥିବା କାରଣରୁ ମୁଁ ଅସୀମ ଶକ୍ତିର ସ୍ୱାମୀ ଅଟେ । ମୋ ମଧ୍ୟରେ ସବୁକିଛି କରିବାର ଶକ୍ତି ଅଛି ।'

ନିଜେ ନିଜକୁ ବିଶ୍ୱାସର ଶକ୍ତିରେ ସମ୍ପନ୍ନ ଥିବାର ବିଶ୍ୱାସ କରାନ୍ତୁ । ନିଜ ଶକ୍ତିର ବିଗୁଲ୍ ବଜାନ୍ତୁ । ନିଜକୁ ଏହା ଭରସା ଦେବାପରେ ଯେ, 'ହଁ, ମୁଁ ସବୁକିଛି କରିପାରିବି', ଆପଣ ଅନୁଭବ କରିବେ, ଆପଣଙ୍କ ମଧ୍ୟରେ ଏକ ନୂଆ ତଥା ଅଦ୍ଭୁତ ଶକ୍ତି ଉତ୍ପନ୍ନ ହୋଇଛି । ଏହି ଶକ୍ତିରେ ହିଁ ସେହି ଆକର୍ଷଣ ରହିଥାଏ, ଯାହା ସଫଳତା, ଧନ-ସମ୍ପତ୍ତି ଏବଂ ବୈଭବ-ସମୃଦ୍ଧିକୁ ନିଜ ଆଡ଼କୁ ଆକର୍ଷିତ କରିଥାଏ । ସର୍ତ୍ତ କେବଳ ଏହିକି ଯେ, ନିଜ ମନରୁ ସନ୍ଦେହ, ନିର୍ବଳତା ଓ ଅବିଶ୍ୱାସର ମୂଳୋତ୍ପାଟନ କରିଦିଅନ୍ତୁ ଏବଂ ସେହି ସ୍ଥାନରେ ବିଶ୍ୱାସର ମଞ୍ଜି ବୁଣନ୍ତୁ । ତାହାପରେ ଦେଖନ୍ତୁ, ବିଶ୍ୱାସର ସେହି ମଞ୍ଜି କିପରି ଭାବରେ ବିଶାଳ ବୃକ୍ଷର ରୂପ ଧାରଣ କରୁଛି ।

ଏହି ସନ୍ଦର୍ଭରେ ମୋତେ ଗୋଟିଏ କାହାଣୀ ମନେପଡୁଛି –

ଜନ୍ ଆଲ୍‌ଫ୍ରେଡ୍ ନାମକ ଜଣେ ବଣିଆ ରହୁଥିଲା । ସେ, ସୁନା-ରୁପାର ପରମ୍ପରାଗତ ଆଭୂଷଣ ତିଆରି କରିବାରେ ବହୁତ ନିପୁଣ ଥିଲା ।

ନଗରର ଧନୀ ଲୋକଙ୍କ କଥା ଛାଡ଼ନ୍ତୁ, ରାଜ ପରିବାରର ଅଳଙ୍କାର ମଧ୍ୟ ଏହି ବଣିଆ ନିକଟରେ ତିଆରି କରାଯାଉଥିଲା । ଏହି କାରଣରୁ ଜନ୍, ଅନ୍ୟ ବଣିଆମାନଙ୍କ ଅପେକ୍ଷା ଅଧିକ ସମ୍ପନ୍ନ ଓ ସଫଳ ଥିଲା । ସେ ଏତେ ଅଧିକ ବ୍ୟସ୍ତ ରହୁଥିଲା ଯେ, ବ୍ୟବସାୟ ବ୍ୟତୀତ ତାକୁ ଆଉକିଛି ଦେଖିବାକୁ ସମୟ ନଥିଲା, ଯେତେବେଳେକି ଅନ୍ୟ ବଣିଆମାନେ ନିଜ ଅସ୍ତିତ୍ୱ ବଜାୟ ରଖିବା ପାଇଁ ଦିନ-ରାତି ପରିଶ୍ରମ କରୁଥିଲେ ଓ ଚିନ୍ତିତ ରହୁଥିଲେ । ସେମାନେ ନୂଆ ନୂଆ ପ୍ରୟୋଗ କରନ୍ତି, ନୂଆ ନୂଆ ଡିଜାଇନ୍‌ର ଆଭୂଷଣ ତିଆରି କରନ୍ତି, ହେଲେ ଜନ୍ ଆଲ୍‌ଫ୍ରେଡ୍ ଓ ତା'ପରିବାରକୁ ହଲାଇ ମଧ୍ୟ ପାରନ୍ତିନାହିଁ ।

ବନ୍ଧୁଗଣ, ସମୟ ପରିବର୍ତ୍ତନଶୀଳ ଅଟେ । ପ୍ରତ୍ୟେକ ଦିନ ପରେ ରାତି ଏବଂ ପ୍ରତ୍ୟେକ ରାତି ପରେ ଦିନ ହେବା ଧାର୍ଯ୍ୟ । ଜନ୍‌ର ଭଲ ଦିନ ମଧ୍ୟ ସମାପ୍ତ ହେବାକୁ ଲାଗିଲା । ସମୟ ନିଜ କକ୍ଷ ପଥ ବଦଳାଇବାକୁ ଲାଗିଲା । ସୁବର୍ଣ୍ଣ ଦିନମାନ ଧୀରେ ଧୀରେ ରାତି ଆଡ଼କୁ ବଢ଼ିବାକୁ ଲାଗିଲେ । ଲୋକମାନଙ୍କ ଚିନ୍ତାଧାରା ଦ୍ରୁତଗତିରେ ବଦଳିବାକୁ ଲାଗିଲା । ନୂତନ ଚିନ୍ତାଧାରା, ନୂତନ ଦୃଷ୍ଟିକୋଣ ଏବଂ ନୂତନ ଫେଶନ୍ କାରଣରୁ ଲୋକମାନଙ୍କ ନଜର ପ୍ରତ୍ୟେକ ଜିନିଷରେ କିଛି ନୂତନତ୍ୱ ଖୋଜିବାକୁ ଲାଗିଲା । ଏହି ପରିବର୍ତ୍ତନ ଦିଗର ପୂର୍ବାଭାସ, ଜନ୍ ପୂର୍ବରୁ ଅନ୍ୟ ବଣିଆମାନଙ୍କୁ ହୋଇଗଲା । ସେମାନେ ନୂଆ ଧାତୁ, ନୂଆ ଡିଜାଇନ୍ ଓ ନୂଆ କୌଶଳର ଆଭୂଷଣ ବଜାରକୁ ଛାଡ଼ିଦେଲେ । ନୂଆ ଫେଶନ୍‌ର ଅଳଙ୍କାରଗୁଡ଼ିକୁ ଲୋକମାନେ ପସନ୍ଦ କଲେ ଏବଂ ସେଗୁଡ଼ିକର ବିକ୍ରିରେ ଗତି ଆସିଗଲା ।

ନିଜ ସଫଳତାର ଅହଙ୍କାରରେ ବୁଡ଼ି ରହିଥିବା ଜନ୍‌କୁ, ତା'ର ଶୁଭଚିନ୍ତକମାନେ, ସମୟର ଗତିକୁ ଚିହ୍ନିବା ପାଇଁ ସଚେତନ କଲେ । ହେଲେ ଜନ୍, ସେହି ସମସ୍ତ ଚେତାବନୀ ଓ ପରାମର୍ଶଗୁଡ଼ିକୁ ଗମ୍ଭୀରତାପୂର୍ବକ ଗ୍ରହଣ କଲାନାହିଁ । ସେ, ନା ତ ସମୟର ଗତିକୁ ଚିହ୍ନିବାକୁ ଆବଶ୍ୟକ ମନେକଲା, ଆଉ ନା ହିଁ ସମୟ ସହିତ ବଦଳିବାକୁ ଚେଷ୍ଟା କଲା । ତା'ବିଚାରରେ, 'ନୂଆ ନ'ଦିନ ଓ ପୁରୁଣା ଶହେ ଦିନ ।' ଗୋଟିଏ ଦିନ ଏହିସବୁ ବର୍ଷା ବେଙ୍ଗ ନିଜ ନିଜ ଘରକୁ ପଳାଇବେ ।

କିନ୍ତୁ, ନା ସେହି ସମୟ ଫେରିକି ଆସିଲା, ନା ହିଁ ପୁରୁଣା ଗ୍ରାହକମାନେ ।

ଜନ୍ ବୁଝିପାରିଲା ନାହିଁ ଯେ, ସମୟ ସହିତ ଏହି ଢଗ 'ନୂଆ ନ'ଦିନ ଓ ପୁରୁଣା ଶହେ ଦିନ' ମଧ୍ୟ ନିଜର ଅର୍ଥ ହଜାଇସାରିଛି ଏବଂ ଆଜି ଲୋକ ପରିବର୍ତ୍ତନକୁ ସ୍ୱୀକାର କରୁଛନ୍ତି । ଆଜିର ଯୁଗ ଶୁଦ୍ଧତା ଓ ଦୃଢ଼ତାର ନୁହେଁ, ବରଂ ଫେଶନ୍‌ର ଅଟେ ଏବଂ ଫେଶନ୍‌ର କୌଣସି ଗ୍ୟାରେଣ୍ଟୀ ନଥାଏ । ଚନ୍ଦ୍ରକଳାଗୁଡ଼ିକ ପରି ଫେଶନ୍, ପ୍ରତ୍ୟେକ ଦିନ ନିଜ ମୁଖ ପରିବର୍ତ୍ତନ କରିଥାଏ ।

ପରିମାଣସ୍ୱରୂପ, ଜନ୍‌ର ବ୍ୟାପାର ରୂପୀ ଜାହାଜ ତଳେ ଛିଦ୍ର ହୋଇଗଲା ଏବଂ ତାହା ଧୀରେ-ଧୀରେ ବୁଡ଼ିବାକୁ ଲାଗିଲା । ଜନ୍, ବ୍ୟାପାର ଆଜି ନୁହଁ ତ କାଲି ସୁଧୁରିଯିବ ବୋଲି ଆଶାରେ ରହି, ନିଜର ପୁରୁଣା ନୀତି-ନିୟମରେ ପରିବର୍ତ୍ତନ ନକରି ଡିଜାଇନ୍ ତିଆରି କରିବାରେ ବ୍ୟସ୍ତ ରହିଲା । ରାଜକୀୟ ଡିଜାଇନ୍ ଏବଂ ଉଚ୍ଚ ଗୁଣବତ୍ତା ବିଶିଷ୍ଟ ଗହଣା ତ ତିଆରି ହୋଇଗଲା, ହେଲେ ତାହାକୁ କିଣିବାକୁ କେହି ମିଳିଲେନାହିଁ । ଫଳସ୍ୱରୂପ, ଜନ୍‌ର ବ୍ୟାପାର ଦ୍ରୁତ ଗତିରେ ହ୍ରାସ ହେବାକୁ ଲାଗିଲା ।

ପରିବର୍ତ୍ତନ ଅତ୍ୟାବଶ୍ୟକ ବୋଲି ଜନ୍ ବୁଝିଲାବେଳକୁ ବହୁତ ବିଳମ୍ବ ହୋଇସାରିଥିଲା । ଅନ୍ୟ ବ୍ୟବସାୟୀମାନେ ବହୁତ ଆଗକୁ ଚାଲିଯାଇଥିଲେ । ଜନ୍, ସେମାନଙ୍କଠାରୁ ଅନେକ ପଛରେ ରହିଗଲା । ତାକୁ ଅର୍ଡର୍ ମିଳିବା ବନ୍ଦ ହୋଇଗଲା । ଯେପରି ଡିଜାଇନ୍ ଓ ଧାତୁର ବଜାରରେ ଚାହିଦା ଥିଲା, ସେପରି କିଛିବି ଜନ୍ ନିକଟରେ ନଥିଲା । ବିକ୍ରି ହ୍ରାସ ପାଇବାରେ ଲାଗିଲା । ବ୍ୟବସାୟ ସମ୍ଭାଳିବା ପାଇଁ ବଜାରରୁ ସୁଧରେ ନେଇଥିବା କରଜ ବଢ଼ିବାରେ ଲାଗିଲା । ସମୟରେ ଜନ୍ କରଜ ପରିଶୋଧ କରିପାରିଲା ନାହିଁ, ତେଣୁ ତା' ପ୍ରତିଷ୍ଠା ଧୂଳିସାତ୍ ହୋଇଗଲା । ଦେଖୁ-ଦେଖୁ ଏପରି ସମୟ ଆସିଲା, ଜନ୍‌ର ଶୋ'ରୁମ୍ ଓ କାରଖାନାରେ ତାଲା ପଡ଼ିଗଲା ।

ଜନ୍ ସମ୍ପୂର୍ଣ୍ଣ ରୂପେ ଭାଙ୍ଗିଗଲା ।

ସେ ପଶ୍ଚାତାପ କରିବାକୁ ଲାଗିଲା ଯେ ସେ, ସମୟ ସହିତ କାହିଁକି ବଦଳିଲା ନାହିଁ ? ଜନ୍, ନିଜ ଅସଫଳତାର କାରଣଗୁଡ଼ିକ ଉପରେ ମାନସ ମନ୍ଥନ କରିବାରୁ ଏହି ନିଷ୍କର୍ଷରେ ପହଞ୍ଚିଲା ଯେ, ତା'ଠାରେ ନା ତ ଦୂରଦର୍ଶିତା ଅଛି ଏବଂ ନା ହିଁ ବଜାର ଚିହ୍ନିବାର ବୁଦ୍ଧି । ଏହି ନିଷ୍କର୍ଷ, ତା'ର ଅନ୍ତରାତ୍ମାକୁ ଥରାଇଦେଲା । ସେ ଜାଣିପାରିଲା ଯେ, ଆଜି ପର୍ଯ୍ୟନ୍ତ ତାକୁ ଭାଗ୍ୟ ବଳରେ

ହିଁ ସଫଳତା ମିଳୁଥିଲା ଏବଂ ଆଜି ସେହି ଭାଗ୍ୟ ବଦଳିଯାଇଛି, ସେଥିପାଇଁ ସେ ଜୀବନରେ ଆଉ କେବେବି ଉନ୍ନତି କରିପାରିବ ନାହିଁ ।

କୁହାଯାଇଛି, ଉଦିତ ସୂର୍ଯ୍ୟକୁ ସମସ୍ତେ ନମସ୍କାର କରନ୍ତି, ଅସ୍ତଗାମୀ ସୂର୍ଯ୍ୟକୁ କେହିହେଲେ ଆଡ଼ଆଖିରେ ଚାହାଁନ୍ତି ନାହିଁ । ଜନ୍ ଭାଗ୍ୟର ସୂର୍ଯ୍ୟ ଅସ୍ତ ହେଉଥିଲା, ସେଥିପାଇଁ ସବୁ ବନ୍ଧୁ ଓ ପରିଚିତମାନେ ତା'ଠାରୁ ଦୂରେଇଗଲେ । ବାକି ଲୋକମାନେ ମଧ୍ୟ ତା'ଠାରୁ ଦୂରେଇବା ଆରମ୍ଭ କରିଦେଲେ । ଖରାପରୁ ଅତି ଖରାପ ହେଉଥିବା ଅବସ୍ଥା ଏଭଳି ହୋଇଗଲା ଯେ, ଈଶ୍ୱରଙ୍କ ଉପରେ ମଧ୍ୟ ତା'ର ଆସ୍ଥା କମ୍ ହେବାକୁ ଲାଗିଲା । ଚତୁର୍ଦ୍ଦିଗରୁ ନିରାଶ ହୋଇ ସେ ଦିନେ ଗୋଟିଏ ଗୀର୍ଜାରେ ପହଞ୍ଚିଲା । ହଠାତ୍ ନିରାଶାର ଘୋର ଅନ୍ଧକାରରେ ଆଶାର ଏକ କିରଣ ଦେଖାଦେଲା ।

ସେହି ସମୟରେ ସେଠାରେ ପ୍ରବଚନ ଚାଲିଥାଏ । ସେହି ପ୍ରବଚନରେ ଫାଦର୍, ଈଶ୍ୱରଙ୍କ ପ୍ରତି ବ୍ୟକ୍ତିର ବିଶ୍ୱାସ ଉପରେ ଆଲୋଚନା କରୁଥିଲେ । ସେ କହୁଥିଲେ ଯେ, ସର୍ବପ୍ରଥମେ ଆପଣଙ୍କୁ ଈଶ୍ୱରଙ୍କ ଉପରେ ବିଶ୍ୱାସ କରିବା ଦରକାର, ତା'ପରେ ନିଜ ଉପରେ । ଯଦି ଆପଣଙ୍କୁ ନିଜ ଉପରେ, ନିଜ ଯୋଗ୍ୟତା ଉପରେ ଏବଂ ଈଶ୍ୱରଙ୍କ ଅନୁଗ୍ରହଗୁଡ଼ିକ ଉପରେ ଶୋରିଷ ଦାନା ସଦୃଶ ମଧ୍ୟ ବିଶ୍ୱାସ ଅଛି, ତେବେ ଆପଣଙ୍କୁ ସଫଳ ହେବାରୁ କେହି ରୋକିପାରିବେ ନାହିଁ ।

ପ୍ରବଚନ ସମାପ୍ତ ହେବାପରେ ଜନ୍, ଫାଦର୍‌ଙ୍କ ସହିତ ଦେଖାକଲା ଏବଂ ତାଙ୍କୁ ଉତ୍କଣ୍ଠତାର ସହ ପଚାରିଲା – ''ଫାଦର୍, ଏହା କ'ଣ ସତ ଯେ, ଯଦି ଜଣେ ବ୍ୟକ୍ତିର ଈଶ୍ୱରଙ୍କ ଅସ୍ତିତ୍ୱ ଏବଂ ନିଜର ଯୋଗ୍ୟତା ଉପରେ ଶୋରିଷ ଦାନା ପରି ମଧ୍ୟ ବିଶ୍ୱାସ ଥିବ, ତେବେ ସଫଳତା ପ୍ରାପ୍ତ କରାଯାଇପାରିବ ?''

''ୟେସ୍, ମାଇ ସନ୍'' ଫାଦର୍, ତା'କାନ୍ଧ ଉପରେ ସାନ୍ତ୍ୱନାମୂଳକ ହାତ ରଖି ଅତ୍ୟଧିକ ଆତ୍ମୀୟତାର ସହିତ କହିଲେ – ''ଏହା ସମ୍ପୂର୍ଣ୍ଣ ସତ୍ୟ । ବିଶ୍ୱାସରେ ବହୁତ ଶକ୍ତି ଅଛି । ଈଶ୍ୱରଙ୍କ ଉପରେ ବିଶ୍ୱାସ ଥିବ, ନିଜ ଉପରେ ବିଶ୍ୱାସ ଥିବ, ତେବେ ସଫଳତା ସୁନିଶ୍ଚିତ । ସେହି ବିଶ୍ୱାସ ଶୋରିଷ ଦାନା ସଦୃଶ ହୋଇଥାଉନା କାହିଁକି ।''

'ବୁଡ଼ିଯାଉଥିବା ଲୋକକୁ କୁଟାଖିଅ ଆଶ୍ରା' ଢଗଟି ଜନ୍ ଉପରେ ଲାଗୁ ହେଲା । ଜନ୍‌ର ଭଙ୍ଗା ମନକୁ ଆଶ୍ୱସ୍ତି ମିଳିଲା । ତା'ମଧ୍ୟରେ ସାମାନ୍ୟ ବିଶ୍ୱାସ ମଧ୍ୟ ଜନ୍ମିଲା । ସେ ଭାବିଲା, ପୁନଃ ସଫଳ ହେବାପାଇଁ ତାକୁ ନିଜ ମନରେ ଶୋରିଷ ଦାନା ଆକାରର ବିଶ୍ୱାସ ସୃଷ୍ଟି କରିବାକୁ ପଡ଼ିବ, ଆଉ ତାହାକୁ ସେ ଅତି ସହଜରେ ଉତ୍ପନ୍ନ କରିପାରିବ ।

ଘରକୁ ଆସି ଜନ୍ ନିଷ୍ପତ୍ତି ନେଲା ଯେ ସେ, ଶୋରିଷ ଦାନାକୁ ଦେଖି ନିଜ ମନର ବିଶ୍ୱାସକୁ ଜୀବିତ ରଖିବ । ସେ, ନିଜ ସ୍ତ୍ରୀକୁ ମନର ଏହିକଥା କହିଲା ଏବଂ ତା'ଠାରୁ ଶୋରିଷ ଦାନା ମାଗି ନିଜ ପର୍ସରେ ରଖିଲା ।

ଶୋରିଷର ସେହି ଛୋଟ ଦାନା ପର୍ସରେ କେଉଁପର୍ଯ୍ୟନ୍ତ ବା ସୁରକ୍ଷିତ ରହିପାରନ୍ତା ? ଜନ୍‌କୁ ଦିନ ମଧ୍ୟରେ ଅନେକଥର ପର୍ସ ଖୋଲିବାକୁ ପଡ଼ିଥାଏ । ତେଣୁ, ଶୋରିଷର ସେହି ଦାନା କେଉଁଠାରେ ହଜିଯାଏ । ଏଥିରୁ ଜନ୍ ଚିନ୍ତିତ ହୋଇଗଲା । ବିଶ୍ୱାସ ବଜାୟ ରହୁ, ସେଥିପାଇଁ ଜନ୍, ଶୋରିଷର ଗୋଟିଏ-ଗୋଟିଏ ଦାନା ନିଜ ଘଣ୍ଟା, ବ୍ରେସ୍‌ଲେଟ୍, ମୁଦି, ଲକେଟ୍ ଆଦିରେ ଫିଟ୍ କରିଦେଲା, ଯେଉଁଥିରୁ ଶୋରିଷ ଦାନା ସବୁ ସମୟରେ, ସବୁ କ୍ଷଣ, ନଜର ସାମନାରେ ରହିବ ଏବଂ ସେ, ସେଥିରୁ ପ୍ରେରଣା ନେଉଥିବ ।

ଜନ୍‌କୁ ପ୍ରେରଣା ମଧ୍ୟ ମିଳିଲା ଏବଂ ତା'ର ବିଶ୍ୱାସ ମଧ୍ୟ ମଜଭୁତ ହେଲା । ହଠାତ୍ ଦିନେ, ଜନ୍ ମନରେ ଏକ କ୍ରାନ୍ତିକାରୀ ବିଚାର ଆସିଲା । ସେ, ଶୋରିଷ ଦାନାକୁ ନେଇ ନୂଆ ଡିଜାଇନ୍‌ର ଗହଣା ତିଆରି କରିବାକୁ ଚିନ୍ତାକଲା ।

ସେହିଦିନ ଜନ୍, ନିଜକୁ ଗୋଟିଏ ବଖରାରେ ବନ୍ଦ କରିନେଲା ଏବଂ ଶୋରିଷ ଦାନା ଜଡ଼ିତ ସୁନା-ରୁପା ଆଭୂଷଣ ଡିଜାଇନ୍ କରିବାକୁ ଲାଗିଲା । ଯେହେତୁ ଜନ୍ ମନରେ ବିଶ୍ୱାସ ଥିଲା ଯେ ସେ, କିଛି ନୂଆ ଓ ଉତ୍ତମ କରିପାରିବ, ସେଥିପାଇଁ ସେ ସଫଳ ମଧ୍ୟ ହେଲା । ସମୟ ଓ ପରିଶ୍ରମ ତ ଖର୍ଚ୍ଚ ହେଲା, କିନ୍ତୁ, ଏପରି ଅଳଙ୍କାରମାନ ପ୍ରସ୍ତୁତ ହେଲା, ଯାହା ପୂର୍ବରୁ କେହି କେବେ ତିଆରି କରିନଥିଲେ, ନା ହିଁ ତିଆରି କରିବାର କଳ୍ପନା ମଧ୍ୟ କରିଥିଲେ ।

କିଛିଦିନ ପରେ ଜନ୍, ଗୋଟିଏ ପ୍ରଦର୍ଶନୀରେ ଏକ ଷ୍ଟଲ୍ ବୁକ୍ କରି ସେଠାରେ ଶୋରିଷ ଦାନାର ଅଳଙ୍କାରମାନ ପ୍ରଦର୍ଶିତ କଲା ଏବଂ ଗହଣାଗୁଡ଼ିକ

ସହିତ ଗୋଟିଏ ସ୍ଲୋଗାନ୍ ଲେଖିଦେଲା - 'ବିଶ୍ୱାସର ପ୍ରତୀକ ଶୋରିଷ ଦାନାର ଅସଲି ଗହଣା ।' ପ୍ରତ୍ୟେକ ଆଭୂଷଣ ସହିତ ଜନ୍, ବାଇବଲ୍‌ର ସେହି ପୃଷ୍ଠାର ଗୋଟିଏ ଗୋଟିଏ ପ୍ରତିଲିପି ମଧ୍ୟ ଲଗାଇଦେଲା, ଯେଉଁଥିରେ ଲେଖାଥିଲା - 'ଯଦି ଆପଣଙ୍କ ମନରେ ଶୋରିଷ ଦାନା ସଦୃଶ ମଧ୍ୟ ବିଶ୍ୱାସ ଅଛି, ତେବେ ଆପଣ ଉନ୍ନତି କରିଚାଲିବେ ।'

ଏଥିରୁ ଲୋକମାନଙ୍କର ଆସ୍ଥା ଜାଗ୍ରତ ହେଲା । ପ୍ରଦର୍ଶନରେ ପ୍ରଭାବିତ ହୋଇ ଲୋକମାନେ ଶୋରିଷ ଦାନା ଗହଣା କିଣିବାକୁ ଲାଗିଲେ । ଦେଖୁ ଦେଖୁ ଜନ୍‌ର ସମସ୍ତ ଗହଣା ବିକ୍ରି ହୋଇଗଲା । ସେହି ଗହଣା କିଣିବାକୁ ଲୋକମାନଙ୍କର ଏତେ ଭିଡ଼ ଜମିଲା ଯେ, ଅନେକ ଗ୍ରାହକଙ୍କୁ ନିରାଶ ହୋଇ ଫେରିବାକୁ ପଡ଼ିଲା । ନୂଆ ଷ୍ଟାଇଲ୍‌ର ଅଳଙ୍କାର ଏତେ ପରିମାଣରେ ଆଦୃତ ହେଲା ଯେ, ଶୋରିଷ ଦାନା ବିଶିଷ୍ଟ ଗହଣାର ଚାହିଦା ବଢ଼ିଚାଲିଲା । ଜନ୍‌ର ବ୍ୟାପାର ଏବେ ପ୍ରତିଦିନ ବୃଦ୍ଧି ପାଇବାକୁ ଲାଗିଲା ଏବଂ ଏହିପରି ଭାବରେ ସେ ଦ୍ୱିତୀୟ ଥର ସଫଳ ଓ ସମୃଦ୍ଧ ହୋଇଗଲା ।

ବନ୍ଧୁଗଣ, ଏହି କାହାଣୀରୁ ଶିକ୍ଷା ଓ ପ୍ରେରଣା ନେଇ ଯଦି ଆପଣ ନିଜ ମନରେ ଶୋରିଷ ଦାନା ସଦୃଶ ବିଶ୍ୱାସ ଜନ୍ମାଇପାରିବେ, ତେବେ ନିଜ ଜୀବନରେ ଜନ୍ ପରି ଚମତ୍କାର ହେଉଥିବାର ଦେଖିପାରିବେ ।

ବିଶ୍ୱାସ ଥିଲେ ଜୀବନ ସଫଳ

ବିଶ୍ୱାସ କାରଣରୁ ହିଁ ବ୍ୟକ୍ତିର ଆତ୍ମବିଶ୍ୱାସ ତଥା ଆତ୍ମବଳ ବୃଦ୍ଧିପାଏ ଏବଂ ତା'ମଧ୍ୟରେ ଏକ ଚୁମ୍ବକୀୟ ଆକର୍ଷଣ ଉତ୍ପନ୍ନ ହୋଇଥାଏ । ଏହିପ୍ରକାରେ, ମନୁଷ୍ୟ ଯେଉଁ ଜିନିଷ ଉପରେ ବିଶ୍ୱାସ କରିଥାଏ, ତାକୁ ପ୍ରାପ୍ତ ମଧ୍ୟ କରିନିଏ ।

ଏହି ବାକ୍ୟକୁ ବାରମ୍ବାର ପଢ଼ନ୍ତୁ । ଏତେ ପଢ଼ନ୍ତୁ ଯେ, ଏହା ଆପଣଙ୍କର ଅବଚେତନ ମନରେ ଅଙ୍କିତ ହୋଇଯାଉ । ଯଦି ଏପରି ହୋଇଯାଏ, ତେବେ ନିଃସନ୍ଦେହ ଆପଣଙ୍କ ମନ, ସ୍ୱୟଂଚାଳିତ ଭାବରେ କାର୍ଯ୍ୟକରି ଆପଣଙ୍କୁ ସଫଳତା ଦିଗକୁ ନେଇଯିବା ଆରମ୍ଭ କରିଦେବ ।

ଏହା ହିଁ ହେଉଛି ସଫଳତାର ମୂଳମନ୍ତ୍ର, ଏହା ହିଁ ହଉଛି ସଫଳତାର ରହସ୍ୟ ।

ଏହି ରହସ୍ୟ ଆଜି-କାଲିର ନୁହେଁ, ବରଂ ପ୍ରାଚୀନ କାଳରୁ ଏହି ରହସ୍ୟ ରହିଆସିଛି । ମାନବ ବିକାଶ ଯାତ୍ରାର ରହସ୍ୟ ହେଉଛି - ବିଶ୍ୱାସ । ଏହାର ବଳରେ ଆଜି ମାନବ ଅନ୍ତରୀକ୍ଷ, ଚନ୍ଦ୍ରପୃଷ୍ଠରେ ପହଞ୍ଚିଲାଣି । ଲୋକମାନେ ସଫଳତା-ସଫଳତା ଚିତ୍କାର କରନ୍ତି, ମାତ୍ର ସେହି ବିଶ୍ୱାସକୁ ବିସ୍ମୃତ କରିବସିଛନ୍ତି, ଯାହା ବଳରେ ସଫଳତା ପ୍ରାପ୍ତ ହୋଇଥାଏ ।

ବନ୍ଧୁଗଣ, ନିଜ ମନରେ ବିଶ୍ୱାସ ବଜାୟ ରଖନ୍ତୁ, ବିଶ୍ୱାସକୁ ନିଜ ମନରେ ବସାଇନିଅନ୍ତୁ, ବିଶ୍ୱାସ ଦ୍ୱାରା ନିଜ ମନକୁ ଜିତନ୍ତୁ, ତେବେ ହିଁ ଯାଇ ଆପଣ ବିଶ୍ୱକୁ ଜିତିପାରିବେ ।

ସେଥିପାଇଁ ତ କୁହାଯାଇଛି -

ମନକୁ ଜିତିଲେ ବିଜୟ, ମନଠାରୁ ହାରିଲେ ପରାଜୟ ।

ଥରେ ଜଣେ ବ୍ୟକ୍ତି, ଜଣେ ପ୍ରସିଦ୍ଧ ସନ୍ଥଙ୍କ ନିକଟକୁ ଯାଇ କହିଲା, ''ଗୁରୁଦେବ, ମୁଁ ଶାସ୍ତ୍ରଗୁଡ଼ିକର ଅତି ଗହନ ଅଧ୍ୟୟନ କରିଛି । ତାହାସତ୍ତ୍ୱେ ମୋ ମନରେ ଏକାଗ୍ରତା ଆସୁନାହିଁ । ଯେତେବେଳେ ବି କୌଣସି କାମ କରିବାକୁ ବସୁଛି, ମୋ ମନ ବିଭ୍ରାନ୍ତ ହେଉଛି ଏବଂ ମୁଁ ସେହି କାମକୁ ଛାଡ଼ିଦେଉଛି । ଏହି ଅସ୍ଥିରତାର କାରଣ କ'ଣ ?''

ସେହି ସନ୍ଥ ତାକୁ ରାତି ପର୍ଯ୍ୟନ୍ତ ଅପେକ୍ଷା କରିବାକୁ କହିଲେ । ରାତି ହେବାରୁ ସନ୍ଥ, ସେହି ବ୍ୟକ୍ତିକୁ ଗୋଟିଏ ପୋଖରୀ କୂଳକୁ ନେଇଗଲେ ଏବଂ ପୋଖରୀ ମଧ୍ୟରେ ଚନ୍ଦ୍ରର ପ୍ରତିବିମ୍ବକୁ ଦେଖାଇ କହିଲେ, ''ତୁମ ମନ ଏହି ପୋଖରୀର ଚନ୍ଦ୍ର ସଦୃଶ ଅଟେ, ଯାହା ଦୋଳାୟମାନ ରହୁଛି । ସେହି ଆକାଶର ଚନ୍ଦ୍ରକୁ ଦେଖ, ସେ କେତେ ସ୍ଥିର । ସେ ସ୍ଥିର ହୋଇ ଚତୁର୍ଦ୍ଦିଗ ପ୍ରକାଶ ବିଚ୍ଛୁରିତ କରିଥାଏ । ତୁମେ ନିଜ ମନକୁ ଜିତି, ତାକୁ ଆକାଶର ଚନ୍ଦ୍ର ଭଳି କରିବାକୁ ହେବ ।''

ସେହି ସନ୍ଥଙ୍କ କଥା ଶୁଣି ତାକୁ ଜ୍ଞାନ ମିଳିଗଲା ଯେ, ଏବେ ତାକୁ ନିଜ ମନକୁ ଜିତିବାକୁ ହେବ ।

ଗୋଟିଏ ଥର କନ୍‌ଫ୍ୟୁଶିୟସ୍ ପଦଯାତ୍ରାରେ ବାହାରିଥିଲେ । ସେ, ରାସ୍ତାରେ ଜଣେ ମହାତ୍ମାଙ୍କୁ ଗଛ ଛାଇରେ ବିଶ୍ରାମ କରୁଥିବାର ଦେଖିଲେ । ସେ, ନିଜ କୌତୂହଳକୁ ଶାନ୍ତ କରିବା ଉଦ୍ଦେଶ୍ୟରେ ସେହି ମହାତ୍ମାଙ୍କୁ ପଚାରିଲେ, ''ହେ ମହାତ୍ମା, ଆପଣ ନଗର ଛାଡ଼ି ଏଭଳି ଏକାନ୍ତରେ କାହିଁକି ଅଛନ୍ତି ?''

ମହାତ୍ମା ଉତ୍ତର ଦେଲେ, ''ଏହି ରାଜ୍ୟର ରାଜା ଅତ୍ୟନ୍ତ ଅତ୍ୟାଚାରୀ, କୁଟିଳ ତଥା ଦୁଷ୍ଟ ଅଟେ । ପ୍ରଜାମାନେ ମଧ୍ୟ ରାଜାଙ୍କୁ ଦେଖି ସେହିପରି ହୋଇଯାଉଛନ୍ତି । ଏପରି ବାତାବରଣରେ ରହିବା କଷ୍ଟକର ହୋଇଯାଇଥିଲା, ତେଣୁ ମୁଁ ଏଠାକୁ ଚାଲିଆସିଲି । ଏଠାରେ କୌଣସି ପ୍ରକାରର ଚିନ୍ତା ନାହିଁ ।''

କନ୍‌ଫ୍ୟୁଶିୟସ୍ ଟିକିଏ ହସିଲେ ଓ କହିଲେ, ''ସାମାନ୍ୟ ମନ୍ଦ ବା ଖରାପ ଇନ୍ଦ୍ରିୟ କାରଣରୁ ଆପଣ ନଗର ଛାଡ଼ି ଚାଲିଆସିଲେ । କ'ଣ ମନ୍ଦ ସମ୍ମୁଖରେ ପରାଜୟ ସ୍ୱୀକାର କରିନେବା ହିଁ ଏହି ସମସ୍ୟାର ସମାଧାନ ଅଟେ ? ଏହାତ ଆପଣଙ୍କର ପଳାୟନବାଦ ଅଟେ ।''

ମହାତ୍ମା କହିଲେ, ''ଆପଣଙ୍କ କଥା ଠିକ୍, ହେଲେ ଏତେ ଝିଞ୍ଜଟ ଅପେକ୍ଷା, ନିଜକୁ ମନ୍ଦଠାରୁ ଦୂରେଇନେବା କ'ଣ ଭଲ ନୁହେଁ ? ଆମେ ମନ୍ଦଠାରୁ ଦୂରେଇ ଭଲର ଆନନ୍ଦ କାହିଁକି ଉଠାଇବାନାହିଁ ?''

ଏହାଉପରେ କନ୍‌ଫ୍ୟୁଶିୟସ୍ କହିଲେ, ''ଆପଣ ଭୁଲୁଛନ୍ତି ଯେ, ଝିଞ୍ଜଟ ଭରା ଜୀବନ ହିଁ ଆପଣଙ୍କର ଆଧାର ଅଟେ । ଆପଣଙ୍କର ଶାନ୍ତି ଆପଣଙ୍କ ନିକଟରେ ହିଁ ଅଛି, ତାକୁ କେହି ଛଡ଼ାଇପାରିବେ ନାହିଁ । ତା'ପରେବି ଆପଣ ଏଠାରେ ରହି ମଧ୍ୟ ସେହି ସମାଜର ଆଶ୍ରୟରେ ବଞ୍ଚୁଛନ୍ତି, ଯେଉଁ ସମାଜକୁ ଆପଣ ଖରାପ ବା ମନ୍ଦ କହୁଛନ୍ତି । ଏହା କ'ଣ କୃତଘ୍ନତା ହେବନାହିଁ ଯେ, ସମାଜକୁ ସୁଧାରିବା ବଦଳରେ ଆପଣ ତାହାଠାରୁ ମୁହଁ ମୋଡ଼ି ଜଙ୍ଗଲକୁ ପଳାୟନ କରିଆସିଲେ । ଆପଣ ପଳାୟନ କରି ଏହା ସାବ୍ୟସ୍ତ କରୁଛନ୍ତି ଯେ ସଦ୍‌ଗୁଣ, ଦୁର୍ଗୁଣଠାରୁ ଦୁର୍ବଳ ଅଟେ । ସତ୍ୟ, ଅସତ୍ୟ ତୁଳନାରେ ନିର୍ବଳ ଅଟେ । ଜ୍ଞାନ ଉପରେ ଅଜ୍ଞାନ, ନିଜ ଅଧିକାର ବ୍ୟାପ୍ତ କରିନେଇଛି ।''

ମହାତ୍ମା କହିଲେ, ''ମୁଁ ଏଠାରେ, ଅସତ୍ ଦିଗରୁ ନିଜ ଆଖି ବନ୍ଦକରି ସଦ୍‌ଗୁଣର ହିଁ ରକ୍ଷା କରୁଛି । ଆପଣ ହିଁ କୁହନ୍ତୁ, କ'ଣ ମୁଁ ସତ୍‌କୁ ଅସତ୍‌ର ଗ୍ରାସ ହେବାରୁ ରକ୍ଷା କରୁନାହିଁ ?''

କନ୍‌ଫ୍ୟୁଶିୟସ୍ କହିଲେ, ''ଆପଣ ଏକାନ୍ତରେ ସାଧନା କରି ନିଜକୁ ତ ବଞ୍ଚାଇନେବେ, ହେଲେ ଜଣେ ସାଧକର କର୍ତ୍ତବ୍ୟ କ'ଣ କେବଳମାତ୍ର ଏତିକି ? ସେ କେବଳ ନିଜ ମୁକ୍ତି ବିଷୟରେ ହିଁ ଚିନ୍ତା କରିବା ଅନୁଚିତ । ତାଙ୍କୁ, ସମାଜର ତଥା ବ୍ୟାପକ ଜନମାନସଙ୍କର ମୁକ୍ତି ବିଷୟରେ ମଧ୍ୟ ଚିନ୍ତା କରିବା ଆବଶ୍ୟକ । ଏଥିରେ ହିଁ ତାଙ୍କ ସାଧନାର ମୂଲ୍ୟ ରହିଛି ।''

ଏହା ଶୁଣିବା କ୍ଷଣି ମହାତ୍ମା ଜଣଙ୍କ ନଗରାଭିମୁଖେ ପ୍ରତ୍ୟାବର୍ତ୍ତନ କଲେ ।

ଚିନ୍ତା, ଦୁର୍ଗୁଣ ଓ ଅଜ୍ଞାନତାରୁ ଦୂରରେ ରୁହନ୍ତୁ

ଚିନ୍ତା ନୁହେଁ ଚିନ୍ତନ କରନ୍ତୁ

ବନ୍ଧୁଗଣ, ଚିନ୍ତା ଏପରି ଏକ କୀଟ ଅଟେ, ଯାହା ଜଣେ ବ୍ୟକ୍ତିକୁ ଖାଇ ଖାଇ ଫମ୍ପା, ନିସ୍ତେଜ ଓ ତାହାପରେ ସମାପ୍ତ କରିଦିଏ । ମନୁଷ୍ୟର ଯେପରି ଚିନ୍ତାଧାରା ହୋଇଥାଏ, ଯେପରି ତା'ର କର୍ମ ହୋଇଥାଏ, ତଦନୁସାରେ ହିଁ ତାକୁ ତା'ର ଚିନ୍ତାଧାରା ଓ କର୍ମର ଫଳପ୍ରାପ୍ତ ହୋଇଥାଏ । ନିଜ ଜୀବନରେ ଏହିକଥାକୁ ଗଣ୍ଠି ପକାଇଦିଅନ୍ତୁ ଯେ, ଚିନ୍ତା କରିବା ହେଉଛି ସମ୍ପୂର୍ଣ୍ଣ ବ୍ୟର୍ଥ । ଚିନ୍ତା, ଜଣକୁ ଅସଫଳତାର ଗର୍ତ୍ତକୁ ଠେଲିଦେଇଥାଏ । ବ୍ୟକ୍ତିର ଜୀବନରେ ଭଲ-ଖରାପ ସମୟ ଆସେ ଓ ଯାଏ । ଭଲ ସମୟରେ ସେ କିଛି କରେନାହିଁ, ମାତ୍ର ଖରାପ ସମୟରେ ମୁହଁ ଲମ୍ବେଇ ବସିଯାଏ । ନିଜ ମସ୍ତିଷ୍କକୁ ସେ ଏହିମଳି ଭାବେ ବନ୍ଦ କରିଦିଏ, ଯେପରି ସେଥିରେ ଭାବିବା-ଚିନ୍ତିବାର ଶକ୍ତି ହିଁ ନାହିଁ । ଆରେ ଭାଇ! ସଙ୍କଟ ଓ ନିରାଶାର ସମୟ ମୁହଁ ଲମ୍ବେଇକି ବସିଲେ କଟିଯାଏନାହିଁ । ନିରାଶାର ଅନ୍ଧକାରରୁ ଆଶାର ଆଲୋକ ଦିଗକୁ ବଢ଼ନ୍ତୁ । ଆକାଶକୁ ଦେଖନ୍ତୁ ଏବଂ ଈଶ୍ୱରଙ୍କୁ ସ୍ମରଣ କରି ନିଜ ଜୀବନରେ ଆସିଥିବା ଅସଫଳତା ତଥା ନିଜର ଦୋଷ-ତ୍ରୁଟି ଉପରେ ଚିନ୍ତନ ଆରମ୍ଭ କରନ୍ତୁ । ଚିନ୍ତା କରନ୍ତୁ ଓ ନିଷ୍କର୍ଷ କାଢ଼ନ୍ତୁ ଯେ, ଜୀବନରେ ବା କର୍ମରେ ଆପଣଙ୍କ

> ବହୁତ ଅଜବ ଲାଗେ, ଯେତେବେଳେ ମୁଁ ଲୋକମାନଙ୍କୁ ଚିନ୍ତା କରୁଥିବାର ଦେଖେ । ଯାହାକୁ ଦେଖ, ସେ ଚିନ୍ତାରେ ଲୀନ ଦେଖାଦେଇଥାଏ । ପ୍ରକୃତପକ୍ଷରେ, ସେମାନେ ଭବିଷ୍ୟତକୁ ନେଇ ଚିନ୍ତିତ ଥା'ନ୍ତି । ଏପରି ଲୋକମାନଙ୍କୁ ମୋର ପରାମର୍ଶ ଏହିକି ଯେ, ସେମାନେ ଚିନ୍ତା ନୁହେଁ, ବରଂ ଚିନ୍ତନ କରନ୍ତୁ, କାରଣ ଆତ୍ମଚିନ୍ତନରୁ ହିଁ ଭବିଷ୍ୟତ ସୁଧୁରିଥାଏ ।
>
> - ସୂର୍ଯ୍ୟ ସିହ୍ନା

ଦ୍ୱାରା କ'ଣ ଭୁଲ୍ ହୋଇଥିଲା ? ନିଜର ସେହି ଭୁଲ୍‌ଗୁଡ଼ିକର ସୁଧାର ତଥା ସେଗୁଡ଼ିକ ଦୂର କରିବାର ରାସ୍ତା ଖୋଜନ୍ତୁ । ଈଶ୍ୱରଙ୍କୁ ନିଜ ସମସ୍ୟା କୁହନ୍ତୁ ଏବଂ ତାଙ୍କଠାରୁ ସାହାଯ୍ୟ ଓ ମାର୍ଗଦର୍ଶନ ପାଇଁ ପ୍ରାର୍ଥନା କରନ୍ତୁ । ଯଦି ଆପଣ ଏହିପରି କରିବେ, ତେବେ ନିଜେ ଦେଖିବେ ଯେ, ଆପଣଙ୍କ ଆତ୍ମବଳରେ ହଠାତ୍ ବୃଦ୍ଧି ଘଟିଯାଇଛି, ଆପଣଙ୍କ ମଧ୍ୟରେ ଏକ ନୂତନ ଶକ୍ତିର ସଂଚାର ହୋଇଯାଇଛି ଏବଂ ଆପଣ ନୂତନ ଶକ୍ତିରେ ଭରିଯାଇଛନ୍ତି । ଏହିପ୍ରକାରେ ଆପଣଙ୍କୁ ଲାଗିବ ଯେ, ବର୍ତ୍ତମାନ ଆପଣ ଏହି ଶକ୍ତି ଦ୍ୱାରା ବହୁତ କିଛି କରିପାରିବେ । ଆପଣଙ୍କୁ ଅନୁଭବ ହେବ ଯେ, ଏବେ ଆପଣ ତାହାସବୁ କରିପାରିବେ, ସେହିସବୁ ପ୍ରାପ୍ତ କରିପାରିବେ, ଯାହା ପାଇବାର ବା କରିବାର କଳ୍ପନା ଆପଣ କେବେ କରିଥିଲେ । ଏହା ଜାଣିରଖନ୍ତୁ ଯେ, ଏହି ଶକ୍ତି ବଳରେ ଆପଣଙ୍କର ଭବିଷ୍ୟତ ଉଜ୍ଜ୍ୱଳ ହେବା ନିଶ୍ଚିତ ।

ଦୁର୍ଗୁଣରୁ ନିଜକୁ ରକ୍ଷା କରନ୍ତୁ

ପ୍ରସନ୍ନତାର ବିଷୟ ଏହା ଯେ ମନୁଷ୍ୟ, ଏହି ସଂସାରର ସର୍ବୋତ୍ତମ ପ୍ରାଣୀ ଅଟେ ଏବଂ ଦୁଃଖର ବିଷୟ ଏହିକି ଯେ, ସୃଷ୍ଟିର ସର୍ବୋତ୍ତମ ପ୍ରାଣୀ ହେବା ସତ୍ତ୍ୱେ ମନୁଷ୍ୟ ଦିନ-ରାତି ମନ୍ଦ କର୍ମରେ ନିମଗ୍ନ ରହିଥାଏ । ସେ ଦ୍ରୁତଗତିରେ ଦୁର୍ଗୁଣର ଦାସ ହୋଇଯାଉଛି ଏବଂ ଏହି ଦୁର୍ଗୁଣ ଆଗାମୀ ଦିନମାନଙ୍କରେ ତା'ଜୀବନରେ ଝଡ଼ ଆଣିଦେଇଥାଏ । ବ୍ୟକ୍ତି ନିଜ ଲକ୍ଷ୍ୟରୁ ଚ୍ୟୁତ ହୋଇଯାଉଛି । କେତେକ ଲୋକ, ଯେଉଁମାନଙ୍କୁ ଏହି ପଥଭ୍ରଷ୍ଟର ଅନୁଭବ ହେବାକୁ ଲାଗେ, ସେମାନେ ନିଜକୁ ସମ୍ଭାଳିନେବାକୁ ଚେଷ୍ଟା କରନ୍ତି । ସେମାନେ ସଦ୍‌ଗୁରୁମାନଙ୍କ ଶରଣକୁ ଯାଆନ୍ତି କିମ୍ବା ପ୍ରେରଣାଦାୟକ ପୁସ୍ତକଗୁଡ଼ିକର ସହାୟତା ନେଇ ନିଜକୁ ସୁଧାରିବାକୁ ଚେଷ୍ଟା କରନ୍ତି । ବନ୍ଧୁଗଣ, ଆମେ ଏହିସବୁ ଦୁର୍ଗୁଣ ଜାଲରେ ସେତେବେଳେ ଫସିଥାଏ, ଯେତେବେଳେ ଆମ ଚାରିପଟେ ଅଜ୍ଞାନତାର ଅନ୍ଧକାର ବ୍ୟାପ୍ତ ହୋଇଯାଇଥାଏ । ଆମ ମନ ଉପରେ ଅଜ୍ଞାନତା ରୂପୀ ଧୂଳି ଆଚ୍ଛାଦିତ ହୋଇଯାଇଥାଏ ଏବଂ ଆମ ସମ୍ମୁଖରେ ସବୁକିଛି କୁହେଳିକାମୟ ହୋଇଯାଏ - ଆମ ଲକ୍ଷ୍ୟ, ଆମ କର୍ତ୍ତବ୍ୟ, ଆମ କର୍ମ...ସବୁକିଛି । ସେହି ସମସ୍ତ ଗୋଟିଏ ପ୍ରକାରର କୁଜ୍‌ଝଟିକାରେ ହଜିବାପରି ଦେଖାଦିଏ । ଠିକ୍ ସେହିପ୍ରକାରେ, ଯେଉଁପରି ଭାବେ ଦର୍ପଣରେ ଧୂଳି ଜମିଯାଇଥିବା କାରଣରୁ ସେଥିରେ ମୁହଁ ଠିକ୍‌ଭାବେ ଦେଖାଯାଇନଥାଏ, ଯଦିବି ଦେଖାଯାଏ, ତେବେ ଅସ୍ପଷ୍ଟ । ସମଭାବେ,

ମାନବ ମନ ଉପରେ ଯେତେବେଳେ ଅବଗୁଣର ଧୂଳି ଜମିଯାଏ, ତେବେ ମାନବ ଶୁଭ-ଅଶୁଭ, ଭଲ-ମନ୍ଦର ବିଚାର କରିପାରେନାହିଁ । ସେ, ଅଜ୍ଞାନତା ଓ ଅକର୍ମର ଅନ୍ଧକାରରେ ନିରର୍ଥକ ବୁଲିବାରେ ଲାଗିଥାଏ । ଯଦି ନିଜକୁ ଏଥିରୁ ରକ୍ଷା କରିବାର ଅଛି, ତେବେ ଦୁର୍ଗୁଣରୁ ନିଜକୁ ରକ୍ଷା କରନ୍ତୁ ।

ଆମକୁ ଚିନ୍ତା କରିବାକୁ ହେବ, ବୁଝିବାକୁ ହେବ ଯେ, ଆମେ କେଉଁଠି ଠିଆ ହୋଇଛେ ଏବଂ ଆମକୁ କେଉଁଠାକୁ ଯିବାର ଅଛି । ନିଜ ଲକ୍ଷ୍ୟ ସ୍ଥଳରେ ପହଞ୍ଚିବା ପାଇଁ ଆମର ଗତି କେତେ ? ଆମେ ସଫଳତା ଦିଗକୁ ବଢ଼ିବା ପାଇଁ ଉପରକୁ ଉଠୁଛୁ ନା ସଫଳତାର ଭ୍ରମରେ ଅସଫଳତାର ଗଭୀର ଗର୍ତ୍ତାଭିମୁଖୀ ହେଉଛୁ ? ଯଦି ଆମେ ଏହିସବୁ ବିଷୟ ଉପରେ ଗମ୍ଭୀରତାର ସହ ବିଚାର କରିବା ନାହିଁ, ତେବେ ଆମେ ଚାଲି ଚାଲି କେଉଁଠାରେ ପହଞ୍ଚିବା, ଏକଥା ଆମେବି ଜାଣିନାହେଁ । ମାତ୍ର, ଯଦି ଆମେ ନିଜର ପ୍ରତ୍ୟେକ ପାଦ ଚିନ୍ତାକରି ଉଠାଇବା, ତେବେ ନିଶ୍ଚିତ ଭାବରେ ସେହିଠାରେ ପହଞ୍ଚିବା, ଯେଉଁଠାରେ ଆମେ ପହଞ୍ଚିବାକୁ ଚାହୁଁଛେ । କଲେଜ୍ ଅଭିମୁଖେ ଯିବା ଯଦି, ତେବେ କଲେଜ୍‌ରେ ପହଞ୍ଚିବା; ଯଦି ଅଫିସ୍ ଆଡ଼କୁ ଯିବା, ତେବେ ଅଫିସ୍‌ରେ ହିଁ ପହଞ୍ଚିବା; ବଜାର ଦିଗକୁ ଯଦି ଯିବା, ତେବେ ବଜାରରେ ହିଁ ପହଞ୍ଚିବା, ଏକଥା ନିଶ୍ଚୟ । ଆମକୁ ହିଁ ସ୍ଥିର କରିବାକୁ ହେବଯେ, ଆମକୁ କୁଆଡ଼େ ଯିବାକୁ ଅଛି । ତାହାପରେ ଆମକୁ ନିଜର ସଂସାଧନଗୁଡ଼ିକ ଉପରେ ବିଚାର କରିବାକୁ ହେବଯେ, ଆମେ କେଉଁ ମାଧ୍ୟମରେ, କେଉଁ ଗତିରେ ଏବଂ କେତେ ସମୟରେ ନିଜ ଲକ୍ଷ୍ୟସ୍ଥଳ ପର୍ଯ୍ୟନ୍ତ ପହଞ୍ଚିପାରିବା ।

ଠିକ୍ ସେହିପ୍ରକାରରେ, ଆପଣଙ୍କୁ ନିଜ ଉନ୍ନତି ବିଷୟରେ ଭାବିବାକୁ ହେବ । ଗଭୀରତାର ସହ ବିଚାର କରିବାକୁ ହେବଯେ, ଆପଣଙ୍କର ଉନ୍ନତିର ବେଗ କିପରି ଅଛି ? ଦ୍ରୁତ ନା ମନ୍ଥର । ନିଜ ଲକ୍ଷ୍ୟ ଭେଦିବା ପାଇଁ ଆପଣଙ୍କୁ କେତେ ବେଗର ଆବଶ୍ୟକତା ଅଛି, ଏହା ଆପଣଙ୍କୁ ହିଁ ଧାର୍ଯ୍ୟ କରିବାକୁ ହେବ ।

ମନେରଖନ୍ତୁ, ଆପଣ ଲକ୍ଷ୍ୟସ୍ଥଳକୁ ଯିବାପାଇଁ ତ ଚାହାଁନ୍ତି, ମାତ୍ର ଦିଗହୀନ ଅଟନ୍ତି । ଦିଗହୀନ ହୋଇ ଆପଣ ନିଜ ଲକ୍ଷ୍ୟସ୍ଥଳକୁ କେବେବି ପ୍ରାପ୍ତ କରିପାରିବେ ନାହିଁ । ଦିଗହୀନ ସହିତ ଯଦି ଆପଣ ଦୁର୍ଗୁଣରେ ପରିପୂର୍ଣ୍ଣ ହୋଇଯା'ନ୍ତି, ତେବେ ଆପଣ ସବୁଦିନ ପାଇଁ ତଳୁଆ ଓ ସାଧାରଣ ଜୀବନର ଜାଲରେ ଫସିକରି ରହିଯିବେ ।

ଯଦି ଆପଣ ତଳୁଆ ଜୀବନ ବଞ୍ଚିବାକୁ ଚାହାଁନ୍ତି ନାହିଁ, ତେବେ ଆପଣଙ୍କୁ ନିଜ କାର୍ଯ୍ୟଶୀଳତାକୁ, ନିଜ ଗତିଶୀଳତାକୁ ଦେଖିବାକୁ ହେବ ।

ବନ୍ଧୁଗଣ, କାର୍ଯ୍ୟଶୀଳ ଓ ଗତିଶୀଳ ବ୍ୟକ୍ତି ହିଁ ଲକ୍ଷ୍ୟ ଭେଦିବାରେ ସଫଳ ହୋଇଥାଏ । ଯଦି ଆପଣ ମନ୍ଥର ଗତିରେ ନିଜ ଲକ୍ଷ୍ୟସ୍ଥଳ ଦିଗକୁ ବଢ଼ିବେ, ତେବେ ଲକ୍ଷ୍ୟସ୍ଥଳ ବହୁତ ଦୂରରେ ଦେଖାଯିବ । ସେହି ଲକ୍ଷ୍ୟସ୍ଥଳ ପର୍ଯ୍ୟନ୍ତ ଆପଣ 'କେବେ ଓ କିପରି ପହଞ୍ଚିବେ ?' ଯେପରି ପ୍ରଶ୍ନ ଆପଣଙ୍କୁ ହତାଶ କରିବାକୁ ଲାଗିବେ, ଆପଣଙ୍କ ଇଚ୍ଛାଗୁଡ଼ିକ ମଉଳିଯିବ ।

ଧୀର ଗତିରେ ଚାଲୁଥିବା ବ୍ୟକ୍ତି, କିଛି ଦୂର ଚାଲିଥାଏ ଓ ତାହାପରେ ଥକିଯାଇ ଫେରିଆସେ, କାରଣ ତାକୁ ଲାଗେ ଯେ, ଲକ୍ଷ୍ୟ ବହୁତ ଦୂର ଏବଂ ସେପର୍ଯ୍ୟନ୍ତ ପହଞ୍ଚିବା ଅସମ୍ଭବ । ଦୃଷ୍ଟାନ୍ତସ୍ୱରୂପ, ଏହିକଥାକୁ ଏହିପରି ଭାବେ ବୁଝାଯାଇପାରେ -

ଯଦି ଆପଣ ଗୋଆ ଯିବାକୁ ଚାହାନ୍ତି, ତେବେ ସେଠାକୁ ରେଳ କିମ୍ବା ଉଡ଼ା ଜାହାଜ ଦ୍ୱାରା ଯିବାକୁ ହେବ । କିନ୍ତୁ, ଯଦି ଆପଣ ସେଠାକୁ ଚାଲି ଚାଲି ଯିବାକୁ ଚାହିଁବେ, ତେବେ ଦୂରତାର କଳ୍ପନା କରିବା କ୍ଷଣି ଆପଣଙ୍କ ସାହାସ ଭାଙ୍ଗିଯିବ । ଠିକ୍ ସେହିପ୍ରକାରେ, ଯଦି ଆପଣ ମନ୍ଥର ଗତିରେ ନିଜ ଲକ୍ଷ୍ୟସ୍ଥଳ ଆଡ଼କୁ ବଢ଼ିବେ, ତେବେ ଅନେକ ସମ୍ଭାବନା ଅଛି ଯେ, ଆପଣଙ୍କର ଉତ୍ସାହ ମଝିରେ ହିଁ ଭାଙ୍ଗିଯିବ । କହିବାର ତାତ୍ପର୍ଯ୍ୟ ଏହିକି ଯେ, ଲକ୍ଷ୍ୟ ପର୍ଯ୍ୟନ୍ତ ପହଞ୍ଚିବା ପାଇଁ ଦ୍ରୁତ ଗତି ଏବଂ ଉଚିତ ସଂସାଧନଗୁଡ଼ିକର ଆବଶ୍ୟକତା ରହିଥାଏ । ନିଜର କାର୍ଯ୍ୟଶୀଳତା ଓ ଗତିଶୀଳତା ମାଧ୍ୟମରେ ଆପଣ ନିଜ ଗତି ଦ୍ରୁତ ରଖିପାରିବେ ଏବଂ ଆବଶ୍ୟକ ସଂସାଧନର ଯୋଗାଡ଼ କରି ସଫଳତାର ସ୍ୱାଦ ମଧ୍ୟ ଚାଖିପାରିବେ । ସଫଳତାର ସହିତ ଜୀବନ ସ୍ତର ସ୍ୱୟଂ ହିଁ ଉପରକୁ ଉଠିଯିବ ।

ଜ୍ଞାନ ନିତାନ୍ତ ଆବଶ୍ୟକ

ଯେତେବେଳେ ଆମେ ଆତ୍ମଚିନ୍ତନ ବିଷୟରେ ଆଲୋଚନା କରୁ, ସେତେବେଳେ ଆମକୁ ଏହି ସନ୍ଦର୍ଭରେ ଏହା ମଧ୍ୟ ଦେଖିବା ଓ ଯାଞ୍ଚ କରିବା ଦରକାର ଯେ, ଆମେ କେତେ ଜ୍ଞାନୀ ଅଟୁ, ଆମ ନିକଟରେ ଜଗତ ବିଷୟରେ କେତେ ସୂଚନା ଅଛି । ସୂଚନା ଓ ପ୍ରୌଦ୍ୟୋଗିକୀର ଏହି ନୂତନ ଯୁଗରେ ଆପଣ, ସୂଚନା ଓ ଜ୍ଞାନ ବିନା ଆଦୌ ଆଗକୁ ବଢ଼ିପାରିବେ ନାହିଁ । ଜ୍ଞାନର ପରିସର ବୃଦ୍ଧି କରିବା ସମ୍ପ୍ରତି ଯୁଗରେ କାହାପାଇଁ କଷ୍ଟକର ନୁହେଁ । ସେହି ସମୟରେ ସମସ୍ୟା ଉତ୍ପନ୍ନ ହୋଇଥାଏ, ଯେତେବେଳେ ଜଣେ ବ୍ୟକ୍ତି ଜ୍ଞାନ ଆହରଣ ତ କରିନିଏ, ମାତ୍ର ତାକୁ କାର୍ଯ୍ୟାନ୍ୱିତ

କରେନାହିଁ । ଏହାକୁ ଅନ୍ୟ ଶବ୍ଦରେ ଏହିପରି ଭାବେ କୁହାଯାଇପାରେ, ବ୍ୟକ୍ତି ଜ୍ଞାନପ୍ରାପ୍ତ କରିବାକୁ ଚାହିଁଥାଏ, ହେଲେ ତାହାକୁ ନିଜ ମନ-ମସ୍ତିଷ୍କରେ ସମାହିତ କରିପାରେନାହିଁ, କାରଣ ତା'ମଧ୍ୟରେ ପୂର୍ବରୁ ହିଁ 'କିଛି' ଭରି ରହିଥାଏ । ସେହି 'କିଛି' ଏପରି ହୋଇଥାଏ, ଯାହା ଜ୍ଞାନକୁ ସମାହିତ ହେବା ପାଇଁ ସ୍ଥାନ ପ୍ରଦାନ କରେନାହିଁ । ଏହି ସନ୍ଦର୍ଭରେ ମୋତେ ଗୋଟିଏ ପ୍ରେରଣାଦାୟକ ପ୍ରସଙ୍ଗ ମନେପଡୁଛି -

ଜଣେ ବ୍ୟକ୍ତି କୌଣସି ମହାପୁରୁଷଙ୍କ ନିକଟକୁ ଜ୍ଞାନପ୍ରାପ୍ତ କରିବାକୁ ଗଲା । ମହାପୁରୁଷ ଜଣଙ୍କ, ତାକୁ ସ୍ନେହରେ ବସାଇଲେ ଓ ଜଗ୍‌ରୁ ଗୋଟିଏ ଗ୍ଲାସ୍‌ରେ ପାଣି ଭରିବାକୁ ଲାଗିଲେ । ଗ୍ଲାସ୍ ଭରିଗଲା, ହେଲେ ମହାପୁରୁଷ ଜଣଙ୍କ ରହିଲେନାହିଁ, ଜଗ୍‌ରୁ ଗ୍ଲାସ୍‌ରେ ପାଣି ପକାଇଚାଲିଲେ । ଗ୍ଲାସ୍‌ରୁ ପାଣି ବାହାରକୁ ପଡ଼ିବାକୁ ଲାଗିଲା । ଜ୍ଞାନପ୍ରାପ୍ତ କରିବାକୁ ଅସିଥିବା ବ୍ୟକ୍ତି ମହାପୁରୁଷଙ୍କୁ ରୋକିଲା, ''ମହାଶୟ, ଗ୍ଲାସ୍ ଭରିଗଲାଣି, ପାଣି ବାହାରକୁ ପଡୁଛି ।''

ମହାପୁରୁଷ ରହିଲେ, ସ୍ମିତହାସ୍ୟ ଦେଲେ ଓ କହିଲେ, ''ଗ୍ଲାସ୍ ତ ପୂର୍ବରୁ ଭରିକି ଥିଲା । ଭରିଥିବା ଗ୍ଲାସ୍‌ରେ କ'ଣ ଆଉ ପାଣି ପକାଇହେବ ?''

''ନାହିଁ ।''

''ଠିକ୍ ସେହିପ୍ରକାରେ, ଯାହା ମଧ୍ୟରେ, ଯାହା ମନରେ ଅହଂକାର, କ୍ରୋଧ, ଘୃଣା, ଦ୍ୱେଷ, ଭୟ ତଥା ଶଂକା ଭରିଥିବ, ତା'ମନରେ ଜ୍ଞାନ କିପରି ସମାହିତ ହେବ ? ଜ୍ଞାନପ୍ରାପ୍ତ ନିମନ୍ତେ ସର୍ବପ୍ରଥମେ ଏହିସବୁ ଦୁର୍ଗୁଣଗୁଡ଼ିକୁ ବାହାରକୁ କାଢ଼ିବାକୁ ପଡ଼ିବ, ମନ-ମସ୍ତିଷ୍କରେ ସ୍ଥାନ ସୃଷ୍ଟି କରିବାକୁ ପଡ଼ିବ, ତେବେହିଁ ଯାଇ ଆମେ କିଛି ଜ୍ଞାନପ୍ରାପ୍ତ କରିପାରିବା ।''

ମହାପୁରୁଷଙ୍କ ବାଣୀ ଶୁଣି ସେହି ବ୍ୟକ୍ତି ନିଜ ନିଜ ମୁଣ୍ଡ ନୁଆଁଇଲା ଏବଂ ଚୁପ୍‌ଚାପ୍ ତାଙ୍କ ସମ୍ମୁଖରୁ ଉଠି ଚାଲିଗଲା । ସେ ବୁଝିପାରିଥିଲା ଯେ, ଯେଉଁପର୍ଯ୍ୟନ୍ତ ସେ, ଦୁର୍ଗୁଣଗୁଡ଼ିକୁ ନିଜ ମଧ୍ୟରୁ ନିଷ୍କାସିତ ନକରିଛି, ସେପର୍ଯ୍ୟନ୍ତ ଜ୍ଞାନପ୍ରାପ୍ତ କରିପାରିବ ନାହିଁ । ଯଦି ଜ୍ଞାନପ୍ରାପ୍ତ କରିବାର ଅଛି, ତେବେ ସମସ୍ତ ଅବଗୁଣଠାରୁ ମୁକ୍ତ ହୋଇ ପୁନଶ୍ଚ ମହାପୁରୁଷଙ୍କ ନିକଟକୁ ଆସିବାକୁ ହେବ ।

ବନ୍ଧୁଗଣ, କଟୁ ସତ୍ୟ ଏହା ଯେ, ଦୁର୍ଗୁଣରୁ ମୁକ୍ତ ହେଲେହିଁ ଜ୍ଞାନ ଅର୍ଜନ କରାଯାଇପାରେ ବୋଲି ପ୍ରତ୍ୟେକ ବ୍ୟକ୍ତି ଜାଣିଥାଏ । ଏହା ସତ୍ତ୍ୱେ ସେ, ଦୁଷ୍କର୍ମରେ

ଲିପ୍ତ ରହିଥାଏ ଏବଂ ସାଂସାରିକ ମାୟାଜାଲରେ ଛନ୍ଦି ହୋଇଯାଏ । ଏହା ଏକ ପ୍ରକାରରେ ନିଜ ସହିତ ଶତ୍ରୁତା କରିବା ପରି ଅଟେ । ଯଦି ଆପଣଙ୍କୁ ପ୍ରକୃତରେ ଜ୍ଞାନପ୍ରାପ୍ତ କରିବାର ଅଛି, ତେବେ ଏହି ମାୟାଜାଲରୁ ମୁକ୍ତ ହୋଇ ଈଶ୍ୱରଙ୍କୁ ଚିହ୍ନିବାକୁ ହେବ । ନିଜର ମିତ୍ର ହେବାକୁ ପଡ଼ିବ । ସର୍ବଦା ମନେରଖନ୍ତୁ, ମନୁଷ୍ୟର ସବୁଠାରୁ ବଡ଼ ସାଙ୍ଗ ହେଉଛି ସେ ନିଜେ । ନିଜ ସହିତ ମିତ୍ରତା କରନ୍ତୁ, ନିଜ ଅନ୍ତରାତ୍ମାର କଥା ଶୁଣନ୍ତୁ, ତାକୁ ପାଳନ କରନ୍ତୁ ଏବଂ ଅଦ୍ଭୁତ ଚମତ୍କାର ଦେଖନ୍ତୁ...ଆପଣଙ୍କ ଜୀବନ ଆନନ୍ଦରେ ଭରିଯିବ ।

ଖୁସି, ଆମ ମାନସିକ ସ୍ତର ଉପରେ ନିର୍ଭର କରିଥାଏ, ବାହ୍ୟସ୍ତର ସହିତ ତାହାର କୌଣସି ସମ୍ପର୍କ ନଥାଏ । ଆପଣ ଆନନ୍ଦ ସଂଗ୍ରହ କରନ୍ତୁ ବା ଦୁଃଖ, ଏହା ସମ୍ପୂର୍ଣ୍ଣ ଭାବରେ ଆପଣଙ୍କର ମାନସିକତା ଉପରେ ନିର୍ଭର କରିଥାଏ । ଆପଣଙ୍କ ଦୃଷ୍ଟି ଯେଉଁ ଜିନିଷକୁ ଖୋଜିବ, ତାହାହିଁ ଆପଣଙ୍କୁ ଦେଖାଯିବ ଏବଂ ତାହାହିଁ ମିଳିବ ।

ଛଞ୍ଚାଣକୁ ଦେଖନ୍ତୁ । ଆକାଶରେ ଉଡ଼ୁଥିଲେ ମଧ୍ୟ ସେ ତଳକୁ ଦେଖୁଥାଏ, ମାତ୍ର ତା'ର ଦୃଷ୍ଟି କେବଳ ମୃତ ଶରୀର ଖୋଜୁଥାଏ । ପ୍ରକୃତିର ସବୁଜିମା ଓ ସୁନ୍ଦରତା ସହିତ ତା'ର କୌଣସି ସମ୍ପର୍କ ନଥାଏ । ତାକୁ ସେହି ମନମୋହକ ଦୃଶ୍ୟାବଳୀରୁ କୌଣସି ଆନନ୍ଦ ମିଳିନଥାଏ । କାରଣ, ତାକୁ କେବଳ ନିଜ ଲକ୍ଷ୍ୟର ହିଁ ସନ୍ଧାନ ଥାଏ ଏବଂ ତା'ର ସେହି ଲକ୍ଷ୍ୟ, ମୃତ ଶରୀର ଅଟେ । ସେ, ସେହିଗୁଡ଼ିକର ହିଁ ସନ୍ଧାନ କରୁଥାଏ । ତାକୁ କେବଳ ମୃତ ପଶୁମାନଙ୍କୁ ହିଁ ପ୍ରାପ୍ତ କରିବାରେ ଆନନ୍ଦ ମିଳିଥାଏ ।

ଯଦି ଆମକୁ ସଫଳ ହେବାର ଅଛି, ଜୀବନର ପ୍ରକୃତ ସୁଖପ୍ରାପ୍ତ କରିବାର ଅଛି, ତେବେ ସର୍ବପ୍ରଥମେ ନିଜ ଯଥାର୍ଥ ସ୍ୱରୂପକୁ ଚିହ୍ନିବାକୁ ହେବ । ଜଗତକୁ ଛାଡ଼ି ସର୍ବପ୍ରଥମେ ନିଜ ବିଷୟରେ ଚିନ୍ତନ କରିବାକୁ ହେବ । ଯିଏ ନିଜ ଯଥାର୍ଥ ସ୍ୱରୂପକୁ ଚିହ୍ନିପାରିଲା, ଜାଣନ୍ତୁ ସେ, ଜଗତକୁ ଚିହ୍ନିପାରିଲା ।

ଚମ୍ପାରଣ ସତ୍ୟାଗ୍ରହ ପ୍ରସଙ୍ଗରେ ମହାତ୍ମା ଗାନ୍ଧୀଙ୍କ ସହିତ କସ୍ତୁରବା ମଧ୍ୟ ଚମ୍ପାରଣ ଯାଇଥିଲେ । ଦିନେ ଗାନ୍ଧୀ ଜୀ, ତାଙ୍କୁ କହିଲେ, ''ତୁମେ ବି ଚାଷୀମାନଙ୍କ ପିଲାମାନଙ୍କ ପାଖକୁ ଯାଅ, ତାଙ୍କୁ ପାଠ ପଢ଼ାଅ ।'' କସ୍ତୁରବା କହିଲେ, ''ମୁଁ ତାଙ୍କୁ କ'ଣ ଶିଖାଇବି ? ମୋତେ ବିହାରୀ ହିନ୍ଦୀ ତ ଆସୁନି ।'' ଗାନ୍ଧୀ ଜୀ କହିଲେ, ''କଥା ଏହା ନୁହେଁ । ପିଲାମାନଙ୍କର ପ୍ରାଥମିକ ଶିକ୍ଷା ସ୍ୱଚ୍ଛତା ଅଟେ । ଚାଷୀଙ୍କ ପିଲାମାନଙ୍କୁ ଏକତ୍ର କର । ସେମାନଙ୍କର ଦାନ୍ତ ଦେଖ, ଆଖି ଦେଖ, ସେମାନଙ୍କୁ ସ୍ନାନ କରାଅ । ଏହିପ୍ରକାରେ, ସେମାନଙ୍କୁ ସ୍ୱଚ୍ଛତାର ପ୍ରଥମ ପାଠ ଶିଖାଅ । ଭବିଷ୍ୟତରେ ଯେତେବେଳେ ତୁମେ ତାଙ୍କ ଭାଷା ବୁଝିବାକୁ ଲାଗିବ, ସେତେବେଳେ ତୁମେ ସେମାନଙ୍କୁ ଜ୍ଞାନ ମଧ୍ୟ ଦେଇପାରିବ ।'' ଆଗାମୀ ଦିନ କସ୍ତୁରବା ତାହାହିଁ କରିବାକୁ ଲାଗିଲେ ।

ଚେତନାରୁ ଅବଚେତନା ଦିଗକୁ

ଯଦି ଆପଣଙ୍କୁ ସଫଳତା ପ୍ରାପ୍ତ କରିବାର ଅଛି, ତେବେ ସର୍ବପ୍ରଥମେ ନିଜ ଚେତନ ଓ ଅବଚେତନ ମନ ମଧ୍ୟରେ ସନ୍ତୁଳନ ସ୍ଥାପନ କରିବାକୁ ହେବ । ଚେତନ ମନରେ ଆସିଥିବା ସକରାତ୍ମକ ବିଚାରକୁ ଅବଚେତନ ମନକୁ ପଠାଇବାକୁ ହେବ । ଠିକ୍ ସେହିପ୍ରକାରେ, ଯେଉଁପ୍ରକାରରେ ରେଡିଓ ତରଙ୍ଗ ଦ୍ୱାରା କୌଣସି ସନ୍ଦେଶ, ଗୋଟିଏ ସ୍ଥାନରୁ ଅନ୍ୟ ଏକ ସ୍ଥାନକୁ ପଠାଯାଇଥାଏ । ଯଦି ଆପଣ ଏପରି କରନ୍ତି, ତେବେ ସକରାତ୍ମକ ଚିନ୍ତାର ଗୋଟିଏ ଗୋଟିଏ ସୂତା, ଦିନେ ଏକ ଶକ୍ତ ଦଉଡ଼ିରେ ପରିଣତ ହୋଇଯିବ । ଆପଣଙ୍କର ଚେତନ ମନ ଓ ଅବଚେତନ ମନ ମଧ୍ୟରେ ଏହି ସୂତାକୁ ଯେତେବେଳେ ଆପଣ ଏକ ଶକ୍ତ ଦଉଡ଼ିର ସ୍ୱରୂପ କରିଦେବେ, ତେବେ ଆପଣଙ୍କୁ ବାଞ୍ଛିତ ସଫଳତା ପାଇବାରୁ କେହି ରୋକିପାରିବେ ନାହିଁ ।

ବନ୍ଧୁଗଣ, ଜୀବନରେ ଆମେ ଯେଉଁ କାର୍ଯ୍ୟନି ଆରମ୍ଭ କରେ, ତାହା ଭଲ ହେଉ ବା ଖରାପ, ତାକୁ ସର୍ବପ୍ରଥମେ ଆମର ଚେତନ ମନ ଗ୍ରହଣ କରିଥାଏ । ସେହି କାର୍ଯ୍ୟକୁ ଯେତେବେଳେ ଆମେ ବାରମ୍ବାର କରନ୍ତି, ତେବେ ସେହି କାର୍ଯ୍ୟ ଆମ ଅବଚେତନ ମନରେ ସ୍ଥାୟୀ ଭାବେ ଅଙ୍କିତ ହୋଇଯାଇଥାଏ । ଏହାକୁ ଅନ୍ୟ ଶବ୍ଦରେ ଏହିପରି ଭାବରେ ମଧ୍ୟ କୁହାଯାଇପାରେ ଯେ, ସେହି କାର୍ଯ୍ୟକୁ କରିବାର

ନିଜ ମନରେ ସର୍ବଦା ଉଚ୍ଚ ତଥା ପ୍ରଗତିଶୀଳ ବିଚାର ଭରନ୍ତୁ, ସର୍ବଦା ସଫଳ ହେବାର କାମନା କରନ୍ତୁ । ଯଦି ଗୋଟିଏ ଥର ଆପଣଙ୍କ ଅବଚେତନ ମନ ଏହାକୁ ସ୍ୱୀକାର କରିନେଲା, ତେବେ ସମ୍ପୂର୍ଣ୍ଣ ଶକ୍ତି ସହିତ ସଫଳତାର ନୂଆ ବିଚାର ତିଆରି କରିବାକୁଲାଗିବ । ଆପଣଙ୍କର ସଫଳ ହେବାକୁ ଥିବା ଯୋଜନାଗୁଡ଼ିକ ସ୍ୱତଃ ହିଁ ତିଆରି ହେବା ଆରମ୍ଭ ହୋଇଯିବ ।

-ସୂର୍ଯ୍ୟ ସିହ୍ନା

ସେହି ସମ୍ପୂର୍ଣ୍ଣ ପ୍ରଣାଳୀ ଅବଚେତନ ମନରେ ନିଜକୁ ସ୍ଥାପିତ କରିନିଏ । ଏହାପରେ, ଏପରି ଏକ ସମୟ ଆସେ, ଆମେ ସେହି କାର୍ଯ୍ୟ କରିବାରେ ଏତେ ପରିମାଣରେ ପରିପକ୍ୱ ହୋଇଯାଉ ଯେ, ସେହି କାର୍ଯ୍ୟ କରିବା ପାଇଁ ଚିନ୍ତା କରିବାର ଆବଶ୍ୟକତା ହୁଏନାହିଁ । ସେହି କାର୍ଯ୍ୟ ପ୍ରାକୃତିକ ରୂପରେ ସ୍ୱୟଂକୃତ ଭାବେ ହେବାକୁ ଲାଗେ ।

ଏହାକୁ ଆପଣ ଏହିପ୍ରକାରେ ମଧ୍ୟ ବୁଝିପାରିବେ – ଧରିନିଅନ୍ତୁ ଯେ, ଗୋଟିଏ ପିଲା ସାଇକଲ୍ ଚଲାଇବା ଶିଖୁଛି । ପ୍ରାରମ୍ଭରେ କୌଣସି ବ୍ୟକ୍ତି ତାକୁ, କିପରି ହ୍ୟାଣ୍ଡଲ୍‌କୁ ଧରି ନିଜ ତଥା ସାଇକଲ୍ ମଧ୍ୟରେ ସନ୍ତୁଳନ ରଖି ସିଟ୍‌ରେ ବସିବ, କେଉଁଭଳି ପ୍ୟାଡେଲ୍‌ରେ ପାଦ ଚଲାଇବ, କେଉଁପରି ସାମନାକୁ ନଜର ରଖି ଗୋଡ଼ ଓ ହାତକୁ ନିଜ ନିଜ କାର୍ଯ୍ୟ କରିବାକୁ ଦେବ, ଶିଖାଇଥାଏ । ପ୍ରଥମେ ପ୍ରଥମେ ସାଇକଲ୍ ଚଲାଇବା ଶିଖୁଥିବା ପିଲା, ଏହି ସମସ୍ତ କାର୍ଯ୍ୟ ମଧ୍ୟରେ ତାଳମେଳ ରଖିପାରେ ନାହିଁ । କେତେବେଳେ ନଜର ପ୍ୟାଡେଲ୍‌କୁ ଚାଲିଯାଏ ତ କେତେବେଳେ ଅନାବଶ୍ୟକ ବ୍ରେକ୍ ଲାଗିଯାଏ । ପିଲାଟି, କେତେବେଳେ ସାଇକଲ୍ ସମେତ ପଡ଼ିଯାଏ ତ କେତେବେଳେ କେଉଁଠି, କାହାସହିତ ମାଡ଼ ହୋଇଯାଏ । ଯେତେବେଳେ ସେ ବାରମ୍ବାର ସେହି କାର୍ଯ୍ୟକୁ କରେ, ସେତେବେଳେ ସାଇକଲ୍ ଚଲାଇବାର ସମ୍ପୂର୍ଣ୍ଣ ସିଦ୍ଧାନ୍ତ ତା'ର ଅବଚେତନ ମନରେ ଅଙ୍କିତ ହୋଇଯାଏ । ତାହାପରେ ସେହି କାମ, ଯାହା କିଛି ଦିନ ପୂର୍ବେ ତାକୁ ଅତ୍ୟନ୍ତ କଠିନ ଲାଗୁଥିଲା, ତାକୁ ସେ ବହୁତ ସହଜରେ କରିବାକୁ ଲାଗେ । ସାଇକଲ୍ ଚଲାଇବାର ଏହି ସମ୍ପୂର୍ଣ୍ଣ ସିଦ୍ଧାନ୍ତ ତା' ଅବଚେତନ ମନରେ ସ୍ଥାପିତ ହୋଇଯାଏ ଏବଂ ତାହାପରେ ତା'ର ହାତ-ଗୋଡ଼ ନିଜେ ନିଜର କାର୍ଯ୍ୟ କରିବାକୁ ଲାଗନ୍ତି । ପାଦ, ପ୍ୟାଡେଲ୍ ମାରିବାରେ ବ୍ୟସ୍ତ ହୋଇଯାଏ, ନଜର ସାମନାକୁ ରୁହେ, କିଏ ସାମନାକୁ ଆସିଲେ ବା ରାସ୍ତାରେ କୌଣସି ଅବରୋଧ ଆସିଲେ ହାତ ବ୍ରେକ୍ ଲଗାଇଦିଏ ଏବଂ ଚେତାବନୀ ଦେବାପାଇଁ ବୁଢ଼ା ଆଙ୍ଗୁଠି ଘଣ୍ଟି ବଜାଇଥାଏ । ଏହିପ୍ରକାରେ ସେ, ଅତ୍ୟନ୍ତ ସାବଧାନତାର ସହ ସାଇକଲ୍ ଚଲାଇବାକୁ ଲାଗେ । ସାଇକଲ୍ ଚଲାଇବା ତା'ର ଅଭ୍ୟାସ ହୋଇଯାଏ ।

ଏହିପ୍ରକାରରେ, କୌଣସି କାମ ଯେତେବେଳେ ଆମେ ବାରମ୍ବାର କରୁ, ସେତେବେଳେ ତାହାକୁ କରିବାର ଶୈଳୀ ଆମର ଚେତନ ମନ ଦ୍ୱାରା ଅବଚେତନ ମନରେ ସୁରକ୍ଷିତ ହୋଇଯାଏ । ଏହି ସମଗ୍ର ପ୍ରଣାଳୀକୁ ଏହି ଉଦାହରଣ ମାଧ୍ୟମରେ ମଧ୍ୟ ବୁଝାଯାଇପାରେ –

ଯେଉଁ ପ୍ରକାରରେ ଆପଣ କମ୍ପ୍ୟୁଟର୍‌ରେ କୌଣସି କାମ କରନ୍ତି, ତାହା ଏକ

ବାହ୍ୟ କ୍ରିୟା ଅଟେ । ତାହାପରେ, ଆପଣ ସେହି କାମର ଫାଇଲ୍ ତିଆରି କରି କମ୍ପ୍ୟୁଟର୍‌ରେ 'ସେଭ୍' କରିଦିଅନ୍ତି, ଏହାହେଉଛି ଚେତନ ମନରୁ ଅବଚେତନ ମନକୁ ପଠାଇବା । ଏବେ, ଭବିଷ୍ୟତରେ ଯେବେବି ଆପଣଙ୍କୁ ସେହି ଫାଇଲ୍‌ର ଆବଶ୍ୟକତା ହେବ, ତାହା ଗୋଟିଏ 'କ୍ଲିକ୍'ରେ ଖୋଲିଯିବ ଏବଂ ଆପଣ ତାହକୁ ସହଜରେ ପଢ଼ିପାରିବେ । ଆବଶ୍ୟକତାନୁସାରେ ସେଥିରେ କାର୍ଯ୍ୟ କରିପାରିବେ ।

ବନ୍ଧୁଗଣ, ଯେଉଁପ୍ରକାରରେ କମ୍ପ୍ୟୁଟର୍‌କୁ ଏହା ଜଣାନଥାଏ ଯେ, ସେଥିରେ କେଉଁ ପ୍ରକାରର ପ୍ରୋଗ୍ରାମ୍ ଇନ୍‌ଷ୍ଟଲ୍ କରାଯାଉଛି, ଠିକ୍ ସେହି ପ୍ରକାରେ ଆମ ମସ୍ତିଷ୍କକୁ ଏହା ଜଣାନଥାଏ ଯେ, ସେଥିରେ କେଉଁ ପ୍ରକାରର ପ୍ରୋଗ୍ରାମ୍ 'ସେଭ୍' କରାଯାଉଛି । ଯେଉଁପରି ଚିନ୍ତାଧାରା ଓ ବିଚାର ଆପଣ ସଂଚାର କରିବେ, ଠିକ୍ ସେହିପରି ଆପଣଙ୍କ ମସ୍ତିଷ୍କ ମଧ୍ୟ ଗ୍ରହଣ କରିବ । ଯଦି ଆପଣ ନିଜ ମନରେ ନିରାଶା, ଦାରିଦ୍ର୍ୟ, ଭୟ, ଚିନ୍ତା, ନିରୁତ୍ସାହତା, ଦୁର୍ବଳତା ପରି ପ୍ରୋଗ୍ରାମ୍ ଫିଡ୍ କରିବେ ଏବଂ ଭାବିବେ ଯେ, ମୁଁ ତ କିଛି ହିଁ କରିପାରିବି ନାହିଁ, ମୁଁ କେବେବି ସଫଳ ହୋଇପାରିବି ନାହିଁ, ମୁଁ ଦୁର୍ବଳ ଅଟେ, ମୁଁ କୌଣସି କାମର ନୁହେଁ, ସେତେବେଳେ ଆପଣଙ୍କ ମନ ଏହିସମସ୍ତ ବିଚାରଗୁଡ଼ିକୁ ଗ୍ରହଣ କରି ନିଜ ମଧ୍ୟରେ ସୁରକ୍ଷିତ କରିନେବ । ଏହାର ଦୁଷ୍ପରିଣାମ ଏହା ହେବ, ଯେତେବେଳେବି ଆପଣ କୌଣସି କାମ କରିବା ପାଇଁ ନିଜ ମନ ରୂପୀ କମ୍ପ୍ୟୁଟର୍ ଖୋଲିବେ, ସେତେବେଳେ ଏହି ଆପ୍ଲିକେଶନ୍ସ ଖୋଲିବ ଏବଂ ଆପଣ ନିଜର ନକରାତ୍ମକ ବିଚାର କାରଣରୁ ଅସଫଳ ହୋଇଯିବେ । ଆପଣଙ୍କ ମନରେ ବାରମ୍ବାର ନିରାଶା, ଅସଫଳତା, ଭୟ, ଉତ୍ସାହହୀନତା ଆଦିର ସଂକେତ ଆସିବ ଏବଂ ସେହି ସଂକେତମାନ କୌଣସି କାର୍ଯ୍ୟରେ ସଫଳତା ପ୍ରାପ୍ତ କରିବାକୁ ଦେବେନାହିଁ । ସଫଳତା ମଧ୍ୟ କିପରି ପ୍ରାପ୍ତ ହେବ ? ଆପଣ ତ ମାନିନେଇଛନ୍ତି ଯେ, – 'ମୁଁ କୌଣସି କାମର ନୁହେଁ ।'

ଏହା ବିପରୀତେ, ଯଦି ଆପଣ ନିଜ ମନର ପ୍ରୋଗ୍ରାମିଙ୍ଗ୍ ସକରାତ୍ମକ ଭାବରେ କରିବେ, ଯେପରି – 'ଦୁନିଆରେ ପ୍ରତ୍ୟେକ କାର୍ଯ୍ୟ ସମ୍ଭବ । ମୁଁ ସବୁପ୍ରକାର କାର୍ଯ୍ୟ କରିପାରିବି । ମୁଁ ଜୀବନରେ ସଫଳ ହେବି, କାରଣ ମୋଠାରେ ସଫଳତା ପାଇବାର ଓ ବିଜେତା ବିଶିଷ୍ଟ ଗୁଣ ଅଛି ।' ତେବେ ଆପଣଙ୍କର ଅବଚେତନ ମନ ଏହି ପ୍ରୋଗ୍ରାମ୍ ଅର୍ଥାତ୍ ବିଚାରଗୁଡ଼ିକୁ ସେଭ୍ କରିନେବ । ଯେତେବେଳେବି ଆପଣ କୌଣସି କାର୍ଯ୍ୟ କରିବେ, ସେତେବେଳେ ଆପଣଙ୍କ ମସ୍ତିଷ୍କ ରୂପୀ କମ୍ପ୍ୟୁଟର୍‌ରେ ଏହି ଫାଇଲ୍‌ଗୁଡ଼ିକ ଖୋଲିଯିବ । ଏହି ଫାଇଲ୍‌ଗୁଡ଼ିକରୁ ଉତ୍ପନ୍ନ ଧ୍ୱନିମାନ ଆପଣଙ୍କ ଅବଚେତନ ମନରେ

ଗୁଞ୍ଜିତ ହୋଇଉଠିବ – 'ଦୁନିଆରେ କୌଣସି କାମ କଷ୍ଟକର ନୁହେଁ...ମୁଁ ସବୁ କାର୍ଯ୍ୟ କରିପାରିବି...ମୁଁ ଜୀବନରେ ସଫଳ ହେବି...ଆଦି ।' ଏହି ଧ୍ୱନିମାନ ଆପଣଙ୍କୁ ସଫଳତା ଦିଗକୁ ନେଇଯିବ । ଆପଣଙ୍କ ଉତ୍ସାହ, ଆତ୍ମବିଶ୍ୱାସରେ ଅପ୍ରତ୍ୟାଶିତ ବୃଦ୍ଧି ହୋଇଯିବ ଏବଂ ଏହାର ବଳରେ ଆପଣ ଦ୍ରୁତଗତିରେ ସଫଳତା ଦିଗକୁ ବଢ଼ିବେ ।

ଆପଣ ଦେଖିଥିବେ, କିଛି ବ୍ୟକ୍ତି ଦ୍ରୁତଗତିରେ ସଫଳତା ଆଡ଼କୁ ବଢ଼ନ୍ତି । ସେମାନେ, ଦିନ-ପ୍ରତିଦିନ ସଫଳ ହୋଇଚାଲନ୍ତି । ଯେତେବେଳେକି ଲକ୍ଷ-ଲକ୍ଷ ଲୋକ ଦାରିଦ୍ର୍ୟତା ଭରା କିମ୍ବା ଅତ୍ୟନ୍ତ ସାଧାରଣ ଜୀବନ-ଯାପନ କରନ୍ତି । ସମସ୍ତ ଖେଳ ହେଉଛି ମସ୍ତିଷ୍କ ରୂପୀ କମ୍ପ୍ୟୁଟର୍ ପ୍ରୋଗ୍ରାମିଙ୍ଗ୍‌ର । ଯେଉଁ ଲୋକମାନେ ନିଜ ମସ୍ତିଷ୍କର ପ୍ରୋଗ୍ରାମିଙ୍ଗ୍ ଧନ ଓ ସଫଳତା ପ୍ରାପ୍ତ କରବା ପାଇଁ କରାଇଥିବେ, ସେମାନେ ଧନୀ ଓ ସଫଳ ହୁଅନ୍ତି । ଏହା ବିପରୀତେ, ଯେଉଁ ଲୋକମାନେ ନିଜ ମସ୍ତିଷ୍କରେ ଦାରିଦ୍ର୍ୟ, ଅସଫଳତା ଓ ଦୁଃଖ ପ୍ରୋଗ୍ରାମିଙ୍ଗ୍ କରନ୍ତି, ସେମାନେ ଦାରିଦ୍ର୍ୟ, ଅସଫଳତା ଓ ଦୁଃଖରେ ହିଁ କାଳାତିପାତ କରନ୍ତି । ସେମାନେ କେବେବି ସୁଖ-ବୈଭବ ଭୋଗ କରିପାରନ୍ତି ନାହିଁ । ସାଧାରଣ ସ୍ତରର ଜୀବନ ଯାପନ କରିବା ହିଁ ସେମାନଙ୍କର ନିୟତି ହୋଇଯାଏ ।

କିପରି ହୁଏ ମସ୍ତିଷ୍କର ପ୍ରୋଗ୍ରାମିଙ୍ଗ୍

ଏହି ତଥ୍ୟ ସମସ୍ତେ ଜାଣିବା ଉଚିତ ଯେ, ଆମ ମସ୍ତିଷ୍କର ପ୍ରୋଗ୍ରାମିଙ୍ଗ୍ କିପରି ହୋଇଥାଏ ? କିପରି ତିଆରି ହୁଏ ଆମ ମସ୍ତିଷ୍କର ପ୍ରୋଗ୍ରାମିଙ୍ଗ୍ ? ଆସନ୍ତୁ ଏହାକୁ ଜାଣିବା – ଆମ ମସ୍ତିଷ୍କର ଦୁଇଟି ଭାଗ ଥାଏ, ଚେତନ ମନ ଓ ଅବଚେତନ ମନ, ଯାହା କେବଳ ଆମ ପାଇଁ କାର୍ଯ୍ୟ କରିଥା'ନ୍ତି । ଏହାର ଆଲୋଚନା ଏହି ପୁସ୍ତକରେ ପ୍ରଥମରୁ କରାଯାଇସାରିଛି । ଚେତନ ମନର କାମ ହେଉଛି ଚିନ୍ତା କରିବା, ବିଚାର କରିବା । ଅବଚେତନ ମନ, ଚେତନ ମନର ବିଚାରଗୁଡ଼ିକ ମଧ୍ୟରୁ କିଛି ବିଚାରକୁ ଗ୍ରହଣ କରିନିଏ ଏବଂ ସେହିଗୁଡ଼ିକୁ ଆଧାର ପ୍ରଦାନ କରିଥାଏ । ଏହା ହିଁ ହେଉଛି ଆମ ମସ୍ତିଷ୍କର ପ୍ରୋଗ୍ରାମିଙ୍ଗ୍ । ଯେପରି ଆମର ବିଚାର ହୋଇଥାଏ, ସେହିପରି ହିଁ ଆମ ମସ୍ତିଷ୍କର ପ୍ରୋଗ୍ରାମିଙ୍ଗ୍ ହୋଇଥାଏ । ଆମର ଚିନ୍ତାଧାରା, ଆମର ବିଚାର କିମ୍ବା ଏପରି କୁହନ୍ତୁ, ମାନ୍ୟତା ଅନୁସାରେ ଆମ ମସ୍ତିଷ୍କରେ ପ୍ରୋଗ୍ରାମ୍ ତିଆରି ହୁଏ ଏବଂ ସୁରକ୍ଷିତ ବା 'ସେଭ୍' ହୋଇଯାଏ ।

ସମସ୍ତ ଖେଳ ବିଚାରର ଅଟେ, ମାନ୍ୟତାର ଅଟେ । ଯଦି ଆପଣ ଜୀବନରେ ସଫଳ ହେବାକୁ ଚାହାଁନ୍ତି, ତେବେ ଆପଣଙ୍କୁ ନିଜ ମନରୁ ଅସଫଳତା ତଥା ଦାରିଦ୍ର୍ୟତାର ବିଚାରଗୁଡ଼ିକୁ କାଢ଼ିଦେବାକୁ ହେବ । ସେଗୁଡ଼ିକୁ ନିଜ ମନରୁ ନିଷ୍କାସିତ କରି ସେହିସ୍ଥାନରେ ନୂଆ ପ୍ରୋଗ୍ରାମିଙ୍ଗ୍ କରିବାକୁ ହେବ, ଯେଉଁଥିରେ ଏହିସବୁ ବିଚାରଗୁଡ଼ିକୁ ସ୍ଥାପିତ କରିବାକୁ ହେବ - 'ହଁ, ମୁଁ ବିଜେତା ଅଟେ, ମୁଁ ସଫଳତାର ମାର୍ଗରେ ଚାଲୁଛି, ମୁଁ ସମସ୍ତ କାର୍ଯ୍ୟ କରିପାରିବି, ମୋ ଭିତରେ ମାନବ ଦ୍ୱାରା କୃତ ସମସ୍ତ କାର୍ଯ୍ୟଗୁଡ଼ିକୁ କରିବାର ସାମର୍ଥ୍ୟ ଅଛି । ଯେଉଁପରି ସଫଳ ଓ ସମୃଦ୍ଧ ଲୋକମାନେ ନିଜର ସଫଳତା ଓ ସମୃଦ୍ଧିକୁ ନିରନ୍ତର ବୃଦ୍ଧି କରୁଥା'ନ୍ତି, ଠିକ୍ ସେହିପ୍ରକାରେ ମୁଁ ମଧ୍ୟ ସଫଳ ଓ ସମୃଦ୍ଧ ହୋଇପାରିବି । ମୁଁ ମଧ୍ୟ ନିରନ୍ତର ସଫଳତା ଓ ସମୃଦ୍ଧି ଦିଗକୁ ଅଗ୍ରସର ହୋଇପାରିବି ।' ଏହି ସଂସାରରେ ଧନ-ସମ୍ପତ୍ତି, ସୁଖ-ସମୃଦ୍ଧି ତଥା ବୈଭବର ଅନେକ ନଦୀ ପ୍ରବାହିତ ହେଉଛି । ଯେତିକି ଆପଣଙ୍କ ମଧ୍ୟରେ ସାମର୍ଥ୍ୟ ଅଛି, ସେହି ନଦୀମାନଙ୍କରେ ଆପଣ ସେତିକି ଗଭୀର ବୁଡ଼ ପକାଇପାରିବେ । ଯେପରି ଆପଣ ସମୁଦ୍ରଠାରୁ ଯେତେ ଇଚ୍ଛା ଜଳ ଭରିନେଲେ ମଧ୍ୟ ତାହା କମ୍ ହୁଏନାହିଁ, ଠିକ୍ ସେହିପରି ଧନ-ସମ୍ପତ୍ତି, ସୁଖ-ସମୃଦ୍ଧି, ବୈଭବ ରୂପୀ ନଦୀମାନଙ୍କୁ, ସମୁଦ୍ରରୁ ଆପଣ ଯେତେ ନେଇଗଲେ ମଧ୍ୟ ସେଥିରେ ହ୍ରାସ ହେବନାହିଁ ।

ତେଣୁ, ନିଜ ମନରେ ସର୍ବଦା ଉଚ୍ଚ ତଥା ପ୍ରଗତିଶୀଳ ବିଚାର ଭରନ୍ତୁ, ସର୍ବଦା ସଫଳତା ଓ ସଫଳ ହେବା ବିଶ୍ୱାସର ପ୍ରୋଗ୍ରାମ୍ ନିଜ ମନରେ ଇନ୍‌ଷ୍ଟଲ୍ କରନ୍ତୁ । ଯଦି ଥରେ ଆପଣଙ୍କ ଅବଚେତନ ମନ ଏହି କଥାକୁ ସ୍ୱୀକାର କରିନେଲା, ତେବେ ତାହା ପୂର୍ଣ୍ଣ ଶକ୍ତିରେ ସଫଳତାର ନବୀନତମ ବିଚାର ପ୍ରସ୍ତୁତ କରିବା ଆରମ୍ଭ କରିଦେବ । ସଫଳତା ଆଡ଼କୁ ନେଇଯାଉଥିବା ଆପଣଙ୍କ ଯୋଜନାମାନ ସ୍ୱତଃ ହିଁ ତିଆରି ହେବା ଆରମ୍ଭ ହୋଇଯିବ ।

ଅବଚେତନ ମନ, ଆପଣଙ୍କର ଅଦୃଶ୍ୟ ଡ୍ରାଇଭର୍ ଅଟେ । ତାହା ଆପଣଙ୍କର ନିଜତ୍ୱ ଅଟେ ।

ଆପଣଙ୍କର ଅବଚେତନ ମନ, ଆପଣଙ୍କ ଚେତନ ମନର ସମସ୍ତ ଆଦେଶଗୁଡ଼ିକର ପାଳନ କରୁଥିବା ଭୃତ୍ୟ ଅଟେ । ଚେତନ ମନ ଆପଣଙ୍କ ଅବଚେତନ ମନକୁ ଆଦେଶ ଦେଇଥାଏ - ଏହା କର, ଏପରି କର ବା ଏହା କରନାହିଁ ଆଦି । ଆମର ଅବଚେତନ ମନ ଐଶ୍ୱରୀୟ ଶକ୍ତି ସହିତ ଯୋଡ଼ିହୋଇ ରହିଥାଏ । ଯେହେତୁ ଐଶ୍ୱରୀୟ ଶକ୍ତି ଅସୀମ ହୋଇଥାଏ, ସେଥିପାଇଁ ଅବଚେତନ ମନ ପ୍ରାକୃତିକ ଭାବରେ

ସ୍ୱତଃସ୍ଫୂର୍ତ୍ତ ପ୍ରକ୍ରିୟା ଅନ୍ତର୍ଗତ କାର୍ଯ୍ୟ କରିଥାଏ । ଚେତନ ଅବସ୍ଥାରେ ଯେତେବେଳେ ଆପଣ କୌଣସି କାର୍ଯ୍ୟକୁ ବାରମ୍ବାର କରନ୍ତି, ସେତେବେଳେ ସେହି କାର୍ଯ୍ୟ ବା ବିଚାର ଆପଣଙ୍କ ଅବଚେତନ ମନରେ ସ୍ୱତଃ ପହଞ୍ଚିଯାଇଥାଏ । ଅବଚେତନ ମନ 'କାର୍ଯ୍ୟଟି ଭୁଲ୍ ବା ଠିକ୍ କିମ୍ବା ବିଚାରଟି ଭୁଲ୍ ବା ଠିକ୍' ଏହା ଉପରେ ବିଚାର କରେନାହିଁ, ତାହା ତାକୁ 'ସେଭ୍' କରିନିଏ । ଯେପରି ଆପଣ କୌଣସି ସକରାତ୍ମକ ବିଚାରକୁ ବାରମ୍ବାର ପୁନରାବୃତ୍ତି କରନ୍ତି କିମ୍ବା କୌଣସି ସକରାତ୍ମକ କାର୍ଯ୍ୟକୁ ବାରମ୍ବାର କରନ୍ତି, ତେବେ ସକରାତ୍ମକ ଭାବନା ଆପଣଙ୍କ ଅବଚେତନ ମନରେ ପହଞ୍ଚି, ଆପଣଙ୍କୁ ସବୁଦିନ ପାଇଁ ସକରାତ୍ମକ ବୁଦ୍ଧି ବିଶିଷ୍ଟ କରିଦିଏ । ଏହା ବିପରୀତେ, ଯଦି ଆପଣ ନକାରାତ୍ମକ କ୍ରିୟା କରନ୍ତି କିମ୍ବା ନିଜ ମନରେ ନକରାତ୍ମକ ବିଚାର ଆଣନ୍ତି, ତେବେ ବାରମ୍ବାର କରିବା ଦ୍ୱାରା ସେହି କ୍ରିୟା ବା ବିଚାରଗୁଡ଼ିକ ଆପଣଙ୍କ ଅବଚେତନ ମନରେ ପହଞ୍ଚି ଆପଣଙ୍କର ବୁଦ୍ଧିକୁ ନକରାତ୍ମକ କରିଦେବେ ।

ପ୍ରକୃତିର ସ୍ୱଭାବକୁ ବୁଝନ୍ତୁ

ପ୍ରକୃତି ଯେତିକିବି କାର୍ଯ୍ୟ କରେ, ସ୍ଥାୟୀ ଭାବରେ କରିଥାଏ । ସେ କେବେବି ନିଜର ଅଭ୍ୟାସ ଓ ସ୍ୱଭାବ ପରିବର୍ତ୍ତନ କରିନଥାଏ । ଆଦିମ କାଳରୁ ଏହି ପରମ୍ପରା ଚାଲିଆସିଛି ଯେ, ଗହମ ମଞ୍ଜିରୁ ଗହମ ଗଛ ହୋଇଥାଏ ଏବଂ ଆମ୍ବ ମଞ୍ଜି (ଟାକୁଆ)ରୁ ଆମ୍ବ ଗଛ । ସର୍ବଦା ସୂର୍ଯ୍ୟୋଦୟ ପୂର୍ବଦିଗରୁ ହୋଇଆସୁଛି, ଆଜିବି ହେଉଛି ଏବଂ ଯେପର୍ଯ୍ୟନ୍ତ ମାନବ ଜୀବନ ଅଛି, ସେପର୍ଯ୍ୟନ୍ତ ହେଉଥିବ । ଦିନ ପରେ ରାତି ଏବଂ ରାତି ପରେ ଦିନ ହେବା ନିଶ୍ଚିତ । ଏହାର ଅର୍ଥ ହେଉଛି, ଅନନ୍ତ କାଳରୁ ପ୍ରକୃତି ନିଜ ସ୍ୱଭାବ ପରିବର୍ତ୍ତିତ କରିନାହିଁ । ମନୁଷ୍ୟ ମଧ୍ୟ ଯେଉଁ କାର୍ଯ୍ୟକୁ ବାରମ୍ବାର କରିଥାଏ କିମ୍ବା ବାରମ୍ବାର କରେ, ତେବେ ପ୍ରକୃତି ସେହି କାର୍ଯ୍ୟକୁ ତା'ର ଅଭ୍ୟାସରେ ପରିବର୍ତ୍ତିତ କରିଦିଏ ।

ଅଭ୍ୟାସ ଗୋଟିଏ ଦଉଡ଼ି ପରି ହୋଇଥାଏ । ପ୍ରତ୍ୟେକ ଥର ଓ ବାରମ୍ବାର କରାଯାଇଥିବା କାର୍ଯ୍ୟ ଗୋଟିଏ ଗୋଟିଏ ସୁତା ଭଳି ଚେତନ ମନରୁ ଅବଚେତନ ମନକୁ ପହଞ୍ଚୁଥାଏ । ସେଠାରେ ସମସ୍ତ ସୁତା ଏକତ୍ରିତ ହୋଇ ଦଉଡ଼ିର ରୂପ ଧାରଣ କରିନିଅନ୍ତି । ତେଣୁ, କୌଣସି ବ୍ୟକ୍ତିର ସଫଳତା ପାଇଁ ଏହା ଅତ୍ୟନ୍ତ ଜରୁରୀ ଯେ ସେ, ଚେତନ ମନରେ ସକରାତ୍ମକ କାର୍ଯ୍ୟ ଏବଂ ସକରାତ୍ମକ ବିଚାରଗୁଡ଼ିକୁ ସୁତା

ରୂପରେ ଅବଚେତନ ମନରେ ପହଞ୍ଚାଉଥାଉ, ଯେଉଁଥିରୁ ସକରାତ୍ମକ ବିଚାରଧାରା ରୂପୀ ସେହି ସୁତାମାନ ପରସ୍ପର ସହିତ ମିଶି ଶକ୍ତ ଦଉଡ଼ି ତିଆରି କରୁଥା'ନ୍ତି ଏବଂ ତାହା ନିରନ୍ତର ଶକ୍ତିଶାଳୀ ହେଉଥାଏ । ଗୋଟିଏ ଥର ଦଉଡ଼ି ଶକ୍ତ ହୋଇଯିବାପରେ ମୋର ଦୃଢ଼ ବିଶ୍ୱାସ ଯେ, ପ୍ରଥମେ ଆପଣ ନିଜ ମନକୁ ଜିତିବେ, ତାହାପରେ ସମଗ୍ର ବିଶ୍ୱକୁ ଜିତିଯିବେ । ଅର୍ଥାତ୍, ସବୁ ଦୃଷ୍ଟିରୁ ସଫଳତା ଆପଣଙ୍କ ପାଦସ୍ପର୍ଶ କରିବ । ଦୁନିଆର କୌଣସି ଶକ୍ତି ଆପଣଙ୍କୁ ସଫଳ ହେବାରୁ ରୋକିପାରିବ ନାହିଁ । ନିଜେ ଆପଣ ମଧ୍ୟ ନୁହଁନ୍ତି, କାରଣ ସେପର୍ଯ୍ୟନ୍ତ ଆପଣ ସକରାତ୍ମକତାର ଏତେ ଅଭ୍ୟସ୍ତ ହୋଇସାରିଥିବେ ଯେ, ଆପଣଙ୍କର ପ୍ରତ୍ୟେକ ପଦକ୍ଷେପ, ନିଶ୍ଚିତ ଭାବରେ ସଫଳତା ଦିଗକୁ ହିଁ ଯିବ ।

ଯେଉଁ ବ୍ୟକ୍ତି ସକରାତ୍ମକତାର ଏହି ପ୍ରଭାବକୁ ବୁଝିପାରେ ନାହିଁ, ସେ ସର୍ବଦା ଅସଫଳ ରହିଥାଏ । ଏହା ବିପରୀତେ, ସକରାତ୍ମକ ଚିନ୍ତାଧାରା ବିଶିଷ୍ଟ ସଫଳ ବ୍ୟକ୍ତି, ଦିନ-ପ୍ରତିଦିନ ସଫଳ ହୋଇଚାଲିଥାଏ ।

ଯେଉଁ ଲୋକମାନେ ଆଜି ଦାରିଦ୍ର୍ୟ ଓ ଶୋଷିତ ଜୀବନ ବଞ୍ଚୁଛନ୍ତି, ସେମାନେ ଏହାକୁ ଭାଗ୍ୟର ଖେଳ ମାନନ୍ତି । ଏପରି ମଧ୍ୟ କିଛି ଲୋକ ଅଛନ୍ତି, ଯେଉଁମାନେ ବର୍ତ୍ତମାନର ଦୁସ୍ଥ ପରିସ୍ଥିତିକୁ ପୂର୍ବଜନ୍ମର କର୍ମଫଳ ବୋଲି ମାନନ୍ତି । ସେମାନଙ୍କର ଏହି ଧାରଣା ଥାଏ ଯେ, ଯେପର୍ଯ୍ୟନ୍ତ ପୂର୍ବଜନ୍ମ ପାପର ଅଭିଶାପ ବର୍ତ୍ତମାନ ଜୀବନ ସହିତ ଜଡ଼ିତ ରହିଥିବ, ନା ଦୁସ୍ଥତା ଦୂରହେବ, ନା ହିଁ ସଫଳତା ତାଙ୍କ ନିକଟକୁ ଆସିବ । ସେମାନଙ୍କୁ କୌଣସି ବ୍ୟକ୍ତିର ସଫଳତା, କୌଣସି ପ୍ରକାରର କୁହୁକ କିମ୍ବା ଚମତ୍କାର ଭଳି ଲାଗିଥାଏ । ସେମାନେ ଏହିକଥାକୁ ବୁଝିହିଁ ପାରନ୍ତି ନାହିଁ ଯେ, ଏହି ସମସ୍ତ ଖେଳ ସକରାତ୍ମକତାର ଅଟେ । ସେମାନଙ୍କୁ ଲାଗିଥାଏ ଯେ, ସଫଳ ଲୋକମାନେ ଭାଗ୍ୟର ଧନୀ ଅଟନ୍ତି ଏବଂ ଈଶ୍ୱର ସେମାନଙ୍କ ଉପରେ କିଛି ଅଧିକ କୃପାମୟ ହୋଇଥା'ନ୍ତି, ଯେତେବେଳେକି ସତ୍ୟତା ଏହା ନୁହେଁ । ଈଶ୍ୱର ସବୁ ସମୟରେ, ସମସ୍ତଙ୍କ ଉପରେ ନିଜର କୃପା ବର୍ଷା କରିଥା'ନ୍ତି । ଖରାପ ଭାଗ୍ୟ କାହାର ନାହିଁ । ତଫାତ କେବଳ ଚିନ୍ତାଧାରର ଅଟେ, ବିଚାରର ଅଟେ, କାମ କରିବା ଶୈଳୀର ଅଟେ । ଭାଗ୍ୟକୁ ସୁଧାରିବା ବା ବିଗାଡ଼ିବା ସ୍ୱୟଂ ମନୁଷ୍ୟ ହାତରେ ହିଁ ଥାଏ । ଏଥିରେ ଭାଗ୍ୟର ଭୂମିକା କେଉଁଠାରୁ ଆସିଲା ? ଏହା କେବଳ ବୁଝିବାର ବିଷୟ ଅଟେ, କାମ କରିବା ଶୈଳୀର ବିଷୟ ଅଟେ ।

ମନେରଖନ୍ତୁ, ବିଭିନ୍ନ କର୍ମ କରୁଥିବା ଅବସ୍ଥାରେ ନିଜ ବୁଦ୍ଧିର ସକରାତ୍ମକ କିମ୍ବା

ନକରାତ୍ମକ ପ୍ରୟୋଗ, ଭଲ-ମନ୍ଦ ବିଚାର ଏବଂ ମାନବିକ କିମ୍ବା ଅମାନବିକ ଭାବନା ଅନୁସାରେ ମନୁଷ୍ୟ, ନିଜ ଭାଗ୍ୟ ନିଜେ ଲେଖିଥାଏ ।

ନିଜ ଅଭ୍ୟାସ ବଦଳା'ନ୍ତୁ, ସଫଳ ହୁଅନ୍ତୁ

ପ୍ରଥମେ ପ୍ରଥମେ ଆମେ ନିଜେ ଅଭ୍ୟାସକୁ ତିଆରି କରୁ, ପରେ ସେ ଆମକୁ ତିଆରି କରେ କିମ୍ବା ଭାଙ୍ଗେ । ସେଥିପାଇଁ କୁହାଯାଏ ଯେ, ନିଜ ଭିତରେ ଭଲ ଅଭ୍ୟାସ ପକାଇବା, ତେବେ ପରିଣାମ ମଧ୍ୟ ଭଲ ହେବ । ଆମେ ଯେଉଁ କାର୍ଯ୍ୟ ମଧ୍ୟ କରୁ, ତାହା ଭଲ ହେଉ ବା ମନ୍ଦ, ତାହାକୁ ବାରମ୍ବାର କରୁ, ସେହି କାର୍ଯ୍ୟକୁ ଆମେ ସଉକରେ କରୁଥାଉନା କାହିଁକି, କୌଣସି ବାଧ୍ୟବାଧକତା କାରଣରୁ ହୋଇଥାଉନା କାହିଁକି, ଏପରି ଗୋଟିଏ ଦିନ ଆସେ, ସେହି କାର୍ଯ୍ୟ ଆମର ଅଭ୍ୟାସରେ ପରିଣତ ହୋଇଯାଏ । ତଦୋପରାନ୍ତେ ଗୋଟିଏ ହିଁ ପ୍ରକ୍ରିୟା ହୋଇଥାଏ, ଆମର ଇଚ୍ଛା ବା ଅନିଚ୍ଛା ସତ୍ତ୍ୱେ ସେହି କାମ ଆପଣା ଛାଏଁ ଛାଏଁ ହେବାକୁ ଲାଗେ, ଏକ ପ୍ରକାର ରୁଟିନ୍ ହୋଇଯାଏ ଏବଂ ଏହି ପ୍ରକାରେ ଆମେ ଅଭ୍ୟାସର ଗୋଲାମ ହୋଇଯାଉ । ଯଦି ଅଭ୍ୟାସ ଭଲ ଥିବ, ତେବେ ଆମକୁ ସେଥିରୁ ଲାଭପ୍ରାପ୍ତ ହୋଇଥାଏ ଏବଂ ଯଦି ଅଭ୍ୟାସ ଖରାପ ହୋଇଥିବ, ତେବେ ଆମର କ୍ଷତି କରାଇଥାଏ । ଗୋଟିଏ ପଟେ, ଯେଉଁଠାରେ ଖରାପ ଅଭ୍ୟାସ ଆମ ସଫଳତାରେ ବାଧକ ସାଜେ, ସେହିଠାରେ ଅନ୍ୟ ପଟେ, ଭଲ ଅଭ୍ୟାସ ଆମକୁ ସଫଳତାର ଦ୍ୱାରଦେଶରେ ପହଞ୍ଚାଇଦିଏ ।

ମନୁଷ୍ୟର ସ୍ୱଭାବ ଯେ, ଭଲ ହେଉ ବା ଖରାପ, ସମସ୍ତଙ୍କୁ ଅଭ୍ୟାସର ଗୋଲାମ ହେବାକୁ ହିଁ ପଡ଼ିଥାଏ । ଖରାପ ଅଭ୍ୟାସ କାର୍ଯ୍ୟ କ୍ଷମତାକୁ ହ୍ରାସ କରିବା ସହ ନିରାଶାବାଦୀ ଓ ହତୋତ୍ସାହିତ କରିଥାଏ । ଆପଣଙ୍କୁ ଭଲ କାର୍ଯ୍ୟ କରିବାରୁ ରୋକିଥାଏ । ଏପରି ଖରାପ ଅଭ୍ୟାସକୁ ପରିବର୍ତ୍ତନ କରିବା ନିହାତି ଆବଶ୍ୟକ । ଭଲ ଅଭ୍ୟାସ ନିରାଶ କରେନାହିଁ । ଆପଣଙ୍କୁ ଲକ୍ଷ୍ୟସ୍ଥଳ ଦିଗକୁ ନେଇଯାଏ କିମ୍ବା ଲକ୍ଷ୍ୟସ୍ଥଳରେ ପହଞ୍ଚିବାରେ ଆପଣଙ୍କୁ ସାହାଯ୍ୟ କରିଥାଏ । ଆପଣଙ୍କୁ ଆଶାବାଦୀ ଓ କର୍ମଶୀଳ କରିଥାଏ ।

ଏହି ପୁସ୍ତକରେ ଆମେ ମନକୁ ଜିତିବାର କଥା ଆଲୋଚନା କରୁଛେ, ତେବେ ଏଠାରେ ଏହା ମଧ୍ୟ ସ୍ପଷ୍ଟ କରିଦେବା ଜରୁରୀ ଯେ, ଯଦି ଆପଣଙ୍କଠାରେ ଭଲ ଅଭ୍ୟାସ ଥିବ, ତେବେ ହିଁ ଆପଣ ନିଜ ମନ ଉପରେ ବିଜୟ ପ୍ରାପ୍ତ କରିପାରିବେ । ବିଶ୍ୱକୁ

ସେହି ବ୍ୟକ୍ତି ଜିଣିପାରେ, ଯିଏ ନିଜ ମନକୁ ଜିଣିପାରିଛି କିମ୍ବା ଯାହାଠାରେ ନିଜ ମନକୁ ନିଜ ଅକ୍ତିଆରରେ ରଖିବାର ଶକ୍ତି ଥିବ, କ୍ଷମତା ଥିବ ।

ଯଦି ଆପଣଙ୍କଠାରେ ଖରାପ ଅଭ୍ୟାସ ଅଛି, ତେବେ ତାହାକୁ ତୁରନ୍ତ ବଦଳା'ନ୍ତୁ । ହେଲେ, ଏହି କାମ ଏତେ ସହଜ ନୁହେଁ ଏବଂ ନା ହିଁ କୌଣସି ଅଭ୍ୟାସକୁ ହଠାତ୍ ପରିବର୍ତ୍ତନ କରିହେବ । ଖାସ୍‌କରି କୌଣସି ଖରାପ ଅଭ୍ୟାସକୁ । ଅଭ୍ୟାସକୁ ବଦଳାଇବାରେ ସମୟ ଲାଗିଥାଏ । ଯଦି ଆପଣ ସଫଳତାର ଶିଖର ଛୁଇଁବାକୁ ଚାହୁଁଛନ୍ତି, ତେବେ ଖରାପ ଓ କ୍ଷତିକାରକ ଅଭ୍ୟାସରୁ ମୁକ୍ତି ପାଇବା ପାଇଁ ଆପଣଙ୍କୁ କିଛି କାର୍ଯ୍ୟ କରିବାକୁ ହେବ । ଆସନ୍ତୁ ଜାଣିବା, ଆପଣଙ୍କ ଅବଚେତନ ମନରୁ ଖରାପ ଅଭ୍ୟାସ ବାହାର କରିବା ପାଇଁ କ'ଣ କ'ଣ କରିବା ଦରକାର -

୧. ସର୍ବପ୍ରଥମେ କୌଣସି ଗୋଟିଏ... କେବଳ ଗୋଟିଏ ଲକ୍ଷ୍ୟ ନିର୍ଦ୍ଧାରିତ କରନ୍ତୁ ।

୨. ଏହି ଲକ୍ଷ୍ୟକୁ ପ୍ରାପ୍ତ କରିବାର ସମୟସୀମା ନିଶ୍ଚିତ କରନ୍ତୁ ।

୩. ଆହ୍ୱାନଗୁଡ଼ିକର ସାମନା କରିବା ପାଇଁ ନିଜକୁ ସର୍ବଦା ପ୍ରସ୍ତୁତ ରଖନ୍ତୁ, ଠିକ୍ ଏକ ସଜାଗ ସିପାହୀ ପରି ।

୪. ମନରେ ସର୍ବଦା ସକରାତ୍ମକ ବିଚାରକୁ ହିଁ ସ୍ଥାନ ଦିଅନ୍ତୁ । ନକରାତ୍ମକ ଓ ହତୋତ୍ସାହିତ କରୁଥିବା ବିଚାରଗୁଡ଼ିକୁ ସେହିପ୍ରକାରେ ମନରୁ ଫିଙ୍ଗିଦିଅନ୍ତୁ, ଯେଉଁପ୍ରକାରେ କୌଣସି ମନ୍ଦ ବସ୍ତୁ ଆପଣଙ୍କ ହାତକୁ ଆସିଲେ ଫିଙ୍ଗିଦିଅନ୍ତି ।

୫. ଆପଣଙ୍କ ଦୃଷ୍ଟିକୋଣକୁ ସର୍ବଦା ଆଶାବାଦୀ ରଖନ୍ତୁ । ନିରାଶା ଭାବ, ବିଚାର କିମ୍ବା ଭାବନାଗୁଡ଼ିକୁ ଭୁଲ୍‌ରେ ବି ନିଜ ମନରେ ପ୍ରବେଶ କରିବାକୁ ଦିଅନ୍ତୁ ନାହିଁ ।

୬. ବୁଦ୍ଧି-ବିବେକ ତଥା ନୂଆ-ନୂଆ ସୂଚନା ଏକତ୍ରିତ କରି ନୂଆ-ନୂଆ କୌଶଳ ପ୍ରୟୋଗ କରନ୍ତୁ ।

୭. ପୁସ୍ତକ, ଭିଡିଓ, ରେଡିଓ, ସମାଚାର ପତ୍ର-ପତ୍ରିକା, ଇଣ୍ଟର୍‌ନେଟ୍ ଓ ଟିଭି ପରି ସଂଚାର ମାଧ୍ୟମ ଦ୍ୱାରା ନିଜର ଶିକ୍ଷା ଓ ଜ୍ଞାନର ସ୍ତରକୁ ସର୍ବଦା ବୃଦ୍ଧି କରନ୍ତୁ । ଜ୍ଞାନୀମାନେ କହିଛନ୍ତି ଯେ, ଯଦି କୌଣସି ତୁଚ୍ଛ ବ୍ୟକ୍ତିଠାରୁ ମଧ୍ୟ ଜ୍ଞାନ ମିଳେ, ତେବେ ତାହାକୁ ହାତଛଡ଼ା କରନ୍ତୁ ନାହିଁ । ଅଜ୍ଞାନୀ ପାଇଁ, ଜ୍ଞାନର କୌଣସି ମହତ୍ୱ ଥାଉ ବା ନଥାଉ,

ହେଲେ ସେହି ଜ୍ଞାନ ଆପଣଙ୍କ ପାଇଁ ଜୀବନର ପ୍ରତ୍ୟେକ ପଦକ୍ଷେପରେ ମହତ୍ୱପୂର୍ଣ୍ଣ ସାବ୍ୟସ୍ତ ହୋଇପାରେ ।

୮. ବାହାନାବାଜୀ ବା ଅବାନ୍ତର ଅଭ୍ୟାସ ଆପଣଙ୍କର ଘୋର ଶତ୍ରୁ ଅଟେ । ଏହା ଆପଣଙ୍କୁ ସର୍ବଦା ପଛକୁ ଠେଲିଥାଏ । ମନେରଖନ୍ତୁ, ସେହି କାମ ସମାପ୍ତ ହୋଇଥାଏ, ଯାହା ଆରମ୍ଭ କରାଯାଇଥାଏ । କାମ ସମାପ୍ତ ହେବା କ୍ଷଣି କୌଣସି ନା କୌଣସି ରୂପରେ ସଫଳତାର ମାର୍ଗ ମିଳିବା ଆରମ୍ଭ ହୋଇଯାଇଥାଏ । ସଫଳତାର ମାର୍ଗରେ ଯଦି ଆଗକୁ ବଢ଼ିବାର ଅଛି, ତେବେ ବାହାନାବାଜୀର ଅଭ୍ୟାସ ଛାଡ଼ିବାକୁ ପଡ଼ିବ ।

୯. ଏହି ଅଧ୍ୟାୟରେ ଏହ ସୂତ୍ର ସବାଧିକ ମହତ୍ୱପୂର୍ଣ୍ଣ ଅଟେ, ଏହା ଉପରେ ଧ୍ୟାନଦିଅନ୍ତୁ - କେବେବି ଅନ୍ୟ କାହାଉପରେ ନିର୍ଭର କରନ୍ତୁ ନାହିଁ । ଯେକୌଣସି କାର୍ଯ୍ୟକୁ ନିଜ ବଳରେ ଆରମ୍ଭ କରନ୍ତୁ ଏବଂ ସମାପ୍ତ ମଧ୍ୟ କରନ୍ତୁ ।

୧୦. ଯେକୌଣସି କର୍ମଯୁଦ୍ଧକୁ ନିଜ ବଳରେ ଲଢ଼ନ୍ତୁ । ମନେରଖନ୍ତୁ, ଆପଣ ଜଣେ ସୈନିକ ଅଟନ୍ତି ଏବଂ ଆପଣଙ୍କୁ ନିଜ ଯୁଦ୍ଧ ଏକାକୀ ହିଁ ଲଢ଼ିବାକୁ ଓ ଜିତିବାକୁ ହେବ ।

ବନ୍ଧୁଗଣ, ଯଦି ଆପଣ ଉପର ଲିଖିତ କଥାକୁ ଗ୍ରହଣ କରିନିଅନ୍ତି, ମୋ କହିବା ଅର୍ଥ ହେଉଛି, ଯଦି ଆପଣ ଉର୍ଦ୍ଧ୍ୱଲିଖିତ କଥାକୁ ନିଜ ଅଭ୍ୟାସ ରୂପରେ ଆପଣାଇନିଅନ୍ତି, ତେବେ ଦୁନିଆର କୌଣସି ଶକ୍ତି ଆପଣଙ୍କୁ ସଫଳ ହେବାରୁ ରୋକିପାରିବ ନାହିଁ । ଆପଣ, ପ୍ରତ୍ୟେକ ପଦକ୍ଷେପରେ ଗୋଟିଏ-ଗୋଟିଏ କାମ କରି ସଫଳତାର ଶିଖରରେ ପହଞ୍ଚିପାରିବେ । ପ୍ରକୃତପକ୍ଷରେ, ଅଧିକାଂଶ ଲୋକ ଜୀବନରେ କେବଳ ଏଥିପାଇଁ ଅସଫଳ ହୋଇଥା'ନ୍ତି, କାରଣ ସେମାନେ ଭଲ ଓ ମନ୍ଦ ଅଭ୍ୟାସ ମଧ୍ୟରେ ପାର୍ଥକ୍ୟ କରିପାରନ୍ତି ନାହିଁ । ସେମାନେ ଖରାପ ଅଭ୍ୟାସକୁ ଫେଶନ୍ ଓ ସଉକ ବୋଲି ମାନି ଭୁଲ୍ କାର୍ଯ୍ୟ କରୁଥା'ନ୍ତି । ଏହିକାରଣରୁ ସେମାନେ, ନା ତ ଖରାପ ଅଭ୍ୟାସରୁ ମୁକ୍ତି ପାଇବାରେ ସଫଳ ହୁଅନ୍ତି ଓ ନା ହିଁ ଭଲ ଅଭ୍ୟାସକୁ ଗ୍ରହଣ କରିପାରନ୍ତି । ସେଥିପାଇଁ, ସେମାନେ କେବେବି ନିଜ ଜୀବନସ୍ତର ଉଚ୍ଚକୁ ଉଠାଇପାରନ୍ତି ନାହିଁ । ଏହିପ୍ରକାରେ, ସେମାନେ ଜୀବନର ସାମାନ୍ୟ ସ୍ତରରେ ସୀମିତହୋଇ ରହିଯା'ନ୍ତି । ଅଭାବ ତଥା ଅନ୍ଧକାରରେ ବଞ୍ଚିବା ଏବଂ ନିଜ ଭାଗ୍ୟକୁ ନିନ୍ଦାକରିବା ସେମାନଙ୍କର ନିୟତି ହୋଇଯାଏ ।

ଭାବି-ଚିନ୍ତି କାମ କରନ୍ତୁ

ଏହି ସଂସାରରେ କର୍ମ କିଏବା କରେନାହିଁ । ଜୀବ-ଜନ୍ତୁ, କୀଟ-ପତଙ୍ଗ, ପଶୁ-ପକ୍ଷୀ ଏବଂ ରାଜାଠାରୁ ଆରମ୍ଭ କରି ଭିକାରୀ ପର୍ଯ୍ୟନ୍ତ ସମସ୍ତେ କର୍ମ କରନ୍ତି । ଜୀବ-ଜନ୍ତୁ, କୀଟ-ପତଙ୍ଗ, ପଶୁ-ପକ୍ଷୀମାନଙ୍କ କର୍ମର ଗୋଟିଏ ସୀମା ଥାଏ । ସେମାନେ, ଭୋଗ ଯୋନିରୁ ଆସନ୍ତି ଏବଂ ନିଜ ଜୀବନ ଭୋଗକରି ଚାଲିଯାଆନ୍ତି । ସେମାନଙ୍କର ମୁଖ୍ୟ କର୍ମ ହେଉଛି, ପିଲା ଜନ୍ମ କରିବା ଏବଂ ଯେକୌଣସି ପ୍ରକାରେ ପେଟ ଭରିବା । ହେଲେ, ମନୁଷ୍ୟ ସହିତ ଏପରି ହୁଏନାହିଁ । ମନୁଷ୍ୟଠାରେ ଈଶ୍ୱର ଅପାର ସମ୍ଭାବନାମାନ ଭରିଛନ୍ତି ଏବଂ ତାକୁ ଏହି ବରଦାନ ଦେଇଛନ୍ତି ଯେ, ବିଚାରଶୀଳ ଭାବରେ କର୍ମକରି ସେ ମହାନତା ଓ ସଫଳତାର ଶିଖରକୁ ଛୁଇଁପାରେ । ନିଜର ଶ୍ରେଷ୍ଠ କର୍ମରେ ସନ୍ଥ, ମହାତ୍ମା ତଥା ଦେବତାଙ୍କ ପଦପ୍ରାପ୍ତ କରିପାରେ ।

ଅନେକ ସ୍ଥାନରେ ଆମେ 'କର୍ମ ହିଁ ଭଗବାନ' ଲେଖାଥିବାର ଦେଖିଥାଉ । ମୁଁ, ଅନେକ ଲୋକଙ୍କୁ କେବେବି ଭଗବାନଙ୍କର ପୂଜା କରିବାର ଦେଖିନାହିଁ, ମାତ୍ର ହଁ, ସେମାନେ ନିଜ କର୍ମକୁ ଅତ୍ୟନ୍ତ ମନୋଯୋଗର ସହ କରୁଥିବାର ଦେଖିଛି । ସେମାନେ ଯାହାବି କାମ କରନ୍ତି, ସେଥିରେ ନିଜର ସମ୍ପୂର୍ଣ୍ଣ ନିଷ୍ଠା, କ୍ଷମତା ଓ ସଚ୍ଚୋଟତା ସନ୍ନିହିତ କରିଦିଅନ୍ତି ।

କୌଣସି କାର୍ଯ୍ୟ କରିବାର ଗତିବିଧିକୁ କର୍ମ କୁହନ୍ତି । ଯେକୌଣସି ସ୍ଥାନରେ, କୌଣସି ଗ୍ରନ୍ଥରେ, କୌଣସି ପୁସ୍ତକରେ, କୌଣସି ବାର୍ତ୍ତାରେ ଏପରି ଲେଖା ହୋଇନାହିଁ ଯେ, ଭାଗ୍ୟ ଭରସାରେ ରୁହନ୍ତୁ, ଭାଗ୍ୟ ହିଁ ଆପଣଙ୍କୁ ସବୁକିଛି ଦେବ । ମନେରଖନ୍ତୁ, ଭଲ କର୍ମ କଲେ ହିଁ ଭାଗ୍ୟୋଦୟ ହୋଇଥାଏ ।

-ସୂର୍ଯ୍ୟ ସିହ୍ନା

ସେମାନଙ୍କର ଉଦ୍ଦେଶ୍ୟ, କାର୍ଯ୍ୟଟିକୁ ସର୍ବୋତ୍ତମ ଭାବରେ କରିବାକୁ ହୋଇଥାଏ । ସେମାନଙ୍କ ପାଇଁ କର୍ମ ହିଁ ଆରାଧନା, କର୍ମ ହିଁ ପୂଜା ଅଟେ । ସେମାନଙ୍କର ଧର୍ମ, ସେମାନଙ୍କର ପୂଜା, ସବୁକିଛି ସେମାନଙ୍କର କର୍ମ ହିଁ ହୋଇଥାଏ ।

ଏହା ମଧ୍ୟ ସତ୍ୟ ଯେ, ମନୁଷ୍ୟର ପ୍ରଥମ ଧର୍ମ, ତାହାର କର୍ମ ଅଟେ ।

ଶ୍ରୀମଦ୍ଭଗବତ୍ ଗୀତାରେ ମଧ୍ୟ ଉଲ୍ଲେଖ ହୋଇଛି - 'କର୍ମ ହିଁ ଶ୍ରେଷ୍ଠ । କର୍ମ କର, ଫଳର ଇଚ୍ଛା କରନାହିଁ ।' ସନ୍ଥ କବୀର ମଧ୍ୟ ନିଜ ବାଣୀରେ 'କର୍ମଯୋଗ' ଉପରେ ହିଁ ଗୁରୁତ୍ୱାରୋପ କରିଛନ୍ତି । ସଂସାରର ପ୍ରତ୍ୟେକ ଧର୍ମଗୁରୁ, ପୀର୍ ବାବା, ଫକୀର୍ ସମସ୍ତେ ମନୁଷ୍ୟକୁ ଏହି ବାର୍ତ୍ତା ଦେଇଛନ୍ତି ଯେ, 'ହେ ମନୁଷ୍ୟ, ତୁ କର୍ମ କର, ଭଲ କର୍ମ କର, ତାହାର ପ୍ରତିଫଳ ତୋତେ ଈଶ୍ୱର ଦେବେ ।'

ମୁଁ ମଧ୍ୟ ଆପଣମାନଙ୍କୁ ଏହା କହିବାକୁ ଚାହୁଁଛି ଯେ, ବିଚାରଶୀଳ ଭାବରେ କର୍ମ କରନ୍ତୁ । ବିଚାରବନ୍ତ ଭାବେ କରାଯାଇଥିବା କର୍ମର ଫଳ ହିଁ ଭାଗ୍ୟ ଅଟେ । ଭାଗ୍ୟ, ଅର୍ଥାତ୍'ଲକ୍' । ଇଂରାଜୀ ଶବ୍ଦ 'ଲକ୍'ରେ ଚାରୋଟି ଅକ୍ଷର ଥାଏ - LUCK ।

ଏଥିରେ ପ୍ରତ୍ୟେକ ଶବ୍ଦରେ ଗୋଟିଏ ଗୋଟିଏ ବାର୍ତ୍ତା ଲୁଚି ରହିଛି -

Lର ଅର୍ଥ ହେଉଛି - ଲେବର୍ (Labour) ଅର୍ଥାତ୍ ପରିଶ୍ରମ ବା କର୍ମ

Uର ଅର୍ଥ ହେଉଛି - ଅଣ୍ଡର୍ (Under) ଅର୍ଥାତ୍ ସହିତ ବା ସଂରକ୍ଷଣରେ

Cର ଅର୍ଥ ହେଉଛି - କରେକ୍ଟ (Correct) ଅର୍ଥାତ୍ ସଠିକ୍

Kର ଅର୍ଥ ହେଉଛି - ନଲେଜ୍ (Knowledge) ଅର୍ଥାତ୍ ସୂଚନା, ଜ୍ଞାନ, ଶିକ୍ଷା, ବିଚାର

ତାତ୍ପର୍ଯ୍ୟ ଏହିକି ଯେ, **ପୂର୍ଣ୍ଣ ସୂଚନା, ପୂର୍ଣ୍ଣ ବିଚାର, ଜ୍ଞାନ ବା ଶିକ୍ଷା ସହିତ କରାଯାଇଥିବା କର୍ମ ହିଁ ଲକ୍ ଅର୍ଥାତ୍ ଭାଗ୍ୟ ଅଟେ ।**

ତେଣୁ, କର୍ମ ହିଁ ମୁଖ୍ୟ । ଆଜିର ଯୁଗକୁ କଳିଯୁଗ ସହିତ କର୍ମଯୁଗ ମଧ୍ୟ କୁହାଗଲେ କୌଣସି ଅତ୍ୟୁକ୍ତି ହେବନାହିଁ ।

ଆପଣ କୁଆଡ଼େ ଯିବା ପାଇଁ ଘରୁ ବାହାରନ୍ତି । ଆପଣ ଚାଲିବାର କର୍ମ କଲେ । ଧରିନିଅନ୍ତୁ, ଆପଣଙ୍କୁ କୌଣସି ଅନ୍ୟ ସହରକୁ ଯିବାର ଅଛି । ଆପଣ ଷ୍ଟେସନ୍ ଆଡ଼କୁ ଚାଲିବା ଆରମ୍ଭ କଲେ । ଆପଣ ଚାଲିବାରୁ ଷ୍ଟେସନ୍‌ରେ ପହଞ୍ଚିଲେ । ଯେଉଁମାନେ ଷ୍ଟେସନ୍‌ରେ ପହଞ୍ଚିଯା'ନ୍ତି, ସେମାନଙ୍କୁ ନିଜର ଗନ୍ତବ୍ୟ ସ୍ଥଳରେ ପହଞ୍ଚିବାକୁ ଗାଡ଼ିବି ମିଳିଯାଏ । ଯେଉଁ ଲୋକ ଚାଲି ହିଁ ନାହିଁ, ତାକୁ ଗାଡ଼ି ମିଳିବ ବା କିପରି ? ତାକୁ ସାଧନ-ସଂସାଧନ ମିଳିବ ବା କିପରି ।

ଆଜିର ଯୁଗ ହେଉଛି ବିଜ୍ଞାନର ଯୁଗ । କୌଣସି କାର୍ଯ୍ୟ କରିବାର ଗତିବିଧିକୁ କର୍ମ କୁହନ୍ତି । କୌଣସି ଗ୍ରନ୍ଥରେ, କୌଣସି ପୁସ୍ତକରେ, କୌଣସି ବାର୍ତ୍ତାରେ, କେଉଁଠାରେ ବି ଏପରି ଲେଖା ହୋଇନାହିଁ ଯେ, ଭାଗ୍ୟ ଭରସାରେ ରୁହ, ଭାଗ୍ୟ ତୁମକୁ ସବୁକିଛି ଦେବ । ମନେରଖନ୍ତୁ, ଭଲ କର୍ମ କରିଲେ ହିଁ ଭାଗ୍ୟୋଦୟ ହୋଇଥାଏ । ଯିଏ କର୍ମବୀର, କର୍ମଶୀଳ, ତାକୁ କର୍ମ କରିବାରେ ଆନନ୍ଦ ମିଳିଥାଏ । ମାତ୍ର, କର୍ମ କରିବାର ଗୋଟିଏ ଶୈଳୀ ଥାଏ । କର୍ମ କରିବା ପୂର୍ବରୁ ଜ୍ଞାନ ଥିବା ନିହାତି ଜରୁରୀ । ତାହାପରେ, ସେହି ଜ୍ଞାନକୁ ବିଚାରଶୀଳ ଭାବରେ ପ୍ରୟୋଗ କରିବା ମଧ୍ୟ ଅତ୍ୟନ୍ତ ଜରୁରୀ । ବିଚାରବନ୍ତ ଭାବେ ଓ ଭଲ କର୍ମ କଲେ ହିଁ ଭାଗ୍ୟର ଗଠନ ହୋଇଥାଏ, ପରିବର୍ତ୍ତନ ହୋଇଥାଏ ଓ ଉଜ୍ଜ୍ୱଳମୟ ହୋଇଥାଏ ।

ଜ୍ଞାନ-ଅଜ୍ଞାନର ତର୍କ

ଜଣେ ଶ୍ରମିକ ସାରାଦିନ କଠୋର ପରିଶ୍ରମ କରିଥାଏ, ମାତ୍ର ସେ ଉନ୍ନତି କରିପାରେ ନାହିଁ ଏବଂ ଧନ ମଧ୍ୟ ବହୁତ କମ୍ ରୋଜଗାର କରିଥାଏ, ଯେତେବେଳେକି ଜଣେ ଇଞ୍ଜିନିୟର୍ ନିଜ ଜ୍ଞାନ ବଳରେ ନିତି ନୂଆ ସୋପାନ ଚଢ଼ିଥାଏ ଏବଂ ପ୍ରଚୁରମାତ୍ରାରେ ଧନ ଅର୍ଜନ କରିଥାଏ । ଏହା ଏଥିପାଇଁ, କାରଣ, ଇଞ୍ଜିନିୟର୍ ପ୍ରଥମେ ଜ୍ଞାନପ୍ରାପ୍ତ କଲା, ତାହାପରେ କର୍ମ କଲା । ଜ୍ଞାନ ଓ କର୍ମ ମିଶିକରି ତାକୁ ମହତ୍ୱପୂର୍ଣ୍ଣ ଓ ବଡ଼ କରିଦେଲେ ।

ଯେଉଁପ୍ରକାରେ କ୍ଷୀର କିମ୍ବା ଦହି ମନ୍ଥନରୁ ହିଁ ଲହୁଣୀ ବାହାରିଥାଏ, ଜଳକୁ ମନ୍ଥିଲେ କୌଣସି ଲାଭ ମିଳିନଥାଏ, ଠିକ୍ ସେହିପରି କେବଳ କର୍ମ କଲେ ହିଁ ଭାଗ୍ୟୋଦୟ ହୁଏନାହିଁ । ସଠିକ୍ ଦିଗ ଓ ସଠିକ୍ ଜ୍ଞାନ ପ୍ରାପ୍ତ କରିବା ପରେ କରାଯାଇଥିବା କର୍ମ ଦ୍ୱାରା ହିଁ ଭାଗ୍ୟୋଦୟ ହୋଇଥାଏ ।

ଯଦି ଆମକୁ ସଫଳତା ପ୍ରାପ୍ତ କରିବାର ଅଛି, ତେବେ ସଠିକ୍ ଜ୍ଞାନପ୍ରାପ୍ତ କରି, ତାହାର ସଠିକ୍ ଉପଯୋଗ କରିବାକୁ ହେବ । ଜ୍ଞାନାର୍ଜନ ପରେ କରାଯାଇଥିବା କର୍ମ ଦ୍ୱାରା ହିଁ ଅଧିକ ସଫଳତା ମିଳିଥାଏ । ଅନେକ ଲୋକ କର୍ମ ତ କରିଥା'ନ୍ତି, ମାତ୍ର ସମ୍ପୂର୍ଣ୍ଣ ଜ୍ଞାନ ବା ବିଚାରଶକ୍ତି ଦ୍ୱାରା କର୍ମ ନକରିବା କାରଣରୁ, ବେଳେବେଳେ ସେମାନଙ୍କର କର୍ମ ଦିଗହୀନ ହୋଇଯାଇଥାଏ ଏବଂ ସେମାନଙ୍କୁ ବାଞ୍ଛିତ ଫଳପ୍ରାପ୍ତି ହୋଇନଥାଏ । ଅଜ୍ଞାନତା କାରଣରୁ ସେମାନେ ନିଜକୁ ସେହିଠାରେ ପାଇଥା'ନ୍ତି, ଯେଉଁଠାରୁ ସେମାନେ ଚାଲିବା ଆରମ୍ଭ କରିଥା'ନ୍ତି ।

ଦୃଢ଼ ଇଚ୍ଛାଶକ୍ତି ଓ ସଠିକ୍ ସୂଚନା ସହିତ କରାଯାଇଥିବା କର୍ମ ହିଁ ଅଧିକ ସଫଳ ହୋଇଥାଏ । ଅନେକ ଲୋକଙ୍କର ଅଭିଯୋଗ ରହିଥାଏ ଯେ, ଆମେ କାର୍ଯ୍ୟ ତ କରୁଛୁ, ହେଲେ ସଫଳତା ମିଳୁନାହିଁ । ମୋ ମତରେ, ସେମାନଙ୍କର କର୍ମ କରିବାର ଦିଗ, କର୍ମର ସଠିକ୍ ଚୟନ କରିବାରେ କୌଣସି ଅଭାବ ନିଶ୍ଚିତ ରହିଥିବ । କେଉଁଠି ନା କେଉଁଠି କିଛି ଭୁଲ୍, କିଛି ତ୍ରୁଟି କରୁଥିବେ । ଭଲ ଗୁରୁ ମିଳିବା ସହଜ ନୁହେଁ । ଦୁନିଆରେ ଗୁରୁ ତ ବହୁତ ଅଛନ୍ତି । କିଛି ଧର୍ମଗୁରୁ ଅଛନ୍ତି, କିଛି କର୍ମଗୁରୁ ଅଛନ୍ତି, ମାତ୍ର ଖୋଜିବା ଦରକାର ଭଲ ଗୁରୁଙ୍କୁ । ଯେପରି ଶିଷ୍ୟ ଭଲ ଗୁରୁ ଖୋଜିଥାଏ, ଠିକ୍ ସେହିପରି ଗୁରୁ ମଧ୍ୟ ଭଲ ଶିଷ୍ୟ ଚାହିଁଥା'ନ୍ତି । ଏପରି ଶିଷ୍ୟ, ଯିଏ ନା କେବଳ ନିଜର, ବରଂ ଗୁରୁ, ସମାଜ, ରାଜ୍ୟ ଓ ଦେଶର ମଧ୍ୟ ନାମ ଉଜ୍ଜ୍ୱଳ କରିପାରିବ । ବିଚାରବନ୍ତ ଭାବେ କାର୍ଯ୍ୟ କରିବା ଏବଂ ନିଜ ଜୀବନକୁ ସଫଳ କରିବା ପାଇଁ ଆମକୁ ଭଲ ଗୁରୁ ଖୋଜିବା ଦରକାର, ଭଲ ସାହିତ୍ୟ ମଧ୍ୟ ଖୋଜିବା ଦରକାର । ଭଲ ସାହିତ୍ୟ ପଢ଼ିଲେ ମଧ୍ୟ ଜ୍ଞାନ ଓ ସଠିକ୍ ଦିଗ ମିଳିଥାଏ ।

ଆଜିକାଲି, ମାନବ ପ୍ରଶିକ୍ଷକ ଓ ପ୍ରେରକ ଭଲ ଗୁରୁଙ୍କ ଭୂମିକା ନିର୍ବାହ କରୁଛନ୍ତି । ସେମାନଙ୍କର ଉଦ୍ଦେଶ୍ୟ ହିଁ ମାନବୀୟ ବିକାଶ ହୋଇଥାଏ ଏବଂ ଏହି ଲକ୍ଷ୍ୟର ପୂରଣ ପାଇଁ ସେମାନେ ଶିକ୍ଷା କରିବାରେ ନିଜ ଜୀବନ ନିହିତ କରିଥା'ନ୍ତି । ଜ୍ଞାନର ଅଗ୍ନିରେ ଜଳି ସେମାନେ ପ୍ରଥମେ ନିଜେ ଶୁଦ୍ଧ ସୁନା ହୋଇଥା'ନ୍ତି ଏବଂ ତତ୍ପଶ୍ଚାତ୍ ନିଜ ଜ୍ଞାନ ଓ ଅନୁଭବ ଦ୍ୱାରା ଅନ୍ୟମାନଙ୍କୁ ପ୍ରଶିକ୍ଷିତ କରିଥା'ନ୍ତି । ସାଧାରଣ ଲୋକମାନଙ୍କୁ, ବିଶେଷତଃ ଯୁବାମାନଙ୍କୁ, ଆଜିକାଲିର ଆବଶ୍ୟକତା ହିସାବରେ ପ୍ରଶିକ୍ଷିତ କରନ୍ତି । ବିଚାରବନ୍ତ ଭାବରେ, ବୁଦ୍ଧିମତାର ସହ, ଭାବି-ଚିନ୍ତି କର୍ମ କରିବାର ପ୍ରେରଣା ଦିଅନ୍ତି ।

ଆପଣବି ଯଦି ମନକୁ ଜିତିବାକୁ ଚାହାଁନ୍ତି, ଜୀବନରେ ସଠିକ୍ ଦିଗ ପ୍ରାପ୍ତକରି କିଛି ନୂଆ, କିଛି ଭଲ, କିଛି ଅନୁକରଣୀୟ କରିଦେଖାଇବାକୁ ଚାହାଁନ୍ତି, ତେବେ ମୋ ପରାମର୍ଶ ଏହିକି ଯେ, ଆତ୍ମବିଶ୍ୱାସ ପାଇଁ କୌଣସି ଭଲ ମାନବ ପ୍ରଶିକ୍ଷକ ଏବଂ ପ୍ରେରକଙ୍କୁ ନିଜ ଗୁରୁ ଭାବରେ ଗ୍ରହଣ କରନ୍ତୁ ।

କର୍ମର ପରିଭାଷାକୁ ଜାଣନ୍ତୁ

'କର୍ମ' ଏକ ଛୋଟ ଶବ୍ଦ । ସାରା ସଂସାର ଏହି କଥା ଉପରେ ଜୋର୍

ଦେଇଥାଏ ଯେ, କର୍ମ କର । ହେଲେ, ଏହି 'କର୍ମ' କ'ଣ ? ଯଦି ଆପଣ ଏହାର ବିଶେଷତାକୁ ଜାଣିନେବେ, ତେବେ ଜୀବନ ଚକ୍ରବ୍ୟୂହର ରହସ୍ୟ ଉନ୍ମୋଚିତ ହୋଇଯିବ ।

ଭଗବାନ ଶ୍ରୀକୃଷ୍ଣ ମଧ୍ୟ କର୍ମ ଉପରେ ବିଶେଷ ଜୋର୍ ଦେଇଛନ୍ତି । ସେ କୁହନ୍ତି, କୌଣସି ଲୋକ କର୍ମ ନକରି ଗୋଟିଏ କ୍ଷଣ ମଧ୍ୟ ରହିପାରିବ ନାହିଁ । ମାତ୍ର, ସାର୍ଥକ କର୍ମ ହିଁ ସର୍ବୋତ୍ତମ । ଯେଉଁ କର୍ମରେ ଦେଶ, ସମାଜ ଓ ସଂସାରର ମଙ୍ଗଳ ହେବ, ତାହାହିଁ ସାର୍ଥକ କର୍ମ । କର୍ମ, ଗୋଟିଏ ବୃକ୍ଷ ସଦୃଶ । କର୍ମର ଫଳ ସମୟ ଆସିଲେ ମିଳେ, ମାତ୍ର କିଛି ଲୋକ କର୍ମ କରିବା କ୍ଷଣି ଫଳର ଇଚ୍ଛା କରିଥା'ନ୍ତି । ଏହି ପ୍ରସଙ୍ଗକୁ ଏହିପ୍ରକାରେ ବୁଝାଯାଇପାରେ - କୌଣସି ବ୍ୟକ୍ତି ଗଛ ତ ଲଗାଏ, ହେଲେ ଧୈର୍ଯ୍ୟ ରଖିପାରେ ନାହିଁ । ସେ ଭାବେ ଯେ, 'ମୁଁ ଏହି ଗଛ ଲଗାଇଲି ଓ ଏହା ଉଠୁ-ଉଠୁ ଫଳ ଦେବାକୁ ଲାଗିବ' । ସେହି ବ୍ୟକ୍ତିର ଏପରି ଭାବିବା ନିହାତି ଭୁଲ୍ ଓ ଅଜ୍ଞାନତାର ପରିଚୟ ଅଟେ । ଗଛ ଲାଗିବ, ଭୂମିରେ ଚେର ଜମିବ, ତା'ର ନୂଆ ଶାଖା, ନୂଆ ପତ୍ର ବାହାରିବ, ସେ ବଢ଼ିବ, ଆହୁରି ବଢ଼ିବ ଓ ତାହାପରେ ଗୋଟିଏ ଦିନ ମିଠା ଫଳ ମଧ୍ୟ ଦେବ । ମାତ୍ର, ତୁରନ୍ତ ନୁହେଁ, ସବୁକିଛି ସମୟାନୁସାରେ ହେବ ।

ଅପବାଦସ୍ୱରୂପ ଏପରି ହୋଇପାରେ ଯେ, ଆପଣ ଗୋଟିଏ ଗଛ ଲଗାଇଲେ ଓ କୌଣସି କାରଣବଶତଃ ସେଥିରେ ଫଳ ଫଳିବ ନାହିଁ । ଏପରି ପରିସ୍ଥିତି ପାଇଁ ମଧ୍ୟ ପ୍ରସ୍ତୁତ ରହିଥିବା ଦରକାର । କହିବାର ତାତ୍ପର୍ଯ୍ୟ ଏହିକି ଯେ, କର୍ମ କରିବା ପରେ ଫଳର ଇଚ୍ଛା ରଖିବା ମଧ୍ୟ ଏକ ମୂର୍ଖତା ଅଟେ ।

କର୍ମର ବୃକ୍ଷ ଲଗାନ୍ତୁ, ଫଳର ଇଚ୍ଛା ରଖନ୍ତୁ ନାହିଁ

ଏହି କଥା ଶ୍ରୀମଦ୍‌ଭଗବତ୍ ଗୀତାରେ ଶ୍ରୀକୃଷ୍ଣ କହିଛନ୍ତି - 'ବ୍ୟକ୍ତିର ଏକମାତ୍ର ଧର୍ମ, କର୍ମ କରିବାର ଅଧିକାର ଅଛି, ଫଳର ଇଚ୍ଛା ବ୍ୟର୍ଥ ଅଟେ । କାରଣ, କର୍ମ କରିବା ବ୍ୟକ୍ତିର ଅଧିକାର କ୍ଷେତ୍ରରେ ଅଛି, ହେଲେ ଫଳ ଦେବା ବା ନଦେବା ନିୟତି ହାତରେ ଅଛି ।' କେଉଁ କର୍ମର କେଉଁ ଫଳ ମିଳିବ, ଫଳ ମିଳିବ କି ନାହିଁ, ତାହା ପ୍ରକୃତି-ଯାହାକୁ ଅମେ ସୁପର୍ ପାୱାର୍ କହିଥାଉ- ତା'ହାତରେ ଅଛି । ନିଃସ୍ୱାର୍ଥ ଭାବରେ ଆପଣ କର୍ମର ବୃକ୍ଷ ଲଗାଉଥା'ନ୍ତୁ, କୌଣସି ନା କୌଣସି ଗଛ ନିଶ୍ଚୟ ଫଳ ଦେବ । ଯେତେବେଳେ ଫଳ ଫଳିବ, ଏତେ ଫଳିବ ଯେ, ଆପଣ ଓ ଆପଣଙ୍କ ପରିବାର

ତାକୁ ତ ଖାଇବେ ହିଁ, ତତ୍‌ସାହିତ ଆପଣଙ୍କର ପଡ଼ୋଶୀ, କଲୋନୀ ବାସିନ୍ଦା ଓ ଆପଣଙ୍କ ପରିଚିତମାନେ ମଧ୍ୟ ସେହି ଫଳକୁ ଖାଇପାରିବେ ।

ଶରତ ପରେ ଆସେ ବସନ୍ତ

ପ୍ରକୃତିର ନିୟମ ଯେ, ଶରତ ପରେ ବସନ୍ତ ଆସିଥାଏ । ବସନ୍ତ ଋତୁ ପାଇଁ ଶରତ ଋତୁ ସମାପ୍ତ ହେବାର ଅପେକ୍ଷା କାରିବାକୁ ପଡ଼ିଥାଏ । ଯଦି କୌଣସି ବ୍ୟକ୍ତି ଗଛ ଲଗାଉ ଲଗାଉ ଭାବିବ ଯେ, ଏହି ଗଛ ତ ଫଳ ଦେଉନାହିଁ, ମୁଁ ଏଥିରେ ସାର-ପାଣି କାହିଁକି ଦେବି ? କିମ୍ବା ଏହି ଗଛକୁ ଓପାଡ଼ି ଦେଇ ଅନ୍ୟ ଗଛ ଲଗାଇବି, ତେବେ ସେ ସାରା ଜୀବନ ଏହାହିଁ କରୁଥିବ । ଗଛ ଲଗାଇବ ଓ ଓପାଡ଼ିବ । ଫଳ ଚାଖିବାର ସୁଯୋଗ ତା' ଜୀବନରେ କେବେବି ଆସିବ ନାହିଁ । ତା'ର ସମ୍ପୂର୍ଣ୍ଣ ଜୀବନ ଗଛ ଲଗାଇବା-ଓପାଡ଼ିବାରେ ବ୍ୟର୍ଥ ହୋଇଯିବ । ଆପଣ କଳ୍ପନା କରିପାରନ୍ତି ଯେ, ଏପରି ବ୍ୟକ୍ତି ନିଜ ଜୀବନରେ କ'ଣ ହାସଲ କରିପାରେ ? ଉତ୍ତର ହେଉଛି - କୌଣସି ଚମତ୍କାର ଯଦି ହୋଇଯିବ, ତେବେ ଭିନ୍ନ କଥା, ନଚେତ୍ କିଛିବି ନୁହେଁ ।

ସଫଳତାର ରହସ୍ୟ ତ କର୍ମ, ସେବା ଓ ଧୈର୍ଯ୍ୟରେ ଲୁଚି ରହିଛି । ଯେଉଁ ବ୍ୟକ୍ତି ମଧ୍ୟରେ ଏହି ତିନୋଟି ଗୁଣ, ଯଥା - କର୍ମ, ସେବାଭାବ ଓ ଧୈର୍ଯ୍ୟ ଆସିଯାଏ, ତାକୁ ସଫଳତା ପ୍ରାପ୍ତ କରିବାରୁ କେହି ରୋକିପାରିବ ନାହିଁ । ଆହୁରି ମଧ୍ୟ ସ୍ୱୟଂ ଈଶ୍ୱର ମଧ୍ୟ ତାକୁ ସାହାଯ୍ୟ କରିବାକୁ ତତ୍ପର ହୋଇଯା'ନ୍ତି ।

ଈଶ୍ୱରଙ୍କ ସାହାଯ୍ୟ ପ୍ରାପ୍ତ କରିବା ପୂର୍ବରୁ ଆମକୁ ନିଜ ସାହାଯ୍ୟ ନିଜେ ହିଁ କରିବାକୁ ପଡ଼ିବ । ଏହା ମଧ୍ୟ କୁହାଯାଇଛି ଯେ, ଈଶ୍ୱର ସେହିମାନଙ୍କୁ ସାହାଯ୍ୟ କରନ୍ତି, ଯେଉଁମାନେ ନିଜକୁ ସାହାଯ୍ୟ କରନ୍ତି । ଆପଣ ନିଃସ୍ୱାର୍ଥ ଭାବରେ ଲୋକମାନଙ୍କର ସେବା କରୁଥା'ନ୍ତୁ, ସତ୍‌କର୍ମ କରୁଥା'ନ୍ତୁ, ଫଳ ଚିନ୍ତା ବିନା ଧୈର୍ଯ୍ୟର ସହିତ କେବଳ କର୍ମ କରୁଥା'ନ୍ତୁ । ତାହାପରେ ଆପଣ ଦେଖିବେ ଯେ, ଆପଣ ଏହି ସଂସାର ପାଇଁ ଏକ ଉଦାହରଣ ହୋଇଯାଇଛନ୍ତି । ଲୋକମାନେ ଆପଣଙ୍କଠାରୁ ପ୍ରେରଣା ନେବେ ଏବଂ ଆପଣଙ୍କର ଉଦାହରଣ ଦେବେ । ଏହି ସମ୍ପର୍କରେ ଏକ ପୁରୁଣା ଜନଶ୍ରୁତି ଅଛି - 'ଧୈର୍ଯ୍ୟର ଫଳ ମିଠା ହୋଇଥାଏ' । ଧୈର୍ଯ୍ୟ ଧରନ୍ତୁ, ଆପଣଙ୍କ କର୍ମର ଯେଉଁ ଫଳ ଆସିବ, ତାହା ନିଶ୍ଚିତ ଭାବରେ ମିଠା ହିଁ ହେବ ।

ପ୍ରତ୍ୟେକ ମନୁଷ୍ୟ ଜୀବନରେ ପଥଭ୍ରଷ୍ଟ ନିଶ୍ଚିତ ଭାବରେ ଆସିଥାଏ, ଆଉ

ସେହି ପଥଭ୍ରଷ୍ଟ ହେଉଛି ବିଚାରର । ମନୁଷ୍ୟ ଈଶ୍ୱରଙ୍କ ପ୍ରକୃତ ପୁତ୍ର ଅଟେ, ତାକୁ ଏହି ଧରାଭୂମିରେ ଅନ୍ୟ ପାଇଁ ହିଁ ବଞ୍ଚିବା ଓ କର୍ମ କରିବା ପାଇଁ ପଠାଯାଇଛି । ଏତଦ୍‌ବ୍ୟତୀତ ତା'ପାଖରେ କୌଣସି ଅନ୍ୟ କାମ ହିଁ ନାହିଁ । ସଫଳତାର ପ୍ରକୃତ ଅର୍ଥ ଅନ୍ୟମାନଙ୍କୁ ସତ୍‌ମାର୍ଗ ଦେଖାଇବା ଏବଂ ପରୋପକାର କରି ଜୀବନକୁ ଜିଇଁବା ଅଟେ, ଏହା ସଫଳତାର ମୂଳ ଉଦ୍ଦେଶ୍ୟ ଅଟେ । ସଫଳତା ପ୍ରାପ୍ତ କରିବାର ଇଚ୍ଛା ରଖିଥିବା ପ୍ରତ୍ୟେକ ବ୍ୟକ୍ତିର ଗୋଟିଏ ହିଁ ଉଦ୍ଦେଶ୍ୟ ଥାଏ, ତାହା ହେଉଛି ଅନ୍ୟପାଇଁ କିଛି କରିବା, ଅନ୍ୟକୁ ସୁଖଦେବା । ସେ ନିଜକୁ ସୁଖ ଦେଇଥାଏ, ସେ ନିଜେ ସୁଖ ଭୋଗିଥାଏ, ତା' ପରିବାର ଲୋକମାନେ ମଧ୍ୟ ସୁଖ ଭୋଗନ୍ତି ଏବଂ ଅନ୍ୟ ଅନେକ ଲୋକ, ଯେଉଁମାନେ ତା' କାର୍ଯ୍ୟ ବ୍ୟବହାର କିମ୍ବା ବ୍ୟବସାୟ ସହିତ ଜଡ଼ିତ ଥା'ନ୍ତି, ସେମାନେ ସମସ୍ତେ ସୁଖ ଭୋଗନ୍ତି । ଯଦି ସେମାନେ କିଛି ଏପରି କାର୍ଯ୍ୟ କରିବେ, ଯାହା ସମଗ୍ର ମାନବତାର ହିତରେ ହୋଇଥିବ, ତେବେ ସାରା ଦୁନିଆ, ତା' କାର୍ଯ୍ୟ କିମ୍ବା ଆବିଷ୍କାର ଦ୍ୱାରା ସୁଖ ଭୋଗିଥାଏ । ଏହି ଶୃଙ୍ଖଳାରେ ଆମେ ବିଲ୍ ଗେଟ୍ସ, ଥମାସ୍ ଏଡିସନ୍, ଧୀରୁ ଭାଇ ଅମ୍ବାନୀ, ଅଜୀମ୍ ପ୍ରେମ୍ ଜୀ, ଲକ୍ଷ୍ମୀ ନିବାସ ମିତ୍ତଲ୍ ଓ ସେମାନଙ୍କ ପରି ସଫଳ ହୋଇଥିବା ଅନେକ ସଫଳ ବ୍ୟକ୍ତିମାନଙ୍କର ଉଦାହରଣ ନେଇପାରିବା, ଯେଉଁମାନଙ୍କର ସଫଳତା ଅନ୍ୟ ଲକ୍ଷ-ଲକ୍ଷ ଲୋକମାନଙ୍କୁ ସୁଖର ଅନୁଭବ କରାଇଛି । ଏପରି ଲୋକ ଦିଆସିଲ୍‌ର ସେହି କାଠି ପରି ହୋଇଥା'ନ୍ତି, ଯାହା ନିଜେ ଜଳି ଅନ୍ୟର ଦୀପକୁ ପ୍ରଜ୍ୱଳିତ କରିଥାଏ ।

କର୍ମରେ ଭବିଷ୍ୟତର ମଞ୍ଜି ଲୁଚି ରହିଥାଏ । କର୍ମ କାରଣରୁ ହିଁ କେହି ବୈଭବ ସମ୍ପନ୍ନ ହୋଇଥାଏ ତ କେହି ଗରିବ ହୋଇଥାଏ । କର୍ମ, ମନୁଷ୍ୟର ସବୁଠାରୁ ବଡ଼ ପୁଞ୍ଜି ଅଟେ । ଏହା କାରଣରୁ ହିଁ ଜୀବନରେ ସୁଖ-ଦୁଃଖର ସମାବେଶ ହୋଇଥାଏ । ଏହି ଦୁନିଆ କର୍ମର ଚାଷ ଅଟେ, ଏଥିରେ ମନୁଷ୍ୟ ଯେପରି ବୁଣେ, ସେହିପରି ଅମଳ କରେ ।

କିଛି ଲୋକ ଜୀବନଯାକ କଣ୍ଟା କୁସୁମ ଗଛ ଲଗାନ୍ତି ଓ ଆଶା କରନ୍ତି ଯେ, ତାଙ୍କୁ କୌଣସି ସ୍ୱାଦିଷ୍ଟ ଫଳ ଖାଇବାକୁ ମିଳିବ, ଏପରି ବା କେମିତି ହେବ ? ଯଦି ଆପଣ କଣ୍ଟା କୁସୁମ ଗଛ ଲଗାଇ କୌଣସି ସ୍ୱାଦିଷ୍ଟ ଫଳ ଖାଇବାକୁ ଚାହିଁବେ, ତେବେ ତାହା କଦାପି ହୋଇପାରିବ ନାହିଁ । ସ୍ୱାଦିଷ୍ଟ ଫଳ ଖାଇବା ପାଇଁ ଆପଣଙ୍କୁ କୌଣସି ସ୍ୱାଦିଷ୍ଟ ଫଳର ହିଁ ଗଛ ଲଗାଇବାକୁ ପଡ଼ିବ । ଯଦି କଣ୍ଟା କୁସୁମ ଲଗାଇବେ, ତେବେ କଣ୍ଟା ହିଁ ମିଳିବ ।

ପାପକର୍ମ କରି କଲ୍ୟାଣର ଆଶା କରିବା ବ୍ୟର୍ଥ । ପାପୀକୁ କେବେବି ମୁକ୍ତି

ମିଳେନାହିଁ । ଦୁନିଆର ପ୍ରତ୍ୟେକ ଧାର୍ମିକ ଗ୍ରନ୍ଥରେ ଏହି କଥା ସ୍ୱଷ୍ଟ ଶବ୍ଦରେ ଲେଖାଯାଇଛି । ପ୍ରକୃତି କେବେବି ନିଜ ନିୟମରେ ପରିବର୍ତ୍ତନ କରିବ ନାହିଁ । ଯେପରି ଦିନ ପରେ ରାତି ଆସେ ଓ ରାତି ପରେ ଦିନ; ଦିନରେ ସୂର୍ଯ୍ୟ ଉଦୟ ହୁଅନ୍ତି ଓ ରାତିରେ ଚନ୍ଦ୍ର-ତାରା, ପ୍ରତ୍ୟେକ ନିୟମ ସେହାହିଁ ଅଟେ, ଯାହା ଯୁଗ-ଯୁଗ ଧରି ଚାଲିଆସିଛି । ଯଦି ଆପଣ ଭୁଲ୍ କାର୍ଯ୍ୟ କରନ୍ତି, ପାପ କର୍ମ କରନ୍ତି, ତେବେ ସର୍ବଦା ଦୁଃଖୀ ରହିବେ । ଯେପରି ଆପଣ କରନ୍ତି, ତାହାର ମଞ୍ଜି ରୂପୀ ସଂସ୍କାର ଆପଣଙ୍କ ମସ୍ତିଷ୍କର ଜମିରେ ଉଠିଥାଏ, ଯାହା ବୃକ୍ଷ ରୂପ ଧରି ଆପଣଙ୍କ ମସ୍ତିଷ୍କରେ ସେହି ପ୍ରକାରେ କାର୍ଯ୍ୟ କରିଥାଏ ।

ତେଣୁ, ଆଳସ୍ୟ ତ୍ୟାଗକରି କର୍ମଶୀଳ ହୁଅନ୍ତୁ । ପୂର୍ଣ୍ଣ ଶକ୍ତି, ପୂର୍ଣ୍ଣ ଜ୍ଞାନ ଓ ପୂର୍ଣ୍ଣ ମନରେ ବିଚାରବନ୍ତ ଭାବରେ କର୍ମ କରିବା ଆରମ୍ଭ କରନ୍ତୁ ଏବଂ ଏହି ପ୍ରାରମ୍ଭ ଆଜିଠାରୁ ହିଁ କରନ୍ତୁ । ଆପଣ ପୂର୍ବରୁ ବହୁତ ବିଳମ୍ବ କରିସାରିଲେଣି । ଏବେ ଆଉ ଗୋଟିଏବି କ୍ଷଣ ବ୍ୟର୍ଥ କରିବା ଆପଣଙ୍କ ପାଇଁ କଷ୍ଟକର ହୋଇପାରେ । ଏବେ ଚେତନ୍ତୁ, ଜାଗୃତ ହୁଅନ୍ତୁ, କିଛି ଉତ୍ତମ ଓ ଅନୁକରଣୀୟ କରିବା ପାଇଁ ପ୍ରଯତ୍ନଶୀଳ ହୁଅନ୍ତୁ । ଶକ୍ତି, ଜ୍ଞାନ ଓ ବିଚାରଶୀଳତାର ଆପଣ ଯେତିକି ଅଧିକ ଉପଯୋଗ କରିବେ, ଏହି ଦୁନିଆରେ ଆପଣ ସେତିକି ମୂଲ୍ୟବାନ୍ ହୋଇଯିବେ ।

ସାହସ ଓ ଧୈର୍ଯ୍ୟ ରଖି ସତ୍‌କର୍ମ କରୁଥା'ନ୍ତୁ, ଉତ୍ତମ କର୍ମ କରୁଥା'ନ୍ତୁ, ତାହାର ଫଳ ସମୟ ଆସିଲେ ହିଁ ମିଳିବ । ଯଦି ସଫଳ ହେବାର ଅଛି, ତେବେ ଅପେକ୍ଷା କରିବା ସହିତ କର୍ମ ମଧ୍ୟ କରିବାକୁ ପଡ଼ିବ । ଯିଏ ପରାଜୟ ସ୍ୱୀକାର କରି ବସିଯିବ, ଯିଏ କାମ କରିବାକୁ ମନ ବଳାଇବ ନାହିଁ, ସିଏ ସବୁଦିନ ପାଇଁ ସାଧାରଣ ହୋଇ ରହିଯିବ । କୌଣସି ସାଧାରଣ ସ୍ତରର ବ୍ୟକ୍ତିକୁ ଲୋକମାନେ ବିଗତ ସମୟ ପରି ଭୁଲିଯା'ନ୍ତି । ଯଦି ଆପଣଙ୍କର, ସର୍ବଦା ଲୋକମାନେ ମନେରଖିବା ପରି ବ୍ୟକ୍ତିତ୍ୱ ଭାବରେ ହେବାର ଇଚ୍ଛା ଅଛି, ତେବେ ଆପଣଙ୍କୁ ନିଜ ବିଚାର ସହିତ ସତ୍‌କର୍ମ କରିବାକୁ ହିଁ ପଡ଼ିବ, ନଚେତ୍ ଆପଣଙ୍କ ପରେ ଲୋକମାନେ ଆପଣଙ୍କ କାହାଣୀ ମଧ୍ୟ ଭୁଲିଯିବେ ।

ଏଠାରେ ମୁଁ ଆଉ ଗୋଟିଏ କଥା ମନେପକାଇଦିଏ ଯେ, ସମସ୍ତ କାର୍ଯ୍ୟ, ଅର୍ଥାତ୍ ସତ୍‌କର୍ମ, କିଛି ଭିନ୍ନ କରିବା, ବିଚାରବାନ୍ ଭାବରେ କାର୍ଯ୍ୟ କରିବା, ସଂଯମ ରକ୍ଷାକରିବା, ଧୈର୍ଯ୍ୟଶୀଳ ହେବା, କେବଳ ସେହି ବ୍ୟକ୍ତି ସହଜରେ କରିପାରେ, ଯିଏ ନିଜ ମନକୁ ଜିତିପାରିଛି । ପ୍ରଥମେ ଆପଣଙ୍କ ମନକୁ ଜିତନ୍ତୁ, ତାହାପରେ ଆପଣଙ୍କୁ ଲାଗିବ ଯେ, ଏବେ ଆପଣ ଦୁନିଆକୁ ମଧ୍ୟ ଜିତିପାରିବେ ।

ଯୋଗ୍ୟ ହୁଅନ୍ତୁ, ପୂର୍ଣ୍ଣ ହେବ ଆକାଙ୍‌କ୍ଷା

ପ୍ରତ୍ୟେକ ବ୍ୟକ୍ତି ନିଜ ଜୀବନରେ ବହୁତ କିଛି ପ୍ରାପ୍ତ କରିବାକୁ ଚାହିଁଥାଏ । ଏପରି ଇଚ୍ଛା ରଖୁଥିବା ଲୋକମାନଙ୍କ ମଧ୍ୟରେ ସେହିମାନଙ୍କ ସଂଖ୍ୟା ଅଧିକ ଥାଏ, ଯେଉଁମାନେ ଜୀବନରେ ସୁଖ-ସମୃଦ୍ଧି, ଧନ-ବୈଭବ, ଯଶ-କୀର୍ତ୍ତି, ସୌନ୍ଦର୍ଯ୍ୟ ପାଇବାକୁ ଚାହିଁଥା'ନ୍ତି ଏବଂ ଏପରି ପ୍ରତ୍ୟେକ ଜିନିଷ ପାଇବାକୁ ଚାହିଁଥା'ନ୍ତି, ଯାହା ତାକୁ ଆରାମ ଦେବ, ଶାନ୍ତି ଦେବ, ଗର୍ବ କରିବାର ସୁଯୋଗ ଦେବ । କୌଣସି ବ୍ୟକ୍ତିର କୌଣସି ଇଚ୍ଛା ଉପରେ କୌଣସି ପ୍ରତିରୋଧ ନଥାଏ । କେହି କିଛିବି ଇଚ୍ଛା କରିପାରେ, ହେଲେ ଟିକିଏ ରୁହନ୍ତୁ, ଦେଖନ୍ତୁ ଓ ଭାବନ୍ତୁ ଯେ, ଯେଉଁ ବ୍ୟକ୍ତି, ବସ୍ତୁ କିମ୍ବା ବୈଭବର ଆପଣ ଆଶା କରୁଛନ୍ତି, ଯାହାକୁ ପାଇବାକୁ ଚାହୁଁଛନ୍ତି, ଆପଣ ତା' ଯୋଗ୍ୟ କି ? ଅଧିକାଂଶ ଲୋକଙ୍କୁ ସେମାନଙ୍କର କ୍ଷମତା ଓ ସାମର୍ଥ୍ୟତା ବିଷୟରେ ସଠିକ୍ ଭାବରେ ଜଣାଥାଏ । ସେମାନେ କ'ଣ କରିପାରିବେ ଆଉ କ'ଣ କରିପାରିବେ ନାହିଁ, ତାଙ୍କୁ ଜଣାଥାଏ । ସଚ୍ଚୋଟତାର ସହିତ ନିଷ୍କର୍ଷ ବାହାର କରନ୍ତୁ । ଯଦି ଆପଣ ଯୋଗ୍ୟ ନୁହଁନ୍ତି, ତେବେ ପ୍ରଥମେ ନିଜକୁ ଯୋଗ୍ୟ କରନ୍ତୁ, ତାହାପରେ ଆପଣଙ୍କର ସବୁ ଇଚ୍ଛା ପୂର୍ଣ୍ଣ ହେବ ।

ସତ୍ୟତା ସହିତ ରହିଥିବା ବ୍ୟକ୍ତିମାନଙ୍କର ସମ୍ବନ୍ଧ ଈଶ୍ୱରଙ୍କ ସହିତ ଥାଏ ଏବଂ ଯେଉଁମାନଙ୍କ ସହିତ ଈଶ୍ୱର ଥା'ନ୍ତି, ସେମାନେ ସର୍ବଦା ସଫଳତାର ଶୀର୍ଷକୁ ସ୍ପର୍ଶ କରିଥା'ନ୍ତି ତଥା ସେମାନଙ୍କର ସବୁ ଇଚ୍ଛା ପୂର୍ଣ୍ଣ ହୋଇଥାଏ । ଈଶ୍ୱର ସେମାନଙ୍କୁ ଏତେ ଯୋଗ୍ୟ କରିଦିଅନ୍ତି ଯେ, ସେମାନେ ଯାହା ଚାହାଁନ୍ତି, ତାହା ପ୍ରାପ୍ତ କରିପାରନ୍ତି ।

ବନ୍ଧୁଗଣ, ଯେପରି ଉପରେ ଲେଖାଯାଇଛି ଯେ, ସମସ୍ତେ ଇଚ୍ଛା କରିଥା'ନ୍ତି, ହେଲେ ସେହି

ଲୋକମାନଙ୍କର ଇଚ୍ଛା ପୂର୍ଣ୍ଣ ହୋଇଥାଏ, ଯେଉଁମାନେ ଯୋଗ୍ୟ ହୋଇଥା'ନ୍ତି । ଇଚ୍ଛା ପୂର୍ଣ୍ଣ ହୋଇପାରିବ, ଯଦି ଆପଣ ଅନ୍ୟମାନଙ୍କୁ ପ୍ରେମ କରୁଥା'ନ୍ତି ଏବଂ ଅନ୍ୟମାନଙ୍କୁ ଆପଣ ସେତେବେଳେ ପ୍ରେମ କରିପାରିବେ, ଯେତେବେଳେ ଆପଣ ନିଜକୁ ପ୍ରକୃତରେ ପ୍ରେମ କରୁଥିବେ । ଯଦି ଏପରି ନୁହେଁ, ତେବେ ଆପଣଙ୍କର ବିବେକ ଆପଣଙ୍କୁ ସଠିକ୍ କାର୍ଯ୍ୟ କରିବାକୁ ଦେବନାହିଁ । ଯେପର୍ଯ୍ୟନ୍ତ ଆପଣ ସଠିକ୍ କାମ କରିବେ ନାହିଁ, ସେପର୍ଯ୍ୟନ୍ତ ଆପଣ ସଫଳ ହୋଇପାରିବେ ନାହିଁ, ଆଉ ନା ହିଁ ଆପଣଙ୍କର କୌଣସି ଆକାଙ୍କ୍ଷା ପୂର୍ଣ୍ଣ ହେବ ।

ଭୁଲ୍ କାମ କରୁଥିବା, ଅଯୋଗ୍ୟ ଲୋକମାନଙ୍କୁ କେବେବି ସଫଳତା ମିଳେନାହିଁ । ଯଦିବା କୌଣସି ପ୍ରକାର କୁଟିଳ ବୁଦ୍ଧି ଲଗାଇ କାହାରିକୁ ଅଳ୍ପ-ବହୁତ ସଫଳତା ମିଳିବିଯାଏ, ତେବେ ତାହା ସ୍ଥାୟୀ ହୋଇନଥାଏ । ଯୋଗାଡ଼-ଯନ୍ତ୍ର କରି କିମ୍ବା କୁଟିଳ ବୁଦ୍ଧି ଖଟାଇ ହିତସାଧନ କରୁଥିବା ଲୋକ ପୁଣି ଥରେ ସେହିଠାରେ ପହଞ୍ଚିଯା'ନ୍ତି, ଯେଉଁଠାରୁ ସେମାନେ ଆରମ୍ଭ କରିଥିଲେ, ଅର୍ଥାତ୍ ସେମାନେ ପୁଣିଥରେ ଜିରୋ ହୋଇଯା'ନ୍ତି । ସମ୍ଭବତଃ, ଏହି ସନ୍ଦର୍ଭରେ କୁହାଯାଏ - 'କାଗଜର ଡଙ୍ଗା ପାଣିରେ ଅଧିକ ସମୟ ପର୍ଯ୍ୟନ୍ତ ଭାସିପାରେ ନାହିଁ ।'

'ଅସତ୍ୟର ସମ୍ପର୍କ ସଇତାନ୍ ସହିତ'

ଏହା ଆଜିର କିମ୍ବା ବର୍ତ୍ତମାନ ପ୍ରସ୍ତୁତ କରାଯାଇଥିବା ପ୍ରବାଦ ନୁହେଁ । ଅନେକ ଯୁଗ ପୂର୍ବରୁ ଏହା ସିଦ୍ଧ ହୋଇସାରିଛି ଯେ, ଅସତ୍ୟର ବା ମନ୍ଦର ସମ୍ପର୍କ ସଇତାନ୍ ସହିତ ରହିଥାଏ, ଆଉ ସଇତାନ୍ ସହିତ ସମ୍ପର୍କ ରଖିଥିବା ଲୋକକୁ ନା କେବଳ ବଞ୍ଚି ଥାଉ-ଥାଉ, ବରଂ ମରିବା ପରେ ମଧ୍ୟ ନର୍କ ଭୋଗିବାକୁ ପଡ଼ିଥାଏ । ଏହା ବିପରୀତେ, ସତ୍ୟତାର ହାତ ଧରିଥିବା ଲୋକର ସମ୍ପର୍କ ଈଶ୍ୱରଙ୍କ ସହିତ ରହିଥାଏ ଏବଂ ଯାହା ସହିତ ଈଶ୍ୱର ଥାଆନ୍ତି, ସେ ସର୍ବଦା ସଫଳତାର ଶୀର୍ଷକୁ ଛୁଇଁଥାଏ ଏବଂ ତା'ର ସବୁ ଇଚ୍ଛା ପୂର୍ଣ୍ଣ ହୋଇଥାଏ । ଈଶ୍ୱର ତାକୁ ଏତେ ଯୋଗ୍ୟ କରିଦିଅନ୍ତି ଯେ, ସେ ଯାହା ଚାହେଁ, ପ୍ରାପ୍ତ କରିପାରେ ।

କାମନା, ଇଚ୍ଛା ବା ମହତ୍ୱକାଂକ୍ଷା ମନୁଷ୍ୟ ଜୀବନର ଏକ ମହତ୍ୱପୂର୍ଣ୍ଣ ଅଂଗ ଅଟେ । ମନୁଷ୍ୟର କାମନା ବିନା, ତା'ଜୀବନରେ କୌଣସି ପରିବର୍ତ୍ତନ ଆସିପାରେ ନାହିଁ । କାମନା ଓ ଇଚ୍ଛା ହିଁ ତାକୁ ଭଲ-ମନ୍ଦ କାମ କରିବାକୁ ବିବଶ କରିଥାଏ । ଭଲ କାମର ପରିଣାମ ଭଲ ହୋଇଥାଏ ଓ ମନ୍ଦ କର୍ମର ଫଳ ମନ୍ଦ ।

ଯେଉଁ ବ୍ୟକ୍ତି ମନରେ କିଛି ପାଇବାର କାମନା ନଥାଏ, ଟିକେ ଭାବନ୍ତୁ, ସେ ଜୀବନରେ କ'ଣ ବା ପ୍ରାପ୍ତ କରିପାରେ ? ଉତ୍ତର ହେଉଛି - ବୋଧହୁଏ, କିଛିବି ନୁହେଁ । ସର୍ବଦା ଅସଫଳତାର ବୋଝ ମୁଣ୍ଡେଇ ବୁଲୁଥିବ ।

କାହାର କାମନା ସାମାନ୍ୟ ହୋଇଥାଏ, ଆଉ କାହାର ବହୁତ ବଡ଼ । କାମନା ଦ୍ୱାରା କର୍ମଶକ୍ତି ଜାଗୃତ ହୋଇଥାଏ, କର୍ମରୁ ବିଶ୍ୱାସ ଉତ୍ପନ୍ନ ହୋଇଥାଏ ଓ ବିଶ୍ୱାସରୁ ସଫଳତା ମିଳିଥାଏ ।

ଯାହାର କାମନା ଯେତିକି ବଡ଼ ହୋଇଥାଏ, ତା'ର ଉନ୍ନତିର ଶକ୍ତି ମଧ୍ୟ ସେତିକି ଅଧିକ ହୋଇଥାଏ । କାମନା ଉପରେ ହିଁ ପୂରା ଜୀବନ ନିର୍ଭର କରିଥାଏ ।

ଯଦି ଆପଣଙ୍କଠାରେ କିଛି ପାଇବାର କାମନା ଅଛି, ତେବେ ଆପଣଙ୍କ ଭିତରେ, ଆପଣଙ୍କ ଅନ୍ତଃମନରେ ଏକ ଇଚ୍ଛା ଜନ୍ମ ନିଏ ଏବଂ ଇଚ୍ଛା ଦ୍ୱାରା ଆପଣଙ୍କୁ ନୂଆ ଦିଗ ମିଳେ । ଦିଗ ମିଳିଲେ ପରିସ୍ଥିତିରେ ପରିବର୍ତ୍ତନ ହୁଏ । ପରିସ୍ଥିତ ସେତେବେଳେ ପରିବର୍ତ୍ତନ ହେବ, ଯେତେବେଳେ ଆପଣଙ୍କର କାମନା ବହୁତ ବଡ଼ ତଥା ପ୍ରବଳ ହେବ ।

ଇଚ୍ଛା ଯେଉଁଠି, ମାର୍ଗ ସେଇଠି

କାମନା ବା ଇଚ୍ଛା ସହିତ ହିଁ ମାର୍ଗକୁ ଯୋଡ଼ାଯାଇଛି । କାମନା ଜାଗୃତ ହେଲେ ରାସ୍ତା ମିଳିବା ଆରମ୍ଭ ହୋଇଯାଏ ଏବଂ ଯେତେବେଳେ ରାସ୍ତା ମିଳିଯାଏ, ତେବେ ଆପଣ ନିଜ ଲକ୍ଷ୍ୟସ୍ଥଳରେ ପହଞ୍ଚିଯାଆନ୍ତି ।

ଯେଉଁପ୍ରକାରେ, ଯଦି ଆପଣଙ୍କୁ ଭୋକ ଲାଗେ, ତେବେ ଆପଣ କୌଣସି ହୋଟେଲ୍ ଖୋଜନ୍ତି ଓ ନିଜ କ୍ଷୁଧା ନିବାରଣ କରନ୍ତି । ଯେଉଁପ୍ରକାରେ, ଜୀବନର କାମନା ରଖିଥିବା ବ୍ୟକ୍ତି ନିଜ ଜୀବନକୁ ଜିଇଁଥାଏ, ଠିକ୍ ସେହିପ୍ରକାରେ ସଫଳତାର କାମନା ରଖିଥିବା ବ୍ୟକ୍ତି ଜୀବନରେ ସଫଳତା ପ୍ରାପ୍ତ କରିହିଁ ନେଇଥାଏ, ମାତ୍ର ସେଥିପାଇଁ ଆବଶ୍ୟକ ହେଉଛି ନିରନ୍ତର ବୁଦ୍ଧି-ବିବେକର ସହିତ କର୍ମ କରିବା ।

ଥରେ ଅଷ୍ଟବକ୍ର, ରାଜା ଜନକଙ୍କ ସଭାକୁ ଗଲେ । ତାଙ୍କ ହାତ-ଗୋଡ଼ ଅଙ୍କା-ବଙ୍କା ଥିଲା ଓ କୁଜ ବାହାରିଥିଲା । ତାଙ୍କୁ ଦେଖିବା କ୍ଷଣି ସମସ୍ତ ସଭା ସଦସ୍ୟ ହସିବାକୁ ଲାଗିଲେ । ଏହାକୁ ନେଇ ଅଷ୍ଟବକ୍ର, ରାଜାଙ୍କୁ କହିଲେ, 'କ'ଣରେ ରାଜା, ତୁ ନିଜ ସଭାରେ କେବଳ ଚମାରମାନଙ୍କୁ ହିଁ ସମ୍ମିଳିତ କରିଛୁ ? ଏମାନେ ତ ସଭା ସଦସ୍ୟର ଯୋଗ୍ୟ ହି ନୁହଁନ୍ତି ।' ରାଜା ତୁରନ୍ତ ଉତ୍ତର ଦେଲେ, 'ଏମାନେ ଚମାର ନୁହଁନ୍ତି, ଏମାନଙ୍କ ମଧ୍ୟରେ ଅନେକ ବ୍ରାହ୍ମଣ ଅଛନ୍ତି, ଅନେକ ଠାକୁର୍ ଅଛନ୍ତି ଓ ଅନେକ ବଣିଆ ମଧ୍ୟ ଅଛନ୍ତି ।' ଅଷ୍ଟବକ୍ର କହିଲେ, 'ଏମାନେ ମୋ ଶରୀରକୁ ଦେଖି ହସିଲେ, ଏମାନେ କେବଳ ମୋ ଶରୀରର ଚମଡ଼ାକୁ ଦେଖିଲେ, ଆଉ ଚମଡ଼ାକୁ ଦେଖିବା-ପରଖିବାବାଲା ଚମାର ହିଁ ତ ହୋଇଥାଏ ।'

ଗୋଟିଏ ପାହାଡ଼ରେ ତିନୋଟି ବୃକ୍ଷ ଥିଲେ । ସେହି ତିନିଜଣ, ନିଜ ନିଜର ସୁଖ-ଦୁଃଖ ଓ ନିଜ ସ୍ୱପ୍ନ ବିଷୟରେ ପରସ୍ପର ସହିତ କଥାବାର୍ତ୍ତା କରୁଥିଲେ । ଦିନେ, ପ୍ରଥମ ବୃକ୍ଷ କହିଲା, ''ମୁଁ ଗୋଟିଏ ଏପରି ବାକ୍ସ ହେବାକୁ ଚାହୁଁଛି, ଯେଉଁଥିରେ ହୀରା-ମୋତି-ମାଣିକ ଓ ବିଭିନ୍ନ ପ୍ରକାର ବହୁମୂଲ୍ୟ ନିଧି ରଖାଯିବ । ମୋତେ ବହୁତ୍ ସଜାଯିବ ଓ ସାରା ଦୁନିଆ ମୋ ସୁନ୍ଦରତାକୁ ଦେଖିବ ।'' ଦ୍ୱିତୀୟ ବୃକ୍ଷ କହିଲା, ''ମୁଁ ଗୋଟିଏ ଜଳଯାନ ହେବାକୁ ଚାହୁଁଛି । ରାଜା ଓ ରାଣୀ ମୋ ଉପରେ ଆରୋହଣ କରି ଦୂର ଦେଶର ଯାତ୍ରା କରନ୍ତୁ । ମୁଁ ସମୁଦ୍ର ଢେଉରେ ଚାଲେ । ମୋ ମଧ୍ୟରେ ସମସ୍ତେ ସୁରକ୍ଷିତ ଅନୁଭବ କରନ୍ତୁ ।'' ଶେଷରେ ତୃତୀୟ ବୃକ୍ଷ କହିଲା, ''ମୁଁ ତ ଏହି ଜଙ୍ଗଲର ସବୁଠାରୁ ବଡ଼ ଓ ଉଚ୍ଚ ବୃକ୍ଷ ହିଁ ହେବାକୁ ଚାହୁଁଛି । ମୋ ଶାଖା ସ୍ୱର୍ଗ ପର୍ଯ୍ୟନ୍ତ ପହଞ୍ଚୁ ଏବଂ ଲୋକମାନେ ମୋତେ ଦେଖି ଈଶ୍ୱରଙ୍କ ସ୍ମରଣ କରନ୍ତୁ । ମୁଁ ସଂସାରର ସର୍ବଶ୍ରେଷ୍ଠ ବୃକ୍ଷ ହିଁ ହେବାକ ନାହଁକି ।''

ଗୋଟିଏ ଦିନ ସେହି ଜଙ୍ଗଲକୁ କିଛି କାଠ କଟାଳୀ ଅସିଲେ ଓ ସେମାନଙ୍କୁ କାଟିକ ନେଇଗଲେ ।

ପ୍ରଥମ ଗଛକୁ ଜଣେ ବଢ଼େଇ କିଣିନେଲା ଏବଂ ସେଥିରୁ ପଶୁମାନଙ୍କୁ ଦାନା ଖୁଆଇବାର କୁଣ୍ଡ କଲା ଓ ତାକୁ ପଶୁଗୃହରେ ରଖି ସେଥିରେ କୁଣ୍ଡା ଭରିଦିଆଗଲା । ବିଚାରା ବୃକ୍ଷ ତ ଏହାର କଳ୍ପନା ମଧ୍ୟ କରିନଥିଲା । ଦ୍ୱିତୀୟ ଗଛକୁ କାଟି ସେଥିରୁ ମାଛ ଧରିବା ପାଇଁ ଗୋଟିଏ ଛୋଟ ଡଙ୍ଗା କରିଦିଆଗଲା । ଭବ୍ୟ ଜଳଯାନ ହୋଇ, ରାଜା-ରାଣୀଙ୍କୁ ନେବା-ଆଣିବା କରିବାର ତା' ସ୍ୱପ୍ନ ମଧ୍ୟ ଭାଙ୍ଗି ଚୁରମାର୍ ହୋଇଗଲା । ତୃତୀୟ ଗଛକୁ ବଡ଼ ବଡ଼ ଖଣ୍ଡରେ କାଟିଦିଆଗଲା ଓ ସେହି ଖଣ୍ଡଗୁଡ଼ିକୁ ଗୋଟିଏ ଅନ୍ଧାର କୋଠରୀରେ ଫିଙ୍ଗିଦିଆଗଲା ।

ଦିନେ ଗୁହାଳକୁ ଜଣେ ଲୋକ ତା' ସ୍ତ୍ରୀ ସହିତ ଅସିଲା । ସେହି ସ୍ତ୍ରୀ, ସେଠାରେ ଏକ ଶିଶୁକୁ ଜନ୍ମ ଦେଲା । ସେମାନେ ପିଲାଟିକୁ ଦାନା ଖୁଆଇବା କୁଣ୍ଡରେ ଶୁଆଇବାକୁ ଲାଗିଲେ । ସେହି କାଠ କୁଣ୍ଡଟି ଏବେ ଶିଶୁ ଶୁଆଇବାର କାମରେ ଲାଗିଲା । ପ୍ରଥମ ବୃକ୍ଷ ନିଜକୁ ଧନ୍ୟ ମନେକଲା ଯେ, ଏବେ ସେ ସଂସାରର ସବୁଠାରୁ ମୂଲ୍ୟବାନ ନିଧି, ଅର୍ଥାତ୍ ଗୋଟିଏ ଶିଶୁକୁ ଆଶ୍ରା ଦେଉଥିଲା ।

ସମୟ ଅତିବାହିତ ହେବାକୁ ଲାଗିଲା । ଅନେକ ବର୍ଷ ପରେ କେତେକ ନବଯୁବକ ଦ୍ୱିତୀୟ ବୃକ୍ଷରୁ ପ୍ରସ୍ତୁତ ହୋଇଥିବା ଡଙ୍ଗାରେ ବସି ମାଛ ଧରିବାକୁ ଗଲେ । ସେହି ସମୟରେ ବହୁତ୍ ଜୋର୍‌ରେ ତୋଫାନ୍ ଆସିଲା ଏବଂ ଡଙ୍ଗା ଓ ସେଥିରେ ବସିଥିବା ଯୁବକମାନଙ୍କୁ ଲାଗିଲା ଯେ, ଏବେ ସେମାନେ କେହିବି ଜୀବିତ ବଞ୍ଚିବେ ନାହିଁ । ଜଣେ ଯୁବକ ସେହି ଡଙ୍ଗାରେ ନିଶ୍ଚିନ୍ତ ହୋଇ ଶୋଇଥିଲା । ତା'ସାଥୀମାନେ ତାକୁ ଡାକିଲେ ଓ ତୋଫାନ୍ ବିଷୟରେ କହିଲେ । ସେହି ଯୁବକ ଉଠିଲା ଓ ଡଙ୍ଗାରେ ଠିଆହୋଇ ଅଶାନ୍ତ ସମୁଦ୍ର ଓ ଝଞ୍ଜାବାତକୁ କହିଲା, ''ଶାନ୍ତ ହୋଇଯାଅ ।'' ସେ, ଏପରି କହିବା କ୍ଷଣି ତୋଫାନ ଶାନ୍ତ ହୋଇଗଲା । ଏହାଦେଖି ଦ୍ୱିତୀୟ ବୃକ୍ଷକୁ ଲାଗିଲା ଯେ ସେ, ଦୁନିଆର ପରମ ଐଶ୍ୱର୍ଯ୍ୟଶାଳୀ ସମ୍ରାଟଙ୍କୁ ସାଗର ପାର କରାଇଛି ।

ତୃତୀୟ ଗଛର ଖଣ୍ଡ ପାଖକୁ ମଧ୍ୟ ଦିନେ କିଛି ଲୋକ ଅସିଲେ । ସେମାନେ ତାହାର ଦୁଇ ଖଣ୍ଡକୁ ଯୋଡ଼ି, ଜଣେ ଆହତ ଲୋକ ଉପରେ ଲଦିଦେଲେ । ଝୁଣ୍ଟି-ଝୁଣ୍ଟି, ପଡ଼ି-ଉଠି ରାସ୍ତାରେ ଚାଲୁଥିବା ସେହି ଲୋକର ଅପମାନ ଅନ୍ୟ ଲୋକମାନେ କରୁଥିଲେ । କିଛି ସମୟ ପରେ ସୈନିକମାନେ କାଠ ପଟା ଉପରେ ସେହି ଲୋକର ହାତ-ଗୋଡ଼ରେ କଣ୍ଟା ବାଡ଼େଇ, ତାକୁ ପାହାଡ଼ର ଶୀର୍ଷରେ ଠିଆକରିଦେଲେ । ଦୁଇ ଦିନ ପରେ ତୃତୀୟ ବୃକ୍ଷକୁ ଏହା ଅନୁଭବ ହେଲା ଯେ ସେ, ସେହି ପାହାଡ଼ରେ ସ୍ୱର୍ଗ ଓ ଈଶ୍ୱରଙ୍କ ଅତ୍ୟନ୍ତ ନିକଟବର୍ତ୍ତୀ ହୋଇଯାଇଛି, କାରଣ ପ୍ରଭୁ ଯୀଶୁଙ୍କ ପାଇଁ ତାକୁ ଶୂଳୀ କରାଯାଇଥିଲା ।

କରନ୍ତୁ ଉଚ୍ଚ ଓ ବଡ଼ କଳ୍ପନା

କଳ୍ପନାର ଶକ୍ତି ବଡ଼ ଅଜବ ଅଟେ । ମନ କଳ୍ପନା କରିଥାଏ, ତାହାର ଗତି ଅତ୍ୟନ୍ତ ତୀବ୍ର, ସେଥିପାଇଁ ଏହି ପୁସ୍ତକରେ ମୁଁ ମନକୁ ଜିତିବାର କଥା କହିଛି । ମନ ଅଗଣିତ କଳ୍ପନା କରିଥାଏ, ଭଲ ବି ଆଉ ମନ୍ଦ ବି । ମାତ୍ର, ଯେଉଁ ବ୍ୟକ୍ତି ନିଜ ମନକୁ ଜିଣିନିଏ, ସେ କେବଳ ଭଲ କଳ୍ପନା ହିଁ କରିଥାଏ । ଭଲ ତଥା ସୁସ୍ଥ କଳ୍ପନା ହିଁ ସମସ୍ତ କ୍ଷେତ୍ରର ଆଧାର ଅଟେ । ତେଣୁ, ଆମକୁ ମନରେ ସର୍ବଦା ସଫଳତାର ହିଁ କଳ୍ପନା କରିବା ଦରକାର ।

କଳ୍ପନା କରନ୍ତୁ, ବଡ଼-ବଡ଼ କଳ୍ପନା କରନ୍ତୁ, ବଡ଼-ବଡ଼ ସ୍ୱପ୍ନ ଦେଖନ୍ତୁ ଏବଂ ମନ ଉପରେ ବିଜୟପ୍ରାପ୍ତ କରି, ମନକୁ ଜିଣି, ସେହି କଳ୍ପନାଗୁଡ଼ିକରେ ଇନ୍ଦ୍ରଧନୁଷୀୟ ରଙ୍ଗ ଭରନ୍ତୁ । ସ୍ୱପ୍ନକୁ ବାସ୍ତବତାର ବସ୍ତ୍ର ପିନ୍ଧାନ୍ତୁ । ଦୃଢ଼ସଂକଳ୍ପ କରିନିଅନ୍ତୁ ଯେ, ମୋତେ ଏହି କାର୍ଯ୍ୟ କରିବାକୁ ହିଁ ଅଛି ।
-ସୂର୍ଯ୍ୟ ସିହ୍ନା

ମନେରଖନ୍ତୁ, ସଫଳତା ସମ୍ବନ୍ଧିତ ବିଚାରର ବିହନ ପିଲାବେଳୁ ହିଁ ପଡ଼ିବା ଆରମ୍ଭ ହୋଇଯାଇଥାଏ । କୌଣସି ପିଲା, ନିଜ ଶୈଶବରେ ଏହା କେବେବି କୁହେନାହିଁ ଯେ, ମୁଁ ବଡ଼ ହୋଇ ଶ୍ରମିକ ବା ଚପରାସୀ ହେବି କିମ୍ବା ଛୋଟ-ଛୋଟ କାମ କରିବି । ସେ ବଡ଼ ଚାକିରି, କାର୍, ବଙ୍ଗଳା ଓ ବଡ଼ ବଡ଼ ସଫଳତାର କଳ୍ପନା କରିଥାଏ । ବିଶ୍ୱାସ କରନ୍ତୁ, ଏପରି ଗୋଟିଏ ଦିନ ଆସିବ, ଯେତେବେଳେ ସେ ନିଜ କଳ୍ପନାଗୁଡ଼ିକୁ ବାସ୍ତବତାରେ ପରିବର୍ତ୍ତନ କରିବାରେ ମଧ୍ୟ ସଫଳ ହେବ ।

ଦେଖାଯାଇଛି ଯେ କିଛି ଘରେ, ଯେଉଁଠାରେ ନକରାତ୍ମକ ବିଚାରର ଲୋକମାନେ ବାସ କରନ୍ତି,

ସେମାନେ କିମ୍ବା ଆମ ସମାଜର ଲୋକମାନେ କଳ୍ପନାଶୀଳ ପିଲାମାନଙ୍କର ଉତ୍ସାହ ବଢ଼ାଇବା ପରିବର୍ତ୍ତେ ପ୍ରତ୍ୟକ୍ଷ ବା ପରୋକ୍ଷ ଭାବରେ ନକରାତ୍ମକ କଥା କହି ତା'ର ଉତ୍ସାହକୁ ମାଟିରେ ମିଶାଇଦିଅନ୍ତି । ତା'ର ଉତ୍ସାହ, ଉଦ୍ଦୀପନା ଓ ଆତ୍ମବିଶ୍ୱାସର ହତ୍ୟା କରିଦିଅନ୍ତି ।

ଉଦାହରଣସ୍ୱରୂପ, ଜଙ୍ଗଲରେ ନୂଆ ହୋଇ ଧରାଯାଇଥିବା ହାତୀ ଶାବକ ଜୀବନର ଅଧ୍ୟୟନ କରନ୍ତୁ । ଯେତେବେଳେ ତାକୁ ଧରାଯାଏ, ତା'ମଧ୍ୟରେ ବହୁତ ଉଦ୍ଦୀପନା ରହିଥାଏ, ଅନେକ ଉତ୍ସାହ ରହିଥାଏ । ମାହୁନ୍ତ ତାକୁ ଶିକୁଳିରେ ଗୁଡ଼ାଇ ଗୋଟିଏ ମଜଭୁତ୍ ଗଛରେ ବାନ୍ଧିଦିଏ । ହାତୀ ଶାବକ ମୁକ୍ତ ହେବାପାଇଁ ନିଜର ପୂରା ବଳ ଲଗାଇଦିଏ । ସେ, ସେହି ଶିକୁଳିକୁ ଛିଣ୍ଡାଇବା ପାଇଁ ବହୁତ ଚେଷ୍ଟା କରେ, ମାତ୍ର ବାରମ୍ବାର ଚେଷ୍ଟା କରିବା ସତ୍ତ୍ୱେ ସେ, ସେହି ଲୁହାର ଶିକୁଳିକୁ ଛିଣ୍ଡାଇ ପାରେନାହିଁ । ସେତେକିବେଳେ ତା'ମନରେ ନକରାତ୍ମକ ଭାବନା ଜନ୍ମ ନିଏ । ସେ, ଏହା ଭାବି ନିରାଶ ହୋଇଯାଏ ଯେ, ମୁଁ ସାରା ଜୀବନ ଏହି ବନ୍ଧନକୁ ଛିଣ୍ଡାଇ ପାରିବିନାହିଁ । ତାକୁ ବିଶ୍ୱାସ ହୋଇଯାଏ ଯେ, ଏହି ବନ୍ଧନରୁ ମୁକ୍ତ ହେବା ସମ୍ପୂର୍ଣ୍ଣ ଅସମ୍ଭବ ଅଟେ । କିଛି ବର୍ଷ ପରେ ଯେତେବେଳେ ସେ ଯୌବନ ଓ ଶକ୍ତି ପ୍ରାପ୍ତ କରେ, ସେତେବେଳେ ମଧ୍ୟ ତା'ର ଏହି ବିଶ୍ୱାସ ଅପରିବର୍ତ୍ତିତ ରହେ ଯେ, ସେ ବନ୍ଧନରେ ରହିଛି ଏବଂ ଏହାହିଁ ତା'ର ଜୀବନ । ନକରାତ୍ମକ ଭାବନା ତା'ମନର ଗଭୀରତା ପର୍ଯ୍ୟନ୍ତ ନିଜର ଚେର ବିସ୍ତାର କରିଦେଇଥାଏ – 'ମୁଁ ଏହି ବନ୍ଧନକୁ ଛିଣ୍ଡାଇବାରେ ଅସମର୍ଥ । ମୋ ମଧ୍ୟରେ ଏହି ବନ୍ଧନକୁ ଛିଣ୍ଡାଇବାର ଶକ୍ତି ନାହିଁ ।' ଏହାର ଦୁଷ୍ପରିଣାମ ହେଉଛି, ସେ, ସେହି ବନ୍ଧନକୁ ଛିଣ୍ଡାଇବାର ଚେଷ୍ଟା ହିଁ କରେନାହିଁ । ସେ ବିଶ୍ୱାସ କରେ ଯେ – 'ଯେଉଁ ବନ୍ଧନକୁ ମୁଁ ଆଜି ପର୍ଯ୍ୟନ୍ତ ଛିଣ୍ଡାଇ ପାରିଲି ନାହିଁ, ତାହାକୁ ଏବେ କ'ଣ ଛିଣ୍ଡାଇପାରିବି ?' ବାସ୍, ଏହି ଗୋଟିଏ ନକରାତ୍ମକ ବିଶ୍ୱାସ କାରଣରୁ ଏକ ବିଶାଳ ଓ ଶକ୍ତିଶାଳୀ ହାତୀ ସଦାସର୍ବଦା ପାଇଁ ମାହୁନ୍ତର ଗୋଲାମ ହୋଇଯାଏ । ପ୍ରଥମରୁ ତ କେବଳ ତା' ଶରୀର ବନ୍ଧନରେ ଥିଲା, ଏବେ ତା'ମନ ମଧ୍ୟ ବନ୍ଧନଯୁକ୍ତ ହୋଇଗଲା । ସେ, ସେହି ଗୋଲାମୀକୁ ଓ ପରିସ୍ଥିତିକୁ ସ୍ୱୀକାର କରିନିଏ । ଯାହାକୁ ପଶୁମାନଙ୍କ ମଧ୍ୟରେ ସବୁଠାରୁ ବଳବାନ୍, ସବୁଠାରୁ ଭାରୀ ଓ ବୁଦ୍ଧିମାନ୍ ବୋଲି ବିଚାର କରାଯାଏ, ସେହି ହାତୀର ଏହି ଦୁର୍ଗତି ହୋଇଥାଏ । ଯୌବନର ଉନ୍ମାଦ ଚଢ଼ିବା କ୍ଷଣି ଯିଏ ବଡ଼-ବଡ଼ ଗଛକୁ ନିଜ ସୁଣ୍ଢରେ ଗୁଡ଼ାଇ, ନିଜ

ମୁଣ୍ଡରେ ଧକ୍କା ମାରି କ୍ଷଣକରେ ଓପାଡ଼ି ଫୋପାଡ଼ି ପାରେ, ଯିଏ ବଡ଼-ବଡ଼ ପଥର, ପାହାଡ଼ର ଶିଳାଗୁଡ଼ିକୁ ଓ ଅନେକ ଟନ୍ ଓଜନର କାଠକୁ ଭିଡ଼ି ଜଙ୍ଗଲର ଗୋଟିଏ ମୁଣ୍ଡରୁ ଅନ୍ୟ ମୁଣ୍ଡ ପର୍ଯ୍ୟନ୍ତ ନେଇଯାଇପାରେ, ସେହି ହାତୀ କେବଳ ମାତ୍ର ଗୋଟିଏ ନକରାତ୍ମକ ଭାବନା - 'ମୁଁ ଏହା କରିପାରିବି ନାହିଁ' - କାରଣରୁ ସାମାନ୍ୟ ଲୁହା ଶିକୁଳି ଛିଣ୍ଡାଇପାରେ ନାହିଁ । କେବଳ 'ମୁଁ ଏହା କରିପାରିବି ନାହିଁ' ଭଳି ନକରାତ୍ମକ ଭାବନା କାରଣରୁ । ପରିଣାମ ଏହା ହୋଇଥାଏ ଯେ, ଶକ୍ତି ଓ ସାମର୍ଥ୍ୟ ଥିବା ସତ୍ତ୍ୱେ ସେହି ହାତୀ ତା'ର ସମଗ୍ର ଜୀବନ ମାହୁନ୍ତର ହୁକୁମ୍ ମାନି ଗୋଲାମ ପାଲଟିଯାଇଥାଏ ।

ଠିକ୍ ସେହିପ୍ରକାରେ, ଗୋଟିଏ ପିଲା ନିଜ ଶୈଶବାବସ୍ଥାରେ କଳ୍ପନାର ଗଗନରେ ଉଡୁଥାଏ । ସେହି ସମୟରେ ହତୋତ୍ସାହକ ନକରାତ୍ମକ ବିଚାରର ଏପରି ମଞ୍ଜି ତା'ମସ୍ତିଷ୍କରେ ବୁଣିଦିଆଯାଏ ଯେ, ସେଥିରୁ ତା' ମନ-ମସ୍ତିଷ୍କ କୁଣ୍ଠିତ ହୋଇଯାଏ । ମାତା-ପିତାଙ୍କ ଦ୍ୱାରା କରାଯାଇଥିବା କଟାକ୍ଷ 'ଥାଉ-ଥାଉ, ଏଇଟା ତୁ କରିପାରିବୁନି', 'ତୁ ଏବେ ଛୋଟ ପିଲା ତ...', 'ଏଇ କାମ ବଡ଼ମାନେ ହିଁ କରିପାରିବେ' ଆଦି ଅନେକ କଟାକ୍ଷ ପିଲା ମନରେ ଖରାପ ପ୍ରଭାବ ପକାଇଥାଏ । ଏହାର ପ୍ରଭାବ, ବରଂ ଏପରି କହିଲେ ଅତ୍ୟୁକ୍ତି ହେବନାହିଁ, ଏହାର ସବୁଠାରୁ ଖରାପ ପ୍ରଭାବ ହେଉଛି, ଜୀବନର ଛୋଟ-ଛୋଟ ଅସଫଳତା ପରେ ତାକୁ ଏହା ବିଶ୍ୱାସ ହୋଇଯାଇଥାଏ ଯେ, ପ୍ରକୃତରେ ସେ କୌଣସି ବଡ଼ କାମ କରିବାର ଯୋଗ୍ୟ ହିଁ ନୁହେଁ । ତାହାପରେ, ବଡ଼ କଳ୍ପନା କରିବାକୁ ତା'ର ସାହସ ମଧ୍ୟ ହୋଇପାରେ ନାହିଁ । ତା'ମନରେ ଜମିଥିବା ନକରାତ୍ମକ ବିଚାର, ସେହି ହାତୀ ପରି ତାକୁ ଆଗକୁ ବଢ଼ିବାରୁ ରୋକିଥାଏ, ଯିଏ ପିଲାବେଳେ ଶିକୁଳିରୁ ନିଜକୁ ମୁକ୍ତ କରିପାରିନଥିଲା । ଯେଉଁପ୍ରକାରେ, ବୟସ୍କ ହେବାପରେ ମଧ୍ୟ ହାତୀ ନିଜ ଶକ୍ତିର ଉପଯୋଗ କରିପାରିନଥିଲା, ଠିକ୍ ସେହିପରି ସେହି ପିଲା, ବଡ଼ ହେବାପରେ ମଧ୍ୟ ନିଜ ସାମର୍ଥ୍ୟତାର ବ୍ୟବହାର କରିପାରେ ନାହିଁ । ପରିଣାମ - ହାତୀ, ମାହୁନ୍ତର ଗୋଲାମ ଏବଂ ସେହି ପିଲା ବଡ଼ ହେବାପରେ ଅସଫଳତାର ଦାସ ।

ଏହା ଶତ ପ୍ରତିଶତ ନିରାଟ ସତ କଥା ଯେ, ଯାହା ବିଷୟରେ ଆପଣଙ୍କୁ ଜଣାନଥିବ, ତାହାର ବ୍ୟବହାର ଆପଣ କିପରି କରିବେ? ଧରିନିଅନ୍ତୁ, ଆପଣଙ୍କ ଘରେ ବହୁତ ଆବର୍ଜନା ଭରି ରହିଛି, ଘରେ ଝାଡୁ ମଧ୍ୟ ଅଛି, ମାତ୍ର ଯଦି ଆପଣଙ୍କୁ ଝାଡୁ ବିଷୟରେ ଜଣାନଥିବ, ଆଉ ଏହା ମଧ୍ୟ ଜଣାନଥିବ ଯେ, ଆବର୍ଜନାକୁ ଝାଡୁରେ

ସଫା କରାଯାଇପାରେ, ତେବେ ଆପଣ ସାରା ଜୀବନ ଝାଡୁର ବ୍ୟବହାର ହିଁ କରିପାରିବେ ନାହିଁ ଏବଂ ନିଜର ପୂରା ଜୀବନ ସେହି ଆବର୍ଜନା ମଧ୍ୟରେ ହିଁ କଟାଇଦେବେ । ଏପରି କ୍ଷେତ୍ରରେ ଅନେକ ଲୋକ ଏହିପରି ଜୀବନ, ଅର୍ଥାତ୍ ଅସଫଳତା, ଦାରିଦ୍ର୍ୟ, ଭୟ ଓ ନିରାଶାଯୁକ୍ତ ଜୀବନ ନିର୍ବାହ କରି ଏହି ସଂସାରରୁ ବିଦାୟ ନେଇଯାଆନ୍ତି ।

ଏପରି ଯୁବା, ଯେଉଁମାନେ ଉପରୋକ୍ତ ଅବସ୍ଥା ମଧ୍ୟଦେଇ ଯାଇଛନ୍ତି, ସେମାନେ ନିଜର ଶକ୍ତି ଓ ଯୋଗ୍ୟତାର ଉପଯୋଗ କରିବା ବନ୍ଦ କରିଦିଅନ୍ତି । ସେମାନଙ୍କ ଉପରେ ନିରାଶା ଏପ୍ରକାରେ ଆଧିପତ୍ୟ ବିସ୍ତାର କରେ ଯେ, ସେମାନେ ଆଗକୁ ବଢ଼ିବାର କଳ୍ପନା ମାତ୍ରେକେ ଡରିଯାଆନ୍ତି ଏବଂ ସେହି ଡର ସେମାନଙ୍କୁ ସର୍ବଦା ଅସଫଳ କରିଥାଏ ।

କଳ୍ପନାର ହିଁ ହୋଇଥାଏ ବିଜୟ

ବନ୍ଧୁଗଣ, ଆଜି ପର୍ଯ୍ୟନ୍ତ ଯେତେବି ବଡ଼ କାମ ହୋଇଛି, ସେହି ସମସ୍ତ କାର୍ଯ୍ୟ ସାଧାରଣରୁ ଅସାଧାରଣ ହୋଇଥିବା ମନୁଷ୍ୟମାନେ ହିଁ କରିଛନ୍ତି, ସେହି ବଡ଼ ଓ ଗୁରୁତ୍ୱପୂର୍ଣ୍ଣ କାର୍ଯ୍ୟଗୁଡ଼ିକ ପଛରେ କଳ୍ପନାର ହିଁ ମହତ୍ୱପୂର୍ଣ୍ଣ ଯୋଗଦାନ ରହିଛି ।

କଳ୍ପନା କାରଣରୁ ହିଁ ସଫଳ ଲୋକମାନଙ୍କ ଜୀବନରେ ସଫଳତାର ମହଲ ତିଆରି ହୋଇପାରିଛି । ଆପଣଙ୍କୁ ମଧ୍ୟ ଯଦି ନିଜର ସଫଳତାର ମହଲ ତିଆରି କରିବାର ଅଛି, ତେବେ କଳ୍ପନା କରନ୍ତୁ, ବଡ଼-ବଡ଼ କଳ୍ପନା କରନ୍ତୁ, ବଡ଼-ବଡ଼ ସ୍ୱପ୍ନ ଦେଖନ୍ତୁ ଏବଂ ମନ ଉପରେ ବିଜୟ ପ୍ରାପ୍ତ କରି, ମନକୁ ଜିତି ସେହି କଳ୍ପନାଗୁଡ଼ିକରେ ଇନ୍ଦ୍ରଧନୁର ରଙ୍ଗ ଭରନ୍ତୁ । ସ୍ୱପ୍ନକୁ ବାସ୍ତବତାର ବସ୍ତ୍ର ପରିଧାନ କରାନ୍ତୁ । ଦୃଢ଼ସଂକଳ୍ପ କରିନିଅନ୍ତୁ ଯେ, ମୁଁ ଏହାକୁ ପାଇକି ହିଁ ରହିବି ଅଥବା ଏହି କାର୍ଯ୍ୟକୁ ସମ୍ପୂର୍ଣ୍ଣ କରିବାର ହିଁ ଅଛି । ନିଜ କଳ୍ପନାଗୁଡ଼ିକୁ ରଚନାତ୍ମକ ବିଚାରରେ ପରିବର୍ତ୍ତନ କରିବାକୁ ଚେଷ୍ଟା କରନ୍ତୁ । ଆପଣ କଳ୍ପନା କରନ୍ତୁ ତଥା ସେଗୁଡ଼ିକୁ ସାର୍ଥକ କରିବାକୁ ପ୍ରୟାସ କରନ୍ତୁ ଏବଂ ଈଶ୍ୱରଙ୍କ ତରଫରୁ ଆପଣଙ୍କ ଦ୍ୱାରା କରାଯାଉଥିବା ପ୍ରୟାସଗୁଡ଼ିକୁ ସଫଳତା ପ୍ରଦାନ କରିବାର ଶତ-ପ୍ରତିଶତ ଗ୍ୟାରେଣ୍ଟୀ ଏକ୍‌ଦମ୍ ପକ୍କା ।

ଗୋଟିଏ କଥା ସର୍ବଦା ମନେରଖନ୍ତୁ, ଆପଣଙ୍କ ବିଚାର ରଚନାତ୍ମକ ରୂପ ନେବା

କ୍ଷଣି ଯୋଜନାରେ ରୂପାନ୍ତର ହେବା ଆରମ୍ଭ ହୋଇଯାଏ ଏବଂ ଯୋଜନାଗୁଡ଼ିକ ଉପରେ କାର୍ଯ୍ୟ କଲେ ସଫଳତାର ଶୁଭାରମ୍ଭ ହୋଇଯାଇଥାଏ ।

କଳ୍ପନା କରିବା ସମୟରେ ଆପଣ ଏହା ସ୍ଥିର କରିନିଅନ୍ତୁ ଯେ, ଆପଣଙ୍କୁ ଜୀବନରେ କ'ଣ କ'ଣ ପ୍ରାପ୍ତ କରିବାର ଅଛି । କଳ୍ପନା କରନ୍ତୁ କି, ଆପଣଙ୍କ ପାଖରେ ସମସ୍ତ ଭୌତିକ ସୁଖ-ସାଧନ, ଧନ-ସମ୍ପତ୍ତି ତଥା ଉପଯୋଗର ଅନ୍ୟାନ୍ୟ ବସ୍ତୁସକଳ ଅଛି । ଆପଣ ରାଜକୀୟ ଅଟନ୍ତି, ବିଶେଷ ଅଟନ୍ତି, ଛୋଟ ଓ ତୁଚ୍ଛ ନୁହେଁ । ଯଦି ଆପଣ ପ୍ରତିଦିନ ଏହିଭଳି କଳ୍ପନା କରିବେ, ତେବେ ମସ୍ତିଷ୍କ ଆପଣଙ୍କର କଳ୍ପନାଗୁଡ଼ିକୁ ବିଚାରରେ ରୂପାନ୍ତର କରିବା ଆରମ୍ଭ କରିଦେବ । ମସ୍ତିଷ୍କରେ ଏପରି ବିଚାର ସୃଷ୍ଟି ହେବା ଆରମ୍ଭ ହେବ ଯେ, ଆପଣଙ୍କର ସେହି କାଳ୍ପନିକ ଧନ-ସମ୍ପତ୍ତି ତଥା ବସ୍ତୁସକଳ ପ୍ରତ୍ୟକ୍ଷ ଭାବରେ ଆପଣଙ୍କ ପାଖରେ, ଆପଣଙ୍କ ଜୀବନରେ ଆସିବା ଆରମ୍ଭ ହୋଇଯିବ ।

ଏହି ରହସ୍ୟକୁ ଅଳ୍ପ କେତେକ ଲୋକ ହିଁ ବୁଝିପାରିଛନ୍ତି ଯେ, ଜଣେ ବ୍ୟକ୍ତି ସର୍ବପ୍ରଥମେ ମନରୁ ବଡ଼ ହୋଇଥାଏ, ମନରୁ ଧନୀ ବା ସଫଳ ହୋଇଥାଏ । ମନରୁ ବଡ଼, ଧନୀ, ରୟାଲ୍ ଓ ମହତ୍ୱପୂର୍ଣ୍ଣ ବ୍ୟକ୍ତିତ୍ୱ ସେହି ବ୍ୟକ୍ତି ହୋଇପାରେ, ଯିଏ ପ୍ରଥମେ ନିଜ ମନକୁ ନିଜ ଆୟତ୍ତରେ ରଖିପାରିଛି, ନିଜ ମନକୁ ଜିତି ପାରିଛି ।

ମଞ୍ଜି ଭିତରେ ହିଁ ଥାଏ ଗଛ

ଯେଉଁପ୍ରକାରେ ଗୋଟିଏ ଛୋଟ ମଞ୍ଜିରେ ଏକ ବିରାଟ ଗଛ ଲୁଚି ରହିଥାଏ, ଠିକ୍ ସେହି ପ୍ରକାରେ ମସ୍ତିଷ୍କରେ ମଧ୍ୟ ବୃକ୍ଷ ରୂପୀ ବିଶାଳ ଯୋଜନା ଲୁଚି ରହିଥାଏ । ଯେଉଁପ୍ରକାରେ ଭୂମିରେ ମଞ୍ଜି ପକାଯାଏ, ଠିକ୍ ସେହିଭଳି ମନରେ ମଧ୍ୟ କଳ୍ପନା ରୂପୀ ମଞ୍ଜି ପକାଯାଇଥାଏ । ଯେତେବେଳେ ସେହି ମଞ୍ଜି ଗଜା ହୋଇ ଚାରା ରୂପ ନେବା ଆରମ୍ଭ କରେ, ସେତେବେଳେ ସେହି ଚାରାରୁ ଯୋଜନା ରୂପୀ ଶାଖା ଓ ପତ୍ର ବାହାରିବା ଆରମ୍ଭ ହୋଇଯାଏ । ଯଦି ଆମେ ସେହି ଚାରାରେ ତୀବ୍ର ଇଚ୍ଛା, ପରିଶ୍ରମ ଓ କର୍ମ ରୂପୀ ସାର ପକାଉଥିବା, ତେବେ ଗୋଟିଏ ଦିନ ସେହି ଚାରା ବିଶାଳ ବୃକ୍ଷ ହୋଇ ଆମକୁ ସଫଳତା ରୂପୀ ଫଳ ଦେବା ଆରମ୍ଭ କରେ ଏବଂ ସେହି ସଫଳତାଗୁଡ଼ିକରୁ ଆମେ ଧନ-ସମ୍ପଦ, ବୈଭବ, ସମୃଦ୍ଧିରେ ପରିପୂର୍ଣ୍ଣ ହୋଇଯାଉ । ସେତେବେଳେ

ଗୋଟିଏ-ଗୋଟିଏ କରି ଆମର ସ୍ୱପ୍ନଗୁଡ଼ିକରେ ରଙ୍ଗ ଭରିବା ଆରମ୍ଭ ହୋଇଯାଏ । ସ୍ୱପ୍ନ, ସାକାରର ପୂର୍ଣ୍ଣତା ଦିଗକୁ ବଢ଼ିଥାଏ ଏବଂ ଗୋଟିଏ ଦିନ ପୂର୍ଣ୍ଣତା ପ୍ରାପ୍ତ କରିନିଏ ।

ବନ୍ଧୁଗଣ, କଳ୍ପନାରେ ବହୁତ ଶକ୍ତି ଥାଏ । ଏହି ଦୁନିଆରେ ଯେତେବି ବଡ଼-ବଡ଼ କାର୍ଯ୍ୟ ହୋଇଛି, ସେହି ସମସ୍ତ କଳ୍ପନା ବଳରେ ହିଁ ହୋଇଛି । ବୈଜ୍ଞାନିକମାନେ ନିଜ ନିଜର ଆବିଷ୍କାର କରିବା ପୂର୍ବରୁ ସେହି ଆବିଷ୍କାରଗୁଡ଼ିକର କଳ୍ପନା ହିଁ କରିଥିଲେ । ଆଜିବି ଏହି ସଂସାରରେ ଯେତେ ମଧ୍ୟ ପରିବର୍ତ୍ତନ ହୋଇଛି ବା ହେଉଛି, ସେହିସବୁ କଳ୍ପନାର ହିଁ ପ୍ରତିଦାନ ଅଟେ ।

କଳ୍ପନାର ସମ୍ପର୍କ ଆମର ଭବିଷ୍ୟତ ସହିତ ଥାଏ, ସେଥିପାଇଁ ଭବିଷ୍ୟକୁ ନେଇ ଆମେ ସମସ୍ତେ କିଛି ନା କିଛି କଳ୍ପନା କରୁଥାଏ । କଳ୍ପନା କାରଣରୁ ହିଁ ମସ୍ତିଷ୍କରେ ନୂଆ ନୂଆ ବିଚାର ଜନ୍ମ ନେଇଥାଏ । ବିଚାରରୁ ଯୋଜନା ସୃଷ୍ଟି ହୋଇଥାଏ ଏବଂ ଯୋଜନାକୁ ଆମେ କର୍ମର ରୂପ ଦେଇଥାଏ । ଯେତେବେଳେ ଆମେ କର୍ମ କରୁ, ତାହା ସଫଳ ହୋଇଥାଏ ଅଥବା ଅସଫଳ । ଯଦି ଆମେ ଅସଫଳତାଗୁଡ଼ିକ ଉପରେ ଧ୍ୟାନ ନଦେଇ ଅର୍ଥାତ୍ ହତାଶ ନହୋଇ, ସାହସ ନଛାଡ଼ି, ଆତ୍ମବିଶ୍ୱାସ ନହରାଇ, ସେହି କାର୍ଯ୍ୟକୁ ଲଗାତାର କଲେ, ସେହି ଅସମ୍ଭବ କାର୍ଯ୍ୟ ମଧ୍ୟ ସମ୍ଭବ ହୋଇଯାଏ ।

କଳ୍ପନା ସନ୍ଦର୍ଭରେ ମୁଁ ଗୋଟିଏ ବଢ଼ିଆ ଗଳ୍ପ ଆପଣଙ୍କୁ କହୁଛି –

ଯେତେବେଳେ ଅନେକ ଆବିଷ୍କାର ହୋଇସାରିଥିଲା ଏବଂ ଲୋକମାନେ ବହୁତ ଚମତ୍କୃତ ହୋଇସାରିଥିଲେ, ସେତେବେଳେ ସଂସାରର କୋଟି-କୋଟି ଲୋକ ମାନିନେଇଥିଲେ ଯେ, ଏବେ ଏହି ସଂସାରରେ ଏପରି କୌଣସି ଆବିଷ୍କାର ହେବନାହିଁ, ଯାହା ଦୁନିଆକୁ ଚକିତ କରିଦେବ । ସେହି ସମୟରେ ରାଇଟ୍ ବନ୍ଧୁ ନାମରେ ସୁବିଖ୍ୟାତ ଦୁଇଜଣ ଛୋଟ ପିଲା ଆକାଶରେ ଉଡ଼ିପାରୁଥିବା ମେଶିନ୍ ତିଆରି କରିବାର କଳ୍ପନା କରିସାରିଥିଲେ । ନାକେବଳ କଳ୍ପନା କରିସାରିଥିଲେ, ବରଂ ସେମାନେ ସେହି ଦିଗରେ ନିଜ ପ୍ରୟାସ ମଧ୍ୟ ଆରମ୍ଭ କରିଦେଇଥିଲେ । ତିନିଥର ସେମାନେ କୃତ୍ରିମ ଡେଣା ଲଗାଇ ନିଜ ଘର ଛାତରୁ ଡେଇଁ ଉଡ଼ିବାକୁ ଚେଷ୍ଟା କଲେ । ପ୍ରୟୋଗ ଅସଫଳ ହେଲା, ପରିଣାମସ୍ୱରୂପ, ସେମାନଙ୍କ ନାକର ହାଡ଼ ଭାଙ୍ଗିଗଲା । ସେତେବେଳେ କେବଳ ଅନ୍ୟ ଲୋକମାନେ ନୁହେଁ, ବରଂ ସେମାନଙ୍କର ମା'-ବାପା ମଧ୍ୟ ସେହି ପିଲାମାନଙ୍କୁ ପାଗଳ ବୋଲି ଭାବିବା ଆରମ୍ଭ କରିଦେଇଥିଲେ । ପିଲାମାନଙ୍କ ମସ୍ତିଷ୍କରେ ତ ଆଉ କିଛି ହିଁ ଚାଲୁଥିଲା । ସେମାନଙ୍କର କଳ୍ପନା ବହୁତ ବଡ଼ ଥିଲା ଏବଂ ସେମାନେ

ନିରନ୍ତର ନିଜ କଳ୍ପନାକୁ ସାକାର କରିବାରେ ଲାଗିରହିଲେ । ଶେଷରେ ଏପରି ଦିନ ମଧ୍ୟ ଆସିଲା, ଯେତେବେଳେ ରାଇଟ୍ ବନ୍ଧୁମାନେ ନିଜ କଳ୍ପନାକୁ ସାକାର କରିଦେଖାଇଲେ । ସାରା ବିଶ୍ୱ ପୁଣିଥରେ ଆଶ୍ଚର୍ଯ୍ୟର ମହାସମୁଦ୍ରରେ ବୁଡ଼ିଗଲା । ଆକାଶରେ ଉଡ଼ିବାର କାମ, ଯାହା କେବଳ ଦେବଦୂତମାନଙ୍କ ପାଇଁ ସମ୍ଭବ ବୋଲି ସମସ୍ତେ ଭାବୁଥିଲେ, ତାକୁ ମନୁଷ୍ୟମାନେ ସମ୍ଭବ କରିଦେଖାଇଦେଲେ । ଆଶ୍ଚର୍ଯ୍ୟ ! ମହାଆଶ୍ଚର୍ଯ୍ୟ !

ପ୍ରଥମେ କେବଳ ରାଇଟ୍ ବନ୍ଧୁମାନେ ଆକାଶର ପରିଭ୍ରମଣ କଲେ । ଭବିଷ୍ୟତରେ ସମୟାନୁସାରେ ରାଇଟ୍ ବନ୍ଧୁଙ୍କ ଚିନ୍ତା ଓ ସେମାନଙ୍କର କୌଶଳରେ ସୁଧାର ହେବାକୁ ଲାଗିଲା । ଆଜି, ପରିଣାମ ଏହିକି ଯେ, ସମଗ୍ର ବିଶ୍ୱର ଏକ ବିଶାଳ ଜନସଂଖ୍ୟା 'ଲୁହାର ସେହି ମେଶିନ୍'ରେ ବସି ପବନରେ ଉଡୁଛି । ଯାତ୍ରା ଟିକିଏ ମହଙ୍ଗା, ହେଲେ ସୁବିଧାଜନକ ।

ସଂସାରର ଦୂରତ୍ୱ ଦୂର ହୋଇଗଲା । ବର୍ଷ ଓ ମାସର ଯାତ୍ରା, ଦିନ ଓ ଘଣ୍ଟାରେ ହେବାକୁ ଲାଗିଲା ।

ବିଶ୍ୱାସ କରନ୍ତୁ, ଯେତେବେଳେ ଆମେ କୌଣସି ଅସମ୍ଭବ କାର୍ଯ୍ୟକୁ କରିବାର ଚେଷ୍ଟା କରୁଥାଏ, ତେବେ ପ୍ରକୃତି ମଧ୍ୟ ସେହି କାର୍ଯ୍ୟ ପୂରା କରିବା ପାଇଁ ମାର୍ଗ ଦେଇଥାଏ । ଏହି ଦୁନିଆକୁ ଉଡ଼ା ଜାହାଜ ଭାବରେ ସେହି ସୁନ୍ଦର ଉପହାର ସେହି ପିଲାମାନଙ୍କ କାରଣରୁ ମିଳିଲା, ଯେଉଁମାନଙ୍କୁ ଏହି ଦୁନିଆର ଲୋକମାନଙ୍କ ସମେତ ତାଙ୍କ ମାତା-ପିତା ସୁଦ୍ଧା ପାଗଳ ଭାବରେ ଘୋଷିତ କରିଦେଇଥିଲେ ।

ଆଜି ଅବସ୍ଥା ଏପରି, ଉଡ଼ା ଜାହାଜ ବିନା ଦୀର୍ଘ ଦୂରତା ଯାତ୍ରାର କଳ୍ପନା ମଧ୍ୟ କରାଯାଇପାରୁ ନାହିଁ ।

ବନ୍ଧୁଗଣ, ଆପଣ କଳ୍ପନା କରନ୍ତୁ । ଯେପରି ମନ ଚାହେଁ, ସେପରି କଳ୍ପନା କରନ୍ତୁ, ହେଲେ ଧ୍ୟାନ ରହୁ, ଆପଣଙ୍କୁ ଭଲ ଓ ଲୋକହିତର କଳ୍ପନା କରିବାର ଅଛି । ଈଶ୍ୱର, ଶୁଭ କଳ୍ପନା କରୁଥିବା ଲୋକମାନଙ୍କର ହିଁ ସହାୟତା କରିଥା'ନ୍ତି । ମନର ଗୋଲାମ ଥିବା ଲୋକମାନେ ମନ୍ଦ କଳ୍ପନା କରନ୍ତି । ଈଶ୍ୱର, ଏପରି ଲୋକମାନଙ୍କ ଆଡ଼କୁ ବିମୁଖ ହୋଇଥା'ନ୍ତି ଏବଂ ସେହି ଲୋକମାନେ ସାରା ଜୀବନ ଅସଫଳତାର ଦଂଶନ ଭୋଗନ୍ତି ।

କଳ୍ପନା କରନ୍ତୁ, ଭଲ କଳ୍ପନା କରନ୍ତୁ ଏବଂ ଜୀବନକୁ ଐଶ୍ୱର୍ଯ୍ୟପୂର୍ଣ୍ଣ କରି ସୁଖର ଆନନ୍ଦ ନିଅନ୍ତୁ ।

କଲମ୍ବସ୍ ଜଣେ ସାଧାରଣ ନାବିକ ଥିଲେ । ଭାରତ ଆବିଷ୍କାର କରିବାର ତାଙ୍କର ଦୃଢ଼ ଇଚ୍ଛାଶକ୍ତି ତାଙ୍କ ମନରେ ଅଦ୍ଭୁତ ଆତ୍ମବିଶ୍ୱାସ ଭରିଦେଇଥିଲା । ନିଜର ଏହି ଦୃଢ଼ ଇଚ୍ଛାଶକ୍ତି ବଳରେ ସେ ଭାରତର ଅନ୍ୱେଷଣରେ ବାହାରିଲେ । ଯେତେବେଳେ ସେ ଭାରତର ଅନ୍ୱେଷଣରେ ବାହାରିବାକୁ ପ୍ରସ୍ତୁତ ହେଲେ, ସେତେବେଳେ କୌଣସି ନାବିକ ତାଙ୍କ ସହିତ ଯିବା ପାଇଁ ପ୍ରସ୍ତୁତ ହେଲେନାହିଁ । କେହିବି ତାଙ୍କ ସହିତ ଯିବାପାଇଁ ଚାହୁଁନଥିଲେ । ଅଜଣା ସ୍ଥାନ ଯାତ୍ରାରେ, ଯେଉଁଠାରେ ମୃତ୍ୟୁର ଭୟ ଓ ସଫଳତାର ଆଶା ବହୁତ କ୍ଷୀଣ ଥିଲା, ଏପରି କ୍ଷେତ୍ରରେ କିଏବା ତାଙ୍କ ସହିତ କିପରି ଯାଇଥା'ନ୍ତା ?

ରାଜା ଓ ରାଣୀଙ୍କ ଚାପ ଫଳରେ ବହୁତ କଷ୍ଟରେ କିଛି ଲୋକ ପ୍ରସ୍ତୁତ ହେଲେ ଏବଂ ସେମାନଙ୍କୁ କଲମ୍ବସ୍‌ଙ୍କ ଜାହାଜକୁ ପଠାଗଲା । ମାସ ପରେ ମାସ ବିତିଗଲା, କେଉଁଠାରେ ବି ସ୍ଥଳଭାଗ ଦେଖାଗଲା ନାହିଁ । ତାଙ୍କ ସାଥୀ ନାବିକମାନେ, ଯେଉଁମାନେ ତାଙ୍କ ପାଗଳପଣ ଯୋଗୁଁ ରାଗିକି ଥିଲେ, ରାଗରେ ଜାହାଜର ଆହୁଲା ମାରିବା ମଧ୍ୟ ବନ୍ଦ କରିଦେଲେ ଏବଂ କଲମ୍ବସ୍‌ଙ୍କୁ ଜୀବନରୁ ମାରିଦେବାର ମଧ୍ୟ ଧମକ ଦେଇଦେଲେ । ସେମାନେ କଲମ୍ବସ୍‌ଙ୍କୁ କହିଲେ, 'ଯଦି ତୁମେ ଟିକେବି ପାଟି ଖୋଲିବ, ତେବେ ହାତକଡ଼ି ପିନ୍ଧାଇ ଜାହାଜର ଅନ୍ଧାର କୋଠରୀରେ ପକାଇଦେବୁ ।'

କଲମ୍ବସ୍‌ଙ୍କ ଦ୍ୱାରା ବହୁତ ବୁଝାଇବା ପରେ ନାବିକମାନେ ଆଉ କିଛି ଦିନ ଜାହାଜ ଚଲାଇବା ପାଇଁ ପ୍ରସ୍ତୁତ ହେଲେ । ସେହି ମହାସାଗରରେ, ଯେଉଁଠାରେ ଚତୁର୍ଦ୍ଦିଗ ଭୟଙ୍କର ଲହଡ଼ି ପୂର୍ଣ୍ଣ ଅନନ୍ତ ଜଳରାଶି ଓ କ୍ରୋଧ ଜର୍ଜରିତ ସାଥୀମାନେ ଥିଲେ, କଲମ୍ବସ୍‌ଙ୍କ ସାହାରା କେବଳ ତାଙ୍କର ଦୃଢ଼ ଇଚ୍ଛାଶକ୍ତି ଓ ତାଙ୍କ ଦୃଢ଼ ଆତ୍ମବଳ ଥିଲା ।

କିଛି ଦୂର ଆଗରେ କେନ୍‌ରାଜ୍ ଦ୍ୱୀପର ୨୦୦ ମାଇଲ୍ ପଶ୍ଚିମରେ, ଧ୍ରୁବ ଯନ୍ତ୍ର ଖରାପ ହୋଇଗଲା । କିନ୍ତୁ, କଲମ୍ବସ୍ କୌଣସି ସମସ୍ୟା କାରଣରୁ ନିଜ ଲକ୍ଷ୍ୟରୁ ଚ୍ୟୁତ ହେଲେନାହିଁ । ନିରନ୍ତର ଆଗକୁ ବଢ଼ିଚାଲିଲେ । କିଛି ସମୟ ପରେ, ଆଗକୁ ବଢ଼ିବା ସମୟରେ କିଛି କାଠ ଭାସୁଥିବାର ଦେଖାଗଲା । କଲମ୍ବସ୍‌ଙ୍କୁ ଆଶାର ଆଲୋକ ଦେଖାଗଲା । ସେ ନିଜ ସାଥୀ ନାବିକମାନଙ୍କୁ ସେହି କାଠଗୁଡ଼ିକୁ ଦେଖାଇ, ସେମାନଙ୍କୁ ଭରସା ଦେଲେ ଏବଂ ଆଗକୁ ବଢ଼ିବା ପାଇଁ ପ୍ରେରିତ କଲେ । ସେମାନେ ଯେତେବେଳେ ଆଉ କିଛି ମାଇଲ୍ ଆଗକୁ ଗଲେ, ସେମାନଙ୍କୁ କିଛି ବୁଦା ପରି ଦେଖାଗଲା । କଲମ୍ବସ୍ ଓ ତାଙ୍କ ସାଥୀମାନଙ୍କ ମୁହଁରେ ବିଶ୍ୱାସ ଭରା ହସ ଖେଳିଗଲା । ସେମାନେ ଆଉ କିଛି ମାଇଲ୍ ଆଗକୁ ବଢ଼ିବାପରେ ଦେଖିଲେ ଯେ, ଯାହାକୁ ସେମାନେ ବୁଦା ବୋଲି ଭାବୁଥିଲେ, ସେଗୁଡ଼ିକ ଏବେ ଗଛ ଦେଖାଯାଉଥିଲା ଏବଂ ଆକାଶରେ ପକ୍ଷୀ ମଧ୍ୟ ଉଡୁଥିବାର ସେମାନେ ଦେଖିଲେ । କିଛି ସମୟ ପୂର୍ବେ କଲମ୍ବସ୍ ଓ ତାଙ୍କ ସାଥୀମାନଙ୍କ ମୁହଁରେ ଖେଳୁଥିବା ବିଶ୍ୱାସ ଭରା ହସ, ଏବେ ଖୁସିରେ ବଦଳିଯାଇଥିଲା । କଲମ୍ବସ୍‌ଙ୍କ ସ୍ୱପ୍ନ ଏବେ ସତ୍ୟରେ ପରିବର୍ତ୍ତିତ ହୋଇଯାଇଥିଲା ।

ଏହି କଲମ୍ବସ୍‌ଙ୍କ ଦୃଢ଼ ଇଚ୍ଛାଶକ୍ତିର ହିଁ ପରିଣାମ ଥିଲା ଯେ, ୧୨ ଅକ୍ଟୋବର ୧୪୯୨କୁ ସେ ଦୁନିଆର ଏକ ନୂଆ ଭୂମିରେ ନିଜ ପତାକା ଉଡ଼ାଇଥିଲେ ଏବଂ ଏହିପ୍ରକାରେ ଭାରତର ଅନ୍ୱେଷଣରେ ବାହାରିଥିବା କଲମ୍ବସ୍ 'ଆମେରିକା'କୁ ଦୁନିଆର ନକ୍ସାରେ ସାମିଲ୍ କରିଥିଲେ ।

ଦୃଢ଼ ହେବା ଦରକାର ଆପଣଙ୍କର ଇଚ୍ଛାଶକ୍ତି

ଯଦି ଆପଣ କହନ୍ତି ଯେ, 'ମୁଁ କିଛି କରିବି', ତେବେ ତାହାର ଅର୍ଥ ହେଉଛି, ଆପଣ ନିଜ ଜୀବନରେ ବୋଧହୁଏ ହିଁ କିଛି କରିପାରିବେ । ଆପଣଙ୍କର ଏହି କଥାରେ ଦୃଢ଼ ଇଚ୍ଛାଶକ୍ତିର ଅଭାବ ସ୍ପଷ୍ଟ ଭାବରେ ଦେଖାଦେଉଛି । ଏହା ବିପରୀତେ, ଯଦି ଆପଣ କୁହନ୍ତି ଯେ, 'ଯାହାକିଛିବି ହୋଇଯାଉ, ଦୁନିଆ ଏପଟ-ସେପଟ ହୋଇଗଲେବି ମୁଁ କିଛି ନା କିଛି କରିଦେଖାଇବି । ମୁଁ ସେହି ପ୍ରତ୍ୟେକ ଜିନିଷ ପ୍ରାପ୍ତ କରିବି, ଯାହାକୁ ଈଶ୍ୱର, ମନୁଷ୍ୟର ସୁଖ-ସମୃଦ୍ଧି, ଭୋଗ-ବିଳାଶ ପାଇଁ ପ୍ରଦାନ କରିଛନ୍ତି', ତେବେ ଆପଣଙ୍କର ଏହି ସଂକଳ୍ପରେ ଦୃଢ଼ ଇଚ୍ଛାଶକ୍ତି ବ୍ୟକ୍ତ ହେଉଛି । ଦୃଢ଼ ଇଚ୍ଛାଶକ୍ତି ହିଁ ପ୍ରତ୍ୟେକ ବ୍ୟକ୍ତିର ସଫଳତାର ମୂଳମନ୍ତ୍ର ତଥା ଆଧାର ଅଟେ । ଏପରି ଦୃଢ଼ତା, ଏପରି ଦୃଢ଼ ଇଚ୍ଛାଶକ୍ତି କେବଳ ସେହି ଲୋକମାନଙ୍କଠାରେ ହିଁ ମିଳିଥାଏ, ଯେଉଁମାନେ ନିଜ ମନକୁ ଜିଣିପାରିଛନ୍ତି ।

ଦୃଢ଼ ଇଚ୍ଛା ବିନା କୌଣସି ବ୍ୟକ୍ତି ସଫଳତାର ଶୀର୍ଷକୁ ସ୍ପର୍ଶ କରିପାରିବ ନାହିଁ । ପ୍ରତ୍ୟେକ ବ୍ୟକ୍ତିର ଜୀବନରେ ସଫଳତା, ତା'ର ଇଚ୍ଛାଶକ୍ତି ଅନୁରୂପ ପ୍ରାପ୍ତ ହୋଇଥାଏ । ଏଠାରେ ଉଲ୍ଲେଖ କରିବା ଆବଶ୍ୟକ ଯେ, ଯେଉଁପ୍ରକାରେ ସାମାନ୍ୟ ବାଷ୍ପରେ ରେଳ ଇଞ୍ଜିନ୍

ଆମେ ନିଜ ଜୀବନର ଚିତ୍ର ନିଜେ ତିଆରି କରିଥାଉ । ଏଥିପାଇଁ ଆମକୁ କେବଳ ପେନ୍‌ସିଲ୍ ଓ ଖାଲି କାଗଜ ମିଳିଥାଏ, ରବର୍ ନୁହେଁ । ସେଥିପାଇଁ ନିର୍ଣ୍ଣୟ ରୂପୀ ଯାହାବି ରେଖା ଆପଣ ଏହି କାଗଜରେ ଟାଣିବେ, ବହୁତ ସାବଧାନପୂର୍ବକ ଓ ଭାବି-ଚିନ୍ତି ଟାଣନ୍ତୁ । ଆପଣ ଗାର ଟାଣିବାର ଅଧିକାରୀ ଅଟନ୍ତି, ହେଲେ ଲିଭାଇବାର ନୁହେଁ । ଯେପରି ଗାର ଆପଣ ଟାଣିଯିବେ, ଆପଣଙ୍କ ଜୀବନ ମଧ୍ୟ ସେହିପରି ହୋଇଚାଲିବ ।

- ସୂର୍ଯ୍ୟ ସିହ୍ନା

ଚଲାଯାଇପାରିବ ନାହିଁ, ସେହିପ୍ରକାରେ ଦୁର୍ବଳ ଇଚ୍ଛାଶକ୍ତି ବଳରେ କୌଣସି ବଡ଼ ସଫଳତା ପ୍ରାପ୍ତ କରାଯାଇପାରିବ ନାହିଁ । ଅଧିକ ବାଷ୍ପ ଉତ୍ପନ୍ନ କରିବା ପାଇଁ ଯେଉଁପ୍ରକାରେ ଅଧିକ ନିଆଁ ଓ ଅଧିକ ପାଣିର ଆବଶ୍ୟକ ହୋଇଥାଏ, ସେହିପ୍ରକାରେ ବଡ଼ ସଫଳତା ପ୍ରାପ୍ତ କରିବା ପାଇଁ ତୀବ୍ର ଇଚ୍ଛାଶକ୍ତି ଓ ଦୃଢ଼ସଂକଳ୍ପ ଥିବା ନିତାନ୍ତ ଆବଶ୍ୟକ ।

ଯଦି ଆପଣଙ୍କୁ ସାଧାରଣ ଜୀବନରୁ ମୁକ୍ତି ପାଇବାର ଅଛି, ତେବେ ଆପଣଙ୍କୁ ନିଜ ଇଚ୍ଛାଶକ୍ତିକୁ ବଢ଼ାଇବା ତଥା ଦୃଢ଼ କରିବାକୁ ହିଁ ପଡ଼ିବ । ଆପଣ, ନିଜ ଇଚ୍ଛାଶକ୍ତିକୁ ବଢ଼ାନ୍ତୁ, ଅସମ୍ଭବ ପରି ଲାଗୁଥିବା ଲକ୍ଷ୍ୟନ ନମନ କରନ୍ତୁ ଏବଂ ତାହାପରେ ଗୋଟିଏ ଗୋଟିଏ ପାଦ ପକାଇ ଚାଲିଯାଆନ୍ତୁ । ଧ୍ୟାନରହୁ, ରାସ୍ତା ମଝିରେ ଆପଣଙ୍କୁ କେଉଁଠାରେବି ରହିବାର ନାହିଁ । ରାସ୍ତାରେ ଯେତେବି ସଂକଟ ବା କଷ୍ଟ ଆସୁ, ଆପଣଙ୍କୁ ନିଜ ଲକ୍ଷ୍ୟସ୍ଥଳ ଦିଗରେ ବଢ଼ିଚାଲିବାର ଅଛି । ଯଦି ଆପଣ ଦୃଢ଼ସଂକଳ୍ପ ଓ ଦୃଢ଼ ଇଚ୍ଛାଶକ୍ତି ନିଜ ମନରେ ନେଇ ଲଗାତାର ଆଗକୁ ବଢ଼ିଚାଲିବେ, ତେବେ ଏଥିରେ କୌଣସି ସନ୍ଦେହ ନାହିଁ ଯେ, ଦିନେ ଆପଣ ନିଜ ଲକ୍ଷ୍ୟସ୍ଥଳରେ ପହଞ୍ଚିଯିବେ । ଆପଣଙ୍କୁ ପ୍ରତ୍ୟେକ ସମୟରେ, ପ୍ରତ୍ୟେକ ମୂହୁର୍ତ୍ତରେ ନାକେବଳ ଏତିକି ମନେରଖିବାର ଅଛି, ବରଂ ଏହାକୁ ନିଜ ମନରେ ପୁନରାବୃତ୍ତି କରୁଥିବାର ଅଛି ଯେ, ଆପଣଙ୍କ ଭିତରେ ଅସୀମିତ ଶକ୍ତି ଅଛି, ଆପଣ ସବୁକିଛି ପ୍ରାପ୍ତ କରିପାରିବେ, ଚନ୍ଦ୍ର-ତାରାଠାରୁ ମଧ୍ୟ ଆଗକୁ ଯାଇପାରିବେ । ଚନ୍ଦ୍ରପୃଷ୍ଠ ତଥା ଅନ୍ତରୀକ୍ଷକୁ ଯାଉଥିବା ଲୋକମାନେ ମଧ୍ୟ ଏହି ଧରାଭୂମିର ଅଟନ୍ତି । ସେମାନେ ଅନ୍ୟ ଗ୍ରହରୁ ଆସିନାହାଁନ୍ତି । ଆପଣ ମଧ୍ୟ ଏହି ଦୁନିଆର ବାସିନ୍ଦା ଅଟନ୍ତି । ଆପଣ, ସେମାନଙ୍କଠାରୁ ମଧ୍ୟ କିଛି ବଡ଼ କରିପାରିବେ । ସର୍ତ୍ତ ଏହିକି ଯେ, ଆପଣଙ୍କ ମଧ୍ୟରେ ସେହି ଅଦୃଶ୍ୟ ଶକ୍ତି ଥିବା ଦରକାର, ଯାହାକୁ ଦୃଢ଼ ଇଚ୍ଛାଶକ୍ତି ଓ ଦୃଢ଼ସଂକଳ୍ପ କୁହନ୍ତି ।

ମନେରଖିବା ପରି ଏହି କଥା ମଧ୍ୟ ଅଟେ ଯେ, ବଡ଼ ତ୍ୟାଗ, ବଡ଼-ବଡ଼ ସଂକଟ, କଷ୍ଟ ତଥା ଅଗଣିତ ଅସଫଳତାର ସାମନା କରି ନିରାଶ ନହେଉଥିବା ବ୍ୟକ୍ତି ହିଁ ସାଧାରଣରୁ ଅସାଧାରଣ ହୋଇଥାଏ ।

ମୁଁ ଏହି ତଥ୍ୟ ମଧ୍ୟ ସ୍ପଷ୍ଟ କରିଦେବାକୁ ଚାହୁଁଛି ଯେ, କେବଳ ଇଚ୍ଛା କଲେ ହିଁ ଚିନ୍ତା କରିଥିବା କାର୍ଯ୍ୟ ପୂର୍ଣ୍ଣ ହୁଏନାହିଁ । କେବଳ ଇଚ୍ଛା କଲେ ହିଁ ବଡ଼-ବଡ଼ ଲକ୍ଷ୍ୟ ପ୍ରାପ୍ତ କରାଯାଇପାରିବ ନାହିଁ । ପାଇବାର ଇଚ୍ଛା କରିବା ଏବଂ ପାଇବାର ବିଶ୍ୱାସ, ଉଭୟ ଭିନ୍ନ ବିଷୟ ଅଟେ । ଇଚ୍ଛା, ବିଶ୍ୱାସ ନୁହେଁ । ଇଚ୍ଛାର ଜନ୍ମ ଚେତନ ମନରେ

ହୋଇଥାଏ । ଯେତେବେଳେ ଆପଣଙ୍କ ଇଚ୍ଛା ପ୍ରବଳ ରୂପରେ ରୂପାନ୍ତର ହେବା ଆରମ୍ଭ ହୁଏ, ସେତେବେଳେ ଆପଣଙ୍କ କଳ୍ପନା ଜନ୍ମ ନେବା ଆରମ୍ଭ କରିଥାଏ । କଳ୍ପନା, ଆପଣଙ୍କ ଭିତରେ ବିଚାର ଜନ୍ମ କରିଥାଏ ଏବଂ ସେତେବେଳେ ବିଚାରର ଏକ ଶୃଙ୍ଖଳା ତିଆରି ହେବା ଆରମ୍ଭ ହୋଇଥାଏ, ଯାହା ଯୋଜନାର ରୂପ ନେଇଥାଏ । ଯୋଜନା ଉପରେ କାର୍ଯ୍ୟ କରି ଏବଂ ମନରେ ସଫଳ ହେବାର ବିଶ୍ୱାସ ରଖି ହିଁ ଆପଣ ସଫଳତା ପ୍ରାପ୍ତ କରିପାରିବେ ।

ଭୁଲନ୍ତୁ ନାହିଁ, ସର୍ବଦା ମନେରଖନ୍ତୁ, ଦୃଢ଼ ଇଚ୍ଛାଶକ୍ତି ହିଁ ସଫଳତା ପ୍ରାପ୍ତ କରାଇଥାଏ । ସମସ୍ତଙ୍କ ଇଚ୍ଛା ବଡ଼-ବଡ଼ ସଫଳତା ପ୍ରାପ୍ତ କରିବାର ହୋଇଥାଏ, ମାତ୍ର କାହିଁକି ସବୁ ଲୋକ ବଡ଼-ବଡ଼ ସଫଳତା ପ୍ରାପ୍ତ କରିପାରନ୍ତି ନାହିଁ ? ଆମକୁ ଏହି ପ୍ରଶ୍ନ ଉପରେ ବିଚାର କରିବାର ଆବଶ୍ୟକତା ଅଛି । ପ୍ରକୃତପକ୍ଷରେ, ଆମେ ସର୍ବଦା ଅନ୍ୟମାନଙ୍କର ତ୍ରୁଟି ବା ଦୋଷ ବାହାର କରିବାରେ ଲାଗିଥାଏ । ନିଜ ବିଷୟରେ ଚିନ୍ତା ହିଁ କରିନଥାଏ ଯେ, ଆମ ଭିତରେ କେତେ ଦୋଷ ଅଛି । ଏହି ଦୁର୍ଗୁଣ ଆମ ଅସଫଳତାର କାରଣ ହୋଇଥାଏ । ଦ୍ୱିତୀୟ କଥା ହେଉଛି, ଆମକୁ ନିଜ ଉପରେ ବିଶ୍ୱାସ ନଥାଏ ଯେ, ଆମେ ଅମୁକ କାର୍ଯ୍ୟ କରିପାରିବା, ଯେଉଁ ଜିନିଷ ପ୍ରାପ୍ତ କରିବାର ଇଚ୍ଛା କରିଛେ, ଯେଉଁ ଲକ୍ଷ୍ୟ ପ୍ରାପ୍ତ କରିବାର ଇଚ୍ଛା କରିଛେ, ତାହାକୁ ପ୍ରାପ୍ତ କରିପାରିବା । ଯେବେ ଆମଠାରୁ କମ୍ ଯୋଗ୍ୟତା ଥିବା ଲୋକ ସେହି କାର୍ଯ୍ୟକୁ କରିପାରନ୍ତି, ଯେଉଁ କାର୍ଯ୍ୟକୁ ଆମେ ଅସମ୍ଭବ ବୋଲି କହିଥାଉ, ତେବେ କୁହନ୍ତୁ, ଦୋଷ କାହା ଭିତରେ ଅଛି, ଆମ ଭିତରେ ନା ସେହି କାର୍ଯ୍ୟରେ ନା ଅନ୍ୟ ଲୋକଙ୍କଠାରେ ? ଅସମ୍ଭବ କାର୍ଯ୍ୟକୁ ପୂରା କରିବାରେ କେହି ନା କେହି ସଫଳ ହେଉଛି, ସେଥିପାଇଁ ଏପରି କହିବା ଠିକ୍ ହେବ, ଯେକୌଣସି କାର୍ଯ୍ୟ କରିହେବ, ଅର୍ଥାତ୍ ସମସ୍ତ କାର୍ଯ୍ୟ ସମ୍ଭବ ଅଟେ । କେବଳ ନିଜ ଇଚ୍ଛାରେ, ନିଜ ସଂକଳ୍ପରେ ଦୃଢ଼ତା ଥିବା ଦରକାର ।

ବିଦ୍ୟାଳୟରେ ଗୋଟିଏ ପିଲା ଶବ୍ଦ ରୂପ ମନେରଖିପାରୁନଥିଲା । ଦିନେ ଯେତେବେଳେ ଶିକ୍ଷକ ତାକୁ ଦଣ୍ଡିତ କରୁଥିଲେ, ତାଙ୍କ ନଜର ପିଲାଟିର ପାପୁଲି ଉପରେ ପଡ଼ିଲା । ସେ କହିଲେ, ''ତତେ ଦଣ୍ଡିତ କରିବା ବ୍ୟର୍ଥ, କାରଣ ତୋ ହାତରେ ବିଦ୍ୟା ରେଖା ହିଁ ନାହିଁ ।'' ପିଲାଟି ଶିକ୍ଷକଙ୍କୁ ବିଦ୍ୟାରେଖାର ସ୍ଥାନ ପଚାରିଲା ଓ ଶ୍ରେଣୀରୁ ବାହାରକୁ ଚାଲିଗଲା । ଯେତେବେଳେ ସେ ଫେରିଲା, ତା' ହାତରୁ ରକ୍ତ ଝରୁଥିଲା । ଶିକ୍ଷକ ଏହାର କାରଣ ପଚାରିବାରୁ ପିଲାଟି ନିଜ ହାତ ଦେଖାଇ କହିଲା, ''ଗୁରୁଜୀ! ଯାହାକୁ ବିଧାତା ତିଆରି କରିନଥିଲା, ତାକୁ ମୁଁ ଛୁରୀରେ ତିଆରି କରିଦେଲି ।'' ଶିକ୍ଷକ, ସେହି ଛାତ୍ରର ଦୃଢ଼ ଇଚ୍ଛାଶକ୍ତି ଦେଖି ଅତ୍ୟନ୍ତ ଖୁସି ହେଲେ । ପରବର୍ତ୍ତୀ ସମୟରେ ସେହି ପିଲା ବ୍ୟାକରଣାଚାର୍ଯ୍ୟ ପାଣିନୀ ନାମରେ ସୁପରିଚିତ ହେଲେ ।

ଥରେ ଗାନ୍ଧୀଜୀଙ୍କୁ ଗୋଟିଏ ପତ୍ର ମିଳିଲା, ଯେଉଁଥିରେ ଲେଖାଥିଲା ଯେ, ସହରରେ ଗାନ୍ଧୀ ମନ୍ଦିରର ସ୍ଥାପନା କରାଯାଇଛି, ଯେଉଁଠାରେ ତାଙ୍କ ମୂର୍ତ୍ତିର ଦୈନିକ ପୂଜାର୍ଚ୍ଚନା କରାଯାଉଛି । ଏହା ଜାଣି ଗାନ୍ଧୀଜୀ ଚିନ୍ତିତ ହୋଇଉଠିଲେ । ସେ, ଲୋକମାନଙ୍କୁ ଡକାଇଲେ ଓ ତାଙ୍କ ମୂର୍ତ୍ତି ପୂଜା କରୁଥିବା ପାଇଁ ସେମାନଙ୍କ ନିନ୍ଦା କଲେ । ଏଥିରେ ତାଙ୍କର ଜଣେ ସମର୍ଥକ କହିଲେ, "ବାପୁଜୀ, ଯଦି କୌଣସି ଲୋକ ଭଲ କର୍ମ କରେ, ତେବେ ତା'ର ମୂର୍ତ୍ତି ପୂଜା କରିବା କିଛି ଖରାପ ନୁହଁ ।" ଏହା ଶୁଣି ଗାନ୍ଧୀଜୀ କହିଲେ, "ଭାଇ, ତୁମେ ଏକ'ଣ କହୁଛ ? ଜୀବିତ ବ୍ୟକ୍ତିର ମୂର୍ତ୍ତି ତିଆରି କରି ପୂଜା କରିବା ଅତି ନିକୃଷ୍ଟ କାର୍ଯ୍ୟ ।" ଏହା ଶୁଣି ସେଠାରେ ଉପସ୍ଥିତ ଥିବା ଲୋକମାନେ କହିଲେ "ବାପୁଜୀ, ଆମେ ଆପଣଙ୍କ କାର୍ଯ୍ୟରେ ଅତ୍ୟନ୍ତ ପ୍ରଭାବିତ, ସେଥିପାଇଁ ଯଦି ଆପଣଙ୍କୁ ଏହି ସମ୍ମାନ ଦିଆଯାଉଛି, ତେବେ ଏଥିରେ ଭୁଲ୍ ବା କ'ଣ ?"

ଗାନ୍ଧୀଜୀ ପଚାରିଲେ, "ଆପଣମାନେ ମୋର କେଉଁ କାର୍ଯ୍ୟରୁ ପ୍ରଭାବିତ ହୋଇଛନ୍ତି ?" ଏହା ଶୁଣି ସାମନାରେ ଠିଆ ହୋଇଥିବା ଜଣେ ଯୁବକ କହିଲା, "ବାପୁ, ଆପଣ ସବୁ କାର୍ଯ୍ୟ ପ୍ରଥମେ ନିଜେ କରନ୍ତି, ସବୁ ଦାୟିତ୍ୱକୁ ନିଜ ଉପରେ ନିଅନ୍ତି ଏବଂ ଅହିଂସା ନୀତି ଦ୍ୱାରା ଶତ୍ରୁକୁ ମଧ୍ୟ ପ୍ରଭାବିତ କରିଦିଅନ୍ତି । ଆପଣଙ୍କର ଏହିସବୁ ସଦ୍‌ଗୁଣରେ ଆମେ ଅତ୍ୟନ୍ତ ପ୍ରଭାବିତ ।"

ଗାନ୍ଧୀଜୀ କହିଲେ "ଯଦି ଆପଣମାନେ ମୋ କାର୍ଯ୍ୟ ଓ ସଦ୍‌ଗୁଣ ଦ୍ୱାରା ପ୍ରଭାବିତ, ତେବେ ସେହି ସଦ୍‌ଗୁଣଗୁଡ଼ିକୁ ଆପଣମାନେ ମଧ୍ୟ ନିଜ ଜୀବନରେ ଆପଣା'ନ୍ତୁ । ଶୁଆ ଭଳି ଗୀତା-ରାମାୟଣ ପାଠ କରିବା ବଦଳରେ ସେଥିରେ ବର୍ଣ୍ଣିତ ଶିକ୍ଷାଗୁଡ଼ିକର ଅନୁକରଣ ହିଁ ପ୍ରକୃତ ପୂଜା-ଉପାସନା ଅଟେ ।" ଏହାପରେ ସେ, ମନ୍ଦିର ସ୍ଥାପନା କରିଥିବା ଲୋକମାନଙ୍କ ନିକଟକୁ ଏକ ବାର୍ତ୍ତା ପଠାଇଲେ ଯେ, 'ଆପଣମାନେ ମୋ ମନ୍ଦିର ତିଆରି କରି ଧନର ଦୁରୁପଯୋଗ କରିଛନ୍ତି । ଏହି ଧନ ଦ୍ୱାରା କୌଣସି ଆବଶ୍ୟକ କାର୍ଯ୍ୟ ହୋଇପାରିଥା'ନ୍ତା ।' ଏହିପ୍ରକାରେ ସେ ନିଜ ପୂଜା ବନ୍ଦ କରାଇଲେ ଏବଂ ଭଲ ବିଚାରକୁ ଜୀବନରେ ଅନ୍ତର୍ଭୁକ୍ତ କରିବାର ବାର୍ତ୍ତା ଦେଲେ ।

●●●

"ମୋତେ କୌଣସି ମାର୍ଗ ଦେଖାଯାଉନାହିଁ । ମୁଁ ସବୁ ସମୟରେ ସେହି ବିଷୟରେ ଚିନ୍ତା କରୁଛି, ଯାହା ନିଷେଧ କରାଯାଇଛି । ମୋ ମନରେ ସେହି ବସ୍ତୁଗୁଡ଼ିକ ପ୍ରାପ୍ତ କରିବାର ଇଚ୍ଛା ହେଉଛି, ଯାହା ବର୍ଜିତ ହୋଇଛି । ମୁଁ ସେହି କାର୍ଯ୍ୟ କରିବାକୁ ଯୋଜନା କରିଥାଏ, ଯାହାକୁ କରିବା ମୋ ହିତରେ ନୁହେଁ । ମୁଁ କ'ଣ କରିବି ?" ଜଣେ ଶିଷ୍ୟ, ନିଜ ଗୁରୁଙ୍କୁ ଉଦ୍‌ବିଗ୍ନତାପୂର୍ବକ ପଚାରିଲା ।

ଗୁରୁ, ଶିଷ୍ୟକୁ ପାଖ କୁଣ୍ଡରେ ଲାଗିଥିବା ଗଛକୁ ଦେଖିବାକୁ କହିଲେ ଏବଂ ପଚାରିଲେ "ସେଇଟା କ'ଣ ?" ଶିଷ୍ୟ ପାଖରେ ଉତ୍ତର ନଥିଲା, କାରଣ ସେ ସେହି ଗଛକୁ ଚିହ୍ନିନଥିଲା ।

"ଏହା ବେଲାଡୋନାର ବିଷାକ୍ତ ଗଛ ଅଟେ । ଯଦି ତୁମେ ଏହାର ପତ୍ର ଖାଇଦେବ, ତେବେ ତୁମର ମୃତ୍ୟୁ ହୋଇଯିବ, ମାତ୍ର ଏହାକୁ କେବଳ ଦେଖିଲେ କିଛି ଅହିତ ହେବାନାହିଁ । ଠିକ୍ ସେହିପ୍ରକାରେ ଅଧୋଗତିକୁ ନେଇଯାଉଥିବା ବିଚାର ସେପର୍ଯ୍ୟନ୍ତ ତୁମର କୌଣସି ଅହିତ କରିପାରିବ ନାହିଁ, ଯେପର୍ଯ୍ୟନ୍ତ ତୁମେ ସେଥିରେ ବାସ୍ତବିକ ରୂପରେ ପ୍ରବୃତ୍ତ ହୋଇନଯାଅ ।" ଏହିପ୍ରକାରେ ଶିଷ୍ୟକୁ ଏହି ଜ୍ଞାନ ମିଳିଗଲା ଯେ, ତାକୁ ନିଜ ମନରେ ଭଲ ବିଚାର ଆଣିବାକୁ ପଡ଼ିବ, ଖରାପ ବିଚାର ଅହିତ କରିପାରେ ।

ବିଚାରର କୁହୁକ

ସକରାତ୍ମକ ବିଚାର

ଯଦିଓ ଏହି ବିଷୟରେ ମୁଁ ଗୋଟିଏ ସମ୍ପୂର୍ଣ୍ଣ ପୁସ୍ତକ ଲେଖି ସାରିଛି, ମାତ୍ର ଏହି ବିଷୟ ଏତେ ବ୍ୟାପକ ଯେ, ଏହା ଉପରେ ଯେତେ ଲେଖିଲେ, ଯେତେ କହିଲେ ବି କମ୍ ଅଟେ । ସେଯାହାହେଉ, ମୁଁ ଏହି ବିଷୟର କିଛି ଅନ୍ୟ ଅନାଲୋଚିତ ପ୍ରସଙ୍ଗ ଉପରେ ଆଲୋକପାତ କରୁଛି - ଉଦ୍ଦେଶ୍ୟ ସେହି ସମାନ, ନିଜ ସୁଧୀ ପାଠକମାନଙ୍କୁ ସକରାତ୍ମକ ବିଚାରର ଶକ୍ତି ଓ ତାହାର କୁହୁକ ସହିତ ପରିଚିତ କରାଇବା । ଯେପରିକି, ଏହି ଯେଉଁ ପୁସ୍ତକ ଆପଣଙ୍କ ହାତରେ ଅଛି, ତାହାର ନାମ ହିଁ ହେଉଛି - **ମନକୁ ଜିତିଲେ ବିଜୟ ।**

ବନ୍ଧୁଗଣ, ଯଦି ଆପଣ ପରାଜୟ ସ୍ୱୀକାର କରିନିଅନ୍ତି, ତେବେ ପରାଜିତ ହୋଇଯା'ନ୍ତି । ଯଦି ଭାବିନିଅନ୍ତି ଯେ, ଆପଣଙ୍କୁ ଜିତିବାର ଅଛି, ସଫଳ ହେବାର ଅଛି, ନିଜ ସ୍ୱପ୍ନକୁ ସାକାର କରିବାର ଅଛି, ତେବେ ସଫଳ ହୋଇଯା'ନ୍ତି । ଆପଣଙ୍କ ସ୍ୱପ୍ନ ମଧ୍ୟ ପୂର୍ଣ୍ଣ ହୋଇଥାଏ । ଏହି ସମସ୍ତ ଖେଳ ମନ, ଚିନ୍ତା ଓ ବିଚାରର ଅଟେ ।

ଏହି ସନ୍ଦର୍ଭରେ ଗୋଟିଏ ଅତ୍ୟୁତ୍ତମ ଓ ସୁଖପ୍ରଦ ଘଟଣାର ଉଦାହରଣ ଦେଉଛି -

ଗୋଟିଏ ସ୍କୁଲ୍‌ର ମ୍ୟାନେଜ୍‌ମେଣ୍ଟ୍ କମିଟୀକୁ ଛାତ୍ରବୃତ୍ତି ପାଇଁ ଉପଯୁକ୍ତ ବିଦ୍ୟାର୍ଥୀମାନଙ୍କ ଚୟନ କରିବାର ଥିଲା । ସେମାନେ ଗୋଟିଏ ଟେବଲ୍

> **ଯେଉଁ ବ୍ୟକ୍ତି ସର୍ବଦା କୌଣସି କାର୍ଯ୍ୟର ଉଜ୍ଜ୍ୱଳ ପକ୍ଷକୁ ହିଁ ଦେଖେ, ସେ କେବେବି ଅସଫଳ ହୁଏନାହିଁ । ଉଜ୍ଜ୍ୱଳ ପକ୍ଷ, ଅର୍ଥାତ୍ ଶୁଭ ଓ ଉତ୍ତମ ଆଶା । କୌଣସି କାର୍ଯ୍ୟର ଉଜ୍ଜ୍ୱଳ ପକ୍ଷକୁ ସେହି ବ୍ୟକ୍ତି ଦେଖିପାରେ, ଯାହା ପାଖରେ ସକରାତ୍ମକ ବିଚାର ଥିବ ।**
>
> **- ସୂର୍ଯ୍ୟ ସିହ୍ନା**

ଉପରେ ଗୋଟିଏ ଗ୍ଲାସ୍‌ରେ ଅଧା ପାଣି ଭରିକରି ରଖାଇଦେଲେ ଏବଂ ଗୋଟିଏ-ଗୋଟିଏ କରି ପିଲାଙ୍କୁ ଡାକିଲେ । ସେମାନଙ୍କୁ ଟେବଲ୍ ଉପରେ ଥୁଆହୋଇଥିବା ଗ୍ଲାସ୍‌କୁ ଦେଖାଇ ପଚାରିଲେ ଯେ, ଗ୍ଲାସ୍‌ର ସ୍ଥିତି କ'ଣ । କିଛି ପିଲାମାନେ ଗ୍ଲାସ୍‌କୁ ଅଧା ଭରା ବୋଲି କହିଲେ ଏବଂ କିଛି ପିଲାମାନେ ଅଧା ଖାଲି ବୋଲି କହିଲେ । ସେହି ବିଦ୍ୟାର୍ଥୀମାନଙ୍କୁ ଅଯୋଗ୍ୟ ବିବେଚିତ କରାଗଲା, ଯେଉଁମାନେ ଗ୍ଲାସ୍‌କୁ ଅଧା ଖାଲି ବୋଲି କହିଥିଲେ । ଯେଉଁମାନେ ଗ୍ଲାସ୍‌କୁ ଅଧା ଭରିଥିବାର କହିଥିଲେ, ସେମାନଙ୍କୁ ଛାତ୍ରବୃତ୍ତି ପାଇଁ ଚୟନ କରାଗଲା । ସାରମର୍ମ ଏହିକି ଯେ, ଗ୍ଲାସ୍‌କୁ ଅଧା ଖାଲି କହାଯିବା ନକାରାତ୍ମକ ବିଚାରଧାରା ଥିଲା ।

ସେହି ବ୍ୟକ୍ତି ନିଜ ଜୀବନରେ ସଫଳ ହୋଇପାରେ, ଯିଏ ସମସ୍ତ କାର୍ଯ୍ୟର ଉଜ୍ଜ୍ୱଳ ପକ୍ଷ, ଅର୍ଥାତ୍ ସକରାତ୍ମକ ଦିଗକୁ ଦେଖିଥାଏ । ଅନେକ ଲୋକ ନିଜ ଜୀବନରେ ଏଥିପାଇଁ ମଧ୍ୟ ସଫଳ ହୋଇପାରନ୍ତି ନାହିଁ, କାରଣ ସେମାନେ କୌଣସି କାର୍ଯ୍ୟକୁ ଆରମ୍ଭ ହିଁ କରିପାରନ୍ତି ନାହିଁ ଏବଂ ସେଥିରୁ ହେବାକୁ ଥିବା ଲାଭ-କ୍ଷତି ବିଷୟରେ ହିଁ ଚିନ୍ତା କରୁଥା'ନ୍ତି । ମନେରଖନ୍ତୁ, ଲାଭ ବା କ୍ଷତି, ସେହି କାର୍ଯ୍ୟରେ ହୋଇଥାଏ, ଯାହାକୁ ଆରମ୍ଭ କରି ସମାପ୍ତ କରାଯାଇଥାଏ । ଯେଉଁ କାମ କରାହିଁ ଯାଇନଥିବ, ସେଥିରେ ଲାଭର କୌଣସି ସମ୍ଭାବନା ହିଁ ନଥାଏ ।

ଜୀବନରେ ସେହି ବ୍ୟକ୍ତି ସଫଳ ହୋଇଥାଏ, ଯିଏ କାର୍ଯ୍ୟକୁ ଶୀଘ୍ର ଆରମ୍ଭ କରେ, ଯିଏ ସମୟର ମୂଲ୍ୟକୁ ବୁଝେ ଏବଂ ବ୍ୟର୍ଥର ଶଂକାରେ ସମୟ ନଷ୍ଟ କରେନାହିଁ । ଏହି ସନ୍ଦର୍ଭରେ ଏକ ଅତ୍ୟନ୍ତ ରୋଚକ କାହାଣୀ ଆପଣଙ୍କୁ କହୁଛି -

ଜଙ୍ଗଲର ଗୋଟିଏ ଗଛରେ କେତେକ ବାନର ଓ ବାନରୀ ବସିଥିଲେ । ସେତେବେଳେ ଆକାଶବାଣୀ ହେଲା - "କିଛି କ୍ଷଣ ପରେ ଆକାଶରେ ବିଜୁଳି ଝଟକିବ । ଠିକ୍ ସେହି ସମୟରେ, ଏହି ଗଛ ତଳେ ଯେଉଁ ଜଳାଶୟ ଅଛି, ଏକ ମୂହୁର୍ତ୍ତ ମଧ୍ୟ ନଷ୍ଟ ନକରି ଯେଉଁ ବାନର କିମ୍ବା ବାନରୀ ସେଥିରେ ଲମ୍ଫ ପ୍ରଦାନ କରିବ, ସେହି କ୍ଷଣି ବାନର ସୁନ୍ଦର ପୁରୁଷ ହୋଇଯିବ ଏବଂ ବାନରୀ ରୂପବତୀ ସ୍ତ୍ରୀରେ ରୂପାନ୍ତର ହୋଇଯିବ ।"

ଆକାଶବାଣୀ ଅନୁରୂପ କିଛି ସମୟ ପଶ୍ଚାତ୍ ଆକାଶରେ ବିଜୁଳି ଝଟକିଲା । ସେହି କ୍ଷଣି, ଗୋଟିଏ ବି ମୂହୁର୍ତ୍ତ ନଷ୍ଟ ନକରି କେବଳ ଗୋଟିଏ ବାନରୀ ଜଳାଶୟରେ ଡେଇଁ ପଡ଼ିଲା ଏବଂ ଆଖି ପିଛୁଳାକେ, ଯେତେବେଳେ ସେ ବାହାରକୁ ବାହାରିଲା, ସେ ଏକ ଅଦ୍ୱିତୀୟ ସୁନ୍ଦରୀ ସ୍ତ୍ରୀରେ ପରିଣତ

ହୋଇଯାଇଥିଲା । ଏହି ଚମତ୍କାରକୁ ଦେଖିବା ପରେ ଗୋଟିଏ ପରେ ଗୋଟିଏ ସମସ୍ତ ମାଙ୍କଡ଼ ସେହି ଜଳାଶୟକୁ ଲମ୍ଫ ପ୍ରଦାନ କଲେ, ହେଲେ ସେମାନଙ୍କ ମଧ୍ୟରୁ କେହିହେଲେ ନା ତ ସୁନ୍ଦର ପୁରୁଷ ହୋଇପାରିଲେ, ନା ହିଁ ସୁନ୍ଦରୀ ସ୍ତ୍ରୀ । ସମସ୍ତେ ଯେଉଁ ରୂପରେ ଡେଇଁଥିଲେ, ସେହି ରୂପରେ ବାହାରକୁ ବାହାରିଲେ ।

ଏପରି କାହିଁକି ହେଲା ?

କାରଣ ସମସ୍ତ ବାନର ଓ ବାନରୀ ସେହି ସୁବର୍ଣ୍ଣ ସୁଯୋଗ ହରାଇସାରିଥିଲେ, ଯାହା ମାତ୍ର ଗୋଟିଏ ମୂହୁର୍ତ୍ତ ପାଇଁ ଆସିଥିଲା । ସେମାନେ ଶଂକାର, ଅବିଶ୍ୱାସର ଶିକାର ହୋଇଗଲେ ଏବଂ ନିର୍ଣ୍ଣୟ ନେବାରେ କ୍ଷଣକର ବିଳମ୍ବ କରିଦେଲେ । ଏହିପ୍ରକାରେ, ସେହି ସୁବର୍ଣ୍ଣ ସୁଯୋଗ ସେମାନଙ୍କ ହାତରୁ ଚାଲିଗଲା, ଯାହା ସେମାନଙ୍କ କାୟା ସହିତ ଭାଗ୍ୟ ମଧ୍ୟ ପରିବର୍ତ୍ତନ କରିପାରିଥା'ନ୍ତା ।

ଏହି ସମସ୍ତ ଖେଳ, ନିକଟ ବୃକ୍ଷ ତଳେ ବସିଥିବା ସେହି ରାଜ୍ୟର ରାଜକୁମାର ଦେଖୁଥିଲା । ନିଜ ଆଖିରେ ଦେଖିଥିବା ଚମତ୍କାରରେ ସେ ନିଜେ ମଧ୍ୟ ଅତ୍ୟନ୍ତ ବିସ୍ମିତ ଥିଲା । ଉତ୍ସୁକତାର ସହିତ ଉଠି, ସେ ସେହି ଦୁଃଖୀ ମାଙ୍କଡ଼ମାନଙ୍କ ପାଖକୁ ଆସିଲା, ଯେଉଁମାନେ ସେହି ସୁବର୍ଣ୍ଣ ସୁଯୋଗ ହାତଛଡ଼ା କରିଦେଇଥିଲେ । ରାଜକୁମାର ସେମାନଙ୍କୁ ପଚାରିଲା "ଆକାଶବାଣୀ ତ ସମସ୍ତଙ୍କ ପାଇଁ ହୋଇଥିଲା, ହେଲେ ତମେମାନେ ଏହି ଜଳାଶୟରେ ଠିକ୍ ସମୟରେ କାହିଁକି ଲମ୍ଫ ପ୍ରଦାନ କଲନାହିଁ ?"

ଦୁଃଖୀ ମାଙ୍କଡ଼ମାନେ ସମବେତ ସ୍ୱରରେ ଉତ୍ତର ଦେଲେ, "ଆମେ ଜାଣିଥିଲୁ ଯେ, କୌଣସି ନା କୌଣସି ବାନର ଜଳାଶୟକୁ ଡେଇଁବ । ଆମେ ଦେଖିବାକୁ ଚାହୁଁଥିଲୁ, ଯଦି ଡେଇଁଥିବା ବାନରକୁ ପ୍ରକୃତରେ ମନୁଷ୍ୟ ଯୋନି ପ୍ରାପ୍ତ ହୋଇଯାଏ, ତେବେ ଆମେ ମଧ୍ୟ ଜଳାଶୟକୁ ଡେଇଁ ମନୁଷ୍ୟ ହୋଇଯିବୁ । ଆମେ କ'ଣ ଜାଣିଥିଲୁ ଯେ, ସେହି ସୁବର୍ଣ୍ଣ ସୁଯୋଗ କେବଳ ଗୋଟିଏ ମୂହୁର୍ତ୍ତ ପାଇଁ ଆସିବ ବୋଲି ?"

ରାଜକୁମାର ସେହି ବାନରୀକୁ ପଚାରିଲା, ଯିଏ ଜଳାଶୟରେ ଡେଇଁବା ପରେ ସୁନ୍ଦରୀ ସ୍ତ୍ରୀରେ ପରିଣତ ହୋଇଯାଇଥିଲା, "ତୁମେ ସର୍ବପ୍ରଥମେ ଓ ଠିକ୍ ସମୟରେ କାହିଁକି ଡେଇଁଲ ? ତୁମେ, ତୁମ ଦଳର ଅନ୍ୟ କୌଣସି ବାନର ଲମ୍ଫ ପ୍ରଦାନ କରିବା ପର୍ଯ୍ୟନ୍ତ ଅପେକ୍ଷା କାହିଁକି କଲନାହିଁ ?"

ସ୍ତ୍ରୀ ହୋଇଥିବା ବାନରୀ ତୁରନ୍ତ ଉତ୍ତର ଦେଲା, "ମୁଁ ଆଉ କାହାକୁ କାହିଁକି ଅପେକ୍ଷା କରିଥା'ନ୍ତି ? ଆକାଶବାଣୀ ତ ହୋଇଥିଲା ଯେ, ମୁହୂର୍ତ୍ତେ ମଧ୍ୟ ନଷ୍ଟ ନକରି ଜଳାଶୟକୁ ଲମ୍ଫ ପ୍ରଦାନ କରିବାକୁ ହେବ । ଆକାଶବାଣୀରେ ସ୍ପଷ୍ଟ ଭାବେ କୁହାଯାଇଥିଲା ଯେ, ବାନର ବା ବାନରୀ ସୁନ୍ଦର ସ୍ତ୍ରୀ ବା ପୁରୁଷ ହେବ, ନା କି କୁକୁର-ବିଲେଇ । ଏହା ମଧ୍ୟ କୁହାଯାଇନଥିଲା କି, ତା' ଜୀବନ ଚାଲିଯିବ । ସେଥିପାଇଁ ମୁଁ ଭାବିଲି ଯେ, ପ୍ରକୃତରେ ଯଦି ଚମତ୍କାର ହୁଏ, ତେବେ ମୁଁ ମନୁଷ୍ୟ ଯୋନିକୁ ଚାଲିଯିବି, ଅନ୍ୟଥା ମୋତେ ବାନରୀ ହିଁ ରହିବାକୁ ହେବ । ବାସ୍, ମୁଁ ଡେଇଁ ପଡ଼ିଲି, ଆଉ ଏହାର ପରିଣାମ ଆପଣ ନିଜେ ଦେଖୁଛନ୍ତି ।"

ତା'ର ତୁରନ୍ତ ନିଷ୍ପତ୍ତି ନେବାର କ୍ଷମତା ଓ ତୀକ୍ଷ୍ଣ ବୁଦ୍ଧିରେ ରାଜକୁମାର ଏତେ ପ୍ରଭାବିତ ହେଲା ଯେ, ସେ ମଧ୍ୟ ମୁହୂର୍ତ୍ତେ ସମୟ ନଷ୍ଟ ନକରି, ସେହି ବୁଦ୍ଧିମତୀ ସହିତ ବିବାହ କରିବାର ନିଷ୍ପତ୍ତି ନେଇଗଲା । ଏହିପ୍ରକାରେ, ପରବର୍ତ୍ତୀ ସମୟରେ ଉକ୍ତ ବାନରୀ, ସେହି ରାଜ୍ୟର ମହାରାଣୀ ହେଲା ।

ଏହାକୁ ହିଁ କୁହନ୍ତି ସୁଯୋଗର ଲାଭ ଉଠାଇବାର କଳା । କୌଣସି ଚିତ୍ରର ଉଜ୍ଜ୍ୱଳ ପକ୍ଷ ଦେଖିବାକୁ ହିଁ କୁହନ୍ତି ସକରାତ୍ମକ ଚିନ୍ତାର କୁହୁକ ।

ପ୍ରତ୍ୟେକ ବ୍ୟକ୍ତିର ଜୀବନରେ କୌଣସି ନା କୌଣସି ଚମତ୍କାରୀ ସୁଯୋଗ ନିଶ୍ଚିତ ଆସେ । ଯିଏ ସେହି ସୁଯୋଗକୁ ଚିହ୍ନି ପାରେ, ଗୋଟିଏ ମୁହୂର୍ତ୍ତ ମଧ୍ୟ ନଷ୍ଟ ନକରି ତୁରନ୍ତ ନିଷ୍ପତ୍ତି ନେଇ ଲାଭ ଉଠାଇପାରେ, ସେ ହିଁ ସଫଳତାର ଶୀର୍ଷକୁ ସ୍ପର୍ଶ କରିପାରେ ।

ମୋତେ ଏହା କହିବାରେ କୌଣସି ସଂକୋଚ ନାହିଁ ଯେ, ସକରାତ୍ମକ ଚିନ୍ତାଧାରାର ବ୍ୟକ୍ତି ହିଁ ସୁଯୋଗର ସଠିକ୍ ଚିହ୍ନଟ କରିପାରନ୍ତି, ସେହି କାରଣରୁ ସେମାନେ ସମସ୍ତ କାର୍ଯ୍ୟରେ ସମ୍ଭାବନା ଖୋଜନ୍ତି । ଯେତେବେଳେକି ନକରାତ୍ମକ ଚିନ୍ତାଧାରାର ବ୍ୟକ୍ତି ଭାଗ୍ୟ ପରିବର୍ତ୍ତନର ସୁଯୋଗକୁ ହରାଇଦିଅନ୍ତି, କାରଣ ସେମାନେ ସଠିକ୍ ସମୟରେ ସଠିକ୍ ନିଷ୍ପତ୍ତି ନେଇପାରନ୍ତି ନାହିଁ । ସେମାନେ ପ୍ରତ୍ୟେକ କାର୍ଯ୍ୟକୁ ସନ୍ଦେହ ଦୃଷ୍ଟିରେ ଦେଖନ୍ତି । ସେମାନଙ୍କୁ ସଂସାରର ସମସ୍ତ କାର୍ଯ୍ୟରେ ତ୍ରୁଟି ହିଁ ତ୍ରୁଟି ନଜର ଆସେ ।

ସୁଯୋଗ କେବେବି ଅପେକ୍ଷା କରେନାହିଁ । ଯିଏ ତାକୁ ଠିକ୍ ସମୟରେ ଚିହ୍ନି ଧରିପାରେ, ସେ ମାଲାମାଲ୍ ଓ ସଫଳ ହୋଇଯାଏ । ଯେଉଁମାନେ ସୁଯୋଗକୁ ହରାଇଦିଅନ୍ତି, ସେମାନେ ଉନ୍ନତି କରିପାରନ୍ତି ନାହିଁ । ଏହା ମଧ୍ୟ ଧ୍ୟାନରଖନ୍ତୁ ଯେ, ସୁଯୋଗର ଶବ୍ଦ ବହୁତ କ୍ଷୀଣ ହୋଇଥାଏ । ତାହା ଲୁଚିଲୁଚି ଆସେ ଓ ଲୁଚିଲୁଚି

ପଳାଏ । ଅତ୍ୟନ୍ତ ସତର୍କ ଓ ଜାଗ୍ରତ ରହି ଯିଏ ମାନସିକ ରୂପରେ ଶବ୍ଦ ଶୁଣିପାରିଲା, ସେ ହିଁ ଲାଭ ଉଠାଇପାରିଲା । ଯେଉଁ ବ୍ୟକ୍ତି ସେହି ଶବ୍ଦ ଉପରେ ଧ୍ୟାନ ଦେଲାନାହିଁ, ସେ ସୌହାର୍ଦ୍ଦ୍ୟହୀନ ହୋଇ ରହିଲା । ଜାଗ୍ରତ ଥିବା ବ୍ୟକ୍ତି ହିଁ ଚମତ୍କାରୀ ସୁଯୋଗ ଆସିବାର ଶବ୍ଦ ଶୁଣିପାରେ ।

ନିରାଶାରୁ ନିଜକୁ ରକ୍ଷା କରନ୍ତୁ

ନିରାଶା ଅତ୍ୟନ୍ତ ଖରାପ ଜିନିଷ, ଏହାଠାରୁ ସର୍ବଦା ନିଜକୁ ରକ୍ଷା କରିବା ଉଚିତ୍ । ଏହାର ପ୍ରକୋପ ଏତେ ଭୟଙ୍କର ଯେ, ବ୍ୟକ୍ତି ମୃତବତ୍ ହୋଇଯାଏ । ନିରାଶାକୁ ନିଜ ଉପରେ ଏତେ ପ୍ରଭାବ ବିସ୍ତାର କରିବାକୁ ଦେବା ଉଚିତ୍ ନୁହେଁ ଯେ, ଆଶାକୁ ଦେଖିବାର ଦୃଷ୍ଟି କ୍ଷୀଣ ହୋଇଯିବ । ଆଶାର ଜ୍ୟୋତିକୁ କଦାପି ନିର୍ବାପିତ ହେବାକୁ ଏବଂ ନିରାଶାକୁ କଦାପି ନିକଟତର ହେବାକୁ ଦେବା ଉଚିତ୍ ନୁହେଁ । ଯଦି ଆମେ ଅସଫଳତାରୁ ଶିକ୍ଷା ଗ୍ରହଣ କରି ଲଗାତାର ଓ ପୂର୍ଣ୍ଣ ଆଶା ସହିତ ନିଜ କାର୍ଯ୍ୟରେ ନିୟୋଜିତ ରହୁ, ତେବେ ଦିନେ ନା ଦିନେ ନିଶ୍ଚିତ ଭାବେ ସଫଳ ହୋଇହିଁଯିବା । ଆମକୁ କେବେବି ଏହା ଭୁଲିବା ଉଚିତ୍ ନୁହେଁ ଯେ, ଜୀବନରେ ବିଜୟ-ପରାଜୟ ଲାଗିରହିଥାଏ । ଯେଉଁମାନେ ବିଜୟୋଲ୍ଲାସ ସହିତ ପରାଜୟର ଉତ୍ସବ ମଧ୍ୟ ପାଳନ କରନ୍ତି, ସେହିମାନେ ଜୀବନର ପ୍ରକୃତ ଆନନ୍ଦ ଉଠାନ୍ତି ଏବଂ ସଫଳତାର ଶୀର୍ଷକୁ ନିଶ୍ଚୟ ସ୍ପର୍ଶ କରନ୍ତି ।

ମୁଁ ଏହା ମାନେ ଯେ ମୋତେ, ଆପଣଙ୍କୁ ତଥା ପ୍ରତ୍ୟେକ ଲୋକକୁ ଜୀବନର ଯେକୌଣସି ମୋଡ଼ରେ ନିରାଶ ହେବା ଉଚିତ୍ ନୁହେଁ । ନିଜ ମନରେ ସର୍ବଦା ଆଶାର ଦୀପ ପ୍ରଜ୍ଵଳିତ କରିରଖିବା ଦରକାର, କାରଣ ଆଶା ହିଁ ଗୋଟିଏ ଏପରି ଦୀପ ଅଟେ, ଯାହାର ପ୍ରକାଶରେ ଆମେ ଯେକୌଣସି ଲକ୍ଷ୍ୟସ୍ଥଳରେ ପହଞ୍ଚିପାରିବା ।

ଦୀପ କେବେବି ଏହା ଚିନ୍ତା କରେନାହିଁ ଯେ - 'ମୁଁ ତ ବହୁତ ଛୋଟ, ମୋ ଭିତରେ ଟିକିଏ ହିଁ ତେଲ ଅଛି, ମୁଁ କେତେବେଳ ପର୍ଯ୍ୟନ୍ତ ଏହି ଭୟଙ୍କର ଅନ୍ଧକାର ସହିତ ଲଢ଼ିପାରିବି ?' ସେ କେବେବି ନିରାଶ ହୁଏନାହିଁ । ଦୀପର ଧର୍ମ ହେଉଛି - ପ୍ରକାଶ ବ୍ୟାପ୍ତ କରିବା । ପ୍ରଜ୍ଵଳିତ ହେବାକ୍ଷଣି ସେ ଉଜ୍ଜ୍ଵଳତା ବ୍ୟାପ୍ତ କରିବା ଆରମ୍ଭ କରିଦିଏ ଏବଂ ଅନ୍ଧକାର ଦୂର ହୋଇଯାଏ । ଠିକ୍ ସେହିପ୍ରକାରେ, ଆପଣ ମଧ୍ୟ ଏହି ବିଷୟରେ ଚିନ୍ତା କରନ୍ତୁ ନାହିଁ ଯେ, 'ମୁଁ ଏହି କାର୍ଯ୍ୟ ଏକୁଟିଆ କିପରି କରିପାରିବି ।' ଆପଣ କେବଳ କାର୍ଯ୍ୟ କରିବା ଆରମ୍ଭ କରିଦିଅନ୍ତୁ, ତାହାପରେ ଦେଖନ୍ତୁ ସେହି କାର୍ଯ୍ୟ

କିପରି ସମାପ୍ତ ହେବା ଆରମ୍ଭ କରିବ । କୌଣସି କାର୍ଯ୍ୟ ସେହି କ୍ଷେତ୍ରରେ ସମାପ୍ତ ହେବ, ଯାହାକୁ ଆରମ୍ଭ କରାଯାଇଥିବ । ଯେଉଁ କାର୍ଯ୍ୟ ଆରମ୍ଭ ହିଁ ହେବନି, ତାହା ସମାପ୍ତ ବା କିପରି ହେବ ?

ମହାଶକ୍ତିଶାଳୀ ସୂର୍ଯ୍ୟଙ୍କଠାରୁ ପ୍ରେରଣା ନିଅନ୍ତୁ - ସୂର୍ଯ୍ୟଙ୍କୁ ମଧ୍ୟ କଳା ବାଦଲ ଢାଙ୍କି ଦିଅନ୍ତି, ତାଙ୍କ ଆଲୋକ କମିଯାଏ, ମାତ୍ର ସୂର୍ଯ୍ୟ କେବେବି ସେହି ବାଦଲଙ୍କ ଡରରେ ନିଜ ରାସ୍ତା ବଦଳାନ୍ତି ନାହିଁ । ପ୍ରକୃତପକ୍ଷେ, ସୂର୍ଯ୍ୟଙ୍କୁ ଜଣାଅଛି ଯେ, କଳା ବାଦଲ କିଛି ସମୟ ପରେ ଅପସାରିତ ହୋଇଯିବ ଏବଂ ତାହାହିଁ ହୋଇଥାଏ, କଳା ବାଦଲ ଅପସାରିତ ହେବାକ୍ଷଣି ସୂର୍ଯ୍ୟ ପୁନଶ୍ଚ ପ୍ରଖରତାର ସହ ଦୀପ୍ତି ପ୍ରକାଶ କରିବା ଆରମ୍ଭ କରିଦିଅନ୍ତି ।

ଆପଣ ମଧ୍ୟ ମହାଶକ୍ତିମାନ୍ ସୂର୍ଯ୍ୟଙ୍କ ପରି ଅଟନ୍ତି, ଏପରି ଚିନ୍ତା କରନ୍ତୁ । ହୋଇପାରେ, ଆପଣଙ୍କ ଜୀବନରେ ମଧ୍ୟ କଳା ବାଦଲ ପରି ହିଁ କେତେକ ସମସ୍ୟା ଆସିଥିବ । ସେହି କଳା ବାଦଲ ସମ କିଛି ସମୟ ପରେ ସେହି ସମସ୍ୟାଗୁଡ଼ିକ ମଧ୍ୟ ଆପଣଙ୍କ ଜୀବନରୁ ଚାଲିଯିବ । ତାହାପରେ ଆପଣଙ୍କ ଜୀବନରେ ଆଲୋକ ହିଁ ଆଲୋକ ବ୍ୟାପ୍ତ ହୋଇଯିବ ।

ତିନି ପ୍ରକାରର ଲୋକ

ମାନବ ପ୍ରଶିକ୍ଷକ ତଥା ପ୍ରେରକ ଭାବେ ଭିନ୍ନ ଭିନ୍ନ ଭାବେ କରାଯାଇଥିବା ଗବେଷଣାର ପରିଣାମସ୍ୱରୂପ ମୋ ମତ ହେଉଛି ଯେ, ଏହି ଦୁନିଆରେ ତିନି ପ୍ରକାରର ଲୋକ ବାସ କରନ୍ତି । ନମ୍ବର ଏକ, ଯେଉଁମାନେ ଶତ ପ୍ରତିଶତ ସକରାତ୍ମକ ହୋଇଥା'ନ୍ତି । ଏପରି ଲୋକମାନଙ୍କ ସଂଖ୍ୟା ପାଖାପାଖି ୫% ଅଟେ । ସକରାତ୍ମକ ଦୃଷ୍ଟିକୋଣ କାରଣରୁ ସେମାନଙ୍କ ଜୀବନରେ ନିରନ୍ତର କୌଣସି ନା କୌଣସି ଉପଲବ୍ଧିମାନ ଯୋଡ଼ିହୋଇଚାଲେ, ଯେଉଁଥିରୁ ସେମାନଙ୍କ ସଫଳତାର ଗ୍ରାଫ୍ ଉପରକୁ ଉଠିଚାଲେ । ସେମାନେ ଗୋଟିଏ ପରେ ଗୋଟିଏ ଯାହାବି ଶୁଭ, ବୈଭବଶାଳୀ ଓ ସମୃଦ୍ଧିଶାଳୀ ଅଟେ, ତାହାକୁ ପ୍ରାପ୍ତ କରୁଥା'ନ୍ତି । ଏପରି ଲୋକମାନଙ୍କର, ଅନ୍ୟ ଲୋକମାନେ ଉଦାହରଣ ଦେଇଥା'ନ୍ତି ।

ନମ୍ବର ଦୁଇ, ଏପରି ଲୋକମାନେ ସକରାତ୍ମକ ଓ ନକରାତ୍ମକ ଉଭୟ ବିଚାର ବିଶିଷ୍ଟ ହୋଇଥା'ନ୍ତି । ଏପରି ଲୋକମାନଙ୍କର ଉପଲବ୍ଧିମାନ ଯେତେ ବୃଦ୍ଧିପାଏ, ସେତିକି ହ୍ରାସ ମଧ୍ୟ ହୋଇଥାଏ । ଏହାହିଁ କାରଣ ଯେ, ସେପରି ଲୋକମାନେ ହାରାହାରି

ସ୍ତରର ଜୀବନ ଜିଅନ୍ତି । ଏମାନଙ୍କର ସଂଖ୍ୟା ପ୍ରାୟ ୮୦% ଅଟେ ।

ନମ୍ବର ତିନି, ଏହି ଶ୍ରେଣୀର ଲୋକମାନେ ଶତ ପ୍ରତିଶତ ନକରାତ୍ମକ ଅଟନ୍ତି । ସେମାନଙ୍କର କାର୍ଯ୍ୟ କରିବାର କ୍ଷମତା ଅତ୍ୟନ୍ତ ଦୁର୍ବଳ ହୋଇଥାଏ । ୧୫% ବିଶିଷ୍ଟ ଏହି ଲୋକମାନେ ଧରାଭୂମିରେ ବୋଝ ପରି ଅଟନ୍ତି । ଏହି ଲୋକମାନେ ନା ନିଜ ପାଇଁ କିଛି କରନ୍ତି, ଆଉ ନା ହିଁ ଅନ୍ୟମାନଙ୍କୁ କିଛି କରିବାକୁ ଦିଅନ୍ତି । କୌଣସି ବ୍ୟକ୍ତି ଯଦି କିଛି ଭଲ ଓ ସକରାତ୍ମକ କରିବାକୁ ଚାହେଁ, ତେବେ ତା' ଗୋଡ଼ ଭିଡ଼ିବାରେ ଏମାନେ ସଂକୋଚ ଅନୁଭବ କରନ୍ତି ନାହିଁ ।

ଯଦି ଆମକୁ ଜୀବନରେ ସଫଳତା ପ୍ରାପ୍ତ କରିବାର ଅଛି, ତେବେ ନକରାତ୍ମକ ବିଚାରକୁ ନିଜ ମନରୁ କାଢ଼ି ଫୋପାଡ଼ିଦେବା ଉଚିତ୍ । ଆମକୁ ଶୁଦ୍ଧ ଓ ସକରାତ୍ମକ ବିଚାରଗୁଡ଼ିକୁ ଗ୍ରହଣ କରିବା ଦରକାର । ତେବେ ହିଁ ଯାଇ ଆମେ ଜୀବନକୁ ସୁଖମୟ ତଥା ଅସାଧାରଣ କରିପାରିବା । ସେତେବେଳେ ଆମେ ଏପରି କାର୍ଯ୍ୟ କରିପାରିବା, ଯାହାର ଉଦାହରଣ, ଭବିଷ୍ୟତରେ ଅନ୍ୟ ଲୋକମାନେ ଦେଇପାରିବେ ।

ଅନେକ ଦିନ ତଳର କଥା, ହିମାଚଳ ପ୍ରଦେଶର ଗୋଟିଏ ପାର୍ବତୀୟ ଗ୍ରାମରେ ଜଣେ ବୃଦ୍ଧ ରହୁଥିଲା, ଯିଏ ମହାମୂର୍ଖ ନାମରେ ଜଣାଶୁଣା ଥିଲା । ତା'ଘର ସମ୍ମୁଖରେ ଦୁଇଟି ବଡ଼ ପାହାଡ଼ ଥିଲା, ଯେଉଁଥିରୁ ଗାଁର ଲୋକମାନଙ୍କୁ ଯିବା-ଆସିବାରେ ଅସୁବିଧା ହେଉଥିଲା । ପାହାଡ଼ର ଅନ୍ୟ ପଟେ ପହଞ୍ଚିବା ପାଇଁ ଅନେକ ଦିନ ଲାଗିଯାଉଥିଲା ।

ଦିନେ ସେ ନିଜର ଦୁଇ ପୁଅଙ୍କୁ ଡାକିଲା ଓ ତାଙ୍କ ହାତରେ ଫାଉଡ଼ା ଦେଇ ଦୃଢ଼ତାର ସହିତ ଉଭୟ ପାହାଡ଼କୁ କାଟି ସେଗୁଡ଼ିକ ମଧ୍ୟରେ ରାସ୍ତା ତିଆରି କରିବା ଆରମ୍ଭ କରିଦେଲା । ଏହାଦେଖି ଗ୍ରାମବାସୀମାନେ ସେମାନଙ୍କୁ ମହାମୂର୍ଖ ବୋଲି କହି ଥଟ୍ଟା କରିବା ଆରମ୍ଭ କରିଦେଲେ । ଏତେ ବଡ଼ ପାହାଡ଼କୁ କାଟି ରାସ୍ତା ତିଆରି କରିବା ତୁମମାନଙ୍କ ଦ୍ୱାରା ସମ୍ଭବ ନୁହେଁ । ବୁଢ଼ାଟି ଉତ୍ତର ଦେଲା "ମୋ ମୃତ୍ୟୁ ପରେ ମୋ ପିଲାମାନେ ଏହି କାର୍ଯ୍ୟ ଜାରି ରଖିବେ । ମୋ ପିଲାମାନଙ୍କ ପରେ ମୋ ନାତୀମାନେ ଓ ସେମାନଙ୍କ ପରେ ଅଣନାତୀମାନେ । ଏହିପ୍ରକାରେ ପାହାଡ଼ କାଟିବାର କାର୍ଯ୍ୟ ଜାରି ରହିବ । ଯଦିଓ ପାହାଡ଼ ବଡ଼, ମାତ୍ର ଆମର ମନୋବଳଠାରୁ ଅଧିକ ବଡ଼ ନୁହେଁ । ଆମେ ନିରନ୍ତର ଖୋଳି ଦିନେ ନା ଦିନେ ରାସ୍ତା ତିଆରି କରିଦେବୁ । ଆଗାମୀ ପିଢ଼ିମାନେ ବହୁତ ଆରାମ ଓ ସହଜରେ ସେହି ରାସ୍ତାଦେଇ ପାହାଡ଼ର ଆରପାଟକୁ ଯାଇପାରିବେ ।"

ସେହି ବୁଢ଼ାର କଥା ଶୁଣି ଲୋକମାନେ ସ୍ତବ୍ଧ ହୋଇଗଲେ ଯେ, ଯାହାକୁ ସେମାନେ ମହାମୂର୍ଖ ବୋଲି ଭାବୁଥିଲେ, ତା'ମନରେ ସକରାତ୍ମକ ବିଚାର ଭରି ରହିଥିଲା । ସେ, ସମସ୍ତଙ୍କୁ ସଫଳତାର ରହସ୍ୟ ବୁଝାଇଦେଇଥିଲା । ଏବେ ଗ୍ରାମବାସୀମାନେ ମଧ୍ୟ ଉତ୍ସାହିତ ହୋଇ ପାହାଡ଼ କାଟି ରାସ୍ତା ତିଆରି କରିବା କାମରେ ଲାଗିପଡ଼ିଲେ । ଏହା କହିବାକୁ ଦରକାର ହେବନାହିଁ ଯେ, କିଛି ମାସର ପରିଶ୍ରମ ପରେ ହିଁ ସେଠାରେ ଏକ ସୁନ୍ଦର ସଡ଼କ ପ୍ରସ୍ତୁତ ହୋଇଗଲା ଏବଂ ସହର ପର୍ଯ୍ୟନ୍ତ ଯିବାପାଇଁ ମାର୍ଗ ସୁଗମ ହୋଇଗଲା । ଏଥିପାଇଁ ସେହି ବୁଢ଼ାକୁ ମଧ୍ୟ ଆଗାମୀ ପିଢ଼ିର ଅପେକ୍ଷା କରିବାକୁ ପଡ଼ିଲା ନାହିଁ । କୁହାଯାଇଛି ଯେ, ଦୃଢ଼ ସଂକଳ୍ପ, ନିଷ୍ଠା ଓ କଠିନ ପରିଶ୍ରମ ସହିତ ସକରାତ୍ମକ ଚିନ୍ତାଧାରା ଥିଲେ, ସଫଳତା ଶୀଘ୍ର ପ୍ରାପ୍ତ ହୋଇଥାଏ ।

ଜଣେ ବୁଢ଼ି ଲୋକ ଗୋଟିଏ ବଡ଼ ଗଣ୍ଠିଲି ନେଇ ଯାଉଥିଲା । ଚାଲି-ଚାଲି ସେ ଥକିଯାଇଥିଲା । ସେତେବେଳେ ସେ, ଜଣେ ଅଶ୍ୱାରୋହୀ ଆସୁଥିବାର ଦେଖିଲା ।

ତାକୁ ଦେଖି ସେହି ବୁଢ଼ି ଜଣକ ତାକୁ ଡାକିଲା, "ଆରେ ପୁଅ, ଟିକେ ଶୁଣିଲୁ ।"

ସେହି ଅଶ୍ୱାରୋହୀ ରହିଗଲା ଓ ପଚାରିଲା, "କ'ଣ ହେଲା ମାଉସୀ ?"

ବୁଢ଼ିଟି କହିଲା, "ପୁଅ, ମୁଁ ସେଇ ଆଗ ଗାଁକୁ ଯିବି, ହେଲେ ଏଇ ଗଣ୍ଠିଲିଟା ଉଠାଇପାରୁନି । ବହୁତ ଥକିଗଲିଣି । ତୁ ବି ବୋଧେ ସେଇଆଡ଼କୁ ଯାଉଛୁ । ଏଇ ଗଣ୍ଠିଲିଟା ଟିକେ ନେଇଯାଆନ୍ତୁନି ? ମୋତେ ଚାଲିବାରେ ସହଜ ହୁଅନ୍ତା ।"

ସେହି ବ୍ୟକ୍ତିଟି କହିଲା "ମାଉସୀ, ତୁ ତ ଚାଲିକି ଯାଉଛୁ, ଆଉ ମୁଁ ଘୋଡ଼ାରେ । ଗାଁ ଆହୁରି ବହୁତ ବାଟ ଅଛି, ଆଉ ତୁ କେତେବେଳେ ପହଞ୍ଚିବୁ ଜଣାନାହିଁ । ମୁଁ ତ ଏଇ ଅଳ୍ପ ସମୟରେ ପହଞ୍ଚିଯିବି । ସେଠି ପହଞ୍ଚିକି କେତେ ସମୟ ତୋତେ ଅପେକ୍ଷା କରିବି ?" ଏହା କହି ସେହି ଅଶ୍ୱାରୋହୀ ସେଠାରୁ ଚାଲିଗଲା ।

କିଛି ବାଟ ଯିବାପରେ ସେହି ବ୍ୟକ୍ତି ନିଜକୁ ନିଜ କହିଲା, 'ତୁ ନିହାତି ମୁର୍ଖ । ସେ ଗୋଟିଏ ବୁଢ଼ିଟେ, ଠିକ୍‌ସେ ଚାଲିବି ପାରୁନି । ତାକୁ ଭଲ ଭାବରେ ଦେଖାଯାଉଛିକି ନାହିଁ, ତାହାବି ଜଣାନାହିଁ । ତୋତେ ତା' ଗଣ୍ଠିଲିଟା ଦେଉଥିଲା । ସମ୍ଭବତଃ, ସେଇ ଗଣ୍ଠିଲିରେ କୌଣସି ମୂଲ୍ୟବାନ୍ ସାମଗ୍ରୀ ଥିବ । ତୁ ତାକୁ ନେଇ ପଳାଇଥିଲେ, କିଏ ଜାଣିପାରିଥା'ନ୍ତା ? ଚାଲ୍ ପଛକୁ, ଆଉ ଗଣ୍ଠିଲି ନେଇଆ ।'

ସେ ଫେରିକି ଆସିଲା, ଆଉ ବୁଢ଼ିକୁ କହିଲା, "ମାଉସୀ, ଆଣ୍, ଦେ ତୋ ଗଣ୍ଠିଲି, ନେଇଯିବି । ଗାଁରେ ପହଞ୍ଚିକି ତୋତେ ଅପେକ୍ଷା କରିବି ।"

ବୁଢ଼ି କହିଲା, "ନାଇଁରେ ପୁଅ ଥାଉ, ତୁ ଯା', ମୁଁ ଗଣ୍ଠିଲି ଦେବିନି ।"

ଅଶ୍ୱାରିହୀ ପଚାରିଲା, "ଏବେ ତୁ ଗଣ୍ଠିଲି ନେଇଯିବାକୁ କହୁଥିଲୁ, ପୁଣି କ'ଣ ହେଲା ? ଏମିତି ଓଲଟା କଥା କିଏ ତତେ କହିଲା ?"

ବୁଢ଼ି ହସିକି କହିଲା, "ସିଏ କହିଲା, ଯିଏ ତତେ ମାଉସୀର ଗଣ୍ଠିଲି ନେଇଯିବା ପାଇଁ କହିଲା ଯିଏ ତୋ ଭିତରେ ବସିଛି, ସିଏ ମୋ ଭିତରେବି ବସିଛି । ସିଏ ତତେ କହିଲା ଯେ, ଗଣ୍ଠିଲି ନେଇପଳା, ଆଉ ମତେ କହିଲା ଯେ, ଗଣ୍ଠିଲି ଦେ'ନା, ନହେଲେ ସିଏ ନେଇପଳାଇବ । ତୁ ନିଜ ଅନ୍ତରାତ୍ମାର ସ୍ୱର ଶୁଣିଲୁ, ଆଉ ମୁଁ ନିଜ ଅନ୍ତରାତ୍ମାର ସ୍ୱର ଶୁଣିଲି ।"

ସର୍ବଦା ଶୁଣନ୍ତୁ ଅନ୍ତରାତ୍ମାର ସ୍ୱର

ଯେଉଁ କାମକୁ କରିବାକୁ ଅନ୍ତର୍ମନରୁ ସ୍ୱର ଉଠେ, ସେହି କାମ ସଠିକ୍ ହୋଇଥାଏ । ଅନ୍ତର୍ମନ ଆମର ପ୍ରକୃତ ମାର୍ଗଦର୍ଶକ ହୋଇଥାଏ । କୁହନ୍ତି ଯେ, ଅନ୍ତରାତ୍ମାର ସ୍ୱରରେ ଈଶ୍ୱରଙ୍କ ସହମତି, ଭାଗ୍ୟର ଇଙ୍ଗିତ ରହିଥାଏ । ସେଥିପାଇଁ କୁହନ୍ତି, ଅନ୍ତରାତ୍ମାର ସ୍ୱର ଶୁଣିବା ଲୋକ ସହିତ ଈଶ୍ୱର ରହିଥା'ନ୍ତି ଏବଂ ସର୍ବଦା ଆମର ସହାୟତା ପାଇଁ ପ୍ରସ୍ତୁତ ରହିଥା'ନ୍ତି ।

ଯେଉଁ କାର୍ଯ୍ୟ କରିବା ପାଇଁ ଆପଣ ନିଜ ଆତ୍ମା ଉପରେ ବୋଝ ଅନୁଭବ କରନ୍ତି, ଭୟ, ସନ୍ଦେହ ଓ ଲଜ୍ଜା ଅନୁଭବ କରନ୍ତି, ସେହି କାର୍ଯ୍ୟକୁ ପାପ ବୋଲି ଚିନ୍ତାକରି, ନକରିବା ହିଁ ଶ୍ରେୟସ୍କର । ଯେଉଁ କାର୍ଯ୍ୟକୁ କରିବାରେ ଆନନ୍ଦ, ଉତ୍ସାହ, ପ୍ରେମ ଓ ଗର୍ବ ଅନୁଭବ ହୁଏ, ସେହି କାର୍ଯ୍ୟକୁ ପୁଣ୍ୟ ଭାବି ନିଶ୍ଚିତ ଓ ଅବିଳମ୍ବେ କରିବା ଉଚିତ୍ । ଥରେ ନୁହେଁ ଅସଂଖ୍ୟ ଥର ଏହା ସାବ୍ୟସ୍ତ ହୋଇସାରିଛି ଯେ, ଅନ୍ତରାତ୍ମାର ସ୍ୱର କେବେବି ଭୁଲ୍ ହୁଏନାହିଁ ।

ଆପଣ ନିଜେ ଅନୁଭବ କରିଥିବେ ଯେ, ଯେବେବି ଆମେ କୌଣସି ଭୁଲ୍ କାମ କରିବାକୁ ଚିନ୍ତାକରୁ, ତେବେ ଅନ୍ତର୍ମନ ଚେତାବନୀ ଦେଇଥାଏ - 'ଏହି କାମକୁ କରନା', 'ଏଥିରୁ କ୍ଷତି

କିଛି ଲୋକ ଅନ୍ତର୍ମନର ସ୍ୱର ଶୁଣି ହିଁ ପାରନ୍ତି ନାହିଁ କିମ୍ବା ଶୁଣି ଅଣଶୁଣା କରିଦିଅନ୍ତି । ଏହା ଦେଖାଯାଇଛି ଯେ, ଯେଉଁ ଲୋକମାନେ ନିଜ ଅନ୍ତରାତ୍ମାର ସ୍ୱର ଶୁଣିପାରନ୍ତି ନାହିଁ କିମ୍ବା ଶୁଣି, ଅଣଶୁଣା କରିଦିଅନ୍ତି, ସେମାନେ ଅନ୍ୟମାନଙ୍କ ବିଚାର ଓ ପରାମର୍ଶର ବୋଝ ବୋହି ବୋହି ଜୀବନ ଅତିବାହିତ କରିଦିଅନ୍ତି ଏବଂ କେବେବି ସଫଳ ହୋଇପାରନ୍ତି ନାହିଁ ।

- ସୂର୍ଯ୍ୟ ସିହ୍ନା

ହୋଇପାରେ', 'ଏହା କଲେ କୌଣସି ଜଞ୍ଜାଳରେ ଫସି ଯାଇପାର, ଯେଉଁଥିରୁ ବାହାରିବା କଷ୍ଟକର ହୋଇପାରେ' ଆଦି-ଆଦି । ଏପରି ସ୍ୱର ଥରେ ନୁହେଁ, ବାରମ୍ବାର କାନରେ ଗୁଞ୍ଜରିତ ହୋଇଥାଏ । ଯେତେବେଳେ ଆପଣ ଏହି ଚେତାବନୀଗୁଡ଼ିକୁ ଅଣଶୁଣା କରି, ସେହି କାମକୁ କରନ୍ତି, ତେବେ ଆପଣଙ୍କର ମାନସିକ ଶକ୍ତି ଓ କ୍ଷମତାଗୁଡ଼ିକ ନଷ୍ଟ ହେବାକୁ ଲାଗିଥାଏ । ଆପଣ ଏପରି ଚକ୍ରବ୍ୟୁହରେ ଫସିଯାଆନ୍ତି ଯେ, ଗୋଟିଏ ଭୁଲ୍ କାମ କରିବା ପରେ ଅନେକ ଭୁଲ୍ କାମ କରିବାକୁ ପଡ଼ିଥାଏ ।

ଏହା ବିପରୀତେ, ଯେତେବେଳେ ଆପଣ ଉଚିତ୍ ଓ ସଠିକ୍ କାର୍ଯ୍ୟ କରନ୍ତି, ତେବେ ମନକୁ ସମ୍ପୂର୍ଣ୍ଣ ସନ୍ତୁଷ୍ଟି ମିଳିଥାଏ । ସଠିକ୍ କାର୍ଯ୍ୟ କରିବା ସମୟରେ ଈଶ୍ୱର ଆମ ସହିତ ଥାଆନ୍ତି, ସେ ଆମର ସହାୟତା କରନ୍ତି, ସେ ଆମକୁ ଖୁସ ଦେଖିବାକୁ ଚାହାଁନ୍ତି, ସେଥିପାଇଁ କେବେବି ଅନ୍ତରାତ୍ମାର ସ୍ୱରକୁ ଦବାଇବା କିମ୍ବା ଅଣଶୁଣା କରିବା ଉଚିତ୍ ନୁହେଁ । ତାକୁ ବାହାରକୁ ଆସିବାକୁ ଦେବା ଦରକାର ।

ଆମକୁ ପ୍ରତିଜ୍ଞା ନେବା ଦରକାର ଯେ, 'ଯେଉଁ କାର୍ଯ୍ୟ ପାଇଁ ଅନ୍ତରାତ୍ମା ସ୍ୱୀକୃତି ଦେଉନାହିଁ, ସେହି କାର୍ଯ୍ୟକୁ ମୁଁ କଦାପି କରିବି ନାହିଁ । ଏଥିପାଇଁ ମୋତେ ଯେତେବଡ଼ ତ୍ୟାଗ କରିବାକୁ ପଡୁନା କାହିଁକି, ଯେତେବଡ଼ କ୍ଷତି ସହିବାକୁ ପଡୁନା କାହିଁକି ।'

ବନ୍ଧୁଗଣ, ଯେପରିକି ମୁଁ ଆପଣଙ୍କୁ ପୂର୍ବରୁ କହିସାରିଛି ଯେ, ଅନ୍ତରାତ୍ମାର ସ୍ୱରର ସମ୍ପର୍କ ଈଶ୍ୱରଙ୍କ ସହିତ ଥାଏ । ଯେତେବେଳେ ଆପଣ ଅନ୍ତରାତ୍ମାର ଭଲ କଥାକୁ ଶୁଣନ୍ତି ଓ କୌଣସି ଭଲ କାମ କରନ୍ତି, ତେବେ ଜାଣନ୍ତୁ ଯେ, ଆପଣ ଈଶ୍ୱରଙ୍କ କଥା ମାନୁଛନ୍ତି ଏବଂ ଈଶ୍ୱର ଆପଣଙ୍କୁ ମାର୍ଗ ପ୍ରଦର୍ଶନ କରୁଛନ୍ତି । ମାତ୍ର, ଯଦି ଆପଣ ନିଜ ଅନ୍ତରାତ୍ମାର ସ୍ୱରର କଣ୍ଠରୋଧ କରି ଭୁଲ୍ ରାସ୍ତାରେ ଚାଲନ୍ତି ଓ ଭୁଲ୍ କାମ କରିବାକୁ ଲାଗନ୍ତି, ତେବେ ଆପଣ ଈଶ୍ୱରଙ୍କୁ ଛାଡ଼ି ସଇତାନ୍ ସହିତ ସମ୍ବନ୍ଧ ଯୋଡ଼ନ୍ତି ।

ପରିଣାମସ୍ୱରୂପ, ସଇତାନ୍ ଆପଣଙ୍କ ଉପରେ ନିଜ ପ୍ରାଧାନ୍ୟ ବିସ୍ତାର କରିଥାଏ ଏବଂ ସେ ବାରମ୍ବାର ଆପଣଙ୍କୁ ଭୁଲ୍ କାମ କରିବା ପାଇଁ ପ୍ରେରିତ କରି ଅନେକ ଭୁଲ୍ କାମ କରାଇଥାଏ । ଯେବେ ଆପଣ କୌଣସି ଗୋଟିଏ ଭୁଲ୍ କାମ କରନ୍ତି, ତେବେ ତାକୁ ଲୁଚାଇବା ପାଇଁ ଆପଣଙ୍କୁ ଅନେକ ଭୁଲ୍ କାମ କରିବାକୁ ପଡ଼ିଥାଏ । ଗୋଟିଏ ମିଛକୁ ଲୁଚାଇବା ପାଇଁ ଅନେକ ମିଛ କହିବାକୁ ପଡ଼ିଥାଏ । ଆପଣଙ୍କ ମନର ଶାନ୍ତି ଭଙ୍ଗ ହୋଇଯାଇଥାଏ ଓ ଆପଣ ଭୀତଗ୍ରସ୍ତ ରୁହନ୍ତି ।

ଜନଶ୍ରୁତି ଅଛି - ଯେଉଁଠାରେ ସତ୍ୟତା ଅଛି, ସେହିଠାରେ ଈଶ୍ୱର ଅଛନ୍ତି । ଭକ୍ତ ପ୍ରହ୍ଲାଦ ସତ୍ୟପଥରେ ଥିଲେ, ଈଶ୍ୱର ତାଙ୍କ ସହିତ ଥିଲେ, ସେଥିପାଇଁ ସେ ନିଜ

ଅନ୍ତରାତ୍ମାର ସ୍ୱର ଶୁଣିଲେ ଓ ନିଜ ପିତାଙ୍କୁ ଈଶ୍ୱର ମାନିନଥିଲେ । ତାଙ୍କ ଅନ୍ତରାତ୍ମା, ପିତାଙ୍କ ପରି ସାଧାରଣ ମନୁଷ୍ୟଙ୍କୁ ଈଶ୍ୱର ମାନିବାକୁ କଦାପି ପ୍ରସ୍ତୁତ ନଥିଲା ।

ପରିଣାମ ଏହାହେଲା, ପ୍ରହ୍ଲାଦଙ୍କ ଉପରେ ଅକଥନୀୟ ଅତ୍ୟାଚାର କରାଗଲା । ହୋଲିକା ସହିତ ତାଙ୍କୁ ଜୀବିତାବସ୍ଥାରେ ଅଗ୍ନିକୁ ଛାଡ଼ିଦିଆଗଲା, ଯାହାକୁ ଦଗ୍ଧ ନହେବାର ବରଦାନ ମିଳିଥିଲା । ହୋଲିକା ନିଜେ ଜଳି ଭସ୍ମ ହୋଇଗଲା, ହେଲେ ପ୍ରହ୍ଲାଦଙ୍କୁ ଅଗ୍ନି ସ୍ପର୍ଶ ମଧ୍ୟ କରିପାରିଲାନାହିଁ ।

ସର୍ବଦା ମନେରଖନ୍ତୁ, ସତ୍ୟତାରେ ଈଶ୍ୱର ଆପଣଙ୍କ ସହିତ ଥାଆନ୍ତି, ଆଉ ଯେତେବେଳେ ଈଶ୍ୱର ଆପଣଙ୍କ ସହିତ ଥାଆନ୍ତି, ତେବେ କାହିଁକି କାହାକୁ ଭୟ କରିବେ ? ସତ୍ୟ ହେଉ ବା ମିଥ୍ୟା, କେବେବି ଲୁଚି ରହେନାହିଁ । ଦିନେନା ଦିନେ ତାହା ସାମନାକୁ ଆସିହିଁଥାଏ । ସେଥିପାଇଁ, ସର୍ବଦା ସତ୍ୟ ସହିତ ରହିବା ଉଚିତ୍ । ସର୍ବଦା ଈଶ୍ୱରଙ୍କ ସମ୍ପର୍କରେ ରହିବା ଉଚିତ୍, ଆଉ ଏହାର ମାର୍ଗ ହେଉଛି – ଅନ୍ତରାତ୍ମାର ସ୍ୱର ।

ଅନ୍ତର୍ମନର ସ୍ୱର ବା କଥାକୁ ତୁରନ୍ତ ଗ୍ରହଣ କରିବା ଉଚିତ୍ । ଆତ୍ମା ଠିକ୍ କାମ ପାଇଁ ସର୍ବଦା ପ୍ରେରିତ କରିଥାଏ 'ଉଠ, ଏହି କାର୍ଯ୍ୟ କର ।' ଯଦି ଆପଣ ଭୁଲ୍‌ରେ ଥାଆନ୍ତି, ତେବେ ଚେତନାବସ୍ଥାରେ ହାତ-ଗୋଡ଼ କାମ କରିବା ବନ୍ଦ କରିଦିଏ ଏବଂ ଏହି ଅସଫଳତା ଆପଣଙ୍କ ଛାୟା ହୋଇଯାଏ ।

ଯେବେ ଆମ ଆତ୍ମା କୌଣସି କାର୍ଯ୍ୟ କରିବାକୁ ସ୍ୱୀକୃତି ଦିଏ, ତେବେ ସେହି କାର୍ଯ୍ୟ କଦାପି ଭୁଲ୍ ହୋଇନଥିବ । ତାହା ଆତ୍ମାର ନୁହେଁ, ବରଂ ପରମାତ୍ମାଙ୍କ ସ୍ୱର ଅଟେ ଏବଂ ପରମାତ୍ମା କେବଳ ଠିକ୍ କାର୍ଯ୍ୟ କରାଇଥାଆନ୍ତି, ଯେଉଁଥିରୁ ସେ, ଯେଉଁ କାର୍ଯ୍ୟ ପାଇଁ ଆପଣଙ୍କୁ ଏହି ଦୁନିଆକୁ ପଠାଇଛନ୍ତି, ତାହା ସାର୍ଥକ ହୋଇପାରିବ । ସେହି ଯୋଜନା ସଫଳ ହୋଇପାରିବ, ଯାହାପାଇଁ ଆପଣଙ୍କୁ ମାନବ ଜୀବନ ଦିଆଯାଇଛି ।

ଗୋଟିଏ ଦେଶରେ ଜଣେ ରାଜା ଥିଲେ । ତାଙ୍କ ମନରେ ତିନୋଟି ପ୍ରଶ୍ନ ଉଠିଲା - ୧) ସବୁଠାରୁ ମହତ୍ୱପୂର୍ଣ୍ଣ କାର୍ଯ୍ୟ କ'ଣ ? ୨) ପରାମର୍ଶ ପାଇଁ ସବୁଠାରୁ ଅଧିକ ମହତ୍ୱପୂର୍ଣ୍ଣ ବ୍ୟକ୍ତି କିଏ ? ୩) ନିର୍ଦ୍ଦିଷ୍ଟ କାର୍ଯ୍ୟ ଆରମ୍ଭ କରିବା ପାଇଁ ସବୁଠାରୁ ମହତ୍ୱପୂର୍ଣ୍ଣ ସମୟ କେଉଁଟି ? ଏହିଗୁଡ଼ିକର ଉତ୍ତର ଜାଣିବା ପାଇଁ ରାଜା ସଭା ଡକାଇଲେ, ହେଲେ କେହି ସନ୍ତୋଷଜନକ ଉତ୍ତର ଦେଇପାରିଲେ ନାହିଁ । ପ୍ରଧାନମନ୍ତ୍ରୀଙ୍କ ପରାମର୍ଶରେ ସେ, ପରଦିନ ସକାଳୁ ଜଙ୍ଗଲ ମଧ୍ୟରେ କୁଡ଼ିଆରେ ରହୁଥିବା ଜଣେ ସାଧୁଙ୍କଠାରୁ ନିଜ ଜିଜ୍ଞାସାର ସମାଧାନ ପାଇଁ ଗଲେ । ସାଧୁଙ୍କ କୁଡ଼ିଆ ନିକଟତର ହେବାରୁ ସେ, ସାଥୀରେ ଆସିଥିବା ସୈନିକମାନଙ୍କୁ ଜଙ୍ଗଲରେ ହିଁ ଛାଡ଼ି ଏକୁଟିଆ ସାଧୁଙ୍କ ସହିତ ସାକ୍ଷାତ କରିବାକୁ ନିଶ୍ଚୟ କଲେ ।

ସାଧୁଙ୍କୁ କ୍ଷେତରେ କୋଦାଳ ଚଲାଉଥିବାର ଦେଖି ସେ ଚୁପଚାପ୍ ଠିଆହୋଇ ତାଙ୍କୁ ଦେଖିବାକୁ ଲାଗିଲେ । କିଛି ସମୟ ପରେ, ଯେତେବେଳେ ସାଧୁ ଦୃଷ୍ଟି ଉଠାଇଲେ, ରାଜାଙ୍କୁ ଦେଖି ଆସିବାର କାରଣ ପଚାରିଲେ । ରାଜା, ନିଜର ତିନୋଟି ପ୍ରଶ୍ନ ତାଙ୍କୁ କହିଲେ ଓ ଉତ୍ତର ପାଇଁ ଅପେକ୍ଷା କଲେ । ସାଧୁ, ସଂକେତରେ ରାଜାଙ୍କୁ ନିକଟକୁ ଡାକିଲେ ଓ ନିଜ କୋଦାଳ ତାଙ୍କୁ ଦେଲେ । ରାଜା କୋଦାଳ ନେଇ କ୍ଷେତ ଖୋଳିବା ଆରମ୍ଭ କଲେ । ସନ୍ଧ୍ୟା ହେବାକୁ ଲାଗିଲା । ଠିକ୍ ସେହି ସମୟରେ ଜଣେ ଲୋକ ସାଧୁଙ୍କ କୁଡ଼ିଆ ଆଡ଼କୁ ଦୌଡ଼ି ଦୌଡ଼ି ଆସିଲା, ଆଉ ସାଧୁଙ୍କ ସମ୍ମୁଖରେ ଭୂମି ଉପରେ ପଡ଼ିଗଲା । ତା'ବସ୍ତ୍ର ରକ୍ତରଞ୍ଜିତ ଥିଲା । ପେଟରୁ ରକ୍ତ ଧାର ବାହାରୁଥିଲା । ରାଜା ଓ ସାଧୁ ମିଶି ତା'ର ଉପଚାର କଲେ । ଆହତ ବ୍ୟକ୍ତିଟି ଶୋଇପଡ଼ିଲା ।

ସକାଳୁ, ସେହି ବ୍ୟକ୍ତି ରାଜାଙ୍କୁ କ୍ଷମା ମାଗିବାକୁ ଲାଗିଲା । ଏହାଦେଖି ରାଜା ବିସ୍ମିତ ହୋଇଗଲେ । ଆଗନ୍ତୁକ ନିଜ ପରିଚୟ ଦେଲା "ମୁଁ କୌଣସି ସମୟରେ ଆପଣଙ୍କର ଘୋର ଶତ୍ରୁ ଥିଲି । ଆପଣ ମୋ ଭାଇକୁ ମୃତ୍ୟୁଦଣ୍ଡ ଦେଇଥିଲେ । ସେବେଠାରୁ ମୁଁ ପ୍ରତିଶୋଧ ନେବାପାଇଁ ସୁଯୋଗ ଖୋଜୁଥିଲି । ମୁଁ ଜାଣିଥିଲି ଯେ, ଆପଣ ସାଧାରଣ ବେଶଭୂଷାରେ ସାଧୁଙ୍କ ପାଖକୁ ଆସିଛନ୍ତି । ଆପଣଙ୍କୁ ମାରିବା ଇଚ୍ଛାରେ ମୁଁ ବୁଦାରେ ଲୁଚିଗଲି, ହେଲେ ସେହି ସମୟରେ ଆପଣଙ୍କ ସୈନିକମାନେ ଅସ୍ତ୍ର ଦ୍ୱାରା ମୋ ଉପରେ ଆକ୍ରମଣ କରିଦେଲେ । ଶତ୍ରୁ ହୋଇ ମଧ୍ୟ ଆପଣ ମୋ ପ୍ରାଣ ରକ୍ଷା କଲେ । ଏବେ ମୋର ଦ୍ୱେଷ ଭାବ ସମାପ୍ତ ହୋଇଯାଇଛି । ମୁଁ ଆପଣଙ୍କ ଚରଣ ସେବକ । ଆପଣ ଚାହିଁଲେ ମୋତେ ଦଣ୍ଡ ଦିଅନ୍ତୁ ଅଥବା କ୍ଷମା କରନ୍ତୁ ।"

ଆହତ ବ୍ୟକ୍ତିର କଥା ଶୁଣି ରାଜା ସ୍ତବ୍ଧ ହୋଇଗଲେ । ଅପ୍ରତ୍ୟାଶିତ ଐଶ୍ୱରିକ ଯୋଗ ମାନି ସେ, ମନେମନେ ଈଶ୍ୱରଙ୍କୁ ଧନ୍ୟବାଦ ଦେବାକୁ ଲାଗିଲେ । ସାଧୁ, ସ୍ମିତହାସ୍ୟ ସହିତ କହିଲେ, "ରାଜନ୍ ! କ'ଣ ଆପଣ ଏବେବି ନିଜ ଉତ୍ତର ପାଇନାହାଁନ୍ତି ?" ରାଜାଙ୍କୁ ମୌନ ରହିବାର ଦେଖି ସେ ନିଜ କଥା ଜାରି ରଖିଲେ ଓ କହିଲେ, "କାର୍ଯ୍ୟ ଦ୍ୱାରା ଆପଣଙ୍କ ପ୍ରଶ୍ନଗୁଡ଼ିକର ଉତ୍ତର ଦିଆଯାଇସାରିଛି । ସବୁଠାରୁ ମହତ୍ୱପୂର୍ଣ୍ଣ ତାହା ଅଟେ, ଯାହା ସାମନାରେ ଅଛି । ସବୁଠାରୁ ମହତ୍ୱପୂର୍ଣ୍ଣ ବ୍ୟକ୍ତି ସେ ଅଟେ, ଯିଏ ଆମ ପାଖରେ ଅଛି ଏବଂ ସବୁଠାରୁ ମହତ୍ୱପୂର୍ଣ୍ଣ ସମୟ ହେଉଛି, ବର୍ତ୍ତମାନ । ଯଦି ଆପଣ ଆସି ମୋତେ ସହାନୁଭୂତି ନଦେଖାଇ ତୁରନ୍ତ ଫେରିଯାଇଥା'ନ୍ତେ, ତେବେ ଆପଣଙ୍କ ଜୀବନ ରକ୍ଷା ସମ୍ଭବ ହୋଇପାରିନଥା'ନ୍ତା । ଅତଏବ, ସେହି ମହତ୍ୱପୂର୍ଣ୍ଣ ବ୍ୟକ୍ତି ମୁଁ ହିଁ ଥିଲି, ଯାହାଠାରୁ ସହାୟତା ଅପେକ୍ଷିତ ଥିଲା । ଦ୍ୱିତୀୟ ମହତ୍ୱପୂର୍ଣ୍ଣ କାର୍ଯ୍ୟ, ଆଗନ୍ତୁକର ପ୍ରାଣରକ୍ଷା ଥିଲା । ମହତ୍ୱପୂର୍ଣ୍ଣ ସମୟ ମଧ୍ୟ ତାହା ହିଁ ଥିଲା, ଯାହାର ସଦୁପଯୋଗରେ ଶତ୍ରୁ ମଧ୍ୟ ମିତ୍ରରେ ପରିଣତ ହୋଇଗଲା ।" ରାଜାଙ୍କୁ, ନିଜର ତିନୋଟି ପ୍ରଶ୍ନର ଉତ୍ତର ସହିତ ନୂଆ ଶିକ୍ଷା ମଧ୍ୟ ମିଳିଗଲା ।

ଶିଖିବା ନିହାତି ଜରୁରୀ

ବନ୍ଧୁଗଣ, ଶିଖିବାର ପ୍ରକ୍ରିୟା ଆମ ଜନ୍ମଠାରୁ ହିଁ ଆରମ୍ଭ ହୋଇଯାଇଥାଏ । ପିଲା ଜନ୍ମ ହେବାର ତୁରନ୍ତ ପରେ କାନ୍ଦିବା, କ୍ଷୀର ପିଇବା, ତା'ପରେ ଲୋକମାନଙ୍କର ହାବଭାବ ଦେଖି ହସିବା, ଚାଲିବା, କଥା କହିବା ଆଦି ଶିଖିବାକୁ ଲାଗେ । ଏଠାରେ ସବୁଠାରୁ ମୁଖ୍ୟ ହେଉଛି ଚାଲିବାର ପ୍ରକ୍ରିୟା । ପ୍ରଥମେ ସେ କଡ଼ ଲେଉଟାଏ, ତା'ପରେ ସେ ପେଟେଇ, ହାତ ଓ ଆଣ୍ଠୁରେ ଭରାଦେଇ ନିଜ ଶରୀରକୁ ଉପରକୁ ଉଠାଏ । ଯେତେବେଳେ ଏହି ପ୍ରକ୍ରିୟାରେ ତା'ପାଦ ଟାଣ ହୋଇଯାଏ, ସେତେବେଳେ ସେ ଧୀରେଧୀରେ ଗୋଡ଼ରେ ଠିଆହୁଏ ଓ ତା'ପରେ କିଏ ଡାକିଲେ, ନିଜ ଶରୀରର ସନ୍ତୁଳନ କରିବା ଶିଖେ । ସାହସ କରି ଗୋଟିଏ ପାଦ ଆଗକୁ ପକାଏ । ପ୍ରଥମ ପାଦ ପକାଇବା ପରେ ଦ୍ୱିତୀୟ ପାଦ ପକାଇବାକୁ ଚେଷ୍ଟା କରେ । ଏହି ପ୍ରୟାସରେ ସେ ଅନେକ ଥର ପଡ଼େ, ହେଲେ ପ୍ରତ୍ୟେକ ଥର ଉଠିବା ତଥା ଚାଲିବାକୁ ଚେଷ୍ଟା ଜାରି ରଖିଥାଏ । ଶେଷରେ ଏପରି ଦିନ ଆସେ, ସେ କେବଳ କୁଶଳତାର ସହିତ ଚାଲିବା ହିଁ ନୁହେଁ, ବରଂ ଦୌଡ଼ିବା ବି ଶିଖିଯାଏ ।

ଏହିପ୍ରକାରେ ଯେତେବେଳେ ପିଲାଟି କଥା କହିବା ଶିଖେ, ତେବେ ଅନେକ ଥର ଭୁଲ୍ ଶବ୍ଦ ଉଚ୍ଚାରଣ କରି କରି ବିଲ୍‌କୁଲ୍ ଠିକ୍ କଥା କହିବା ଆରମ୍ଭ କରିଦିଏ ।

ଗୋଟିଏ କଥା ଆପଣ ନିଶ୍ଚିତ ଲକ୍ଷ୍ୟ କରିଥିବେ

ଶିଖିବା, ଜୀବନର ଏକ ଜରୁରୀ ପ୍ରକ୍ରିୟା ଅଟେ । ଆମେ ସମସ୍ତେ ଜନ୍ମନେବା କ୍ଷଣି ଶିଖିବା ଆରମ୍ଭ କରିଥାଏ । ସର୍ବପ୍ରଥମେ ଆମେ ମା'କ୍ଷୀର ପିଇବା ଶିଖୁ । ଜନ୍ମରୁ ଆରମ୍ଭ ହୋଇଥିବା ଶିଖିବାର ଏହି ପ୍ରକ୍ରିୟା ସାରା ଜୀବନ ଚାଲିଥାଏ । ଯେଉଁ ବ୍ୟକ୍ତି ସାରା ଜୀବନ ଶିଖେ, ସେ ନିଜ ଜୀବନରେ କେବେବି କେଉଁଠାରେ ହାରେନାହିଁ । ସେ କେବେବି ମନର ଗୋଲାମ ହୁଏନାହିଁ । ଏପରି ବ୍ୟକ୍ତି ମନକୁ ମଧ୍ୟ ଜିତିନିଏ ଏବଂ ଦୈନନ୍ଦିନ ସଫଳତାର କାହାଣୀ ଲେଖେ ।

-ସୂର୍ଯ୍ୟ ସିହ୍ନା

ଯେ, ଉକ୍ତ ପ୍ରକ୍ରିୟା ଦେଇ ଯାଉଥିବା ପିଲାଟି ବାରମ୍ବାର ଅସଫଳତାର ସମ୍ମୁଖୀନ ହେଉଥିବା ସତ୍ତ୍ୱେ ନିରାଶ ହୁଏନାହିଁ, ସାହସ ଛାଡ଼େନାହିଁ, ତା' ପ୍ରୟାସ ଲଗାତାର ଜାରି ରହିଥାଏ । ସେ ନିଜେ ହିଁ ଗୋଟିଏ ପରେ ଗୋଟିଏ ଶିଖିବା ପ୍ରକ୍ରିୟା ଜାରି ରଖିଥାଏ । କିନ୍ତୁ, ବୟସ୍କ ହେବାପରେ, ଶିଖିବାର ଏହି ପ୍ରକ୍ରିୟାରେ ଆଶ୍ଚର୍ଯ୍ୟଜନକ ପରିବର୍ତ୍ତନ ଆସିଯାଇଥାଏ ।

ଯେତେବେଳେ ସେହି ଶିଶୁ ବୟସ୍କ ହୋଇ କୌଣସି କାର୍ଯ୍ୟରେ ଥରେ କିମ୍ବା ଦୁଇଥର ଅସଫଳ ହୋଇଯାଏ, ସେତେବେଳେ ସେ ନିରାଶ ହୋଇଯାଏ । ସେ, ପିଲାବେଳ ପରି ସ୍ୱାଭାବିକ ଭାବେ ବାରମ୍ବାର ଶିଖିବା ପ୍ରକ୍ରିୟା ଜାରି ରଖେନାହିଁ ।

କାହିଁକି ?

ସେ ଏହି କଥାକୁ କାହିଁକି ଭୁଲିଯାଏ ଯେ, ଶିଖିବାର ଏହି ଗୁଣ ତା'ଠାରେ ଜନ୍ମରୁ ଅଛି । ସେ ଭୁଲିଯାଏ ଯେ, ତା'ଠାରେ ଅନ୍ତର୍ନିହିତ ଶକ୍ତି ଅଛି । ସେ ଭୁଲିଯାଏ ଯେ ସେ, ନିଜ ଆତ୍ମିକ ଓ ବୁଦ୍ଧି ବଳରେ ସବୁକିଛି ଶିଖିପାରେ ।

ମୋର ସ୍ପଷ୍ଟ ମତ ଏହିକି ଯେ, ଯଦି କୌଣସି ବ୍ୟକ୍ତି କେବଳ ଗୋଟିଏ ପିଲାର ଶିଖିବାରୁ ପ୍ରେରଣା ନେଇ କୌଣସି କାର୍ଯ୍ୟ କରିବାକୁ ଲାଗିଯାଏ, ତେବେ ବିଶ୍ୱରେ ଏପରି କୌଣସି କାମ ନାହିଁ, ଯାହା ସେ କରିପାରିବ ନାହିଁ ।

ଏହି ସନ୍ଦର୍ଭରେ ଗୋଟିଏ ପ୍ରେରଣାଦାୟକ ପ୍ରସଙ୍ଗ ମନେପଡୁଛି –

ଜଣେ ମହାନ ସଂସ୍କୃତ ପଣ୍ଡିତ ଥିଲେ । ସେ ନିଜ ପୁଅକୁ ମଧ୍ୟ ସଂସ୍କୃତ ବିଦ୍ୱାନ୍ କରିବାକୁ ଚାହୁଁଥିଲେ । ନିଜ ପୁଅକୁ ପାଠ ପଢ଼ାଇବା ପାଇଁ ସେ ତାକୁ ଗୋଟିଏ ପ୍ରସିଦ୍ଧ ଗୁରୁକୁଳ ପଠାଇଦେଲେ । ପାଠପଢ଼ା ଆରମ୍ଭ ହୋଇଗଲା, ହେଲେ ପିଲାଟି ଯାହା ପଢୁଥିଲା, ସବୁ ଭୁଲିଯାଉଥିଲା । ତା'ସ୍ମରଣ ଶକ୍ତି ଅତ୍ୟନ୍ତ ଦୁର୍ବଳ ଥିଲା । ଗୁରୁମାନେ ଅତ୍ୟନ୍ତ ପରିଶ୍ରମ କରି ତାକୁ ପଢ଼ାଇବାକୁ ଚେଷ୍ଟା କଲେ, ଅନେକ ସମୟ ବିତିଗଲା, ହେଲେ ପିଲାଟି କିଛି ଶିଖିପାରିଲା ନାହିଁ । ଦିନେ ଗୁରୁ ତା'ର ପରୀକ୍ଷା ନେଲେ ଓ ଦେଖିଲେ ଯେ, ସେ ଏକ୍‌ଦମ୍ ଶୂନ୍ୟ ଥିଲା । ତେଣୁ, ଗୁରୁ ନିରାଶ ହୋଇ ତାକୁ ବହୁତ କଟୁ ଭାଷାରେ ଗାଳି କଲେ – "ତୁ ପଶୁଠାରୁ ବି ହୀନ । ପଶୁବି ଅଭ୍ୟାସ କରି କିଛିନା କିଛି ଶିଖିଯାଏ, ହେଲେ ତୁ ଏତେ ପ୍ରୟାସ ଓ ମୋର କଠିନ ପରିଶ୍ରମ ସତ୍ତ୍ୱେ କିଛି ଶିଖିପାରିଲୁନି । ତୋତେ ଶିକ୍ଷିତ କରିବାର ପ୍ରୟାସ ହିଁ ମୂର୍ଖତା ଅଟେ ।"

ସେହି ପିଲାକୁ ଗୁରୁକୁଳରୁ ନିଷ୍କାସିତ କରିଦିଆଗଲା । ଗୁରୁଙ୍କ କଠୋର ବାକ୍ୟ ଶୁଣି ସେହି ପିଲା ଅତ୍ୟଧିକ ମର୍ମାହତ ଓ ବିଚଳିତ ହୋଇଗଲା ଏବଂ ଆତ୍ମହତ୍ୟା କରିବା ପାଇଁ ଏକ କୁଅଁ ପାଖରେ ପହଞ୍ଚିଲା । ସେ କୁଅଁକୁ ଡେଇଁବାକୁ ଯାଉଥିବାବେଳେ ହଠାତ୍ ତାକୁ କୁଅଁ ବନ୍ଧରେ ଦଉଡ଼ି ଦାଗ ଦେଖିଲା । ହଠାତ୍ ତା' ମସ୍ତିଷ୍କରେ ବିଜୁଳି ଖେଳିଗଲା । ସେ ଚିନ୍ତାକଲା – 'ଯେବେ ଦଉଡ଼ି ପରି ନରମ ଜିନିଷ, ପଥର ପରି କଠୋର ଜିନିଷ ସହିତ ନିରନ୍ତର ଘଷି ହୋଇ ଦାଗ ସୃଷ୍ଟି କରିପାରୁଛି, ତେବେ ମୁଁ କାହିଁକି ସଫଳ ହୋଇପାରିବି ନାହିଁ ? ମୁଁ କାହିଁକି ଶିଖିପାରିବି ନାହିଁ, ମୁଁ କାହିଁକି ସଂସ୍କୃତର ପ୍ରକାଣ୍ଡ ପଣ୍ଡିତ ହୋଇପାରିବି ନାହିଁ ?'

ସେହି ଦିନରୁ ସେହି ପିଲା ଗୋଟିଏ ନିର୍ଜନ ସ୍ଥାନକୁ ଯାଇ ଲଗାତାର ଅଭ୍ୟାସ କରିବାକୁ ଲାଗିଲା । ଭବିଷ୍ୟତରେ ସେ କେବଳ ନିଜ ପିତାଙ୍କଠାରୁ ନୁହେଁ, ବରଂ ସେହି ଗୁରୁଙ୍କଠାରୁ ମଧ୍ୟ ମହାନ୍ ପଣ୍ଡିତ ହେଲା, ଯାହାକୁ ପଶୁଠାରୁ ମଧ୍ୟ ହୀନ ବୋଲି କୁହାଯାଇ ଗୁରୁକୁଳରୁ ବାହାର କରିଦିଆଯାଇଥିଲା ।

କହିବାର ତାତ୍ପର୍ଯ୍ୟ ଏହିକି ଯେ, ଯେଉଁ ବ୍ୟକ୍ତି ଶିଖିବା ବନ୍ଦ କରିଦିଏ, ସେ ନିମ୍ନଲିଖିତ ମାନସିକତାର ଶିକାର ହୋଇଥାଏ –

- ମୁଁ ସବୁ ଶିଖିସାରିଛି, ମୁଁ ସବୁ ଜାଣିଛି ।
- ଏବେ ଶିଖିବାର ଆଉ ବୟସ ନାହିଁ ।
- ଏତେସବୁ ଶିଖିକି ବି ମୁଁ ବିଶେଷ କିଛି କରିପାରିଲିନି, ଏବେ ନୂଆ କିଛି ଶିଖି କ'ଣ ବା ଲାଭ ହେବ ?

ଏହିଭଳି ମାନସିକତାର ଶିକାର ହୋଇଥିବା ବ୍ୟକ୍ତି ଶିଖିବା ବନ୍ଦ କରିଦିଏ ଏବଂ ନିଜର ସାମାନ୍ୟ ଜୀବନରେ ହିଁ ସନ୍ତୁଷ୍ଟ ରହିଥାଏ ।

ଯଦି କୌଣସି ବ୍ୟକ୍ତି ଲଗାତାର ଶିଖିବାର ପ୍ରକ୍ରିୟାକୁ ନିଜ ଜୀବନରେ ରଖିବ, ତେବେ ଏପରି ହୋଇପାରିବ ନାହିଁ ଯେ, ସେ ଏକ ସାଧାରଣ ଜୀବନ ବଞ୍ଚିବ । ନିଜର ଯୋଗ୍ୟତା ଓ ଜ୍ଞାନ ବଳରେ ସେ ସଫଳତାର ସମସ୍ତ ଶୀର୍ଷତାକୁ ସ୍ପର୍ଶ କରିପାରିବ ।

ବନ୍ଧୁଗଣ, ମନୁଷ୍ୟ ଜନ୍ମ ହେବାଠାରୁ ମୃତ୍ୟୁ ପର୍ଯ୍ୟନ୍ତ କିଛିନା କିଛି ଶିଖୁଥାଏ । ଦୁନିଆରେ ଏପରି କୌଣସି ବ୍ୟକ୍ତି ନାହିଁ, ଯିଏ ଏହା ଦୃଢ଼ଭାବେ କହିପାରିବ ଯେ, ସେ ସବୁକିଛି ଶିଖିସାରିଛି । ଯିଏ ଏପରି ଭାବିନିଏ କିମ୍ବା ଯାହାକୁ ଏହା ଭ୍ରମ ହୋଇଯାଏ

ଯେ, 'ମୋତେ ବହୁତ କିଛି ଆସେ', 'ମୁଁ ସବୁକିଛି ଶିଖିସାରିଛି', 'ମୋତେ ଏବେ ଆଉକିଛି ଶିଖିବାର ନାହିଁ', ତେବେ ସେ ଲକ୍ଷେ ଚେଷ୍ଟା ସତ୍ତ୍ୱେ ସାଧାରଣ ଜୀବନର ଶିକୁଳି ଛିଣ୍ଡାଇପାରେ ନାହିଁ । ସେ ସର୍ବଦା ସାଧାରଣ ଓ ଚାପଗ୍ରସ୍ତ ଜୀବନ ବଞ୍ଚିବାକୁ ବାଧ୍ୟ ହୋଇଥାଏ ।

ଦୁନିଆର ସବୁଠାରୁ ମୂଲ୍ୟବାନ୍ ଜିନିଷ ହେଉଛି - ଜ୍ଞାନ

ସଂସାରରେ ଜ୍ଞାନ, ଶିକ୍ଷା, ସୂଚନା, ଦକ୍ଷତା ହିଁ ଏପରି ଜିନିଷ ଅଟେ, ଯାହା ବାଣ୍ଟିଲେ ବୃଦ୍ଧି ପାଇଥାଏ ଏବଂ ଲୁଚାଇଲେ କିମ୍ବା ଗୁପ୍ତ ରଖିଲେ ସମାପ୍ତ ହୋଇଯାଏ । ବଡ଼ ବଡ଼ ଜ୍ଞାନୀ ମଧ୍ୟ ଯଦି ନିଜର ଜ୍ଞାନ ଲୁଚାଇ ରଖନ୍ତି, ତେବେ ଦିନେ ସେ ନିଜେ ହିଁ ସବୁକିଛି ଭୁଲିଯାଇ ଜ୍ଞାନଶୂନ୍ୟ ହୋଇଯା'ନ୍ତି ।

ଏହି ସନ୍ଦର୍ଭରେ ମୋର ନିଜସ୍ୱ ଏକ ଥିଓରୀ ଅଛି - ଏହି ସମାଜରୁ ଆପଣ ଯେକୌଣସି ଦୁଇଜଣ ବୁଦ୍ଧିମାନ୍ ଲୋକଙ୍କୁ ବାଛନ୍ତୁ । ସେମାନଙ୍କ ମଧ୍ୟରୁ ଜଣଙ୍କୁ ଯେକୌଣସି ଲୋକୋପଯୋଗୀ ଦକ୍ଷତା ଶିଖାଇଦିଅନ୍ତୁ ଏବଂ ଅନ୍ୟଜଣଙ୍କୁ କୌଣସି ଦକ୍ଷତା ନଶିଖାଇ କିଛି ଲକ୍ଷ ଟଙ୍କା ଦେଇଦିଅନ୍ତୁ । ମୁଁ ବାଜିମାରି କହିବି ଯେ, ଯାହାକୁ ଆପଣ କିଛି ଲକ୍ଷ ଟଙ୍କା ଦେବେ, କିଛି ଦିନ ପରେ ସେ କାଙ୍ଗାଳ ହୋଇ କେଉଁଠାରେ ମଜୁରି ଖଟୁଥିବ କିମ୍ବା ଅପରାଧ କରୁଥିବ କିମ୍ବା ଜୀବନଯାପନ ପାଇଁ ଭିକ ମାଗୁଥିବ । ଯେତେବେଳେକି, ଦକ୍ଷ ବ୍ୟକ୍ତି କୋଟି ନହେଲେ ମଧ୍ୟ ଲକ୍ଷରେ ନିଶ୍ଚିତ ଭାବେ ଖେଳୁଥିବ । ଦକ୍ଷ, ଜ୍ଞାନୀ, ଶିକ୍ଷିତ ବ୍ୟକ୍ତି ଦୁନିଆର ଯେକୌଣସି କୋଣକୁ ଚାଲିଯାଉ, କେବେବି ଭୋକରେ ମରିବନି । ଲକ୍ଷ୍ମୀ ନିଜେ ଚାଲିକି ତା'ପାଖକୁ ଆସିବେ, ସଫଳତା ତା'ପାଦ ତଳେ ଲୋଟିବ ।

ସଫଳ କିମ୍ବା ଧନୀ ଲୋକ ଶିଖିବା ପାଇଁ କାମ କରନ୍ତି, ଅର୍ଥ ପାଇଁ ନୁହେଁ । ଅନେକ ସଫଳ ବ୍ୟକ୍ତି ପଇସା ଦେଇ ଶିଖିବା ପାଇଁ କାମ କରନ୍ତି ଏବଂ ପରେ ନିଶ୍ଚିତତାର ସହିତ ଆନନ୍ଦମୟ ଜୀବନ ଅତିବାହିତ କରନ୍ତି ।

ଆପଣ ନିଜେ ଦେଖିଥିବେ ଯେ ମେଡିକାଲ୍, ଇଞ୍ଜିନିୟରିଙ୍ଗ୍ ତଥା ମ୍ୟାନେଜ୍‌ମେଣ୍ଟ୍ ଆଦି ପାଠପଢ଼ାରେ ଲକ୍ଷ-ଲକ୍ଷ ଟଙ୍କା ଖର୍ଚ୍ଚ କରିବା ପରେ ହିଁ ଶିଖିବାକୁ କିଛି ମିଳିଥାଏ, ତାହାପରେ ଶିକ୍ଷା ପାଇଥିବା ସେହି ଲୋକମାନେ ଉଚ୍ଚସ୍ତରୀୟ ଜୀବନ ଅତିବାହିତ କରୁଥିବାର ଦେଖାଯାଇଥାଏ ।

ଯିଏ ଯେତିକି ଶିଖେ, ସିଏ ସେତିକି ସଫଳ ହୁଏ । ଯଦି ଆପଣଙ୍କୁ ନିଜ ଜୀବନରେ ବହୁତ ଅଧିକ ସଫଳ ହେବାର ଅଛି, ବଡ଼ ଲୋକ ହେବାର ଅଛି, କୌଣସି ଉଲ୍ଲେଖନୀୟ କିମ୍ବା ଅନୁକରଣୀୟ କାର୍ଯ୍ୟ ନିଜ ନାମ ସହିତ ଯୋଡ଼ିବାର ଅଛି, ତେବେ ଆପଣଙ୍କୁ ନିଜ ମଧ୍ୟରେ ଶିଖିବାର ଆଗ୍ରହ ଉତ୍ପନ୍ନ କରି ତାକୁ ବଜାୟ ରଖିବାକୁ ହେବ । କିଛି ଲୋକ ଲେଖି-ପଢ଼ି କିମ୍ବା ଅଳ୍ପ କିଛି ଶିଖି ଭାବିନିଅନ୍ତି ଯେ, ତାଙ୍କୁ ବହୁତ କିଛି ଆସିଗଲା, ତେବେ ଜାଣନ୍ତୁ ଯେ, ସେହିଠାରୁ ସେମାନଙ୍କର ଉନ୍ନତିର ମାର୍ଗ ବନ୍ଦ ହେବା ଆରମ୍ଭ ହୋଇଯାଏ ।

ଶିକ୍ଷା ସହିତ ଆବଶ୍ୟକ ବ୍ୟାବହାରିକ ଜ୍ଞାନ

ଜ୍ଞାନ ଏପରି ଜିନିଷ ଅଟେ ଯାହା, ଯେଉଁଠାରେ ମିଳୁ, ଯେପରି ମିଳୁ ଗ୍ରହଣ କରିବାରେ ସଂକୋଚ କରିବା ଅନୁଚିତ । ଦେଖାଯାଇଛି ଯେ, ବେଳେବେଳେ ଅଶିକ୍ଷିତ ଲୋକ, ଶିକ୍ଷିତ ଲୋକଠାରୁ ଅଧିକ ଜ୍ଞାନ କଥା କହି ଓ ବୁଝାଇପାରେ । ଏପରି ହୋଇଥାଏ ବ୍ୟାବହାରିକ ଜ୍ଞାନ ବଳରେ ।

ଭଗବାନ ସମସ୍ତଙ୍କୁ ମସ୍ତିଷ୍କ ଦେଇଛନ୍ତି । ସମସ୍ତଙ୍କ ମସ୍ତିଷ୍କରେ ବିଚାର ଉତ୍ପନ୍ନ ହୋଇଥାଏ । ବେଳେବେଳେ ଅଳ୍ପ ଶିକ୍ଷିତ କିମ୍ବା ସମ୍ପୂର୍ଣ୍ଣ ଅଶିକ୍ଷିତ ବ୍ୟକ୍ତିମାନଙ୍କ ମନରେ ମଧ୍ୟ ଏପରି ବିଚାର ଉତ୍ପନ୍ନ ହୋଇଯାଏ ଯେ, ସେମାନେ ସମଗ୍ର ବିଶ୍ୱରେ ପ୍ରସିଦ୍ଧି ଲାଭ କରିନିଅନ୍ତି ।

ଏହା କହିବା ଭୁଲ୍ ହେବ ଯେ, କେବଳମାତ୍ର ଲେଖି-ପଢ଼ି ଜାଣିଗଲେ ହିଁ ଜଣେ ବ୍ୟକ୍ତି ସଫଳତାର ଶୀର୍ଷରେ ପହଞ୍ଚେ । ବ୍ୟକ୍ତି ପାଇଁ ବ୍ୟାବହାରିକ ଜ୍ଞାନ ମଧ୍ୟ ନିହାତି ଜରୁରୀ । କେତେକ ବ୍ୟକ୍ତି ଅଳ୍ପ ଲେଖି-ପଢ଼ି, ମାତ୍ର ନିଜ ଜୀବନକୁ ସଠିକ୍ ଦିଗରେ ପରିଚାଳିତ କରି ଉଚ୍ଚ ସ୍ତରର ସଫଳତା ପ୍ରାପ୍ତ କରିଛନ୍ତି, ଯେପରି ମାଇକ୍ରୋସଫ୍ଟର ମାଲିକ ବିଲ୍ ଗେଟ୍ସ, ଫୋର୍ଡ କମ୍ପାନୀର ମାଲିକ ହେନେରୀ ଫୋର୍ଡ, ହୋଣ୍ଡା କମ୍ପାନୀର ସଂସ୍ଥାପକ ସୋଇଚ୍ୟୁରୋ ହୋଣ୍ଡା । ଏମାନେ ସମସ୍ତେ ବହୁତ ଗରିବ ଥିଲେ, ଜୀବନରେ ଅନେକ ଥର ଅସଫଳ ମଧ୍ୟ ହୋଇଛନ୍ତି । କିନ୍ତୁ, ନିରାଶ ହୋଇ ବସିଯିବା ବଦଳରେ ଏମାନେ ସଫଳ ହେବାପାଇଁ ନିରନ୍ତର ପ୍ରୟାସ କଲେ । ପରିଣାମ ସାରା ବିଶ୍ୱ ସମ୍ମୁଖରେ ଅଛି । ରିଲାୟନ୍ସର ସଂସ୍ଥାପକ ଧୀରୁ ଭାଇ ଅମ୍ବାନୀ ମଧ୍ୟ ଗୋଟିଏ ସାଧାରଣ ପରିବାରର

ଥିଲେ, ମାତ୍ର ସେ ସଫଳତାର ଏକ ନୂଆ ଇତିହାସ ରଚିଲେ ।

ବ୍ୟାବହାରିକ ଜ୍ଞାନ ଉପରେ ମୋତେ ଗୋଟିଏ କାହାଣୀ ମନେପଡୁଛି -

ପ୍ରାୟ ୨୫୦ ବର୍ଷ ପୁରୁଣା କଥା । ଗ୍ରୀଷ୍ମ ଋତୁର ନିଦାଘ ଖରାବେଳେ ଜଣେ ବ୍ରାହ୍ମଣ ନିଜ ଜ୍ୟୋତିଷ ବିଦ୍ୟା ମାଧ୍ୟମରେ ଧନ ରୋଜଗାର କରିବା ଇଚ୍ଛା କରି ଘୋଡ଼ାରେ ବସି ସହର ଆଡ଼କୁ ଯାଉଥିଲା । ମୁଣ୍ଡଫଟା ଖରା ତା' ଅବସ୍ଥା ଖରାପ କରିଦେଇଥିଲା । କପାଳର ତିଲକ, ଝାଳ ସହିତ ଥୋଡ଼ି ବାଟରୁ ବୋହୁଥିଲା । ଶୋଷରେ ତା' ତଣ୍ଟି ଶୁଖିବା ସହିତ, ଗରମରେ ଘୋଡ଼ାର ମଧ୍ୟ ଅବସ୍ଥା ଭଲ ନଥିଲା । ହଠାତ୍ ଗୋଟିଏ କୋଠା ସଦୃଶ ଘର ଆଗରେ ପାଣିରେ ପୂର୍ଣ୍ଣ ପାତ୍ର ଦେଖି ଘୋଡ଼ା ରହିଗଲା । ବ୍ରାହ୍ମଣ, ଘୋଡ଼ା ବେକରୁ ଲଗାମ ଢିଲା କରିଦେବାରୁ ସେ ମୁହଁ ବୁଡ଼ାଇ ପାଣି ପିଇବାକୁ ଲାଗିଲା । ବ୍ରାହ୍ମଣଟି ମଧ୍ୟ ସେଠାରେ ଥିବା ଏକ ବୃକ୍ଷ ତଳେ ବସି ଆରାମ କରିବାକୁ ଲାଗିଲା । ସେତିକିବେଳେ ଘର ଭିତରୁ ଏକ ମଧୁର ସ୍ୱର ଶୁଣାଗଲା - "ହେ ବ୍ରାହ୍ମଣ ଦେବତା! ବାହାରେ କାହିଁକି ବସିଛନ୍ତି, ଘର ଭିତରକୁ ଆସନ୍ତୁ । ଜଳପାନ କରି, ଟିକିଏ ବିଶ୍ରାମ କରି ନିଜ ଯାତ୍ରା ପୁନଶ୍ଚ ଆରମ୍ଭ କରନ୍ତୁ ।"

ବ୍ରାହ୍ମଣ ଜଣକ ଦେଖିଲେ ଯେ, କୋଠା ଦ୍ୱାରରେ ଜଣେ ସୁନ୍ଦର ସ୍ତ୍ରୀ ଠିଆହୋଇଥିଲେ । ତାଙ୍କ ଆଗ୍ରହରେ ଏପରି ବିନମ୍ରତା ଥିଲା ଯେ, ବ୍ରାହ୍ମଣ ମନା କରିପାରିଲେ ନାହିଁ ଏବଂ ଘୋଡ଼ାକୁ ବୃକ୍ଷ ଛାୟାରେ ବାନ୍ଧି ଘର ଭିତରକୁ ଚାଲିଗଲେ ।

ଗୃହସ୍ୱାମିନୀ, ସୁସଜ୍ଜିତ କକ୍ଷରେ ବିନମ୍ରତାପୂର୍ବକ ତାଙ୍କୁ ଆସନ ଗ୍ରହଣ କରିବାକୁ ନିବେଦନ କଲେ । ଆରାମରେ ବସିବା ପରେ ବ୍ରାହ୍ମଣ ଜଣକ କକ୍ଷର ନିରୀକ୍ଷଣ କରିବାକୁ ଲାଗିଲେ । ଗୋଟିଏ କୋଣରେ ପଡ଼ିଥିବା ଦରି ଉପରେ ବାଦ୍ୟଯନ୍ତ୍ର ସଜାହୋଇଥିଲା । ସେଗୁଡ଼ିକ ଦେଖି ବ୍ରାହ୍ମଣ କୌଣସି ନିଷ୍କର୍ଷରେ ପହଞ୍ଚିବା ପୂର୍ବରୁ ସେହି ସୁନ୍ଦରୀ ନିଜ ପରିଚୟ ଦେଲେ - "ହେ ପଣ୍ଡିତେ, ମୁଁ ଜଣେ ନର୍ତ୍ତକୀ ଅଟେ । ନୃତ୍ୟ ତଥା ଗୀତ-ସଂଗୀତ ମାଧ୍ୟମରେ ଜୀବନ ନିର୍ବାହ କରୁଛି ।"

ବ୍ରାହ୍ମଣ ସାମାନ୍ୟ ବ୍ୟତିବ୍ୟସ୍ତ ହୋଇଗଲେ । ତାଙ୍କ ମନରେ ଆସିଲା

ଯେ, 'ମୁଁ ଏତେ ପ୍ରକାଣ୍ଡ ପଣ୍ଡିତ, ଗୋଟିଏ ବେଶ୍ୟା ଘରକୁ ଆସିଗଲି ? ଯଦି କେହି ଦେଖିଦେବ ?'

ଠିକ୍ ସେତିକିବେଳେ କୋଠା ବାହାରେ ଗୋଟିଏ ଶବଯାତ୍ରା ଗଲା । ମାଲ ଭାଇମାନଙ୍କର ସମବେତ ସ୍ୱର ମଧ୍ୟ ଶୁଭିଲା - 'ରାମ୍-ନାମ୍ ସତ୍ୟ ହେ, ସତ୍ୟ ବୋଲୋ ଗତ୍ୟ ହେ ।'

ନର୍ତ୍ତକୀ, ତୁରନ୍ତ ନିଜ ଦାସୀକୁ କହିଲେ, "ଦେଖିକି ଆସିଲୁ, ମୃତକ ସ୍ୱର୍ଗକୁ ଗଲା ନା ନର୍କକୁ ?"

ଦାସୀ ଦୌଡ଼ିକି ବାହାରକୁ ଗଲା ଓ ତା'ପରେ ଭିତରକୁ ଆସି କହିଲା "ସେ ସ୍ୱର୍ଗକୁ ଯାଇଛି ।"

ବ୍ରାହ୍ମଣ ଆଶ୍ଚର୍ଯ୍ୟ ଚକିତ ହୋଇଗଲେ ।

ସଂଯୋଗବଶତଃ, ସେହି ସମୟରେ ଆଉଏକ ଶବଯାତ୍ରା ସେହି ମାର୍ଗଦେଇ ଗଲା । ନର୍ତ୍ତକୀ ପୁଣି ଦାସୀକୁ, ମୃତକ ସ୍ୱର୍ଗକୁ ଗଲା ନା ନର୍କକୁ ଦେଖିଆସିବାକୁ କହିଲେ । ଦ୍ୱିତୀୟଥର ଫେରିଥିବା ଦାସୀ ନିରାଶାପୂର୍ବକ କହିଲା "ଇୟେ ତ ନର୍କକୁ ଯାଇଛି ।"

ବ୍ରାହ୍ମଣ ଚିନ୍ତା କରିବାକୁ ଲାଗିଲେ 'ମୁଁ ଏତେ ଜ୍ୟୋତିଷ ବିଦ୍ୟା ପଢ଼ିଛି, ହେଲେ ଯେଉଁ ବିଶ୍ୱାସର ସହିତ ଏହି ନର୍ତ୍ତକୀର ଦାସୀ କହୁଛି, ସ୍ୱର୍ଗ ଓ ନର୍କ ବିଷୟରେ ତ ମୁଁ ବି ଏତେ ସ୍ପଷ୍ଟ ଭାବରେ କହିପାରିବିନି ।'

ନର୍ତ୍ତକୀ, ବ୍ରାହ୍ମଣଙ୍କ ତନ୍ଦ୍ରା ଭଙ୍ଗକରି ସ୍ମିତହାସ୍ୟ ସହିତ କହିଲେ - "ପଣ୍ଡିତେ! ଏହା ଅତି ସାଧାରଣ ଓ ବ୍ୟାବହାରିକ କଥା । ଏହା ପଛରେ କୌଣସି ଜ୍ୟୋତିଷ ଗଣିତ କିମ୍ବା ପାପ-ପୁଣ୍ୟର ଅଧ୍ୟୟନ ନାହିଁ । ପ୍ରଥମ ବ୍ୟକ୍ତିର ଶବଯାତ୍ରାରେ ଅନେକ ଲୋକ ଥିଲେ । କାନ୍ଦେଇବା ଲୋକ ମଧ୍ୟ କମ୍ ନଥିଲେ । ଏହାର ଅର୍ଥ ହେଉଛି, ସେହି ବ୍ୟକ୍ତି ନିଶ୍ଚିତ ଭାବେ କୌଣସି ସତ୍‌କର୍ମ କରିଥିବ, ସେଥିପାଇଁ ତା' ଶବଯାତ୍ରାରେ ଏତେ ଭିଡ଼ ଥିଲା । ସେଥିପାଇଁ ସେ ସ୍ୱର୍ଗ ଯିବା ଧାର୍ଯ୍ୟ । ଏହା ବିପରୀତେ, ଦ୍ୱିତୀୟ ଶବଯାତ୍ରାରେ ଅଳ୍ପ ଲୋକ ଥିଲେ । ଦାସୀ କହିବା ଅନୁସାରେ, ସେଥିରେବି କିଛି ଲୋକ କାନ୍ଦେଇବା ପାଇଁ ପଇସା ଦେଉଥିଲେ । ଶବଯାତ୍ରାରେ ଆସିଥିଲେ ମଧ୍ୟ ପଛରେ ଚାଲୁଥିବା କେତେକ ଲୋକ ମୃତକର ନିନ୍ଦା କରୁଥିଲେ । ଏପରି

ବ୍ୟକ୍ତି ଭାଗ୍ୟରେ ସ୍ୱର୍ଗ କାହିଁ, ଯିଏ ନିଜ ଜୀବନରେ କିଛି ଭଲ ତଥା ଅନ୍ୟଙ୍କ ପାଇଁ ସତ୍‌କର୍ମ କରିନଥିବ ? ତେଣୁ, ସେ ନର୍କର ଅଧିକାରୀ, ଏହା ନିଶ୍ଚିତ ।"

ନର୍ତ୍ତକୀଙ୍କ ତର୍କ ଶୁଣି ବ୍ରାହ୍ମଣଙ୍କ ଆଖି ଖୋଲିଗଲା । ସେ ତାଙ୍କୁ ଧନ୍ୟବାଦ ଦେଲେ ଓ ସେଠାରୁ ବିଦାୟ ନେଲେ ।

ତାହାହେଲେ, ଏହା ଥିଲା ବ୍ୟାବହାରିକ ଜ୍ଞାନ । ଏହାକୁ ମଧ୍ୟ ଶିଖିବାକୁ ପଡ଼ିଥାଏ । ପୁସ୍ତକ ପଠନର ଏକ ଭିନ୍ନ ମହତ୍ୱ ଅଛି, ମାତ୍ର ଜୀବନ କେବଳ ପୁସ୍ତକ ପଠନରେ ଚାଲେନାହିଁ । ଯଦି ଆପଣ ବ୍ୟବହାର ପ୍ରଦର୍ଶନ, ବୁଦ୍ଧି-ବିବେକ ସହିତ ନିଷ୍ପତ୍ତି ନେବା ଏବଂ ବାୟୁର ଦିଗ ଚିହ୍ନିବା ଶିଖିଲେ ନାହିଁ, ତେବେ ଆପଣ ଆଉ ଯାହା ଶିଖନ୍ତୁ, ତାହା ଅଧା ଅଟେ । ସେଥିପାଇଁ ଶିଖନ୍ତୁ । ଯେଉଁଠାରୁ ଯାହାବି ଜ୍ଞାନ ମିଳିବ, ତାକୁ ଆତ୍ମସାତ୍ କରନ୍ତୁ । ଶିଖିବା ଓ ଶିଖାଇବା ପ୍ରକ୍ରିୟାକୁ ଲଗାତାର ଜାରି ରଖି ହିଁ ଆପଣ ସଫଳ ହୋଇପାରିବେ ।

କୌଣସି ଗାଁରେ ଜଣେ ସାଧୁ ରହୁଥିଲେ । ସେ ଯେତେବେଳେବି ନାଚୁଥିଲେ, ବର୍ଷା ହେଉଥିଲା । ତେଣୁ, ଗ୍ରାମବାସୀଙ୍କର ଯେତେବେଳେବି ବର୍ଷାର ଆବଶ୍ୟକ ହେଉଥିଲା, ସେମାନେ ସାଧୁଙ୍କ ପାଖକୁ ଯାଉଥିଲେ ଓ ତାଙ୍କୁ ନାଚିବାକୁ ଅନୁରୋଧ କରୁଥିଲେ, ଆଉ ଯେତେବେଳେ ସିଏ ନାଚନ୍ତି, ବର୍ଷା ନିଶ୍ଚିତ ହୁଏ । କିଛି ଦିନ ପରେ ସହରର ଚାରିଜଣ ପିଲା ସେହି ଗାଁକୁ ବୁଲିବାକୁ ଆସିଲେ । ସେମାନେ ଯେତେବେଳେ ଏହି ବିଷୟରେ ଶୁଣିଲେ ଯେ, ସାଧୁ ନାଚିଲେ ବର୍ଷା ହେଉଛି, ସେମାନଙ୍କୁ ବିଶ୍ୱାସ ହେଲାନାହିଁ । ସହରର ପାଠପଢ଼ା ଗର୍ବରେ ସେମାନେ ଗ୍ରାମବାସୀମାନଙ୍କୁ ଚ୍ୟାଲେଞ୍ଜ୍ କଲେ ଯେ, ସେମାନେବି ନାଚିବେ ଓ ବର୍ଷା ହେବ ଏବଂ ଯଦି ସେମାନେ ନାଚିଲେ ବର୍ଷା ହେବନାହିଁ, ତେବେ ସେହି ସାଧୁ ନାଚିଲେବି ବର୍ଷା ହେବନାହିଁ ।

ପରଦିନ ସକାଳେ ଗ୍ରାମବାସୀମାନେ ସେହି ପିଲାମାନଙ୍କୁ ନେଇ ସାଧୁଙ୍କ କୁଡ଼ିଆରେ ପହଞ୍ଚିଲେ । ସାଧୁଙ୍କୁ ସବୁକଥା କହିଲେ । ତା'ପରେ ପିଲାମାନେ ନାଚିବା ଆରମ୍ଭ କଲେ । ଅଧଘଣ୍ଟା ବିତିଗଲା ଓ ପ୍ରଥମ ପୁଅଟି ଥକିକରି ବସିଗଲା । କିଛି ସମୟ ପରେ ଦ୍ୱିତୀୟ ପିଲାଟିବି ବସିଗଲା । ଏହିପରି ଆଗାମୀ ଏକଘଣ୍ଟାରେ ବାକି ଦୁଇଜଣ ପିଲାବି ଥକିକରି ବସିଗଲେ, ହେଲେ ବର୍ଷା ହେଲା ନାହିଁ ।

ଏବେ ସାଧୁଙ୍କ ପାଳିଥିଲା ଓ ସେ ନାଚିବା ଆରମ୍ଭ କଲେ । ଏକଘଣ୍ଟା ବିତିଗଲା, ବର୍ଷା ହେଲାନାହିଁ । ଦୁଇଘଣ୍ଟା ବିତିଗଲା, ବର୍ଷା ହେଲାନାହିଁ, ହେଲେ ସାଧୁ ନିଜ ନାଚ ବନ୍ଦ କରୁନଥିଲେ । ଧୀରେଧୀରେ ସନ୍ଧ୍ୟା ହେବାକୁ ଲାଗିଲା । ଠିକ୍ ସେତିକିବେଳେ ମେଘ ଘଡ଼ଘଡ଼ି ଶୁଭିଲା ଓ ଜୋର୍ ବର୍ଷା ହେବାକୁ ଲାଗିଲା । ଏହାଦେଖି ସେହି ପିଲାମାନେ ସ୍ତବ୍ଧ ରହିଗଲେ । ସେମାନେ ତୁରନ୍ତ ସାଧୁଙ୍କଠାରୁ କ୍ଷମା ମାଗିଲେ ଓ ଏହାର କାରଣ ପଚାରିଲେ । ସାଧୁ ସେମାନଙ୍କୁ ଉତ୍ତର ଦେଇ ଶିକ୍ଷା ଦେଲେ ଯେ, "ମୁଁ ଯେବେବି ନାଚେ, ସେତେବେଳେ ଦୁଇଟି ବିଷୟକୁ ଧ୍ୟାନରେ ରଖେ । ପ୍ରଥମେ ମୁଁ ଭାବେ ଯେ, ମୁଁ ଯେତେବେଳେ ନାଚିବି ବର୍ଷା ହେବାକୁ ହିଁ ପଡ଼ିବ ଏବଂ ଦ୍ୱିତୀୟ ଏହିକି ଯେ, ମୁଁ ସେପର୍ଯ୍ୟନ୍ତ ନାଚିବି, ଯେପର୍ଯ୍ୟନ୍ତ ବର୍ଷା ହେବନାହିଁ ।"

ଉଚ୍ଚ ଚିନ୍ତାର ପରିଣାମ

କିଛି ଲୋକ ଜୀବନରେ କେବଳ ଏଥିପାଇଁ ପଛରେ ରହିଯା'ନ୍ତି ଓ ଅସଫଳ ହୁଅନ୍ତି, କାରଣ ସେମାନଙ୍କର ଚିନ୍ତାଧାରା ବା ଏପରି କୁହନ୍ତୁ ସେମାନଙ୍କର ଚିନ୍ତା କରିବାର ସ୍ତର ଅତ୍ୟନ୍ତ ନିମ୍ନ ହୋଇଥାଏ । ଏପରି ଲୋକ ମନରେ ଦୁର୍ବଳ ହେବା ସହିତ ରଢ଼ିବାଦିତାର ମଧ୍ୟ ଶିକାର ହୋଇଥା'ନ୍ତି । ଏହାହିଁ ମୁଖ୍ୟ କାରଣ ଯେ, ସେମାନେ କେବେବି ନିଜ ମନକୁ ଜିତିପାରନ୍ତି ନାହିଁ । ସେମାନେ ମନର ଗୋଲାମ ହୋଇଯା'ନ୍ତି ଓ ସାରା ଜୀବନ ଆତ୍ମିକ ଭାବରେ ଦୁର୍ବଳ ରହିଥା'ନ୍ତି । ଏପରି ଲୋକମାନଙ୍କ ସ୍ୱପ୍ନ ବଡ଼ ହୋଇନଥାଏ ଏବଂ ଉଚ୍ଚ ଓ ବଡ଼ ଚିନ୍ତାଧାରା ନହୋଇଥିବା କାରଣରୁ ସେମାନେ କୌଣସି ଉଚ୍ଚ କଳ୍ପନା ମଧ୍ୟ କରିପାରନ୍ତି ନାହିଁ । ଏହା ଏଥିପାଇଁ ମଧ୍ୟ ହୋଇଥାଏ, କାରଣ ସେମାନଙ୍କର ଇଚ୍ଛାଶକ୍ତି ଅତ୍ୟନ୍ତ ଦୁର୍ବଳ ହୋଇଥାଏ । ଏହା ବିପରୀତେ, ଯେଉଁ ବ୍ୟକ୍ତିମାନଙ୍କର ଚିନ୍ତାଧାରା ବଡ଼ ହୋଇଥାଏ, ସେମାନଙ୍କଠାରେ କିଛି କରିବାର ଇଚ୍ଛା ଉତ୍ପନ୍ନ ହୁଏ । ଇଚ୍ଛାଶକ୍ତି ଉତ୍ପନ୍ନ ହେଲେ ହିଁ ଆମର ବିଚାର କୌଣସି ରୂପ ନେଇପାରେ । ଇଚ୍ଛାଶକ୍ତି ବଳରେ ହିଁ ଆମେ ବଡ଼-ବଡ଼ ଓ ମହାନ୍ କଳ୍ପନାମାନ କରିପାରୁ ।

ସମସ୍ତ ବ୍ୟକ୍ତିମାନଙ୍କ ଜୀବନ ସେମାନଙ୍କର ଚିନ୍ତାଧାର ଉପରେ ହିଁ ନିର୍ଭର କରିଥାଏ । ଚିନ୍ତାଧାରା ବଦଳିଲେ ଦୁନିଆ ବଦଳିଯାଇଥାଏ । ହେଲେ, ବହୁତ

> **ଯେଉଁ ଲୋକ ବଡ଼ ଚିନ୍ତା କରିବନାହିଁ, ସେ କୌଣସି ବଡ଼ କାମ କରିପାରିବନାହିଁ, କାରଣ ବଡ଼ କାର୍ଯ୍ୟ ପଛରେ ବଡ଼ ଚିନ୍ତା ହିଁ କାର୍ଯ୍ୟ କରିଥାଏ । ବଡ଼ ଚିନ୍ତାକଲେ ମସ୍ତିଷ୍କର ରାସାୟନିକ କ୍ରିୟା ବଦଳିବାକୁ ଲାଗିଥାଏ, ସେଥିପାଇଁ ବଡ଼ ଚିନ୍ତା କରୁଥିବା ଲୋକମାନଙ୍କ ଜୀବନରେ ଏପରି ଚମତ୍କାର ହେବାକୁ ଲାଗିଥାଏ, ଯେଉଁଥିରୁ ତାକୁ ଲାଗେ ଯେ, ଜୀବନରେ ସଫଳ ହେବା ବହୁତ ସହଜ ।**
>
> **- ସୂର୍ଯ୍ୟ ସିହ୍ନା**

କମ୍ ଲୋକ ଏହି କଥାକୁ ବୁଝିପାରନ୍ତି ଯେ, ଚିନ୍ତା କରିବା ଢଙ୍ଗ ସେମାନଙ୍କ ଜୀବନ ଉପରେ ଅନୁକୂଳ କିମ୍ବା ପ୍ରତିକୂଳ ପ୍ରଭାବ ପକାଇଥାଏ । ସବୁଠାରୁ ବଡ଼ ଦୁର୍ଭାଗ୍ୟର କଥା ହେଉଛି, ଅନେକ ଲୋକ ଏହି କଥାକୁ ସ୍ୱୀକାର କରନ୍ତି ନାହିଁ ଯେ, ସେମାନଙ୍କର ଚିନ୍ତା କରିବାର ଶୈଳୀ ସେମାନଙ୍କ ଜୀବନର ସୃଜନ କିମ୍ବା ସଂହାର କରିଥାଏ ।

ଭଲ ବା ଉଚ୍ଚ ଚିନ୍ତା କରିବାରେ କିଛି ଖର୍ଚ୍ଚ ହୁଏନାହିଁ, ତଥାପି କେଜାଣି କାହିଁକି ଅନେକ ଲୋକ ସାରା ଜୀବନ ଛୋଟ ହିଁ ଭାବିଥା'ନ୍ତି । ସେମାନଙ୍କୁ ଦେଖି ଏହା ଲାଗେ, ଯେପରି ସେମାନଙ୍କୁ ଛୋଟ ଚିନ୍ତା କରିବା ପାଇଁ କେହି ବାଧ୍ୟ କରିଛି, ଯେତେବେଳେକି ସତ୍ୟତା ହେଉଛି, ଏହା ସେମାନଙ୍କର ନିଜସ୍ୱ ନିଷ୍ପତ୍ତି ହୋଇଥାଏ ।

ଯଦି ଆମକୁ ଦେଶ, ସମାଜ, ପରିବାର ତଥା ନିଜ ବ୍ୟକ୍ତିତ୍ୱର ବିକାଶ କରିବାର ଅଛି, ତେବେ ଆମକୁ ନିଜ ଚିନ୍ତାଧାରାରେ ପରିବର୍ତ୍ତନ ଆଣିବାକୁ ପଡ଼ିବ । କେବଳ ଚିନ୍ତାଧାରା ବଦଳାଇଲେ ହେବନାହିଁ, ବରଂ ଚିନ୍ତାଧାରାର ସ୍ତର ମଧ୍ୟ ଉପରକୁ ଉଠାଇବାକୁ ପଡ଼ିବ, ତାକୁ ବ୍ୟାପକ କରିବାକୁ ହେବ ।

ପୋଖରୀରେ ପହଁରୁ ଥିବା ବ୍ୟକ୍ତି ନଦୀରେ କେବଳ ଏଥିପାଇଁ ପହଁରିପାରେ ନାହିଁ, କାରଣ ତା'ଠାରେ ବଡ଼ ସ୍ଥାନ ତଥା ପ୍ରବାହିତ ପାଣିରେ ପହଁରିବାର ସାହସ ନଥାଏ । ସେ ଡରେ ଯେ, 'ମୁଁ କାଳେ ସୁଅରେ ଭାସିଯିବି !' ନଦୀରେ ପହଁରୁଥିବା ଲୋକ କେବଳ ଏଥିପାଇଁ ସମୁଦ୍ରରେ ପହଁରିପାରେନାହିଁ, କାରଣ ତା' ଶବ୍ଦକୋଷରେ ଏହା ଅସମ୍ଭବ ହିଁ ହୋଇଥିବ, ଯେତେବେଳେକି ଲୁଣିଆ ପାଣିରେ ପହଁରିବା ଅପେକ୍ଷାକୃତ ସରଳ ତଥା କମ୍ ପରିଶ୍ରମର କାମ ହୋଇଥାଏ । ମନେରଖନ୍ତୁ, ଏହି ସଂସାରରେ ଅସମ୍ଭବ ବୋଲି କିଛି ନାହିଁ, କେବଳ ଟିକିଏ ସାହସ, ଟିକିଏ ଆତ୍ମବିଶ୍ୱାସ ଦରକାର, ଆପଣ ସବୁକିଛି କରିପାରିବେ ।

ଆମ ମସ୍ତିଷ୍କରେ ନିତିଦିନ ଅଗଣିତ ବିଚାର ଉତ୍ପନ୍ନ ହୋଇଥାଏ । ବିଚାରଗୁଡ଼ିକର ଏକ ଶୃଙ୍ଖଳା ତିଆରି ହୁଏ ଓ ଭାଙ୍ଗେ । ବିଚାରର ଏହି ଶୃଙ୍ଖଳାକୁ ଯେତେବେଳେ ଆମେ ମୂର୍ତ୍ତରୂପ ଦେଉ, ସେତେବେଳେ ସେଗୁଡ଼ିକ କାର୍ଯ୍ୟରୂପରେ ପରିବର୍ତ୍ତିତ ହୁଅନ୍ତି ଏବଂ ଏହିପ୍ରକାରେ ସେହି ବିଚାର ମହାନ୍ ହୋଇଯାଏ ।

ଏହି କଥା ଷୋଳଅଣା ସତ୍ୟ ଯେ, ଯେଉଁ ବ୍ୟକ୍ତିମାନଙ୍କର ଚିନ୍ତାଧାରା ଛୋଟ ହୋଇଥାଏ, ସେମାନଙ୍କ ବିଚାର କେବେବି ମୂର୍ତ୍ତରୂପ ନେଇପାରିବ ନାହିଁ । ସେମାନଙ୍କ ବିଚାର ମୃତପ୍ରାୟ ହୋଇଥାଏ କିମ୍ବା ଉତ୍ପନ୍ନ ହେବାକ୍ଷଣି ମରିଯାଏ । ଯେଉଁମାନଙ୍କର

ଚିନ୍ତାଧାରା ବଡ଼ ହୋଇଥାଏ, ସେମାନଙ୍କ ମଧ୍ୟରେ ଇଚ୍ଛା ଉତ୍ପନ୍ନ ହୋଇଥାଏ, ଇଚ୍ଛାରୁ ଇଚ୍ଛାଶକ୍ତି ଉତ୍ପନ୍ନ ହୋଇଥାଏ ଏବଂ ଇଚ୍ଛାଶକ୍ତି ଉତ୍ପନ୍ନ ହେଲେହିଁ ଆମ ବିଚାର ମୂର୍ତ୍ତରୂପ ନେଇପାରେ । ଏହା ମଧ୍ୟ ସଫଳତାର ଏକ ମୂଳ ମନ୍ତ୍ର ଅଟେ ।

ବଡ଼ କାମ ପଛରେ ବଡ଼ ଚିନ୍ତାଧାରା

ଯେଉଁ ଲୋକମାନେ ବଡ଼ ଚିନ୍ତା କରିବେ ନାହିଁ, ସେମାନେ କୌଣସି ବଡ଼ କାମ ମଧ୍ୟ କରିପାରିବେ ନାହିଁ, କାରଣ ବଡ଼ କାର୍ଯ୍ୟ ପଛରେ ବଡ଼ ଚିନ୍ତାଧାରା ହିଁ କାର୍ଯ୍ୟ କରିଥାଏ । ବଡ଼ ଚିନ୍ତା କଲେ ମସ୍ତିଷ୍କର ରସାୟନ କ୍ରିୟା ବଦଳିବାକୁ ଲାଗିଥାଏ, ସେଥିପାଇଁ ବଡ଼ ଚିନ୍ତାଧାରାର ବ୍ୟକ୍ତି ଜୀବନରେ ଏପରି ଚମତ୍କାର ହେବାକୁ ଲାଗିଥାଏ, ଯେଉଁଥିରୁ ତାକୁ ଲାଗିଥାଏ ଯେ, ଜୀବନରେ ସଫଳ ହେବା ବହୁତ ସହଜ । ଯେତେବେଳେ ଚିନ୍ତାଧାରା ବଡ଼ ହୋଇଥାଏ, ତେବେ ମନ ବଡ଼ କଳ୍ପନା କରିଥାଏ, ଆଗକୁ ବଢ଼ିବା ପାଇଁ ପ୍ରେରିତ କରିଥାଏ ।

ଯେତେବେଳେ ଆମେ କିଛି ଚିନ୍ତା କରୁ, ଆମ ମନ ଚୁମ୍ବକୀୟ ଶକ୍ତି ଭାବରେ କାର୍ଯ୍ୟ କରିବାକୁ ଲାଗିଥାଏ । ଉଦାହରଣସ୍ୱରୂପ, ଯେବେ ଆମେ ବଡ଼ ଚିନ୍ତା କରୁ, ତେବେ ଗୁରୁତ୍ୱାକର୍ଷଣର ନିୟମାନୁସାରେ ଆମ ମନ ସଫଳତାକୁ ନିଜ ଆଡ଼କୁ ଆକର୍ଷିତ କରିଥାଏ । ଏହା ବିପରୀତେ, ଯଦି ଆମେ ଛୋଟ ଚିନ୍ତା କରୁ, ତେବେ ଆମ ମନ ଅସଫଳତା, ଦାରିଦ୍ର୍ୟ ଓ ଅସାମର୍ଥ୍ୟତାକୁ ନିଜ ଆଡ଼କୁ ଭିଡ଼ିଥାଏ । ଆମେ ନିରାଶ ହୋଇଯାଉ ଏବଂ କାର୍ଯ୍ୟ କରିବାର କ୍ଷମତା ହଜାଇଦେଉ ।

ବିଚାର କରନ୍ତୁ ନିଜ ସାମ୍ପ୍ରତିକ ଅବସ୍ଥା ଉପରେ

ମୋ ବିଚାରରେ, ଆମକୁ ନିଜ ଜୀବନରେ ଏହି କଥା ଉପରେ ବିଚାର କରିବା ଉଚିତ୍ ଯେ, କ'ଣ ଆମ ଜୀବନ ଠିକ୍ ଚାଲିଛି ? ଆମ ଜୀବନରେ କୌଣସି ଜିନିଷର ଅଭାବ ତ ନାହିଁ ? କ'ଣ ଆମେ ନିଜ ପରିବାର, ସନ୍ତାନ-ସନ୍ତତିମାନଙ୍କର ସମସ୍ତ ଆବଶ୍ୟକତା ପୂରଣ କରିପାରୁଛେ ? କ'ଣ ଆମେ ଆର୍ଥିକ ଭାବରେ ସ୍ୱତନ୍ତ୍ର ଅଟୁ ?

ଯଦି ଆମେ ଉପରୋକ୍ତ ବିଷୟଗୁଡ଼ିକୁ ପୂରଣ କରିପାରୁନେ, ତେବେ ଆମକୁ ଜୀବନରେ ପରିବର୍ତ୍ତନ ଆଣିବା ନିହାତି ଜରୁରୀ । ଆମକୁ ନିଜ ବିଷୟରେ ଚିନ୍ତା

କରିବାର ଆବଶ୍ୟକତା ରହିଛି । ଯଦି ଆମେ ନିଜ ଜୀବନର ଆବଶ୍ୟକତାକୁ ହିଁ ପୂରଣ କରିପାରିବା ନାହିଁ, ତେବେ ଆମ ମନ-ମସ୍ତିଷ୍କ କେବେବି ଶାନ୍ତ ରହିପାରିବ ନାହିଁ । ଆମେ ଈଶ୍ୱରଙ୍କୁ ବାରମ୍ବାର ପ୍ରାର୍ଥନା କରିବା ଯେ - ସୁଖ ସମ୍ପତ୍ତି ଘରକୁ ଆସୁ, କଷ୍ଟ ଦୂରହେଉ ଶରୀରର ।

ଉକ୍ତ ପ୍ରାର୍ଥନା କରି ପରୋକ୍ଷ ଭାବେ ଆମେ ଏହା ସ୍ୱୀକାର କରୁଛୁ ଯେ, ଯେତେବେଳେ ଆମ ପାଖରେ ସମ୍ପତ୍ତି ହିଁ ନଥିବ, ତେବେ ଆମକୁ ବା କେଉଁ ସୁଖ ମିଳିବ ? ଶରୀରର କଷ୍ଟ କିପରି ଦୂରହେବ ? ମନକୁ ବା ଶାନ୍ତି କିପରି ମିଳିବ ? ଭୋକିଲା ଲୋକ ଭୋଜନ ବ୍ୟତୀତ ଆଉ କ'ଣ ବା ଚିନ୍ତା କରିପାରିବ ?

ଟିକଏ ସମୟ ପାଇଁ ମାନିନିଅନ୍ତୁ ଯେ, ଆପଣଙ୍କୁ କୌଣସି ରୋଗ ହୋଇଛି । ସେହି କାରଣରୁ ଆପଣଙ୍କୁ ଗୋଟିଏ ସ୍ଥାନରେ ଯନ୍ତ୍ରଣା ସହିବାର ଅଭ୍ୟାସ ହୋଇଯାଇଛି । ତାହାର ଉପଚାର ପାଇଁ ଆପଣ କିଛି ଚିନ୍ତା କରିବାକୁ ଚାହୁଁନାହାଁନ୍ତି । ଖଟ ଉପରେ ପଡ଼ି ଯନ୍ତ୍ରଣାରେ ଛଟପଟ ହେଉଛନ୍ତି । ଆପଣଙ୍କର ପିଲାମାନେ ସରକାରୀ ସ୍କୁଲ୍‌ରେ ପାଠ ପଢ଼ନ୍ତି । କ'ଣ ଆପଣ ଚାହାଁନ୍ତି ନାହିଁ ଯେ, ଆପଣଙ୍କର ପିଲାମାନେ କୌଣସି ପବ୍ଲିକ୍ ସ୍କୁଲ୍‌ରେ ପଢ଼ନ୍ତୁ ବୋଲି ?

ଆପଣଙ୍କର ପରିବାରର ଚିକିତ୍ସା, ଦାତବ୍ୟ ଡାକ୍ତରଖାନାରେ ହେଉଛି । ଅର୍ଥାଭାବ କାରଣରୁ ସେମାନଙ୍କର ଚିକିତ୍ସା କୌଣସି ଭଲ ଡାକ୍ତରଖାନାରେ କରାଇପାରୁନାହାଁନ୍ତି । ଆପଣଙ୍କର ସ୍ତ୍ରୀ, ପିଲା କୌଣସି ଜିନିଷ ମାଗନ୍ତି, ଆଉ ଆପଣ ମନାକରିଦିଅନ୍ତି । କ'ଣ ଏହା ଯନ୍ତ୍ରଣା ନୁହେଁ ? ଶରୀର ବଦଳରେ ଆତ୍ମାକୁ ପୀଡ଼ା ଦେଉଥିବା ଯନ୍ତ୍ରଣା । 'ସନ୍ତୋଷୀ ସଦା ସୁଖୀ' ବୋଲି ଭାବି ନିଜର ଉନ୍ନତିକୁ କାହିଁକି ରୋକିଦେଇଛନ୍ତି ? ଆପଣ ଯେତିକି ଖୁସି ରହିବାକୁ ଚାହୁଁଛନ୍ତି ସେତିକି ଖୁସି ରହୁଛନ୍ତି ନା ହୃଦୟ ଓ ଆତ୍ମାର ପୀଡ଼ା ପିଇଯିବାର ଅଭ୍ୟାସ ହୋଇଗଲାଣି ? ଉକ୍ତ ପ୍ରଶ୍ନଗୁଡ଼ିକର ସକରାତ୍ମକ ଉତ୍ତର ତ ସମସ୍ତେ ପାଇବାକୁ ଚାହୁଁଛନ୍ତି, କିନ୍ତୁ ସବୁଠାରୁ ବଡ଼ ପ୍ରଶ୍ନ ହେଉଛି ଯେ, ସୁଖ ସମ୍ପତ୍ତି କିପରି ଆସିବ, ଯେତେବେଳେ ଆମର ବିଚାର ହିଁ ଛୋଟ, ସଂକୀର୍ଣ୍ଣ, ଦୁଃଖ ଓ ବିପତ୍ତି ଆମନ୍ତ୍ରକ ହୋଇଥିବ ?

ମୋତେ ଏହା ଲେଖିବାରେ କୌଣସି ଆଶ୍ଚର୍ଯ୍ୟ ହେଉନାହିଁ ଯେ, କିଛି ଲୋକମାନେ ନିଜକୁ ଆଗକୁ ବଢ଼ିବାରୁ ରୋକିଦେଇଛନ୍ତି । 'ଚାଦର ଅନୁସାରେ ଗୋଡ଼ ଲମ୍ବାଇବା କଥା', 'ଭାଗ୍ୟ-ଭାଗ୍ୟର କଥା', 'ସବୁ ଭାଗ୍ୟର ଖେଳ' ଆଦି ନିଜକୁ ଭ୍ରମିତ କରିବା, ମନକୁ ଆଶ୍ୱାସନା ଦେବା ଓ ଉନ୍ନତିକୁ ଦୂର କରୁଥିବା କଥା ଅଟେ ।

ମୁଁ ପଚାରୁଛି, ଚାଦରର ସାଇଜ୍ କ'ଣ ଆମେ ବଢ଼ାଇପାରିବା ନାହିଁ ? ଗୋଡ଼ ଜାକି ଶୋଇବାର କ'ଣ ଆବଶ୍ୟକ ? ଯଦି ଚାଦର ଛୋଟ, ତେବେ ସେଥିରେ ଆଉ ଗୋଟିଏ ଚାଦର ଯୋଡ଼ିଦିଅନ୍ତୁ, ଆଉ ତାହାର ସାଇଜ୍ ବଢ଼ାଇଦିଅନ୍ତୁ ଏବଂ ଏହି ଭାଗ୍ୟ କ'ଣ ? ଆପଣଙ୍କ ଭାଗ୍ୟ ଆପଣ ନିଜେ ଲେଖନ୍ତି, ନିଜ ଭାଗ୍ୟ ଆପଣ ନିଜେ ତିଆରି କରନ୍ତି, ହେଲେ ସଂକୀର୍ଣ୍ଣ, ରଢ଼ିବାଦୀ, ଛୋଟ ବିଚାର, ଛୋଟ ଚିନ୍ତାଧାରା କାରଣରୁ ଆପଣ ଏହିସବୁ କରିପାରନ୍ତି ନାହିଁ ଏବଂ ଶେଷରେ ଈଶ୍ୱରଙ୍କୁ ଦୋଷ ଦିଅନ୍ତି ।

କିଛି ଲୋକ କୁହନ୍ତି ଯେ, ପଇସା ହିଁ ସବୁକିଛି ହୋଇନଥାଏ, ପଇସା ସବୁ ମନ୍ଦର ମୂଳ ଅଟେ । ଯଦି ପଇସା ସବୁ ଖରାପ ଜିନିଷର ମୂଳ ଅଟେ, ତେବେ ଟିକିଏବି ହେଉ, ଆପଣ ଏହି ମନ୍ଦକୁ ନିଜ ପାଖରେ କାହିଁକି ରଖିଛନ୍ତି ? ଏହାକୁ ଆଉ କାହାକୁ ଦେଇଦିଅନ୍ତୁ ।

ମୁଁ ନିଜର ଅନେକ ପୁସ୍ତକରେ ଏହି କଥାକୁ ମଧ୍ୟ ଲେଖିଛି -

ପଇସା ଭଗବାନ ତ ନୁହେଁ, ହେଲେ ଭଗବାନଙ୍କଠାରୁ କମ୍ ମଧ୍ୟ ନୁହେଁ ।

ଏହି ସତ୍ୟତାକୁ ପୂର୍ଣ୍ଣ ଏକାଗ୍ରତା ସହିତ ବୁଝନ୍ତୁ - ପଇସା ଆମ ଜୀବନରେ ସେତିକି ମହତ୍ୱପୂର୍ଣ୍ଣ ତଥା ଅନିବାର୍ଯ୍ୟ ଅଟେ, ଯେତିକି ଜୀବନ ପାଇଁ ଅମ୍ଳଜାନ । ଅମ୍ଳଜାନ ବିନା ମନୁଷ୍ୟ ମରିଯାଏ ଏବଂ ଆଜିକାଲିର ଦୁନିଆରେ ଯାହା ପାଖରେ ପଇସା ନାହିଁ, ସେ ମଧ୍ୟ ମୃତପ୍ରାୟ ଅଟେ, ଏକପ୍ରକାରେ ମୁର୍ଦାର ଅଟେ, ଅସ୍ପୃଶ୍ୟ ଅଟେ, ସମାଜର ଅନାବଶ୍ୟକ ଅଙ୍ଗ ଅଟେ, ବୋଝ ଅଟେ, ସେଥିପାଇଁ ବାହାସ୍ଫୋଟ ମାରିବା ଛାଡ଼ନ୍ତୁ । ନିଜ ଅସଫଳତା ପାଇଁ ଦାୟୀଥିବା ଅଭାବଗୁଡ଼ିକୁ ଦୂର କରନ୍ତୁ ଏବଂ ନିଜ ବିଚାରରେ ବ୍ୟାପକତା ଓ ଗହନତା ଆଣନ୍ତୁ ।

ଭାବନ୍ତୁ, ଆମ ଜୀବନରେ କେଉଁ ଜିନିଷଗୁଡ଼ିକର ଅଭାବ ଅଛି, କାହିଁକି ଅଛି, ଏହି ଅଭାବଗୁଡ଼ିକୁ କିପରି ପୂରଣ କରାଯାଇପାରିବ ? ଏହି ଦୁନିଆରେ ସମସ୍ତ ସମସ୍ୟାର ଗୋଟିଏ ହିଁ ସମାଧାନ ଅଛି । ନିଶ୍ଚିତ ଭାବେ ଆପଣ ମଧ୍ୟ ନିଜ ସମସ୍ୟାଗୁଡ଼ିକର ସମାଧାନ କାଢ଼ିପାରିବେ । ଥରେମାତ୍ର ବଡ଼ ହୃଦୟ ଓ ବଡ଼ ବିଚାର ମନରେ ତ ଆଣନ୍ତୁ । ଥରେମାତ୍ର ବଡ଼-ବଡ଼ କଥା ଚିନ୍ତାକରି ତ ଦେଖନ୍ତୁ । ପର୍ବତ ଉପରେ ଚଢ଼ିବା କଥା ଚିନ୍ତା କରନ୍ତୁ, ପାଦ ନିଜକୁ ନିଜ ସେହି ଦିଗରେ ବଢ଼ିଚାଲିବ । ଥରେ ଆପଣ ଯଦି ଚାଲିବାକୁ ଲାଗିବେ, ତେବେ ପ୍ରଥମେ ପର୍ବତ ନିକଟରେ ପହଞ୍ଚିବେ, ତା'ପରେ ସାହସ କରି ତା'ଉପରେ ଚଢ଼ିବେ ମଧ୍ୟ, ମାତ୍ର ଥରେ ଏପରି କରିବାକୁ ଚିନ୍ତା ତ

କରନ୍ତୁ । ଥରେମାତ୍ର ଏପରି ଉଚ୍ଚ ଚିନ୍ତା ନିଜ ମନରେ ତ ଆଣନ୍ତୁ । ଆପଣଙ୍କ ପାଇଁ ସବୁକିଛି ସମ୍ଭବ ହୋଇଯିବ ।

ସର୍ବପ୍ରଥମେ ସଂଗତ ବଦଳାନ୍ତୁ

ମନୁଷ୍ୟ ଉପରେ ସାଙ୍ଗସାଥୀଙ୍କର ଅତ୍ୟନ୍ତ ଗଭୀର ପ୍ରଭାବ ପଡ଼ିଥାଏ । କିଛି ଲୋକ ବହୁତ ଦକ୍ଷ, ଯୋଗ୍ୟ, ଭଲ ବିଚାର ଓ ଉଚ୍ଚ ଚିନ୍ତାଧାରର ହୋଇଥା'ନ୍ତି, ମାତ୍ର ଯଦି ଛୋଟ ଚିନ୍ତାଧାରା ବିଶିଷ୍ଟ ସେମାନଙ୍କର ସାଙ୍ଗସାଥୀ ରଢ଼ିବାଦୀ, କ୍ଲାନ୍ତ ଚିନ୍ତାଧାରା ବିଶିଷ୍ଟ, ଅକର୍ମଣ୍ୟ, ଗୁଣହୀନ, ଅଶିକ୍ଷିତ, ଭୀତଗ୍ରସ୍ତ, ଅଳସୁଆ ଓ କାମଚୋରା ହୋଇଥା'ନ୍ତି, ତେବେ ସେହିପରି ଲୋକମାନେ ସେମାନଙ୍କ ସଫଳତା ମାର୍ଗରେ ସବୁଠାରୁ ବଡ଼ ପ୍ରତିବନ୍ଧକ ହୋଇଥା'ନ୍ତି ।

ଏପରି ଲୋକମାନେ ବାରମ୍ବାର ନିରୁତ୍ସାହିତ କଥା କହି ଅନ୍ୟମାନଙ୍କର ମନୋବଳ ଭାଙ୍ଗୁଥା'ନ୍ତି । ଯେତେବେଳେବି ବଡ଼ ଚିନ୍ତାଧାରା ବିଶିଷ୍ଟ ଲୋକ ଉଚ୍ଚ କଥା କୁହେ କିମ୍ବା ବଡ଼ କଳ୍ପନା କରେ ଅଥବା କୌଣସି ବଡ଼ ସ୍ୱପ୍ନ କଥା କୁହେ, ସେତେବେଳେ ଏହିପରି ବ୍ୟକ୍ତିଦ୍ୱର ଲୋକମାନେ ତାକୁ ଉପହାସ କରନ୍ତି, ତାକୁ ଡରାନ୍ତି, ତାକୁ ନିରାଶାଜନକ ଉଦାହରଣ ଦିଅନ୍ତି । ଅସଫଳ ଓ ଅକର୍ମଣ୍ୟ ଲୋକମାନଙ୍କର ଉଦାହରଣ ଦେଇ ସେମାନଙ୍କର ମାନସିକତାକୁ ଦୁର୍ବଳ କରନ୍ତି ।

ବନ୍ଧୁଗଣ, ଯେଉଁପ୍ରକାରେ ବାସି ଅଟାକୁ ତଟକା ଅଟାରେ ମିଶାଇଲେ ସମ୍ପୂର୍ଣ୍ଣ ଅଟା ବାସି ହୋଇଯାଏ, ସେହିପ୍ରକାରେ ଆମେ ଅସଫଳ, ଖରାପ ଚିନ୍ତା କରୁଥିବା ତଥା ଖରାପ କାମ କରୁଥିବା ଲୋକମାନଙ୍କ ସହିତ ରହି ଅସଫଳ ଓ ଖରାପ ହୋଇଯାଉ । ଯଦି ଜୀବନରେ ଆଗକୁ ବଢ଼ିବାର ଅଛି, ଉନ୍ନତି କରିବାର ଅଛି, ନିଜ ଚାଦରକୁ ବଡ଼ କରିବାର ଅଛି, ନିଜ ହାତରେ ନିଜର ସ୍ୱର୍ଣ୍ଣାଭ ଭବିଷ୍ୟତ ଲେଖିବାର ଅଛି, ତେବେ ମନ୍ଦ କିମ୍ବା ଅସଫଳ ଲୋକମାନଙ୍କ ସଂଗତ ଛାଡ଼ନ୍ତୁ ।

ନିମ୍ନମାନର ଚିନ୍ତାଧାରା ରଖୁଥିବା ବ୍ୟକ୍ତିର ଦୃଷ୍ଟିକୋଣ ସର୍ବଦା ନିମ୍ନମାନର ଓ ନିରାଶାବାଦୀ ହୋଇଥାଏ, ଯେତେବେଳେକି ଉଚ୍ଚ ଚିନ୍ତାଧାରା ରଖୁଥିବା ବ୍ୟକ୍ତିର ଚିନ୍ତାଧାରା ଉତ୍ତମ ଓ ଆଶାବାଦୀ ହୋଇଥାଏ । ଆଶାବାଦୀ ବ୍ୟକ୍ତି ସମସ୍ତ କାର୍ଯ୍ୟରେ ସମ୍ଭାବନା ଖୋଜୁଥାଏ । ସେହିପରି ଲୋକମାନେ କେବଳ ଏହା ଦେଖନ୍ତି ଯେ, କ'ଣ ହୋଇପାରିବ । ସଫଳ ଲୋକମାନଙ୍କର ଦୃଷ୍ଟି ବର୍ତ୍ତମାନ ଉପରେ ନୁହେଁ, ସର୍ବଦା ଭବିଷ୍ୟତ ଉପରେ ରହିଥାଏ ।

ଛୋଟ ଚିନ୍ତାଧାରା ବ୍ୟକ୍ତି ବର୍ତ୍ତମାନରେ ଫସି ରହିଥାଏ । ସେହିପରି ବ୍ୟକ୍ତିମାନେ କେବଳ ବର୍ତ୍ତମାନରେ ହିଁ ବଞ୍ଚନ୍ତି, ଆସନ୍ତାକାଲିର ସେମାନଙ୍କୁ ଚିନ୍ତା ନଥାଏ । ବଡ଼ ଚିନ୍ତା କରୁଥିବା ବ୍ୟକ୍ତି ସର୍ବଦା ଭବିଷ୍ୟତ ବିଷୟରେ କଳ୍ପନା କରି ନିଜକୁ ମୂଲ୍ୟବାନ କରିନିଅନ୍ତି ।

କ'ଣ ନିଜକୁ ମୂଲ୍ୟବାନ କରିବାର ବିଚାର ଭଲ ନୁହେଁ ?

ଯିଏ ଉଚ୍ଚ ଚିନ୍ତା କରିପାରନ୍ତି, ସେହିମାନେ ସଫଳ ହୋଇପାରନ୍ତି । ଆପଣ ଯେପରି ଚିନ୍ତା କରିବେ, ସେହିପରି ହେବେ ।

ନିଜ ଆଖପାଖକୁ ଦେଖନ୍ତୁ, କୌଣସି ବ୍ୟକ୍ତିକୁ ନାଁ ଧରି ସମ୍ବୋଧନ କରାଯାଏ ଓ ଆଉ କାହାକୁ 'ସାର୍' ବୋଲି କୁହାଯାଏ । ଏପରି କାହିଁକି ? ଏହା ଏଥିପାଇଁ, କାରଣ ଯେଉଁ ବ୍ୟକ୍ତି ଉଚ୍ଚ ଚିନ୍ତା କରେ, ସେ ଉଚ୍ଚ ଓ ବଡ଼ କାମ କରେ ଏବଂ ନିଜକୁ ଏତେ ମହତ୍ୱପୂର୍ଣ୍ଣ କରିଦିଏ ଯେ, ଲୋକମାନେ ତା'ର ସମ୍ମାନ କରନ୍ତି । ସମ୍ମାନରେ ତାକୁ 'ସାର୍', 'ଶ୍ରୀମାନ୍', 'ମହୋଦୟ' ଆଦି ଡାକନ୍ତି ।

ଜୀବନରେ ଆମ ଚିନ୍ତାଧାରା ହିଁ ମହତ୍ୱପୂର୍ଣ୍ଣ ହୋଇଥାଏ । ଯେଉଁ ବ୍ୟକ୍ତି ନିଜ ମଧ୍ୟରେ ହୀନ ଭାବନା ରଖେ, ସେ ଯେତେ ପାଠ ପଢ଼ିଥାଉ ବା ଯୋଗ୍ୟ ହୋଇଥାଉ, କେବେବି ସଫଳ ହୋଇପାରିବ ନାହିଁ । ସେ ନିଜ ଭିତରର ହୀନ ଭାବନାକୁ ଯେତେବି ଲୁଚାଇବାକୁ ଚେଷ୍ଟା କରୁ, ତାହା ଅଧିକ ସମୟ ପର୍ଯ୍ୟନ୍ତ ଲୁଚି ରହେନାହିଁ ଏବଂ ଦିନେନା ଦିନେ ତାକୁ ଅସଫଳତାର ଗର୍ତ୍ତରେ ପକାଇଦିଏ । ତାହାପରେ ଦିନେ ଅଜ୍ଞାତ ଭାବରେ ତା'ର ମୃତ୍ୟୁ ହୋଇଯାଇଥାଏ ।

ଯଦି ଆମକୁ ସଫଳ ହେବାର ଅଛି, ତେବେ ପ୍ରଥମେ ଆମେ ନିଜକୁ ମହତ୍ୱାକାଂକ୍ଷୀ କରିବାକୁ ହେବ । ଯେଉଁ ବ୍ୟକ୍ତି ଏହା ଚିନ୍ତା କରିନିଏ ଯେ, 'ମୁଁ କରିପାରିବି', ସେ ସେହି କାର୍ଯ୍ୟକୁ ଶୀଘ୍ର ମଧ୍ୟ କରିନିଏ । ଯିଏ ଏହା ଚିନ୍ତାକରି ବସିଥାଏ ଯେ, 'ମୁଁ କିଛିବି କରିପାରିବି ନାହିଁ', ସେ ଗୋଟିଏ ମଲା କଙ୍କଡ଼ା ମଧ୍ୟ ଓଲଟାଇ ପାରିବନାହିଁ ।

ଆପଣ ନିଜର ତୁଳନା କର୍ମହୀନମାନଙ୍କ ସହିତ ନୁହେଁ, କର୍ମବୀରମାନଙ୍କ ସହିତ କରନ୍ତୁ । ନିମ୍ନମାନର ଚିନ୍ତାଧାରା ବିଶିଷ୍ଟ ଲୋକମାନଙ୍କ ସହିତ ନୁହେଁ, ଉଚ୍ଚ ଚିନ୍ତାଧାରାର ଲୋକମାନଙ୍କ ସହିତ ସଂଗତ କରନ୍ତୁ, ତା'ପରେ ଦେଖନ୍ତୁ, ଗୋଟିଏ ଦିନ ସୁଖ-ସମୃଦ୍ଧି, ସଫଳତା, ଯଶ, ବୈଭବ ସବୁକିଛି ଆପଣଙ୍କ ପାଦତଳକୁ ଆସିଯିବ ।

ଜଣେ ବୌଦ୍ଧ ଭିକ୍ଷୁ ଭୋଜନ ପ୍ରସ୍ତୁତ କରିବା ପାଇଁ ଜଙ୍ଗଲରୁ କାଠ ଗୋଟାଉଥିଲା, ଠିକ୍ ସେତିକିବେଳେ ସେ କିଛି ଅଦ୍ଭୁତ ଦେଖିଲା । "ଏହା କେତେ ଅଦ୍ଭୁତ!" ସେ ବିନା ଗୋଡ଼ର ବିଲୁଆକୁ ଦେଖି ମନରେ ଭାବିଲା । "ହେଲେ, ଏହି ଅବସ୍ଥାରେ ଇଏ କେମିତି ବଞ୍ଚିଛି ।" ତାକୁ ଆଶ୍ଚର୍ଯ୍ୟ ଲାଗିଲା "ଆଉ, ଇଏ ପୂରା ସୁସ୍ଥ ଅଛି ।"

ସେ ନିଜ ଚିନ୍ତାରେ ହଜିଥିଲା, ହଠାତ୍ ଚତୁର୍ଦ୍ଦିଗରେ ହୋ-ହଲ୍ଲା ହେବାକୁ ଲାଗିଲା । ଜଙ୍ଗଲ ରାଜା ସିଂହ ସେହିପଟକୁ ଆସୁଥିଲା । ଭିକ୍ଷୁକ ମଧ୍ୟ ଦ୍ରୁତ ଗତିରେ ଗୋଟିଏ ବଡ଼ ଗଛ ଉପରେ ଚଢ଼ିଗଲା, ଆଉ ସେହିଠାରୁ ସବୁକିଛି ଦେଖିବାକୁ ଲାଗିଲା । ସିଂହ ଗୋଟିଏ ହରିଣ ଶିକାର କରିଥିଲା ଏବଂ ତାକୁ ପାଟିରେ ଧରି ସେହି ବିଲୁଆ ଆଡ଼କୁ ବଢୁଥିଲା, ହେଲେ ସଏ ବଲୁଆକୁ ଆକ୍ରମଣ କଲାନାହିଁ, ବରଂ ସେ ଖାଇବା ପାଇଁ କିଛି ମାଂସ ପକାଇଦେଲା ।

"ଏହାତ ଘୋର ଆଶ୍ଚର୍ଯ୍ୟ, ସିଂହ ବିଲୁଆକୁ ମାରିବା ବଦଳରେ ତାକୁ ଭୋଜନ ଦେଉଛି" ଭିକ୍ଷୁକ ଗୁଣୁଗୁଣୁ ହେଲା । ତାକୁ ନିଜ ଆଖି ଉପରେ ବିଶ୍ୱାସ ଆସୁନଥିଲା, ସେଥିପାଇଁ ସେ ତା'ପର ଦିନ ପୁଣି ସେଠାକୁ ଆସିଲା ଓ ଲୁଚିକରି ସିଂହ ଆସିବାର ଅପେକ୍ଷା କଲା । ଆଜିବି ସେହିପରି ହେଲା, ସିଂହ ନିଜ ଖାଦ୍ୟରୁ କିଛି ଭାଗ ବିଲୁଆ ସାମନାରେ ପକାଇଦେଲା ।

"ଏହା ଭଗବାନ ଥିବାର ପ୍ରମାଣ ଅଟେ!" ଭିକ୍ଷୁକ ନିଜକୁ ନିଜେ କହିଲା, "ସେ ଯାହାକୁ ଜନ୍ମକରେ, ତା' ଖାଦ୍ୟର ମଧ୍ୟ ବନ୍ଦୋବସ୍ତ କରେ । ଆଜିଠାରୁ ମୁଁ ମଧ୍ୟ ଏହି ବିଲୁଆ ପରି ଭଗବାନଙ୍କ ଦୟାରେ ବଞ୍ଚିବି । ଈଶ୍ୱର ମୋ ପାଇଁ ମଧ୍ୟ ଭୋଜନର ବ୍ୟବସ୍ଥା କରିବେ ।" ଏହିପରି ଚିନ୍ତାକରି ସେ ଗୋଟିଏ ନିର୍ଜନ ସ୍ଥାନକୁ ଯାଇ ଗୋଟିଏ ଗଛ ତଳେ ବସିଗଲା ।

ପ୍ରଥମ ଦିନ ବିତିଗଲା, ହେଲେ କେହି ଆସିଲେନି । ଦ୍ୱିତୀୟ ଦିନ ମଧ୍ୟ କିଛି ଲୋକ ସେହି ବାଟଦେଇ ଗଲେ, ହେଲେ ଭିକ୍ଷୁକ ଆଡ଼କୁ କେହି ଧ୍ୟାନ ଦେଲେନାହିଁ । ଏପଟେ ବିନା ଖାଇ-ପିଇ ସେ ଦୁର୍ବଳ ହୋଇଯାଉଥିଲା । ଏହିପ୍ରକାରେ ଆଉ କିଛି ଦିନ ବିତିଗଲା । ଏବେ ତା'ଠାରେ ଆଉ ଶକ୍ତି ନଥିଲା । ସେ ଚାଲିବା ଅବସ୍ଥାରେ ମଧ୍ୟ ଆଉ ନଥିଲା । ତା' ଅବସ୍ଥା ମୃତବତ୍ ହୋଇସାରିଥିଲା । ସେତିକିବେଳେ ଜଣେ ମହାତ୍ମା ସେହି ବାଟଦେଇ ଯାଉଥିଲେ ଓ ଭିକ୍ଷୁକକୁ ଦେଖି ତା'ପାଖକୁ ଗଲେ । ସେ, ନିଜର ସମସ୍ତ କାହାଣୀ ସେହି ମହାତ୍ମାଙ୍କୁ ଶୁଣାଇଲା ଏବଂ କହିଲା "ଏବେ ଆପଣ ହିଁ କୁହନ୍ତୁ ଯେ, ଭଗବାନ ଏତେ ନିର୍ଦ୍ଦୟୀ କିପରି ହୋଇପାରନ୍ତି ? କ'ଣ କୌଣସି ବ୍ୟକ୍ତିକୁ ଏହି ଅବସ୍ଥାରେ ପହଞ୍ଚାଇବା ପାପ ନୁହେଁ ?"

"ବିଲ୍‌କୁଲ୍ ନୁହେଁ" ମହାତ୍ମା କହିଲେ "ହେଲେ, ତମେ ଏତେ ମୂର୍ଖ ବା କିପରି ହୋଇପାର ? ତମେ କାହିଁକି ବୁଝିପାରିଲ ନାହିଁ ଯେ, ଭଗବାନ ତୁମକୁ ସେହି ସିଂହ ଭଳି ହେବାର ଦେଖିବାକୁ ଚାହୁଁଥିଲେ, ବିଲୁଆ ପରି ନୁହେଁ ।"

ନିଜେ ନିଅନ୍ତୁ ନିଜ ନିଷ୍ପତ୍ତି

କିଛି ଲୋକ ନିଜ ଜୀବନର ମହତ୍ତ୍ୱପୂର୍ଣ୍ଣ ନିଷ୍ପତ୍ତି ମଧ୍ୟ ଅନ୍ୟମାନଙ୍କୁ ପଚାରିକି ନିଅନ୍ତି । ବିଡ଼ମ୍ବନା ଏହିକି ଯେ, ସେହି ଲୋକମାନଙ୍କୁ ପଚାରନ୍ତି ଯେଉଁମାନେ ନିଜ ଜୀବନରେ ଅସଫଳ ରହିଛନ୍ତି, ଯେଉଁମାନଙ୍କର ନିଷ୍ପତ୍ତି କେବେବି ସଠିକ୍ ନଥିଲା । କିଛି ଲୋକ ତ ଏହିପରି ବ୍ୟକ୍ତିମାନଙ୍କଠାରୁ ଏପରି କାର୍ଯ୍ୟ ବିଷୟରେ ପରାମର୍ଶ ନିଅନ୍ତି, ଯେଉଁ କାର୍ଯ୍ୟ ସେମାନେ ଜୀବନରେ କେବେବି କରି ହିଁ ନାହାଁନ୍ତି କିମ୍ବା ସେହି କାର୍ଯ୍ୟରେ ଅସଫଳ ହୋଇଛନ୍ତି । ସର୍ବଦା ଅନିଷ୍ପତ୍ତି ସ୍ଥିତିରେ ଫସି ରହିଥିବା ଅସଫଳ ଲୋକମାନେ ଆପଣଙ୍କୁ କ'ଣ ବା ପରାମର୍ଶ ଦେଇପାରିବେ, ଆଉ ସେମାନଙ୍କର ପରାମର୍ଶରେ ଆପଣଙ୍କର ବା କ'ଣ ଲାଭ ହେବ ? ମନ ଓ ମସ୍ତିଷ୍କ ଯଦି ଖୋଲା ରଖି ଏହି ପ୍ରଶ୍ନ ଆପଣ ନିଜକୁ ପଚାରିବେ, ତେବେ ଉତ୍ତର 'କିଛିନାହିଁ'ରେ ହିଁ ମିଳିବ ।

ଶାଶ୍ୱତ ପ୍ରଶ୍ନ ହେଉଛି ଯେ, କୌଣସି ପ୍ରସଙ୍ଗରେ ନିଜେ ନିଷ୍ପତ୍ତି ନେବାପାଇଁ ଆପଣ କାହିଁକି ପଛଘୁଞ୍ଚା ଦେଉଛନ୍ତି ? ଅନିଶ୍ଚିତତା ମଧ୍ୟରେ କାହିଁକି ରହୁଛନ୍ତି ? କ'ଣ ଆପଣଙ୍କୁ ନିଜର ବୁଦ୍ଧି-ବିବେକ ଓ ବୁଦ୍ଧିମତା ଉପରେ ବିଶ୍ୱାସ ନାହିଁ ଯେ, ଆପଣ କୌଣସି ନିଷ୍ପତ୍ତି ନେଇପାରିବେ ? ଭୁଲନ୍ତୁ ନାହିଁ, ଏହି ଜୀବନ ଆପଣଙ୍କ ନିଜର, କାହାଦ୍ୱାରା ଥୋପାଯାଇଥିବା ତଥା

> **ତୁରନ୍ତ ନିଷ୍ପତ୍ତି ନେବା ଏକ କଳା ଅଟେ । ଏହି କଳା କୁହେ ଯେ, ଆପଣ କେତେ ସ୍ମାର୍ଟ ଅଟନ୍ତି, ଆପଣଙ୍କଠାରେ କେତେ ଆତ୍ମବିଶ୍ୱାସ ଅଛି ଏବଂ ଆପଣ ଜୀବନରେ କେତେ ସଫଳ ହୋଇପାରିବେ । ଦେଖାଯାଇଛି ଯେ, ଆଜି ସେହି ଲୋକମାନେ ସଫଳତାର ଶୀର୍ଷକୁ ଛୁଇଁପାରୁଛନ୍ତି, ଯେଉଁମାନଙ୍କଠାରେ ନିଜ ନିଷ୍ପତ୍ତି ନିଜେ ନେବାର କ୍ଷମତା ଅଛି । ପ୍ରତ୍ୟେକ ବ୍ୟକ୍ତିଙ୍କୁ ନିଜ ନିଷ୍ପତ୍ତି ନିଜେ ନେବାର ଅଭ୍ୟାସ କରିବା ଦରକାର, କାରଣ ଯିଏ ନିଜ ନିଷ୍ପତ୍ତି ନିଜେ ନିଏ, ସିଏ ନିଜ ମାଲିକ ନିଜେ ହୋଇଥାଏ ।**
>
> **- ସୂର୍ଯ୍ୟ ସିହ୍ନା**

ଅବିବେକିତାପୂର୍ଣ୍ଣ ନିଷ୍ପତ୍ତି ଉପରେ ଆପଣ କାହିଁକି ଚାଲିବେ ? ନିଜ ନିର୍ଣ୍ଣୟ ନିଜେ ନେବାର ଅଭ୍ୟାସ କରନ୍ତୁ । ସାହସ ଦେଖାନ୍ତୁ ଏବଂ ପୂର୍ଣ୍ଣ ଆତ୍ମବିଶ୍ୱାସର ସହ ଲୋକମାନଙ୍କୁ ଏହା ବିଶ୍ୱାସ କରାନ୍ତୁ ଯେ, ଆପଣ ଜୀବନର କୌଣସିବି ପ୍ରମୁଖ ନିଷ୍ପତ୍ତି ନେବାର ଯୋଗ୍ୟ ଅଟନ୍ତି । ଆପଣ ଅନ୍ୟର ପରାମର୍ଶ କିମ୍ବା ନିଷ୍ପତ୍ତି ଉପରେ ନିର୍ଭରଶୀଳ ନୁହଁନ୍ତି । ଆପଣ ସ୍ଫୂର୍ତ୍ତିପୂର୍ଣ୍ଣ ତଥା ପରିପକ୍ୱ ଚିନ୍ତାଧାରା ବିଶିଷ୍ଟ ବ୍ୟକ୍ତି ଅଟନ୍ତି । ଅନ୍ୟମାନଙ୍କ ପରାମର୍ଶ ଉପରେ ସେହିମାନେ ନିର୍ଭର କରନ୍ତି, ଯେଉଁମାନଙ୍କ ମଧ୍ୟରେ ଆତ୍ମବିଶ୍ୱାସ ନଥାଏ, ଯେଉଁମାନଙ୍କର ନିଜ ବୁଦ୍ଧି ଉପରେ ଭରସା ନଥାଏ । ଏହିପରି ଲୋକମାନେ ତୁରନ୍ତ ନିଷ୍ପତ୍ତି ନନେଇ ମାମଲାକୁ ଝୁଲାଇ ରଖନ୍ତି ଏବଂ 'ଆଜି-କାଲି, ଆଜି-କାଲି'ରେ ଜୀବନର ଅମୂଲ୍ୟ ସମୟ ନଷ୍ଟ କରୁଥା'ନ୍ତି ।

ଏପରିବି ହୁଏ, କୌଣସି ମାମଲାରେ ନିଷ୍ପତ୍ତି ନେବାରେ ସେମାନେ ଏତେ ବିଳମ୍ବ କରିଦିଅନ୍ତି ଯେ, ସେମାନଙ୍କର ସେହି ନିଷ୍ପତ୍ତିର ନା କୌଣସି ଅର୍ଥ ରହିଯାଏ, ଆଉ ନା ହିଁ ମହତ୍ୱ । ସମୟ ହାତରୁ ଚାଲିଯାଏ ଏବଂ ସେମାନେ କେବଳ ପଶ୍ଚାତାପ କରି ରହିଯା'ନ୍ତି । ଏହିପରି ଲୋକମାନଙ୍କ ସହିତ ଏହି ଢଗଟି ସଠିକ୍ ଖାପ୍ ଖାଏ - 'ନେଡି ଗୁଡ଼ କହୁଣୀକୁ ବୋହିଗଲାପରେ ଭାବିକି କି ଲାଭ' ।

ମାଗଣା ପରାମର୍ଶ ନା ନିଅନ୍ତୁ, ନା ଦିଅନ୍ତୁ

ଅନ୍ୟମାନଙ୍କ ପରାମର୍ଶ ଉପରେ ନିର୍ଭର କରନ୍ତୁ ନାହିଁ । ଆମ ଆଖପାଖ ଓ ସମାଜରେ ଏପରି କିଛି ଲୋକ ଅଛନ୍ତି, ଯେଉଁମାନେ ମାଗଣା ପରାମର୍ଶ ଦେବାପାଇଁ ବହୁତ ଆଗ୍ରହୀ, ଏହିପରି ଲୋକମାନଙ୍କଠାରୁ ଦୂରେଇ ରୁହନ୍ତୁ । ମୋର ଏହି ବାର୍ତ୍ତା ନବଯୁବକମାନଙ୍କ ପାଇଁ ବିଶେଷ ଭାବରେ ଉଦ୍ଦିଷ୍ଟ । ନବଯୁବକମାନଙ୍କ ମଧ୍ୟରେବି ଏହିପରି ଲୋକମାନଙ୍କର ଅଭାବ ନାହିଁ, ଯେଉଁମାନେ ନିଜପରି ଅନ୍ୟ ଯୁବକମାନଙ୍କୁ ପଥଭ୍ରଷ୍ଟ କରନ୍ତି । କିଛି ଯୁବକମାନେ ତ ଏହିପରି ପରାମର୍ଶଦାତାଙ୍କ କଥାରେ ପଡ଼ି ନିଜ କ୍ୟାରିଅର୍ ମଧ୍ୟ ବର୍ବାଦ କରିଦିଅନ୍ତି ଏବଂ ଖରାପ ଅଭ୍ୟାସ, ଯେପରି ସିଗାରେଟ୍, ମଦ, ଡ୍ରଗ୍ସ ଆଦି ନିଶାଭ୍ୟାସ ଶିକାର ହୋଇଯା'ନ୍ତି ।

ଜବରଦସ୍ତିର ପରାମର୍ଶଦାତାମାନଙ୍କଠାରୁ ସର୍ବଦା ନିଜକୁ ରକ୍ଷା କରନ୍ତୁ । ଫ୍ରୀ ଆଡ୍‌ଭାଇସ୍ ନା ଦିଅନ୍ତୁ, ନା ନିଅନ୍ତୁ ।

ମୁଁ ଗୋଟିଏ କଥା ବହୁତ ସୂକ୍ଷ୍ମତାର ସହିତ ଅନୁଭବ କରିଛି ଯେ, ସଫଳ ବ୍ୟକ୍ତି

କେବେବି କାହାକୁ ଅନାବଶ୍ୟକ ପରାମର୍ଶ ଦିଅନ୍ତି ନାହିଁ କିମ୍ବା ଆଉ କାହାଠାରୁ ଅନାବଶ୍ୟକ ପରାମର୍ଶ ଗ୍ରହଣ କରନ୍ତି ନାହିଁ । ସେ କେବଳ ନିଜ କାର୍ଯ୍ୟକ୍ଷେତ୍ର ସହିତ ଜଡ଼ିତ ଥିବା ଲୋକମାନଙ୍କଠାରୁ କିମ୍ବା ନିଜ ମାଷ୍ଟର୍ ମାଇଣ୍ଡ୍ ଟିମ୍ ସହିତ ବସିକରି ହିଁ ଯୋଜନା ପ୍ରସ୍ତୁତ କରନ୍ତି ।

ଜବରଦସ୍ତି ପରାମର୍ଶ ଦେଉଥିବା ଲୋକମାନେ କାହାକୁହେଲେବି ସଠିକ୍ ପରାମର୍ଶ ଦେଇହିଁପାରିବେ ନାହିଁ ।

ଅଧିକାଂଶ ଲୋକ ନିଜେ ନିଷ୍ପତ୍ତି ନନେବା କାରଣରୁ ହିଁ ଅସଫଳ ହୋଇଯା'ନ୍ତି । ସେମାନଙ୍କ ମନରେ ଅସଫଳ ହୋଇଯିବାର ଭୟ ଲାଗି ରହିଥାଏ ଏବଂ କେଉଁଠିନା କେଉଁଠି ସେମାନଙ୍କ ମନରେ ଏହି କଥା ମଧ୍ୟ ରହିଥାଏ – 'ମୁଁ ସଠିକ୍ ନିଷ୍ପତ୍ତି ନେଇପାରିବି ନାହିଁ...ମୋ ନିଷ୍ପତ୍ତି ମୋତେ ଅସଫଳ କରିଦେବ ।' ଏହିପରି ନକରାତ୍ମକ ବିଚାର ବ୍ୟକ୍ତି ମଧ୍ୟରେ ବହୁଳ ଭାବରେ ଆତ୍ମବିଶ୍ୱାସର ଅଭାବକୁ ଦର୍ଶାଇଥାଏ ।

ଆଜିର ନିଷ୍ପତ୍ତି କାଲିର ମୂଳଦୁଆ ଅଟେ । ଯଦି ଆପଣ କୌଣସି କାର୍ଯ୍ୟ କିମ୍ବା ବିଷୟ ଉପରେ ନିଷ୍ପତ୍ତି ନେଇନପାରିବେ, ତେବେ ସେହି କାର୍ଯ୍ୟକୁ ଆପଣ କେବେବି କରିପାରିବେ ନାହିଁ । ସେହି ବିଷୟ ବା ପ୍ରସଙ୍ଗ କେବେବି ଆଗକୁ ବଢ଼ିବ ହିଁ ନାହିଁ । ନିଷ୍ପତ୍ତି ଉପରେ ହିଁ କୌଣସି କାର୍ଯ୍ୟ ବା ବିଷୟର ମୂଳଦୁଆ ରଖାଯାଇଥାଏ ।

ନିର୍ଣ୍ଣୟର ଅର୍ଥ ହେଉଛି, କାର୍ଯ୍ୟର ପ୍ରାରମ୍ଭ ଏବଂ ପ୍ରାରମ୍ଭର ଅର୍ଥ ହେଉଛି, ଆପଣଙ୍କର ଅଧା କାମ ହୋଇଗଲା ଓ ଅଧା ବାକି ଅଛି । ଯେକୌଣସି କାର୍ଯ୍ୟ ହେଉ, ଆରମ୍ଭ କରିବା ମହତ୍ୱପୂର୍ଣ୍ଣ ଅଟେ । ଅନେକ ଥର ଏପରି ହୁଏ, ଆମେ କୌଣସି କାର୍ଯ୍ୟ ଆରମ୍ଭ କରିବାକୁ ଅପେକ୍ଷା କରୁଥାଏଁ ଏବଂ ସେଥିରେ ଏତେ ବିଳମ୍ବ ହୋଇଯାଏ ଯେ, ଆମ ମଧ୍ୟରେ ସେହି କାର୍ଯ୍ୟ କରିବାର ଆଗ୍ରହ ହିଁ ସମାପ୍ତ ହେବାକୁ ଲାଗିଥାଏ । ବାରମ୍ବାର କାର୍ଯ୍ୟ ଆରମ୍ଭ ନକରିପାରିବା କାରଣରୁ ଆମେ ଅନେକ ମହତ୍ୱପୂର୍ଣ୍ଣ ବିଷୟରେ ପଛରେ ରହିଯାଉ ଏବଂ ଅସଫଳ ବୋଲି କୁହାଯାଉ ।

ଖରାପ ଅଭ୍ୟାସ ହେଉଛି ସମୟ ଗଡ଼ାଇବା (ଟାଳିବା)

କିଛି ଲୋକଙ୍କର ପ୍ରତ୍ୟେକ କାମ କରିବାରେ ସମୟ ଗଡ଼ାଇବାର ବଦଭ୍ୟାସ ରହିଛି । କୌଣସି କାମକୁ ନକରିବା କିମ୍ବା କାଲିକୁ ଟାଳିବା ଅସଫଳତାର ବହୁତ ବଡ଼ କାରଣ ଅଟେ । ଆଜିର କାମ କାଲିକୁ ଟାଳିବା ଏକ ବହୁତ ବଡ଼ ଓ ଭୟଙ୍କର ମାନସିକ

ରୋଗ ଅଟେ, ହେଲେ ଏହାକୁ ରୋଗ ଶ୍ରେଣୀଭୁକ୍ତ କରାଯାଏ ନାହିଁ । ମାତ୍ର, ଏହା ଏକପ୍ରକାର ରୋଗ ହିଁ ଅଟେ । ଏପରି ଲୋକ ବୁଝିହିଁ ପାରନ୍ତି ନାହିଁ ଯେ, କାଲି କେବେବି ଆସେନାହିଁ । ପ୍ରତ୍ୟେକ ଦିନ ଆଜି ଅଟେ - ଯାହାକୁ ଆପଣ କାଲି (ବିତିଯାଇଥିବା ଦିନ ଅର୍ଥାତ୍ ଗତକାଲି) 'କାଲି' କହୁଥିଲେ, ତାହା ସମ୍ମୁଖକୁ ଆସିବାକ୍ଷଣି 'ଆଜି' ହୋଇଯାଏ । ଆମ ଜୀବନରେ 'କାଲି' କେବେବି ଆସିପାରିବ ନାହିଁ ।

ଯଦି ଆମକୁ କୌଣସି କାର୍ଯ୍ୟ କରିବାର ଅଛି, ତେବେ ସେହି କାର୍ଯ୍ୟକୁ କରିବାର ନିର୍ଣ୍ଣୟ ଆମକୁ ତୁରନ୍ତ ନେବା ଉଚିତ୍ । କୌଣସି କାର୍ଯ୍ୟକୁ ଆରମ୍ଭ କରିବାର ସମୟ 'ବର୍ତ୍ତମାନ (ଏବେ)' ଅଟେ । ଆମକୁ ଅପେକ୍ଷା କରିବା ଅନୁଚିତ୍ । ଅପେକ୍ଷାର ସମୟ କେବେବି ଆସେନାହିଁ । ଆମକୁ, ନିଜ ନିଷ୍ପତ୍ତି ନେବାର ଶକ୍ତିକୁ ଆହୁରି ଶକ୍ତିଶାଳୀ କରିନେବା ଉଚିତ୍ । ଆମକୁ ନିଜ ନିଷ୍ପତ୍ତି ନିଜେ ନେବା ଦରକାର । ପ୍ରତ୍ୟେକ ନିର୍ଣ୍ଣୟର ଦୁଇ ପ୍ରକାର ପରିଣାମ ହୋଇଥାଏ - ଲାଭ କିମ୍ବା କ୍ଷତି । ଲାଭ ହେଲେ କୌଣସି ସମସ୍ୟା ନାହିଁ ଏବଂ ଯଦି କ୍ଷତି ହେଲା, ତେବେ ସେହି କାର୍ଯ୍ୟ କରିବାର ଅନୁଭବ ପ୍ରାପ୍ତ ହେବ । ଏପରି ଅନୁଭବ, ଯାହା ଆପଣଙ୍କୁ ଭବିଷ୍ୟତରେ ହେବାକୁ ଥିବା କ୍ଷତି ପ୍ରତି ସଚେତ କରିବ, ସେଥିରୁ ରକ୍ଷା କରିବ ।

ଅନ୍ୟ ଶବ୍ଦରେ ଏହି କଥାକୁ ଏହିପରି ମଧ୍ୟ କହିହେବ: ଲାଭ-କ୍ଷତିର ଅନୁଭବ କାରଣରୁ ବ୍ୟକ୍ତି ଗୋଟିଏ ଦିନ ଏତେ ପରିପକ୍ୱ ହୋଇଯାଏ ଯେ, ଲୋକମାନେ ତାକୁ ବିଶେଷ ଜ୍ଞାନୀ ମଣି ସମ୍ମାନ ଦିଅନ୍ତି ଏବଂ ସଫଳତା ଏହିପରି ଲୋକମାନଙ୍କର ପାଦରେ ଲୋଟିଥାଏ ।

ସ୍ୱାମୀ ବିବେକାନନ୍ଦ ଆମେରିକାରେ ଭ୍ରମଣ କରୁଥିଲେ । ଗୋଟିଏ ସ୍ଥାନ ଦେଇ ଯିବା ସମୟରେ ସେ, ଗୋଟିଏ ପୋଲ ଉପରେ ଠିଆହୋଇଥିବା କେତେଜଣ ଯୁବକଙ୍କୁ ନଦୀରେ ଭାସୁଥିବା ଅଣ୍ଡା ଚୋପା ଉପରେ ବନ୍ଧୁକ ଦ୍ୱାରା ଲକ୍ଷ୍ୟ ଭେଦୁଥିବାର ଦେଖିଲେ । କୌଣସି ଯୁବକଙ୍କର ଗୋଟିଏ ବି ଲକ୍ଷ୍ୟ ଠିକ୍ ବାଜୁନଥିଲା । ସେ, ଜଣେ ଯୁବକଠାରୁ ବନ୍ଧୁକ ନେଇ ନିଜେ ଲକ୍ଷ୍ୟ ଭେଦିବାକୁ ଲାଗିଲେ । ସେ ପ୍ରଥମ ଗୁଳି ମାରିଲେ ଓ ତାହା ପୂରା ଠିକ୍ ବାଜିଲା । ତା'ପରେ ସେ, ଗୋଟିଏ ପରେ ଗୋଟିଏ କରି ସମୁଦାୟ ୧୨ ଥର ଗୁଳି ମାରିଲେ ଓ ସବୁ ଲକ୍ଷ୍ୟ ସମ୍ପୂର୍ଣ୍ଣ ଠିକ୍ ସ୍ଥାନରେ ହିଁ ବାଜିଲା । ଏହାଦେଖି ଯୁବକମାନେ ଆଶ୍ଚର୍ଯ୍ୟ ହୋଇଗଲେ ଓ ପଚାରିଲେ "ଆପଣ ଏପରି କିପରି କରିପାରିଲେ ?"

ବିବେକାନନ୍ଦ କହିଲେ, "ତୁମେମାନେ ଯାହା କରୁଛ, ନିଜ ସମ୍ପୂର୍ଣ୍ଣ ମସ୍ତିଷ୍କ ସେହି ଗୋଟିଏ କାମରେ ଲଗାଅ । ଯଦି ତୁମେ ଲକ୍ଷ୍ୟ ଭେଦ କରୁଛ, ତେବେ ତୁମର ଧ୍ୟାନ କେବଳ ନିଜ ଲକ୍ଷ୍ୟ ଉପରେ ରହିବା ଦରକାର, ତେବେହିଁ ତୁମର ଲକ୍ଷ୍ୟଚ୍ୟୁତ ହେବନାହିଁ । ଯଦି ତୁମେ ନିଜ ପାଠ ପଢୁଛ, ତେବେ କେବଳ ପାଠ ବିଷୟରେ ଚିନ୍ତାକର । ମୋ ଦେଶର ପିଲାମାନଙ୍କୁ ଏହିପରି କରିବାର ଶିକ୍ଷା ଦିଆଯାଏ ।"

ଲକ୍ଷ୍ୟ ଉପରେ ରହୁ ଦୃଷ୍ଟି

ଯେତେବେଳେ ଆପଣ ଘରୁ ବାହାରନ୍ତି, ପ୍ରଥମରୁ ହିଁ ସ୍ଥିର କରିସାରିଥା'ନ୍ତି ଯେ, କୁଆଡ଼େ ଯିବେ, ଆଉ ଘରୁ ବାହାରିବା ପରେ ଆପଣ ସେହିଠାରେ ହିଁ ପହଞ୍ଚିଥା'ନ୍ତି । ପହଞ୍ଚିବାରେ ଡେରି ହୋଇପାରେ, ରାସ୍ତାରେ କେତେକ ବାଧା ମଧ୍ୟ ଆସିପାରେ, ଏହା ସତ୍ତ୍ୱେ ବାଧାଗୁଡ଼ିକୁ ପାର କରି ଆପଣ ସେହି ସ୍ଥାନରେ ପହଞ୍ଚି ହିଁ ଯାଆନ୍ତି ।

ଯଦି ଆପଣ ଲକ୍ଷ୍ୟ ସ୍ଥିର ନକରି ଘରୁ ବାହାରିବେ, ତେବେ ଇଆଡ଼େ-ସିଆଡ଼େ ବୁଲି-ବାଲି ପୁଣି ଘରକୁ ଫେରି ଆସିବେ । ଏହା ଏଥିପାଇଁ ହୋଇଥାଏ, କାରଣ ଆପଣଙ୍କୁ ଜଣାହିଁ ନଥାଏ ଯେ, ଆପଣ କୁଆଡ଼େ ଯିବେ । ତେଣୁ, ଆପଣଙ୍କର ଆକାରଣ ବୁଲିବା ଓ ତାହାପରେ କ୍ଲାନ୍ତହୋଇ ପୁଣି ଘରକୁ ଫେରି ଆସିବାହିଁ ଏକମାତ୍ର ବିକଳ୍ପ ରହିଯାଇଥାଏ ।

ସେହିପ୍ରକାରେ, ଯଦି ଆପଣ ସଫଳ ହେବାପାଇଁ ବଡ଼ ଲକ୍ଷ୍ୟ ସ୍ଥିର କରିବେ, ତେବେହିଁ ଲକ୍ଷ୍ୟ ଭେଦିପାରିବେ । ଲକ୍ଷ୍ୟ ସ୍ଥିର କରିବା ଓ ତାକୁ ପୂରା କରିବା ପାଇଁ ପଦକ୍ଷେପ ଗ୍ରହଣ କରିବା ହିଁ ସେହି ଲକ୍ଷ୍ୟକୁ ପ୍ରାପ୍ତ କରିବାରେ ସଫଳତା ଦେଇଥାଏ ।

ଲକ୍ଷ୍ୟ ଯାହାବି ହେଉ, ତାକୁ ପୂରା କରିବାରେ ଛୋଟ କିମ୍ବା ବଡ଼ ବାଧା ଆସିହିଁଥାଏ । ଆସିବା ମଧ୍ୟ

ଲକ୍ଷ୍ୟ ସ୍ଥିର କଲେ, ଗୋଟିଏ କ୍ଷଣ ପାଇଁ ମଧ୍ୟ ତାହା ଉପରେ ଦୃଷ୍ଟି ହଟିବା ଉଚିତ ନୁହେଁ, ବିଲ୍‌କୁଲ୍ ଅର୍ଜୁନଙ୍କ ପରି । ତେବେହିଁ ଆପଣଙ୍କ ତୀର ଲକ୍ଷ୍ୟ ଭେଦିବ, ଅର୍ଥାତ୍ ଆପଣ ସଫଳତାପୂର୍ବକ ଲକ୍ଷ୍ୟସ୍ଥଳରେ ପହଞ୍ଚିପାରିବେ । ସଫଳତାର ଗୁପ୍ତ ସୂତ୍ରଗୁଡ଼ିକ ମଧ୍ୟରେ ଏହା ମଧ୍ୟ ଏପରି ଏକ ସୂତ୍ର ଅଟେ, ଯେଉଁଥିରୁ ଆପଣ ନିଜ ସଫଳତାକୁ ଶତ-ପ୍ରତିଶତ ପ୍ରାପ୍ତ କରିପାରିବେ ।

-ସୂର୍ଯ୍ୟ ସିହ୍ନା

ଉଚିତ, କାରଣ ବାଧା ବିନା ଲକ୍ଷ୍ୟ ପ୍ରାପ୍ତି ନୀରସ ପ୍ରତୀତ ହୋଇଥାଏ । ବିନା କୌଣସି ବାଧା, ବିନା କୌଣସି ସଂଘର୍ଷରେ ଯଦି ଆପଣ ନିଜ ଲକ୍ଷ୍ୟ ସ୍ଥଳରେ ପହଞ୍ଚିବି ଯାଆନ୍ତି, ତେବେ ଆପଣଙ୍କୁ ସେହି ଖୁସି ପ୍ରାପ୍ତ ହେବନାହିଁ, ସେହିପରି ସୁଖ ଅନୁଭବ ହେବନାହିଁ, ଯେଉଁଥିରେ ଗର୍ବ ବା ବିଜୟୀ ହେବାର ଆଧାର ରହିଥାଏ ।

ବାଧା ଓ ସମସ୍ୟା ଏକପ୍ରକାରେ ଆପଣଙ୍କର ପରୀକ୍ଷା ନେଇଥାଏ ଯେ, ଆପଣଙ୍କଠାରେ ଲକ୍ଷ୍ୟ ପ୍ରାପ୍ତ କରିବାର ଇଚ୍ଛା ବା ସ୍ପୃହା ଅଛି ନା ନାହିଁ । ଏହା ପ୍ରକୃତିର ନିୟମ ମଧ୍ୟ । ପରୀକ୍ଷା ଓ ସଂଘର୍ଷ ଜୀବନର ଅନିବାର୍ଯ୍ୟ ଅଙ୍ଗ ଅଟେ । ଏଥିରେ ବିଚଳିତ ହେବା କିମ୍ବା ଚିନ୍ତାଗ୍ରସ୍ତ ହେବା ଉଚିତ ନୁହେଁ ।

ଲକ୍ଷ୍ୟ ବିନା ଜୀବନ ବୃଥା

ଲକ୍ଷ୍ୟ ବିନା ଜୀବନର କୌଣସି ଆନନ୍ଦ ନାହିଁ, ସେଥିପାଇଁ ନିଜ ଜୀବନର କୌଣସି ଲକ୍ଷ୍ୟ ଧାର୍ଯ୍ୟ କରନ୍ତୁ । ଯେଉଁ ଲୋକମାନେ ନିଜ ଲକ୍ଷ୍ୟ ନିର୍ଦ୍ଧାରିତ କରନ୍ତି ନାହିଁ, ସେମାନଙ୍କୁ ଅନ୍ୟର ଲକ୍ଷ୍ୟ ପୂରା କରିବା ପାଇଁ ବଳଦ ପରି ଖଟିବାକୁ ପଡ଼ିଥାଏ ଏବଂ ସେହି କାମ ସେମାନଙ୍କ ପାଇଁ ବୋଝ ସଦୃଶ ହୋଇଥାଏ ।

ଏହାହିଁ ଅନ୍ତର ହେଉଛି ସଫଳ ବ୍ୟକ୍ତି ଓ ସାଧାରଣ ବ୍ୟକ୍ତି ମଧ୍ୟରେ । ସଫଳ ବ୍ୟକ୍ତି ନିଜ ଲକ୍ଷ୍ୟ ସ୍ଥିର କରିଚାଲେ ଏବଂ ସାଧାରଣ ବ୍ୟକ୍ତି ସାରା ଜୀବନ ସେହି ସଫଳ ବ୍ୟକ୍ତିର ଲକ୍ଷ୍ୟଗୁଡ଼ିକୁ ପ୍ରତ୍ୟକ୍ଷ ବା ପରୋକ୍ଷ ଭାବରେ ପୂରା କରିବାକୁ ଲାଗିଥାଏ ।

ଏଥିରେ କୌଣସି ସନ୍ଦେହ ନାହିଁ ଯେ, ସଫଳ ବ୍ୟକ୍ତି ନିଜ ଲକ୍ଷ୍ୟ ପ୍ରତି ପୂର୍ଣ୍ଣ ରୂପରେ ସମର୍ପିତ ହୋଇଥାଏ । ତା'ଦୃଷ୍ଟି କେବଳ ଆଉ କେବଳ ନିଜ ଲକ୍ଷ୍ୟ ଉପରେ ରହିଥାଏ । ଠିକ୍ ସେହିପ୍ରକାରେ, ଯେଉଁଭଳି ଧନୁର୍ଦ୍ଧର ଅର୍ଜୁନଙ୍କ ନଜର ଚଢ଼େଇର ଆଖି ଉପରେ ରହିଥିଲା । ଚଢ଼େଇ ଆଖିର କାହାଣୀ ମୁଁ ଭାବୁଛି ଆପଣଙ୍କର ମନେଥିବ । ଯଦି ଭୁଲି ଯାଇଛନ୍ତି, ତେବେ ପୁଣିଥରେ ପଢ଼ିନିଅନ୍ତୁ -

ଦିନେ ଗୁରୁ ଦ୍ରୋଣାଚାର୍ଯ୍ୟ, ନିଜର ସମସ୍ତ ଶିଷ୍ୟଙ୍କର ପରୀକ୍ଷା ନେବାପାଇଁ ସେମାନଙ୍କୁ ଏକ ନିର୍ଦ୍ଦିଷ୍ଟ ସମୟରେ ଡାକିଲେ । ଗୋଟିଏ ଗଛରେ, ବସ୍ତ୍ରରେ ନିର୍ମିତ ଏକ ନକଲି ଚଢ଼େଇ ଟଙ୍ଗାଇଦେଲେ ଏବଂ ସମସ୍ତ ଶିଷ୍ୟଙ୍କୁ କହିଦେଲେ ଯେ, ସେମାନଙ୍କ ମଧ୍ୟରୁ ପ୍ରତ୍ୟେକଙ୍କୁ ନିଜ ତୀରଚାଳନା କୌଶଳ ଦ୍ୱାରା ଚଢ଼େଇର ଆଖି ଭେଦିବାକୁ ହେବ, ଅର୍ଥାତ୍ ଚଢ଼େଇର ଆଖି ସେମାନଙ୍କର ଲକ୍ଷ୍ୟ ଥିଲା । ଆରମ୍ଭ କରିବା ପୂର୍ବରୁ ଗୁରୁ ଦ୍ରୋଣଚାର୍ଯ୍ୟ ଜଣ ଜଣକୁ କରି

ସମସ୍ତଙ୍କୁ, ସେମାନଙ୍କୁ କ'ଣ ଦେଖାଯାଉଛି ବୋଲି ପଚାରିଲେ ।

ସମସ୍ତ କୌରବ ଓ ପାଣ୍ଡବମାନେ ଭିନ୍ନ ଭିନ୍ନ ଉତ୍ତର ଦେଲେ । କିଏ କହିଲା - ଗଛ ଦେଖାଯାଉଛି, କିଏ କହିଲା ଚଢ଼େଇ ଦେଖାଯାଉଛି, ଆଦି ଆଦି ।

କେବଳ ଅର୍ଜୁନ ହିଁ ଏପରି ଥିଲେ, ଯାହାଙ୍କ ଉତ୍ତର ସମସ୍ତଙ୍କଠାରୁ ଭିନ୍ନ ଥିଲା । ସେ କହିଲେ ଯେ, ମୋତେ ଚଢ଼େଇର ଆଖି ଦେଖାଯାଉଛି ।

ଏହିପ୍ରକାରେ ଯାହାକୁ କେବଳ ନିଜ ଲକ୍ଷ୍ୟ ହିଁ ଦେଖାଯାଏ, ବାକି ସମସ୍ତ ବିଷୟ ବା କଥା ଉପରେ ତା'ର ଧ୍ୟାନ ନଥାଏ, ତାକୁ ସଫଳ ହେବାରୁ ଦୁନିଆର କୌଣସି ଶକ୍ତି ମଧ୍ୟ ରୋକିପାରିବ ନାହିଁ ।

ବନ୍ଧୁଗଣ, ଈଶ୍ୱର ପ୍ରତ୍ୟକ କୋଣ-ଅନୁକୋଣରେ ବିଦ୍ୟମାନ ଅଛନ୍ତି ଏବଂ ସେ ଆମର ସମସ୍ତ ଗତିବିଧି ଉପରେ ନଜର ରଖୁଛନ୍ତି । ଯେତେବେଳେ ଆମେ କୌଣସି କାର୍ଯ୍ୟକୁ ସମ୍ପୂର୍ଣ୍ଣ ମନଯୋଗ ଓ ପରିଶ୍ରମରେ କରିବାକୁ ପ୍ରୟାସ କରୁଛେ, ସେତେବେଳେ ପରୋକ୍ଷ ଭାବରେ ଈଶ୍ୱର ଆମର ସହାୟତା କରିଥା'ନ୍ତି । ସେଥିପାଇଁ ନିଃସଂକୋଚ ହୋଇ ନିଜ ଲକ୍ଷ୍ୟ ସ୍ଥିର କରନ୍ତୁ ଏବଂ ତାହାକୁ ପୂର୍ଣ୍ଣ କରିବାକୁ ଚେଷ୍ଟା କରନ୍ତୁ ।

ଅନ୍ୟର ମଙ୍ଗଳ କାମନା କରନ୍ତୁ

ଈଶ୍ୱର, ଏହି ସଂସାରରେ ସମସ୍ତ ପ୍ରାଣୀମାନଙ୍କ ମଧ୍ୟରେ କେବଳ ମନୁଷ୍ୟକୁ ଏପରି ଅଦ୍ଭୁତ ମସ୍ତିଷ୍କ ଦେଇଛନ୍ତି, ଯାହା ଦ୍ୱାରା ସେ ସମସ୍ତ ସମସ୍ୟାର ସମାଧାନ କାଢ଼ିପାରିଦ, ସମସ୍ତ କଷ୍ଟର ସମ୍ମୁଖୀନ ହୋଇ ସେଥିରୁ ବାହାରିପାରିନ ଏନଂ ମମସ୍ତ ଲକ୍ଷ୍ୟକୁ ଭେଦିପାରିବ । ତେଣୁ ଆପଣଙ୍କୁ ନିଜ ଜୀବନରେ ଏପରି ଲକ୍ଷ୍ୟ ସ୍ଥିର କରିବା ଦରକାର, ଯେଉଁଥିରୁ ପ୍ରତ୍ୟକ୍ଷ କିମ୍ବା ପରୋକ୍ଷ ଭାବରେ ଅନ୍ୟମାନଙ୍କର ମଧ୍ୟ ମଙ୍ଗଳ ହେଉଥିବ ।

ପରମପିତା ପରମେଶ୍ୱର ଆପଣଙ୍କୁ ସାହାଯ୍ୟ କରୁଥିଲେ, କରୁଛନ୍ତି ଓ କରୁଥିବେ । ହଁ, ୨-୪ଥର ସେ ଆପଣଙ୍କୁ ଅସଫଳ କରି ଆପଣଙ୍କର ପରୀକ୍ଷା ନିଶ୍ଚୟ ନେଇନିଅନ୍ତି । ସେ ପରୀକ୍ଷା ନିଅନ୍ତି ଓ ଦେଖନ୍ତି ଯେ, 'ଏହି ଲୋକର ମୋ ଉପରେ କେତେ ବିଶ୍ୱାସ ଅଛି' । ସେଥିପାଇଁ ବନ୍ଧୁଗଣ, ଅସଫଳତାରୁ ଚିନ୍ତିତ ବା ବିଚଳିତ ହୁଅନ୍ତୁ ନାହିଁ । ଯଦି କୌଣସି କାର୍ଯ୍ୟରେ ଆପଣଙ୍କୁ ଅସଫଳତା ମିଳୁଛି, ତେବେ ଏହା ଚିନ୍ତାକରି ଆଗକୁ ବଢ଼ନ୍ତୁ ଯେ, ଈଶ୍ୱର ଆପଣଙ୍କର ପରୀକ୍ଷା ନେଉଛି । ନିଜ ଲକ୍ଷ୍ୟ ଉପରେ କାର୍ଯ୍ୟ

କରୁଥା'ନ୍ତୁ । ଦିନେନା ଦିନେ ଆପଣ ସଫଳ ହେବା ଧାର୍ଯ୍ୟ ।

ଏହି ଦୁନିଆ ତାକୁ ହିଁ ରାସ୍ତା ଦେଇଥାଏ, ଯିଏ ଜୋର୍‌ରେ ଚାଲେ ଏବଂ ଦ୍ରୁତ ଗତିରେ, ଅନବରତ, କୌଣସି ସ୍ଥାନରେ ନରହି ସେ ହିଁ ଚାଲିପାରେ, ଯାହାକୁ ଜଣାଥିବ, ତାକୁ କୁଆଡ଼େ ଯିବାର ଅଛି, ତା'ର ଲକ୍ଷ୍ୟ କ'ଣ ?

ଆପଣ କୁଆଡ଼େ ଯାଉଛନ୍ତି ?

ଏହା ଚିନ୍ତାକରନ୍ତୁ ଏବଂ ଏହା ଉପରେ ବିଚାର କରନ୍ତୁ ।

ଯେବେ ଆପଣ ନିଜ ଲକ୍ଷ୍ୟ ସ୍ଥିର କରିନିଅନ୍ତି, ତେବେ ପରିସ୍ଥିତି ଆପଣଙ୍କ ଅନୁକୂଳ ହେବାକୁ ଲାଗିଥାଏ 'ଏବଂ' କେହି ଆପଣଙ୍କୁ ପଥଭ୍ରମିତ ମଧ୍ୟ କରିପାରିବେ ନାହିଁ । ଆପଣଙ୍କ ରାସ୍ତାର ସମସ୍ତ ବାଧା ସମାପ୍ତ ହେବାକୁ ଲାଗିଥାଏ ଏବଂ ଆପଣ ଗୋଟିଏ ପରେ ଗୋଟିଏ ସଫଳତାର ଶିଢ଼ି ଚଢ଼ିଥା'ନ୍ତି, ଗୋଟିଏ ପରେ ଗୋଟିଏ ସଫଳତା ପ୍ରାପ୍ତ କରିବାକୁ ଲାଗିଥା'ନ୍ତି ।

ସର୍ବଦା ରୁହନ୍ତୁ ଏକ ସମାନ

ପରିସ୍ଥିତି ଅନୁକୂଳ ହେଉ ବା ପ୍ରତିକୂଳ, ସମସ୍ତ ପରିସ୍ଥିତିରେ ନିଜକୁ ଏକ ସମାନ ରଖିବା ଉଚିତ୍ । କିଛି ଲୋକ ଅସଫଳତା ମିଳିଲେ ନିରାଶା ଅଥବା ବିରକ୍ତିରେ କାମ କରିବା ଛାଡ଼ିଦିଅନ୍ତି । ସଫଳତା ମିଳୁଥିଲେ, ଖୁବ୍ ମନଲଗାଇ କାମ କରନ୍ତି । ଏହା ସମ୍ପୂର୍ଣ୍ଣ ଭୁଲ୍ । ଉଭୟ ପରିସ୍ଥିତିରେ ଆପଣଙ୍କୁ ପୂର୍ଣ୍ଣ ନିଷ୍ଠା ଓ ପରିଶ୍ରମର ସହିତ କାର୍ଯ୍ୟରେ ବ୍ୟସ୍ତ ରହିବା ଉଚିତ୍ ।

ଯଦି କିଏ ଆପଣଙ୍କର ପ୍ରଶଂସା କରେ, ତେବେ ଆପଣ ଖୁସି ହୋଇଯାଆନ୍ତି, ଆଉ ଯଦି କିଏ ନିନ୍ଦାକରେ, ତେବେ ଦୁଃଖୀ ହୋଇଯାଆନ୍ତି । ଏହି ପ୍ରବୃତ୍ତି ଭୁଲ ଅଟେ । ଏଥିରୁ ପ୍ରତୀତ ହୁଏ ଯେ, ଆପଣ ସଂଯମହୀନ, ଅଧୀର, ଅଧୈର୍ଯ୍ୟ, ଦୁର୍ବଳ ମନୋଦଶା ଓ ନିର୍ବଳ ଆତ୍ମବିଶ୍ୱାସ ବିଶିଷ୍ଟ ଅଟନ୍ତି ।

ସମସ୍ତ ପରିସ୍ଥିତିରେ ନିଜକୁ ଏକ ସମାନ ରଖନ୍ତୁ । ଖୁସିରେ ଅଧିକ ଖୁସି ହୁଅନ୍ତୁ ନାହିଁ, ଦୁଃଖରେ ଭାଙ୍ଗିପଡ଼ନ୍ତୁ ନାହିଁ । ନିଜ କଥା ଓ ଭାବ ଭଙ୍ଗିମାରେ ଚିନ୍ତାହିନତା ପ୍ରଦର୍ଶିତ କରନ୍ତୁ । ବ୍ୟକ୍ତ କରନ୍ତୁ ଯେ, ଦୁନିଆରେ ଆପଣ ପ୍ରଥମ ବ୍ୟକ୍ତି ନୁହଁନ୍ତି, ଯାହା ଉପରେ ସମସ୍ୟା କିମ୍ବା ଦୁଃଖର ସମୟ ଆସିଛି । ସୁଖ-ଦୁଃଖ ତ ଖରା-ଛାଇ ପରି ଅଟନ୍ତି, ଜୀବନରେ ଏମାନଙ୍କର ଯିବା-ଆସିବା ଚାଲିଥାଏ ।

ଆପଣଙ୍କ ଧ୍ୟାନ ରହୁ ସେହି ଦିଗକୁ

ଯଦି ସରଳତାରେ ଆପଣ ନିଜ ଲକ୍ଷ୍ୟ ସ୍ଥଳରେ ପହଞ୍ଚିବାକୁ ଚାହାଁନ୍ତି, ତେବେ ଏହା ନିହାତି ଜରୁରୀ ଯେ, ଆପଣଙ୍କ ଧ୍ୟାନ ସେହି ଦିଗରେ ରହୁ, ଯେଉଁ ଆଡ଼କୁ ଯିବାର ଅଛି । ଆପଣଙ୍କୁ ନିଜ ଗନ୍ତବ୍ୟ ଦିଗର ଜ୍ଞାନ ଥିବା ଦରକାର । ଯଦି ଆପଣ ଯିବାକୁ ଚାହୁଁଛନ୍ତି ପୂର୍ବକୁ, ମାତ୍ର ଚାଲୁଛନ୍ତି ପଶ୍ଚିମ ଦିଗକୁ, ତେବେ ଆପଣ ନିଜ ଲକ୍ଷ୍ୟ ସ୍ଥଳରେ କିପରି ପହଞ୍ଚିପାରିବେ ?

ଗୋଟିଏ କଥା ସର୍ବଦା ମନେରଖନ୍ତୁ, ଉପରକୁ ଚଢ଼ିବା, ଓହ୍ଲାଇବାଠାରୁ ଅଧିକ କଷ୍ଟକର ହୋଇଥାଏ । ଓହ୍ଲାଇବା ଅପେକ୍ଷା ଚଢ଼ିବାରେ ଅଧିକ ପରିଶ୍ରମ କରିବାକୁ ପଡ଼ିଥାଏ । ତେଣୁ, ଯଦି ଆପଣ ସଫଳତାର ଶିଢ଼ି ଚଢ଼ିବାର ମାର୍ଗ ଚୟନ କରିହିଁଛନ୍ତି, ତେବେ ନିଜ ଦୃଷ୍ଟି ସଠିକ୍ ଦିଗରେ ରଖନ୍ତୁ । ସକରାତ୍ମକ, ଅର୍ଥାତ୍ ପଜିଟିଭ୍ ଚିନ୍ତାକରନ୍ତୁ । ଯେତେବେଳେ ଆମେ କିଛି ପାଇବାକୁ ଚାହୁଁଛେ, ତେବେ ଈଶ୍ୱର, ତାହା ବଦଳରେ ଆମଠାରୁ କୌଣସି ନା କୌଣସି ମୂଲ୍ୟ ନିଶ୍ଚିତ ନେଇଥା'ନ୍ତି, ଯେପରି ତ୍ୟାଗ, ସେବାଭାବ, କର୍ମ ଆଦି । ବିନା ମୂଲ୍ୟରେ ଆମକୁ କିଛି ମିଳେନାହିଁ । ଚବିଶ କ୍ୟାରେଟ୍‌ର ଶୁଦ୍ଧ ସୁନା ପରି ଏହି କଥା ସର୍ବଦା ମନେରଖନ୍ତୁ ।

କଷ୍ଟରେ ବିଚଳିତ ହୁଅନ୍ତୁ ନାହିଁ

ଗୋଟିଏ ବହୁତ ବଡ଼ ମନ୍ଦିର ଥିଲା । ସେହି ମନ୍ଦିର ପୂରା ମାର୍ବଲ୍‌ରେ ତିଆରି ହୋଇଥିଲା । ମନ୍ଦିରରେ ମାର୍ବଲ୍‌ରେ ତିଆରି ହୋଇଥିବା ଭଗବାନଙ୍କର ଗୋଟିଏ ମୂର୍ତ୍ତି ଥିଲା । ଲୋକମାନେ ସେହି ମନ୍ଦିରକୁ ଆସି ଫଳ, ଫୁଲ, ଧୁପ, ଦୀପ ଆଦି ଅର୍ପଣ କରି ମୂର୍ତ୍ତିର ପୂଜା କରୁଥିଲେ । ଭଗବାନଙ୍କର ସେହି ମୂର୍ତ୍ତି ସମ୍ମୁଖରେ ନତମସ୍ତକ ହେଉଥିଲେ ।

ଦିନେ ସେହି ମନ୍ଦିର ଦୁଆର ପାଖ ମାର୍ବଲ୍ ପଥର ମୂର୍ତ୍ତିକୁ କହିଲା - "ଭାଇ, ଆପଣବି ମାର୍ବଲ୍ ପଥର, ଆଉ ମୁଁ ବି, ହେଲେ ଲୋକମାନେ ଆପଣଙ୍କର ପୂଜାର୍ଚ୍ଚନା କରୁଛନ୍ତି, ଆପଣଙ୍କ ସମ୍ମୁଖରେ ନତମସ୍ତକ ହେଉଛନ୍ତି, ଆଉ ମୋ ଉପରେ ଜୋତା-ଚପଲ ରଖୁଛନ୍ତି । ଏପରି କାହିଁକି ?"

ମୂର୍ତ୍ତି ଉତ୍ତର ଦେଲେ - "ମୁଁ ଅନେକ ବର୍ଷ ପର୍ଯ୍ୟନ୍ତ ମୂର୍ତ୍ତିକାର ହାତୁଡ଼ିରୁ ଆଘାତ ପାଇଛି, ସେଥିପାଇଁ ମୋର ପୂଜା ହେଉଛି । ଯଦି ତମେବି ଆଘାତ

ପାଇଥା'ନ୍ତ, ତେବେ ମୋ ପରି ତୁମର ମଧ୍ୟ ପୂଜା ହେଉଥା'ନ୍ତା ।"

ଦୁଆର ପାଖ ମାର୍ବଲ୍ ପଥରର ପାଟି ବନ୍ଦ ହୋଇଗଲା ।

ଉପରୋକ୍ତ କଥା କହିବାର ତାତ୍ପର୍ଯ୍ୟ ଏହିକି ଯେ, ସେହି ମାର୍ବଲ୍ ମୂର୍ତ୍ତି ପରି ଯଦି ଆପଣ କଷ୍ଟ ଉଠାଇ, ସଂଘର୍ଷ କରି କୌଣସି ସ୍ତରରେ ପହଞ୍ଚିବେ, ତେବେ ନିଃସନ୍ଦେହରେ ଲୋକମାନଙ୍କର ନଜରରେ ମହାନ୍ ହୋଇଯିବେ । ସେହି ମୂର୍ତ୍ତି ପରି ଲୋକମାନେ ଆପଣଙ୍କ ସମ୍ମୁଖରେ ମଧ୍ୟ ଶ୍ରଦ୍ଧାରେ ନତମସ୍ତକ ହେବେ, ପୂଜିବେ ।

ଆଫ୍ରିକାର ଘନ ଜଙ୍ଗଲରେ ହାତୀମାନଙ୍କର ସଂଖ୍ୟା ଅଧିକ । ଗ୍ରୀଷ୍ମ ଋତୁରେ ହାତୀମାନେ ଯେଉଁ ରାସ୍ତାଦେଇ ଝରଣାରୁ ପାଣି ପିଇବାକୁ ଆସନ୍ତି, ସେମାନଙ୍କୁ ଧରିବା ପାଇଁ ରାସ୍ତାରେ ଲୋକମାନେ ବଡ଼ ଓ ଗଭୀର ଗାତ ଖୋଳିଥାଆନ୍ତି । ତା'ଚାରିପଟେ ଜାଲ ସହିତ ମୁନିଆ କାଠ ପୋତିଦିଅନ୍ତି । ତାହାପରେ ତାହାକୁ ପତଳା ଡାଳ ଓ ପତ୍ର ଦ୍ୱାରା ଲୁଚାଇଦିଅନ୍ତି । ଯେତେବେଳେ ହାତୀ ପାଣି ପିଇବାକୁ ଆସନ୍ତି, ସେମାନଙ୍କ ଦଳରେ ସବୁଠାରୁ ଆଗରେ ଚାଲୁଥିବା ହାତୀ, ଗାତ ଉପରେ ବିଛାଯାଇଥିବା ଡାଳ-ପତ୍ର କାରଣରୁ ସେହି ଗାତକୁ ଦେଖିପାରେ ନାହିଁ ଏବଂ ଯେପରି ତାହାଉପରେ ପାଦ ରଖେ, ଡାଳଗୁଡ଼ିକ ଭାଙ୍ଗିଯାଏ ଓ ହାତୀଟି ଗାତରେ ପଡ଼ିଯାଏ । ହାତୀ ଧରିବା ଲୋକମାନେ, ସେହି ହାତୀକୁ ଆଣି କିଛିଦିନ ପର୍ଯ୍ୟନ୍ତ ଭୋକିଲା-ଶୋଷିଲା ରଖନ୍ତି । ଗାତରେ ମଧ୍ୟ ହାତୀଟିକୁ ଅନେକ ଦିନ ପର୍ଯ୍ୟନ୍ତ ଭୋକିଲା-ଶୋଷିଲା ରଖାଯାଏ, ଯେଉଁଥିରୁ ଦୁର୍ବଳ ହୋଇଯିବା କାରଣରୁ ଗାତରୁ ବାହାର କରିବା ସମୟରେ ସେ ବେଶି ହଇରାଣ କରିବ ନାହିଁ । ଭୋକ ବିକଳରେ ଯେତେବେଳେ ହାତୀ ଛଟପଟ ହେବାକୁ ଲାଗିବ, ସେତେବେଳେ ଜଣେ ଲୋକ ତାକୁ ଚାରା ଦେବାକୁ ଯାଏ । ଚାରା ଦେବା ବାହାନାରେ ସେହି ଲୋକ, ହାତୀ ସହିତ ପରିଚୟ ବଢ଼ାଏ ଓ ତାହାପରେ ସେହି ଲୋକ ହାତୀକୁ ଶିକ୍ଷା ଦିଏ । ଶିକ୍ଷା ଦେବାପରେ ହାତୀକୁ ବିକ୍ରି କରିଦିଆଯାଏ ।

ଅନେକ ଥର ହାତୀ ଧରିବା ପାଇଁ ଯେଉଁ ଗାତ ଖୋଳାଯାଏ, ସେଥିରେ ରାତିବେଳେ ଭୁଲବଶତଃ ହରିଣ, ନୀଳଗାଈ, ଚିତା କିମ୍ବା ଜଙ୍ଗଲର ଅନ୍ୟ ପଶୁ ମଧ୍ୟ ପଡ଼ିଯାଆନ୍ତି । ଗାତ ଖୋଳିଥିବା ଲୋକମାନେ ସେମାନଙ୍କୁ ମଧ୍ୟ ଧରିଆଣନ୍ତି । ଆଫ୍ରିକା ଜଙ୍ଗଲରେ ଥରେ ଲୋକମାନେ ହାତୀ ଧରିବା ପାଇଁ ଗୋଟିଏ ଗାତ ଖୋଳିଲେ ଓ ତାକୁ ଡାଳ-ପତ୍ର ସାହାଯ୍ୟରେ ଲୁଚାଇଦେଲେ । ରାତିରେ ଗୋଟିଏ ସିଂହ ସେହି ଗାତରେ ପଡ଼ିଗଲା । ସିଂହଟି କୌଣସି ଛୋଟ ଜୀବକୁ ଧରିବାକୁ ଦୌଡ଼ିଥିବ ଏବଂ ଭୁଲବଶତଃ ସେହି ଗାତରେ ପଡ଼ିଯାଇଥିବ । ଗୋଟିଏ ଶିକାରୀ ସେହି ବାଟଦେଇ ଯାଉଥିଲା । ସେ, ସିଂହକୁ ଗାତରେ ପଡ଼ିଥିବାର ଦେଖିଲା । ବୀର ପୁରୁଷମାନେ କାହାକୁ ଦୁଃଖରେ ଥିବାର ଦେଖି, ତାକୁ ମାରନ୍ତି ନାହିଁ, ବରଂ ତା'ର ସହାୟତା କରନ୍ତି । ସିଂହଟି ବାରମ୍ବାର ଡେଉଁଥିଲା, ହେଲେ ଗାତ ଚାରିପଟେ ମୁନିଆ କାଠ କାରଣରୁ ତାକୁ ଆଘାତ ଲାଗୁଥିଲା ଓ ସେ ପୁଣି ଗାତରେ ପଡ଼ିଯାଉଥିଲା । ଶିକାରୀଟି ଗୋଟିଏ ଦଉଡ଼ିରେ ଦୁଇଟି କାଠ ବାନ୍ଧିଲା ଓ ପାଖ ଗଛ ଉପରେ ଚଢ଼ିଗଲା । ସେ, ଗଛ ଉପରୁ ସେହି ଦଉଡ଼ିକୁ ଗାତ ଭିତରକୁ ପକାଇଲା ଏବଂ ଉଭୟ କାଠକୁ, ଗାତ ଚାରିପଟେ ପୋତାଯାଇଥିବା ମୁନିଆ କାଠଗୁଡ଼ିକ ମଝିରେ ଫସାଇ ଦଉଡ଼ିକୁ ଜୋର୍‌ରେ ଭିଡ଼ି, ସେହିସବୁ ମୁନିଆ କାଠକୁ ଓପାଡ଼ିଦେଲା । ସେହି କାଠଗୁଡ଼ିକ ଉପୁଡ଼ିଯିବାରୁ ସିଂହକୁ ରାସ୍ତା ମିଳିଗଲା, ଆଉ ସେ ଗୋଟିଏ ଲମ୍ଫରେ ଗାତରୁ ବାହାରି ଆସି ଜଙ୍ଗଲକୁ ଚାଲିଗଲା ।

ସେହି ଶିକାରୀ ଦିନେ ଗୋଟିଏ ଝରଣା କୂଳରେ ପାଣି ପିଇବା ପରେ ଆରାମ କରିବା ପାଇଁ ବନ୍ଧୁକ ପାଖରେ ରଖି ବସିଥିଲା । ସେ ବହୁତ କ୍ଳାନ୍ତ ହୋଇଯାଇଥିଲା, ସେଥିପାଇଁ ଟିକିଏ ଗଡ଼ିପଡ଼ିଲା ଏବଂ ଗଡ଼ିପଡ଼ିବା କ୍ଷଣି ତାକୁ ନିଦ ଆସିଗଲା । ଏହି ସମୟରେ ସେଠାକୁ ଏକ ଚିତା ବାଘ ଆସିଲା ଓ ଶିକାରୀକୁ ମାରିବା ପାଇଁ ତା'ଉପରକୁ ଚଢ଼ିଗଲା । ବିଚାରା ଶିକାରୀ ଭୟ କାରଣରୁ ପାଟି ମଧ୍ୟ କରିପାରିଲା ନାହିଁ । ସେହି ସମୟରେ ଗୋଟିଏ ସିଂହ ଜୋର୍‌ରେ ଗର୍ଜିଲା । ତା' ଗର୍ଜନା ଶୁଣି, ଚିତା ବାଘଟି ଲାଙ୍ଗୁଡ଼ ଜାକି ଦୌଡ଼ିବାକୁ ଲାଗିଲା । ମାତ୍ର, ସିଂହଟି ଚିତା ଉପରକୁ ଡେଇଁ ପଡ଼ିଲା ଓ ତାକୁ ମାରିଦେଲା । ଶିକାରୀ ଭାବୁଥିଲା ଯେ, ସିଂହ, ଚିତାକୁ ମାରି, ଏବେ ତାକୁ ମାରିବ । ମାତ୍ର, ସିଂହଟି ଆସି ଶିକାରୀ ସମ୍ମୁଖରେ ବସି ଲାଙ୍ଗୁଡ଼ ହଲାଇବାକୁ ଲାଗିଲା । ଶିକାରୀ ଚିହ୍ନିପାରିଲା ଯେ, ଏହେଉଛି ସେହି ସିଂହ, ଯାହାକୁ ଗାତରୁ ବାହାରିବାରେ ସେ ସହାୟତା କରିଥିଲା ।

ସ୍ୱପ୍ନକୁ କରନ୍ତୁ ସାକାର

ସ୍ୱପ୍ନ ବିଷୟରେ ସମସ୍ତେ ଜାଣନ୍ତି । ସ୍ୱପ୍ନ ଦୁଇ ପ୍ରକାରର ହୋଇଥାଏ - ଗୋଟିଏ ହେଉଛି ସେହି ସ୍ୱପ୍ନ, ଯାହାକୁ ଆମେ ଶୋଇବା ସମୟରେ ଦେଖିଥାଉ, ଅନ୍ୟଟି ହେଉଛି ସେହି ସ୍ୱପ୍ନ, ଯାହାକୁ ଆମେ ଦେଖିଥାଉ ଖୋଲା ଆଖିରେ, ସମ୍ପୂର୍ଣ୍ଣ ଜାଗ୍ରଦବସ୍ଥାରେ । ସଫଳ ହେବା ପାଇଁ ଆପଣଙ୍କୁ ମଧ୍ୟ ଖୋଲା ଆଖିରେ ତଥା ମସ୍ତିଷ୍କର ଫାଟକ ଖୋଲାରଖି ସ୍ୱପ୍ନ ଦେଖିବାକୁ ହେବ, ନିଜେ ପ୍ରୟାସ କରିବାକୁ ହେବ, ନିଜେ ଜାଗ୍ରଦବସ୍ଥାରେ ରହିବାକୁ ହେବ ଏବଂ ନିଜକୁ ସାହସ ଯୋଗାଡ଼ କରିବାକୁ ହେବ, ତେବେହିଁ ଯାଇ ଆପଣ ସଂସାରରେ କିଛି କରିପାରିବେ, ତେବେହିଁ ଯାଇ ଆପଣ ସଫଳ ହୋଇପାରିବେ ।

ଶୟନାବସ୍ଥାରେ ସମସ୍ତେ ସ୍ୱପ୍ନ ଦେଖନ୍ତି । ବହୁତ କମ୍ ଲୋକ ଖୋଲା ଆଖିରେ ବା ଜାଗ୍ରଦବସ୍ଥାରେ ସ୍ୱପ୍ନ ଦେଖନ୍ତି । ଅନ୍ୟ ଶବ୍ଦରେ କହିବାକୁ ଗଲେ, ଯେଉଁ ଲୋକମାନେ ଖୋଲା ଆଖିରେ ସ୍ୱପ୍ନ ଦେଖନ୍ତି ବା ବୁଣନ୍ତି, ସେ ହିଁ ସଫଳତା ପ୍ରାପ୍ତ କରନ୍ତି, ସେମାନଙ୍କୁ ହିଁ ସଫଳତା ପ୍ରାପ୍ତ ହୋଇଥାଏ । ଏହି ସଂସାରରେ ସ୍ୱପ୍ନ ଦେଖୁଥିବା ଲୋକମାନଙ୍କ ମଧ୍ୟରେ ଚାରି ପ୍ରକାରର ଲୋକ ଅଛନ୍ତି । ପ୍ରଥମରେ ସେହି ଲୋକମାନେ ଅଛନ୍ତି, ଯେଉଁମାନେ କେବଳ ଶୟନାବସ୍ଥାରେ ହିଁ ସ୍ୱପ୍ନ

> **ସଫଳ ହେବାପାଇଁ ଆପଣଙ୍କୁ ଖୋଲା ଆଖିରେ ଓ ମସ୍ତିଷ୍କର ଫାଟକ ଖୋଲାରଖି ସ୍ୱପ୍ନ ଦେଖିବାକୁ ହେବ, ନିଜେ ପ୍ରୟାସ କରିବାକୁ ହେବ, ନିଜେ ଜାଗ୍ରଦବସ୍ଥାରେ ରହିବାକୁ ହେବ ଏବଂ ନିଜକୁ ସାହସ ଯୋଗାଡ଼ କରିବାକୁ ହେବ, ତେବେହିଁ ଯାଇ ଆପଣ ସଂସାରେ କିଛି କରିପାରିବେ, ତେବେହିଁ ଯାଇ ଆପଣ ସଫଳ ହୋଇପାରିବେ ।**
>
> **- ସୂର୍ଯ୍ୟ ସିହ୍ନା**

ଦେଖନ୍ତି । ସେମାନଙ୍କର ନିଜର ସ୍ୱପ୍ନ ବୋଲି କିଛି ନଥାଏ । କୌଣସି ସ୍ୱପ୍ନ ଦେଖାଗଲେ ଠିକ୍, ନଦେଖାଗଲେ ମଧ୍ୟ ଠିକ୍ । ସେମାନଙ୍କ ମଧ୍ୟରେ ସ୍ୱପ୍ନ ଦେଖିବାର ବା ବୁଣିବାର କୌଣସି ଆଗ୍ରହ ନଥାଏ । ଏହିପରି ଲୋକମାନେ ସର୍ବଦା 'ରୁଟିନ୍ ଲାଇଫ୍'ରେ ବଞ୍ଚିବା ପସନ୍ଦ କରନ୍ତି । ସେମାନେ, ନିଜକୁ ଗୋଟିଏ ସୀମାରେ ବାନ୍ଧିଦିଅନ୍ତି । ସେହି ଲୋକମାନଙ୍କୁ ଯେଉଁ କାର୍ଯ୍ୟ ଥରେ ମିଳିଯାଏ, ସେହି କାର୍ଯ୍ୟକୁ ସାରା ଜୀବନ କରୁଥା'ନ୍ତି । କାମର ଯାହାବି ପ୍ରତିଫଳ ମିଳୁ, ନିଜକୁ ସେଥିରେ ସନ୍ତୁଷ୍ଟ କରିନିଅନ୍ତି । ଏମାନଙ୍କର ଜୀବନ ଗୋଟିଏ ଟ୍ରାକ୍‌ରେ ଚାଲିଥାଏ । ଏମାନେ ଭାବନ୍ତି - ଜୀବନ ତ ଚାଲୁଛି, ଆଉ କ'ଣ ଦରକାର ? ଏହି ଚିନ୍ତାଧାରା ଅନ୍ତର୍ଗତ ସେମାନେ ଜୀବନରେ କେବେବି ଆଗକୁ ବଢ଼ିବାରେ ବିଶ୍ୱାସ କରନ୍ତି ନାହିଁ । ଏପରି କୌଣସି ଲୋକ ଯଦି କୌଣସି ସ୍ୱିମିଙ୍ଗ୍ ପୁଲ୍‌ରେ ପଡ଼ିଯାଏ, ତେବେ ସେ ହାତ-ଗୋଡ଼ ମଧ୍ୟ ଚଲାଇବ ନାହିଁ ଓ ସେଥିରେ ବୁଡ଼ିକରି ମରିଯିବ । ଯଦି କୌଣସି ପ୍ରକାରେ କିଏ ଆସି ବଞ୍ଚାଇବି ଦିଏ, ତେବେ ଜୀବନରେ ସେ ଆଉ କେବେ ଭୁଲ୍‌ରେବି ସ୍ୱିମିଙ୍ଗ୍ ପୁଲ୍ ପାଖ ମାଡ଼ିବନାହିଁ, ଆଉ ଅନ୍ୟମାନଙ୍କୁ ମଧ୍ୟ ସ୍ୱିମିଙ୍ଗ୍ ପୁଲ୍ ଆଡ଼କୁ ଯିବାରୁ ରୋକୁଥିବ । ଏହିପରି ଚିନ୍ତାଧାରା ବିଶିଷ୍ଟ ଦୁନିଆରେ ଏପରି ଲୋକ ଅଛନ୍ତି, ଯିଏ ସାରା ଜୀବନ ଭାତ-ଡାଲି ଖାଇ କଟେଇଦିଅନ୍ତି । ଜୀବନରେ ସମସ୍ୟା ହିଁ ସମସ୍ୟା ଥାଉନା କାହିଁକି, ସେମାନେ କେବଳ 'ସନ୍ତୋଷୀ ସଦା ସୁଖୀ'ର ନାରାବାଜୀ କରନ୍ତି । ଏପରି ଲୋକମାନଙ୍କ ସଂଖ୍ୟା ବିଶ୍ୱରେ ପ୍ରାୟ ୬୦ ଶତକଡ଼ା ଅଟେ ।

ଦ୍ୱିତୀୟ ନମ୍ବର୍‌ରେ ସେହି ଲୋକମାନେ ଅଛନ୍ତି, ଯେଉଁମାନେ କିଛି କରିବାକୁ ଚାହାଁନ୍ତି, ମାତ୍ର କରିପାରନ୍ତି ନାହିଁ । ସ୍ୱପ୍ନ ତ ଦେଖନ୍ତି, ମାତ୍ର ତାକୁ ପୂରା କରିବାର କଷ୍ଟ ଉଠାନ୍ତିନାହିଁ । ସର୍ବଦା ଏହା ଭାବୁଥା'ନ୍ତି, ଅପେକ୍ଷା କରୁଥା'ନ୍ତି ଯେ, କିଏ ଆସିବ ଓ ତାଙ୍କ ସ୍ୱପ୍ନ ପୂରା କରିଦେବ । ଏହିପ୍ରକାର ଲୋକମାନଙ୍କର ଇଚ୍ଛା ତ ଜନ୍ମ ହୁଏ, ହେଲେ ଜନ୍ମ ହେବାକ୍ଷଣି ମରିଯାଏ । କିଛି କରିବାକୁ ତ ଚାହାଁନ୍ତି, ହେଲେ କରିବାର ସାହାସ କରିପାରନ୍ତି ନାହିଁ । ଯଦି ଏପରି ଲୋକ ସ୍ୱିମିଙ୍ଗ୍ ପୁଲ୍‌ରେ ପଡ଼ିଯାଆନ୍ତି, ତେବେ ଜୀବନ ବଞ୍ଚାଇବା ପାଇଁ ଚିତ୍କାର କରନ୍ତି, ଅନ୍ୟମାନଙ୍କଠାରୁ ସାହାଯ୍ୟ ମାଗନ୍ତି ଓ ରକ୍ଷାପାଇବା ପାଇଁ ନିଜେ ମଧ୍ୟ ଚେଷ୍ଟା କରନ୍ତି । ଯଦି ବଞ୍ଚିଯାଆନ୍ତି, ତେବେ ସ୍ୱିମିଙ୍ଗ୍ ପୁଲ୍ ଆଡ଼କୁ ଯାଆନ୍ତି ନିଶ୍ଚୟ, ହେଲେ ଟିକିଏ ଦୂରେଇ ରୁହନ୍ତି । ଏମାନେ ପହଁରିବା ଶିଖିବାକୁ ତ ଚାହାଁନ୍ତି, ହେଲେ ବୁଡ଼ିଯିବାର ଡର, ପହଁରିବା ଶିଖିବାରୁ ରୋକିଦେଇଥାଏ ଏବଂ ଅନ୍ୟମାନଙ୍କୁ ପହଁରିବାର ଦେଖି ସନ୍ତୁଷ୍ଟ ହୋଇଯାଆନ୍ତି । ଏପରି ଲୋକମାନଙ୍କୁ

ରୋଗିଣା ମାନସିକତା ବିଶିଷ୍ଟ କୁହାଯାଏ । ଏହି ଲୋକମାନେ ନିଜେ ଆଗକୁ ଆସି କିଛି କରିବାକୁ ଚାହାଁନ୍ତି ନାହିଁ ଏବଂ ସର୍ବଦା ଅନ୍ୟର ଉପଲବ୍ଧିଗୁଡ଼ିକୁ ହିଁ ଗଣୁଥା'ନ୍ତି । ସେଥିରେ ଏତେ ସନ୍ତୁଷ୍ଟ ଦେଖାଯାଆନ୍ତି, ସତେ ଯେପରି ସେହି ଉପଲବ୍ଧିଗୁଡ଼ିକ ନିଜେ ପ୍ରାପ୍ତ କରିଛନ୍ତି । ଦ୍ୱିତୀୟ ପ୍ରକାରର ଏହିପରି ଲୋକମାନଙ୍କ ସଂଖ୍ୟା ଦୁନିଆରେ ପ୍ରାୟ ୨୫ ଶତକଡ଼ା ଅଟେ ।

ତୃତୀୟ ନମ୍ବର୍‌ରେ ସେହି ଲୋକମାନେ ଅଛନ୍ତି, ଯେଉଁମାନେ ସ୍ୱପ୍ନ ଦେଖନ୍ତି ଓ ତାକୁ ପୂରା କରିବାରେ ଲାଗିପଡ଼ନ୍ତି । ଯେପର୍ଯ୍ୟନ୍ତ ସ୍ୱପ୍ନ ପୂରା ନହୋଇଛି, ସେପର୍ଯ୍ୟନ୍ତ ସେମାନେ ଶାନ୍ତିରେ ବସନ୍ତି ନାହିଁ । ସ୍ୱପ୍ନକୁ କୌଣସି ମିଶନ୍ ସଦୃଶ ପୂରା କରିବାରେ ଲାଗିଥା'ନ୍ତି ଏବଂ ଅନ୍ତତଃ ତାକୁ ପୂର୍ଣ୍ଣ କରିହିଁ ଛାଡ଼ନ୍ତି । ଏପରି ଲୋକମାନଙ୍କୁ ସଫଳ କୁହାଯାଏ । ଯଦି ଏପରି ଲୋକମାନେ ସ୍ୱିମିଙ୍ଗ୍ ପୁଲ୍‌ରେ ପଡ଼ିଯାଆନ୍ତି, ତେବେ ସେପର୍ଯ୍ୟନ୍ତ ହାତ-ଗୋଡ଼ ଚଲାଉଥିବେ, ଯେପର୍ଯ୍ୟନ୍ତ ହାତ-ଗୋଡ଼ ଚଲାଇ ପହଁରିବା ଶିଖିନଯାଆନ୍ତି । ଅନେକ ମାମଲାରେ ଦେଖାଯାଇଛି ଯେ, ସନ୍ତରଣର 'ସ' ଅକ୍ଷର ଜାଣିନଥିବା ଲୋକ ସ୍ୱିମିଙ୍ଗ୍ ପୁଲ୍‌ରେ ପଡ଼ିଲା ଓ ନିଜକୁ ବଞ୍ଚାଇବା ଚେଷ୍ଟାରେ ନିଜେ ହିଁ ପହଁରିବା ଶିଖିଗଲା । ସେମାନେ କାହାର ସହଯୋଗ ବିନା ନିଜେ ପହଁରି ହିଁ ବାହାରକୁ ଆସନ୍ତି ଓ ତାହାପରେ ସ୍ୱିମିଙ୍ଗ୍ ପୁଲ୍‌ର ମଜା ଉଠାନ୍ତି । ଏମାନେ ବହୁତ ହସଖୁସିଆ ଲୋକ ହୋଇଥା'ନ୍ତି । ନିଜ ମାର୍ଗରେ ଆସୁଥିବା ସମସ୍ତ ବାଧା ଓ ସମସ୍ୟାକୁ ଚୁର୍‌ମାର୍ କରିଦିଅନ୍ତି । ଏହି ଲୋକମାନେ ସଂଘର୍ଷ କରିବାରେ ବିଶ୍ୱାସ କରନ୍ତି । ଏମାନଙ୍କୁ ଜଣାଥାଏ ଯେ, ସମସ୍ୟା ତଥା ବାଧା ସମସ୍ତ କାର୍ଯ୍ୟରେ ଆସିଥାଏ ଏବଂ ଏହା ମଧ୍ୟ ଜଣାଥାଏ ଯେ, ବାଧା ଓ ସମସ୍ୟା ଅସ୍ଥାୟୀ ଅଟେ । ବାଧା, କର୍ମବୀର ଓ ଲଢୁଆ ଲୋକମାନଙ୍କର କିଛି ଅନିଷ୍ଟ କରିପାରେ ନାହିଁ । ତାହା ଆସେ ଓ ଚାଲିଯାଏ । ଦୁନିଆରେ ଏପରି ଲୋକମାନଙ୍କ ସଂଖ୍ୟା ପ୍ରାୟ ୧୦ ଶତକଡ଼ା ଅଟେ ।

ଚତୁର୍ଥ ନମ୍ବର୍‌ରେ ସେହି ଲୋକମାନେ ଅଛନ୍ତି, ଯେଉଁମାନେ ନିଜେ ତ ସ୍ୱପ୍ନ ଦେଖନ୍ତି ଓ ସେହି ସ୍ୱପ୍ନଗୁଡ଼ିକୁ ପୂରା ମଧ୍ୟ କରନ୍ତି, ମାତ୍ର ତତ୍‌ସହିତ ସେହି ପ୍ରକାରର ସ୍ୱପ୍ନ ଅନ୍ୟମାନଙ୍କୁ ମଧ୍ୟ ଦେଖାନ୍ତି ଓ ସେମାନଙ୍କର ମଧ୍ୟ ସ୍ୱପ୍ନ ପୂରା କରିବାରେ ସମ୍ପୂର୍ଣ୍ଣ ସହଯୋଗ କରନ୍ତି । ଯଦି ଏପରି ଲୋକ ସ୍ୱିମିଙ୍ଗ୍ ପୁଲ୍‌ରେ ପଡ଼ିଯାଆନ୍ତି, ତେବେ ନିଜେ ତ ପହଁରିବା ଶିଖିଯାଆନ୍ତି, ଅନ୍ୟ ଲୋକମାନଙ୍କୁ ମଧ୍ୟ ପହଁରିବା ଶିଖାଇଦିଅନ୍ତି, ଯେଉଁଥିରୁ ଯେଉଁ ସଂକଟ ଦେଇ ସେମାନେ ଯାଇଛନ୍ତି, ଅନ୍ୟଜଣେ ସେଥିରୁ ରକ୍ଷାପାଉ । ଏପରି ଲୋକମାନେ, ସମାଜ ଓ ଦୁନିଆକୁ ପରିବର୍ତ୍ତିତ କରିବାର କ୍ଷମତା ରଖନ୍ତି ।

ଦୁନିଆ, ଏମାନଙ୍କ ପଛରେ ଚାଲେ । ଏହି ଲୋକମାନଙ୍କୁ ସମାଜରେ ଲିଡର୍ କୁହାଯାଏ । ଏମାନେ, ନିଜେ ଲିଡର୍ ହୁଅନ୍ତି, ଅନ୍ୟକୁ ମଧ୍ୟ ଲିଡର୍ କରିଦିଅନ୍ତି । ଏମାନଙ୍କର ସବୁଠାରୁ ବଡ଼ ବିଶେଷତା ହେଉଛି, ଏମାନେ ନିଜେ ତ ମହତ୍ତ୍ୱପୂର୍ଣ୍ଣ ହୋଇହିଁଥା'ନ୍ତି, ତତ୍‌ସହିତ ଅନ୍ୟକୁ ମଧ୍ୟ ମହତ୍ତ୍ୱପୂର୍ଣ୍ଣ କରିଦିଅନ୍ତି । ଏପରି ଲୋକମାନଙ୍କ ସଂଖ୍ୟା ପ୍ରାୟ ୫ ଶତକଡ଼ାରୁ ମଧ୍ୟ କମ୍ ଅଟେ ।

ଯଦି ଆପଣ ପ୍ରଥମ କିସମର ବ୍ୟକ୍ତି ଅଟନ୍ତି, ତେବେ ଆପଣ ରଢ଼ିବାଦୀ ଅଟନ୍ତି । ଆପଣ, ନିଜକୁ ସୀମାରେ ଆବଦ୍ଧ କରିରଖିଛନ୍ତି । ଆପଣ, ନା କେବଳ ନିଜ ପାଇଁ, ବରଂ ସମାଜ ପାଇଁ ମଧ୍ୟ ବୋଝ ସମ ଅଟନ୍ତି । ତେଣୁ, ଆପଣଙ୍କୁ ନିଜ ମଧ୍ୟରେ ପରିବର୍ତ୍ତନ ଆଣିବାର ଆବଶ୍ୟକତା ଅଛି । ଆପଣ ଜାଣନ୍ତି ନାହିଁ ଯେ, ସମୟ କେତେ ଶୀଘ୍ର ବଦଳୁଛି ଏବଂ ଏହି ସଂସାରରେ କେତେ ପରିବର୍ତ୍ତନ ହେଉଛି, ପରିବର୍ତ୍ତନର ଗତି କେତେ ତୀବ୍ର ଅଟେ ।

ପରିବର୍ତ୍ତନ ପ୍ରକୃତିର ନିୟମ । ଯଦି ସଂସାର ସହିତ ଚାଲିବାର ଅଛି, ତେବେ ନିତି ନୂଆ ହେଉଥିବା ପରିବର୍ତ୍ତନ ସହିତ ନିଜକୁ ପରିବର୍ତ୍ତିତ କରୁଥିବାର ଆବଶ୍ୟକତା ରହିଛି । ଯେଉଁ ବ୍ୟକ୍ତି ପରିବର୍ତ୍ତନ ସହିତ ନିଜକୁ ପରିବର୍ତ୍ତିତ କରିପାରେ ନାହିଁ, ସେ ନଷ୍ଟ ହୋଇଯାଏ କିମ୍ବା ଜୀବନର ଦୌଡ଼ରେ ଏତେ ପଛରେ ରହିଯାଏ ଯେ, ଦୁନିଆରେ ଆଗକୁ ବଢ଼ିବାର ତା'ର ସମସ୍ତ ସମ୍ଭାବନାଗୁଡ଼ିକ ଶୂନ୍ୟ ହୋଇଯାଏ ।

ଦ୍ୱିତୀୟ କିସମର ବ୍ୟକ୍ତି ଏହି ସଂସାରରେ ହେଉଥିବା ପରିବର୍ତ୍ତନ ସହିତ ନିଜକୁ ପରିବର୍ତ୍ତିତ କରିବାକୁ ତ ଚାହାଁନ୍ତି, କିନ୍ତୁ ଗୋଟିଏ କାଳ୍ପନିକ ଭୟ ସେମାନଙ୍କୁ ପରିବର୍ତ୍ତିତ ହେବାରୁ ରୋକିଥାଏ । ଯଦି ସେମାନେ ଚାହିଁବେ, ତେବେ ନିଜକୁ ବଦଳାଇପାରିବେ, ମାତ୍ର କାଳ୍ପନିକ ଭୟ କାରଣରୁ ଏପରି କରିପାରନ୍ତି ନାହିଁ । ଜୀବନରେ ସଫଳ ଯଦି ହେବାର ଅଛି, ତେବେ ମନରୁ କାଳ୍ପନିକ ଭୟକୁ କାଢ଼ିଦେବା ଉଚିତ୍, କାରଣ ସେହି କାଳ୍ପନିକ ଭୟ ଆମେ ନିଜେ ହିଁ ସୃଷ୍ଟି କରିଛେ, ବାସ୍ତବିକତା ସହ ସେହି ଭୟର କୌଣସି ନେବାର-ଦେବାର ନାହିଁ । ପାଳ ଦଉଡ଼ିକୁ ସାପ ବୋଲି ଭାବିବାଠାରୁ ଏହାର ଅଧିକ କୌଣସି ମହତ୍ତ୍ୱ ହିଁ ନଥାଏ । ସେଥିପାଇଁ, ନିଜ ଭିତରେ ଥିବା ଭୟକୁ କାଢ଼ି ଫୋପାଡ଼ିଦିଅନ୍ତୁ ଏବଂ ଏହି ସଂସାର ସହିତ ଚାଲିବା ଶିଖନ୍ତୁ ।

ତୃତୀୟ କିସମର ବ୍ୟକ୍ତି ମହାନ୍ ଓ ସଫଳ ହୋଇଥା'ନ୍ତି ଏବଂ ସବୁ ସମୟରେ ଅପ୍‌ଡେଟ୍ ରୁହନ୍ତି ଏବଂ ସବୁ କ୍ଷେତ୍ରର ସବୁ ପ୍ରକାର ଜ୍ଞାନ ରଖିବାକୁ ଚେଷ୍ଟା କରନ୍ତି ।

ଏହାଛଡ଼ା, ସମୟାନୁସାରେ ସଂସାରରେ ହେଉଥିବା ପରିବର୍ତ୍ତନ ଅନୁରୂପ ନିଜକୁ ପରିବର୍ତ୍ତିତ କରିବା ପାଇଁ ସର୍ବଦା ପ୍ରସ୍ତୁତ ରୁହନ୍ତି । ଏହି କାରଣରୁ ସେମାନେ ସଫଳ ହୋଇଥା'ନ୍ତି ଓ ଦୁନିଆ ମଧ୍ୟରେ ସଫଳ କୁହାଯାଇଥା'ନ୍ତି ।

ଚତୁର୍ଥ କିସମର ବ୍ୟକ୍ତି, ନିଜେ ପରିବର୍ତ୍ତନ ଆଣିବାର ଲୋକ ହୋଇଥା'ନ୍ତି । ଏହି ସଂସାରରେ ଯେତିକିବି ପରିବର୍ତ୍ତନ ହୋଇଛି, ସେହି ସମସ୍ତ ଏହି କିସମର ଲୋକମାନଙ୍କ ଦ୍ୱାରା କରାଯାଇଥାଏ ଅଥବା ଏହିପରି ଲୋକ ସେହି ପରିବର୍ତ୍ତନର ଆଧାର ହୋଇଥା'ନ୍ତି । ଏହିମାନେ ସେହି ବ୍ୟକ୍ତି ଅଟନ୍ତି, ଯେଉଁମାନେ ରଢ଼ିବାଦକୁ ସମାପ୍ତ କରି ଦୁନିଆକୁ ଏକ ଉତ୍ତମ ଭବିଷ୍ୟତ ପ୍ରଦାନ କରନ୍ତି । ବୋଧହୁଏ, ଏହି ଲୋକମାନଙ୍କୁ ଦେଖି କୌଣସି ବିଦ୍ୱାନ କହିଯାଇଛନ୍ତି -

'କିଛି ଲୋକ ସମୟ ଚକ୍ରରେ ବଦଳିଗଲେ
କିଛି ଲୋକ ସମୟ ଚକ୍ରକୁ ବଦଳାଇଦେଲେ ।'

ଚତୁର୍ଥ କିସମର ଲୋକ ଦୁନିଆ ସହିତ ଚାଲନ୍ତି ନାହିଁ, ବରଂ ଦୁନିଆ ଏମାନଙ୍କ ସହିତ, ଏମାନଙ୍କ ପଛରେ ଚାଲିଥାଏ । ଯେକୌଣସି କ୍ଷେତ୍ରରେ, ଯେକୌଣସି ଫିଲ୍ଡରେ ଏହିପରି ଲୋକମାନେ ସର୍ବଦା ଶୀର୍ଷ ସ୍ପର୍ଶ କରନ୍ତି ।

ଏବେ ଆପଣଙ୍କୁ ନିଜର ଆକଳନ ନିଜକୁ କରିବାର ଅଛି । ଆପଣଙ୍କୁ ପୂର୍ଣ୍ଣ ସଚ୍ଚୋଟତାର ସହିତ ଚିନ୍ତା କରିବାକୁ ହେବ ଯେ, ଆପଣ କେଉଁ ଶ୍ରେଣୀର ବ୍ୟକ୍ତି ଏବଂ ଆପଣଙ୍କୁ କେଉଁ ଶ୍ରେଣୀର ବ୍ୟକ୍ତି ହେବାର ଅଛି । ମନେରଖନ୍ତୁ, ଏହି ଦୁନିଆରେ କେହି ଦ୍ୱିତୀୟ ବ୍ୟକ୍ତି ଆପଣଙ୍କୁ ସଫଳ କରିପାରିବ ନାହିଁ, ସ୍ୱୟଂ ଭଗବାନ ମଧ୍ୟ ନୁହଁନ୍ତି । ସଫଳତା ପାଇଁ, ସଂସାରରେ ସ୍ଥାନ ବନାଇବା ପାଇଁ ଆପଣଙ୍କୁ ନିଜେ ପ୍ରୟାସ କରିବାକୁ ପଡ଼ିବ । ଆପଣଙ୍କୁ ନିଜେ ହିଁ ଜାଗ୍ରତ ହେବାକୁ ପଡ଼ିବ । ଆପଣଙ୍କୁ ନିଜେ ହିଁ ସାହାସ ଜୁଟାଇବାକୁ ପଡ଼ିବ, ତେବେହିଁ ଯାଇ ଆପଣ କିଛି କରିପାରିବେ, ତେବେହିଁ ଯାଇ ଆପଣ ସଫଳ ହୋଇପାରିବେ, ତେବେହିଁ ଯାଇ ଆପଣ ଦୁନିଆ ଜିତିପାରିବେ, ମାତ୍ର ମନେରହୁ, ଦୁନିଆକୁ ଜିତିବାର ଠିକା ନେବା ପୂର୍ବରୁ ଆପଣଙ୍କୁ ଏହି କଥା ଭୁଲିବାକୁ ହେବନାହିଁ ଯେ, ଏହି ସମସ୍ତ ପୂର୍ବରୁ ଆପଣ ନିଜକୁ ଜିତିବାକୁ ହେବ, ନିଜ ମନକୁ ଜିତିବାକୁ ହେବ, ତାକୁ ନିଜ କଣ୍ଟ୍ରୋଲ୍‌ରେ ରଖିବାକୁ ହେବ, ନଚେତ୍ ମନ ଆପଣଙ୍କୁ ପଥଭ୍ରଷ୍ଟ କରିଦେବ ଏବଂ ଆପଣ ସାରା ଜୀବନ ଦିଗହରା ହୋଇ ବୁଲୁଥିବେ । ସେଥିପାଇଁ ମୁଁ କହୁଛି -

ମନକୁ ଜିତିଲେ ବିଜୟ, ହାରିଲେ ପରାଜୟ ।

ଚୀନ୍‌ର ମହାନ୍ ଦାର୍ଶନିକ କନ୍‌ଫ୍ୟୁଶିୟସ୍‌ଙ୍କ ନାମ କେବଳ ଚୀନ୍‌ରେ ନୁହେଁ, ବରଂ ସମଗ୍ର ବିଶ୍ୱରେ ବହୁତ ଶ୍ରଦ୍ଧାର ସହିତ ନିଆଯାଏ । ତାଙ୍କ ଜ୍ଞାନର ଗଭୀରତାରେ ପ୍ରଭାବିତ ହୋଇ ତତ୍କାଳୀନ ଚୀନ୍ ସମ୍ରାଟ, ତାଙ୍କୁ ତିବତ୍‌ର ଏକ ପ୍ରାନ୍ତର ଗଭର୍ନର୍ ନିଯୁକ୍ତ କରିଦେଲେ । ସେ, ଈଶ୍ୱର ଭକ୍ତ ହେବା ସହିତ ମହାନ୍ ଦାର୍ଶନିକ ମଧ୍ୟ ଥିଲେ । ସେଥିପାଇଁ ସେ ସତ୍ୟର ସନ୍ଧାନ ଓ ପ୍ରଭୁଙ୍କ ଚିନ୍ତନରେ ଲୀନ ରହୁଥିଲେ । ରାଜକାର୍ଯ୍ୟରେ ତାଙ୍କର ରୁଚି ନଥିଲା । ଲୋକମାନଙ୍କ ଅଭିଯୋଗରେ ସମ୍ରାଟ ତାଙ୍କୁ ଗଭର୍ନର୍ ପଦରୁ କାଢ଼ିଦେଲେ । ଏହାର ସୂଚନା ଯେତେବେଳେ ତାଙ୍କୁ ଦିଆଗଲା, କନ୍‌ଫ୍ୟୁଶିୟସ୍ ସ୍ମିତହାସ୍ୟ ସହିତ କହିଲେ, "ଭଲ ହେଲା..."

କାଳାନ୍ତର ପରେ ଦିନେ ରାଜାଙ୍କୁ କନ୍‌ଫ୍ୟୁଶିୟସ୍‌ଙ୍କ କଥା ମନେପଡ଼ିଲା । ସେ ନିଜ ମନ୍ତ୍ରୀଙ୍କୁ ଡାକି ପଚାରିଲେ "ଆଜିକାଲି କନ୍‌ଫ୍ୟୁଶିୟସ୍ କେଉଁଠି ଅଛନ୍ତି, ଆଉ କ'ଣ କରୁଛନ୍ତି ?" ଜଣାପଡ଼ିଲା ଯେ, ଆଜିକାଲି କନ୍‌ଫ୍ୟୁଶିୟସ୍ ତିବତ୍‌ର ପ୍ରଶାନ୍ତ ସ୍ଥାନ ଗୋଟିଏ ଆଶ୍ରମରେ ନିଜ ଶିଷ୍ୟମାନଙ୍କ ସହିତ ରହୁଛନ୍ତି, ସେହିଠାରେ ଭଗବାନଙ୍କ ଚିନ୍ତନ କରୁଛନ୍ତି ଏବଂ ଲୋକମାନଙ୍କୁ ଉପଦେଶ ଦେଉଛନ୍ତି । ରାଜା, ତାଙ୍କ ସହିତ ଭେଟ କରିବାର ଇଚ୍ଛା ବ୍ୟକ୍ତ କଲେ ଏବଂ ନିଜ ସୈନ୍ୟ-ସାମନ୍ତ ସହିତ ସେହି ମହାନ୍ ଦାର୍ଶନିକଙ୍କ ସହ ଭେଟ କରିବାକୁ ଗଲେ । ରାଜା କନ୍‌ଫ୍ୟୁଶିୟସ୍‌ଙ୍କ ଆଶ୍ରମରେ ପହଞ୍ଚି ଦେଖିଲେ, ସେହି ମହାନ୍ ସନ୍ଥ ପ୍ରକୃତିର ସୌମ୍ୟ କୋଳରେ ଗୋଟିଏ ପଥର ଖଣ୍ଡ ଉପରେ ବସି ଈଶ୍ୱର ଚିନ୍ତନରେ ସମାଧିସ୍ଥ ଅଛନ୍ତି । ରାଜାଙ୍କୁ, ତାଙ୍କ ସହିତ ଭେଟ କରିବାକୁ ଅପେକ୍ଷା କରିବାକୁ ପଡ଼ିଲା ।

କିଛି ସମୟ ପରେ ସେହି ମହାନ୍ ସନ୍ଥଙ୍କ ଆଖି ଖୋଲିଲା ଓ ତାଙ୍କ ସମ୍ମୁଖରେ ସ୍ୱୟଂ ରାଜା ବିଦ୍ୟମାନ ଥିବାର ଦେଖିଲେ । ସେ, ଚୀନ୍ ସମ୍ରାଟଙ୍କର ମଧୁର ହସ ସହିତ ଆଦର କଲେ ଓ କୁଶଳ-ମଙ୍ଗଳ ପଚାରିଲେ । ତତ୍‌ପଶ୍ଚାତ୍, ଚୀନ୍ ସମ୍ରାଟ, କନ୍‌ଫ୍ୟୁଶିୟସ୍‌ଙ୍କୁ ରାଜକୀୟ ଶୈଳୀରେ ସମ୍ବୋଧିତ କରି କହିଲେ, "କନ୍‌ଫ୍ୟୁଶିୟସ୍, ମୁଁ ତୁମକୁ ଗଭର୍ନର୍ ପଦରୁ କାଢ଼ିଦେଲି, ଯାହା ଉପରେ ତୁମର ପ୍ରତିକ୍ରିୟା ଥିଲା - ଭଲ ହେଲା । ଏହାର ରହସ୍ୟ କ'ଣ ?"

ମନ୍ଦହାସ ସହିତ ସେହି ମହାନ୍ ସନ୍ଥ ରାଜାଙ୍କୁ ଉତ୍ତର ଦେଲେ - "ରାଜନ୍! ଦେଖନ୍ତୁ, କିଛି କ୍ଷଣ ପୂର୍ବରୁ ସେହି ପକ୍ଷୀ ଏହି ଉଚ୍ଚ ବୃକ୍ଷର ସବୁଠାରୁ ଉଚ୍ଚ ଡାଳରେ ବସିଥିଲା, ମାତ୍ର ଏବେ ସେ, ଏହି ରମଣୀୟ ସ୍ଥାନର ସବୁଜ ଘାସରେ ଅତ୍ୟନ୍ତ ଆନନ୍ଦର ସହିତ ନିଜ ଖାଦ୍ୟ ଖାଉଛି । ଯେପରି ତା'ଆନନ୍ଦରେ କୌଣସି ପ୍ରଭାବ ପଡ଼େନାହିଁ, ସେହିପ୍ରକାରେ ମୋ ଆନନ୍ଦରେ ମଧ୍ୟ କୌଣସି ପ୍ରଭାବ ପଡ଼େନାହିଁ । ମୁଁ ପଦରେ ରୁହେ ବା ନରୁହେ । ଏହି ଆନନ୍ଦ ପ୍ରଭୁ ପ୍ରଦତ୍ତ ଅଟେ । କେହି ଦେଇଥିବା ଦାନ ନୁହେଁ । ଦେଇଥିବା ଦାନକୁ କେବେବି କେହିବି ଫେରାଇନେଇପାରେ, ହେଲେ ପ୍ରଭୁ ପ୍ରଦତ୍ତ ଆନନ୍ଦକୁ କିଏବା ଫେରାଇନେବ ? ହେ ରାଜନ୍! ଶାସନବଳ, ଧନବଳ, ବାହୁବଳ, ବୁଦ୍ଧିବଳ ଆଦି ସଂସାରରେ ଯେତେ ବି ବଳ ଅଛି, ସେହି ସବୁଥିରେ ଅହଂକାର ଥାଏ, କିନ୍ତୁ ଏହି ଈଶ୍ୱରୀୟ ସମ୍ପତ୍ତିର ଆନନ୍ଦ ଏହିସବୁଠାରୁ ଊର୍ଦ୍ଧ୍ୱରେ ଅଟେ । ଏହି ଆନନ୍ଦର ଅନୁଭବ ହିଁ ଭିନ୍ନ ଅଟେ ।" କନ୍‌ଫ୍ୟୁଶିୟସ୍, ଚୀନ୍ ସମ୍ରାଟଙ୍କୁ ବଡ଼ ଭାବପୂର୍ଣ୍ଣ ଶବ୍ଦରେ କହିଲେ "ଶାସନରେ ଅହଂର ଗର୍ବ ଥାଏ । ପ୍ରଭୁ ଭକ୍ତିରେ ଉନ୍ମାଦର ଆନନ୍ଦ ଥାଏ, ହେଲେ ଏହି ଶୀର୍ଷତା ପର୍ଯ୍ୟନ୍ତ କେବଳ ସେ ହିଁ ପହଞ୍ଚିପାରେ, ଯାହାର ହୃଦୟ, ପ୍ରଭୁ ପ୍ରେମରେ ଭରପୂର ଥାଏ ।"

ସେହି ମହାନ୍ ଦାର୍ଶନିକ ଓ ମହାନ୍ ସନ୍ଥ କନ୍‌ଫ୍ୟୁଶିୟସ୍‌ଙ୍କର ଏହି ଶବ୍ଦ ଚୀନ୍ ସମ୍ରାଟଙ୍କ ହୃଦୟକୁ ଭେଦିଗଲା । ତତ୍‌କ୍ଷଣାତ୍ ନିଜ ଭୁଲ୍‌ର କ୍ଷମାଯାଚନା କରି ସେ ହୃଦୟର ଗଭୀରତାରୁ ପଶ୍ଚାତାପ କଲେ ଏବଂ କନ୍‌ଫ୍ୟୁଶିୟସ୍‌ଙ୍କ ଚରଣରେ ଚୀନ୍ ସମ୍ରାଟ୍ ନତମସ୍ତକ ହୋଇଗଲେ । ପ୍ରକୃତରେ ସନ୍ଥ, ନିଜ ସହଜ ଓ ସରଳ ସ୍ୱଭାବ ଦ୍ୱାରା ବଡ଼-ବଡ଼ ସମ୍ରାଟମାନଙ୍କ ହୃଦୟ ପରିବର୍ତ୍ତନ କରିଦିଅନ୍ତି, କାରଣ ସେମାନଙ୍କ ପାଖରେ ନିଜ ଆଚରଣର ଶକ୍ତି ଥାଏ ।

ପରିବର୍ତ୍ତନ ଜରୁରୀ ଅଟେ

ପରିବର୍ତ୍ତନ ପ୍ରକୃତିର ନିୟମ । ପ୍ରକୃତି ନିଜେ ପରିବର୍ତ୍ତନଶୀଳ ହୋଇଥିବାରୁ ତାକୁ ପରିବର୍ତ୍ତନ ପ୍ରିୟ । ପ୍ରକୃତି ପରିବର୍ତ୍ତନଶୀଳ ହୋଇଥିବାରୁ ଏହି ସଂସାର ମଧ୍ୟ ପରିବର୍ତ୍ତନଶୀଳ । ଯେଉଁପ୍ରକାରେ ଗଛରେ ପୁରୁଣା ପତ୍ରର ସ୍ଥାନ ନୂଆ ପତ୍ର ନେଇଯାଏ, ସେହିପ୍ରକାରେ କୌଣସି ବ୍ୟକ୍ତି ଯେତେ ଧନୀ ବା ଯେତେ ବୁଦ୍ଧିମାନ ହୋଇଥାଉନା କାହିଁକି, ଯଦି ସେ ପ୍ରକୃତିର ନିୟମ 'ପରିବର୍ତ୍ତନ' ଅନୁରୂପ ନିଜକୁ ପରିବର୍ତ୍ତିତ କରେନାହିଁ, ତେବେ ସେ ହୁଏତ ନଷ୍ଟ ହୋଇଯାଇପାରେ କିମ୍ବା ଜୀବନର ଦୌଡ଼ରେ ପଛରେ ରହିଯାଏ । ଯେଉଁ 'ଅତି ପଛୁଆ ବର୍ଗ' ବିଷୟରେ ଆମେ କଥା ହେଉ, ଦୁର୍ଭାଗ୍ୟବଶତଃ ସେମାନେ ସେହି ଲୋକ ଅଟନ୍ତି, ଯେଉଁମାନେ ସମୟ ଅନୁସାରେ ନିଜକୁ ପରିବର୍ତ୍ତିତ କଲେନାହିଁ ଏବଂ ଲକ୍ଷେ ଚେଷ୍ଟା ସତ୍ତ୍ୱେ ସମଗ୍ର ବିଶ୍ୱର ସରକାରମାନେ ସେମାନଙ୍କୁ ମୁଖ୍ୟ ଧାରାକୁ ଆଣିପାରୁନାହାଁନ୍ତି ।

> ଯଦି ଆମକୁ ନିଜ ସହିତ ଦେଶ ତଥା ସମାଜର ବିକାଶ କରିବାର ଅଛି, ତେବେ ଦ୍ରୁତଗତିରେ ବଦଳୁଥିବା ଦୁନିଆ ସହ ଆମକୁବି ବଦଳିବାକୁ ପଡ଼ିବ । ଯଦି ଆଜି ଆମେ ଦୁନିଆ ସହିତ ନଚାଲିବା, ତେବେ ଆମେ ବହୁତ ପଛରେ ରହିଯିବା । । ମନେରଖନ୍ତୁ, ସମୟ କାହାକୁ ଅପେକ୍ଷା କରେନାହିଁ ।
>
> – ସୂର୍ଯ୍ୟ ସିହ୍ନା

ବନ୍ଧୁଗଣ, ଯେପରି ମୁଁ କହିସାରିଛି ଯେ, ପରିବର୍ତ୍ତନ ପ୍ରକୃତିର ନିୟମ ଅଟେ, ସେଥିପାଇଁ ସମୟର ଚାହିଦାକୁ ବୁଝି, ଯାହା ଜରୁରୀ, ସେହିପରି ନୂତନ ପଦକ୍ଷେପ ଉଠାଇବା ଉଚିତ୍ । ସମୟ ସହିତ ବଦଳିବାର ସାହସ ରଖୁଥିବା ଲୋକମାନଙ୍କୁ କେବେବି ପଛକୁ ଚାହିଁବା ଦରକାର ହୁଏନାହିଁ । ସମୟ ସହିତ ବଦଳିବା ସଫଳତା ପାଇଁ ଅତ୍ୟନ୍ତ ଆବଶ୍ୟକ । ଖାସ୍‌କରି ଆଜିକାଲିର ପରିବେଶରେ,

ଯେତେବେଳେକି ସ୍ଥିତି ଓ ବାତାବରଣ ଦ୍ରୁତଗତିରେ ବଦଳୁଛି । ଆଜି, ଦୁନିଆର ପରିବର୍ତ୍ତନ ବେଗ ଖୁବ୍ କ୍ଷିପ୍ର । ଦୈନିକ ନୂଆ-ନୂଆ ଯାନ୍ତ୍ରିକକୌଶଳର ବିକାଶ କରାଯାଉଛି । ଏହି ଦୁନିଆରେ ପ୍ରତ୍ୟେକ ଦିନ ନୂଆ ଆବିଷ୍କାର କରାଯାଉଛି । ଦୈନିକ ବିକାଶର ନୂଆ ମାନଦଣ୍ଡ ସ୍ଥିର କରାଯାଉଛି । କ୍ଷିପ୍ରଗତିରେ ବଦଳୁଥିବା ସମୟାନୁପାତରେ ପରିବର୍ତ୍ତନ ଆହୁରି ମହତ୍ୱପୂର୍ଣ୍ଣ ହୋଇଯାଇଛି ।

ସାମ୍ପ୍ରତିକ ସମୟରେ ବିକାଶର ଗତି ଆଶ୍ଚର୍ଯ୍ୟ କରୁଛି । ଆଜି ଗୋଟିଏ ନୂଆ ଟେକ୍ନୋଲୋଜୀ ଆସେ, ଯାହା ଆଶ୍ଚର୍ଯ୍ୟଜନକ ଭାବରେ କାଲିକି ପୁରୁଣା ହୋଇଯାଏ । ତେଣୁ, ପରିବର୍ତ୍ତନ, ସମୟର ଚାହିଦା ମଧ୍ୟ ଅଟେ ଓ ଆବଶ୍ୟକତା ମଧ୍ୟ । ଆପଣ ମଧ୍ୟ ବଦଳନ୍ତୁ, ଆପଣଙ୍କର ବଦଳିବା ନିତାନ୍ତ ଆବାଶ୍ୟକ ।

ଜାପାନ୍, ଚୀନ୍ ଆଦି ବିକାଶଶୀଳ ଦେଶମାନେ ନିଜକୁ ପରିବର୍ତ୍ତିତ କରିସାରିଛନ୍ତି, ମାତ୍ର ଆମ ଦେଶରେ ଏହି କଥା ସାଧାରଣ ଲୋକମାନେ ବୁଝିପାରୁନାହାଁନ୍ତି । ଏହାହିଁ କାରଣ, ଯେଉଁଥିପାଇଁ ଆମ ଦେଶର ବିକାଶ ବହୁତ ମନ୍ଥର ଗତିରେ ହେଉଛି ।

କେବଳ ଏତିକି ନୁହେଁ, ଭ୍ରଷ୍ଟାଚାର, ବେଇମାନୀ, କୁଟୁମ୍ବବାଦ, ଲାଞ୍ଚ, ଦଲାଲୀ ଆଦି ଆମ ଦେଶର ମୌଳିକ ଢାଞ୍ଚାକୁ ଫମ୍ପା କରିଦେଇଛି । ଏହିସବୁ ବେଶିଦିନ ପର୍ଯ୍ୟନ୍ତ ଚାଲିବନାହିଁ । ଦିନେନା ଦିନେ କେବଳ ଆମେ ହିଁ ନୁହେଁ, ଆମର ଆଗମୀ ପିଢ଼ିକୁ ମଧ୍ୟ ଏହାର କ୍ଷତିପୂରଣ କରିବାକୁ ପଡ଼ିବ । ଯେଉଁ ହିସାବରେ ଆମେ ପ୍ରାକୃତିକ ସମ୍ପଦକୁ, ଜମି-ଜମାକୁ, ଜଙ୍ଗଲକୁ ବିକାଶ ନାମରେ ନଷ୍ଟ କରୁଛେ, ତାହା ଆମ ଆଗାମୀ ପିଢ଼ିର ବିନାଶର କାରଣ ହେବ । ସେହି ସମୟରେ ଆମର ବଂଶଜ ଆମକୁ ଶ୍ରଦ୍ଧାରେ ମନେପକାଇବେ ନାହିଁ, ବରଂ ଗାଳି କରିବେ, ଭର୍ତ୍ସନା କରିବେ । ଯେଉଁ ଲୋକମାନେ ଆଗାମୀ ପିଢ଼ି ପାଇଁ ଜମି-ଜମା, ଧନ-ଦୌଲତର ଅମ୍ବାର ଲଗାଉଛନ୍ତି, ତାହା ସେମାନଙ୍କର କାମରେ ଲାଗିବନାହିଁ । ସବୁ ସେହିପରି ରହିଯିବ ।

ହଁ, ଆଜି ଯଦି ଆପଣ ସଚ୍ଚୋଟତାରେ ଗୋଟିଏ ଗଛ ଲଗାଇବେ, ଗୋଟିଏ ବୁନ୍ଦା ପାଣି ବଞ୍ଚାଉଛନ୍ତି, ପରିବେଶକୁ ପ୍ରଦୂଷିତ ହେବାରୁ ରକ୍ଷା କରିବାରେ ନିଜ ଯୋଗଦାନ ଦେଉଛନ୍ତି, ତେବେ ଏଥିରୁ ସେମାନଙ୍କୁ ନିଶ୍ଚିତ ଭାବେ ନୂଆ ଜୀବନ ମିଳିବ ଏବଂ ସେମାନେ ଏହିପରି ଲୋକମାନଙ୍କ ପ୍ରଶଂସା କରିବେ, ନା କି ବିକାଶ ନାମରେ ବିନାଶ କରୁଥିବା ଲୋକମାନଙ୍କୁ । ପ୍ରକୃତି ଆମକୁ ବାରମ୍ବାର ଚେତାବନୀ ଦେଉଛି । ସମୟ ସହିତ ଆମ ସମସ୍ତଙ୍କୁ ବଦଳିବା ଶିଖିବାକୁ ହେବ, ତେବେ ହିଁ ଆମ ଦେଶରେ ପ୍ରକୃତ

ବିକାଶ ସମ୍ଭବ ଏବଂ ତେବେ ହିଁ ଆମର ଆଗାମୀ ପିଢ଼ି ଆମକୁ ସମ୍ମାନପୂର୍ବକ ମନେପକାଇବେ ।

ସମୟ ସହିତ ସମସ୍ତ ଜିନିଷରେ ପରିବର୍ତ୍ତନ ଆସୁଛି । ବ୍ୟବସାୟ ପ୍ରଣାଳୀରେ, ଚାଷ କରିବାର ପ୍ରକ୍ରିୟାରେ, ଫେଶନ୍ ଆଦି ସମସ୍ତ କ୍ଷେତ୍ରରେ । ଯେଉଁ ବ୍ୟକ୍ତି ନିଜକୁ ପରିବର୍ତ୍ତିତ କରିପାରେ ନାହିଁ, ସେ ପଛରେ ରହିଯାଏ ।

ନିଜ ଆଖପାଖକୁ ଦେଖନ୍ତୁ, ସଂସାରର ଗତି ବହୁତ କ୍ଷିପ୍ର ହୋଇଯାଇଥିବାର ଆପଣ ଦେଖିବାକୁ ପାଇବେ । ବିକଶିତ ଦେଶମାନେ ପରମ୍ପରାଗତ ବ୍ୟାପାର ପ୍ରଣାଳୀକୁ ନେଟ୍‌ୱର୍କ ବ୍ୟାପାର ପ୍ରଣାଳୀରେ ପରିବର୍ତ୍ତିତ କରି ସାଧାରଣ ଲୋକର ଜୀବନସ୍ତର ଉଚ୍ଚକୁ ଉଠାଇବାକୁ ସୁଯୋଗ ଦେଇଛନ୍ତି । ଏହି ବ୍ୟବସାୟ ପ୍ରଣାଳୀ ଆମେରିକା ପରି ଦେଶରେ ୧୯୪୯ରୁ ଚାଲୁଛି ଏବଂ ଅତ୍ୟଧିକ ସଫଳ ଅଟେ, ଯେତେବେଳେକି ଆମେ ନିଜ ଦେଶରେ ସେହି ପୁରୁଣା ଶୈଳୀ ଓ ଜ୍ଞାନକୌଶଳରେ କାର୍ଯ୍ୟକରି ନିଜକୁ ପଛରେ ରଖିବା ସହିତ ଦେଶ ଓ ସମାଜର ବିକାଶରେ ମଧ୍ୟ ବାଧକ ସାଜୁଛେ ।

ଯଦି ଆମକୁ ନିଜ ସହିତ ଦେଶ ତଥା ସମାଜର ବିକାଶ କରିବାର ଅଛି, ତେବେ ବଦଳୁଥିବା ଦୁନିଆ ସହିତ ବଦଳିବାକୁ ହେବ । ଯଦି ଏହି ଦୁନିଆ ସହିତ ନଚାଲିବା, ତେବେ ବହୁତ ପଛରେ ରହିଯିବା । ମନେରଖନ୍ତୁ, ସମୟ କାହାକୁ ଅପେକ୍ଷା କରେନାହିଁ । ଯଦି ଆମକୁ ସଫଳ ହେବାର ଅଛି, ତେବେ ଆମକୁ ସମୟ ସହିତ ଚାଲିବାକୁ ହେବ, ଆମକୁ ବଦଳିବାକୁ ହେବ ।

ଛୋଟ କାମ, ବଡ଼ କାମ : ଏକ ପାଗଳାମୀ

ଆଜିବି କିଛି ଲୋକ ଶହ-ଶହ ବର୍ଷ ପୁରୁଣା **ଏହି କାମ ଛୋଟ କିମ୍ବା ଏହି କାମ ବଡ଼** ପରି ନିମ୍ନସ୍ତରୀୟ ଚିନ୍ତାଧାରାର ଶିକାରଗ୍ରସ୍ତ ଅଛନ୍ତି । ଏପରି ବିଚାରଧାରା କେବଳମାତ୍ର ପାଗଳାମୀ ଅଟେ । କୌଣସି କାମ ଛୋଟ ନୁହେଁ । ହଁ, ମନ ଛୋଟ ହୋଇନଥିବା ଦରକାର । ବଡ଼ ମନରେ କରାଯାଇଥିବା ଛୋଟ କାମ ମଧ୍ୟ ବଡ଼ ହୋଇଯାଇଥାଏ । କଥା କେବଳ ନୂଆ ବିଚାରକୁ ଆତ୍ମସାତ୍ କରିବାର ଅଟେ । ନୂଆ ଦୃଷ୍ଟି, ନୂଆ ଚିନ୍ତାଧାରା ଓ ନୂଆ ଦୃଷ୍ଟିକୋଣର ଅଟେ ।

ଯେଉଁ କାର୍ଯ୍ୟକୁ ଆମେ ଛୋଟ ବୋଲି ଭାବୁଥିଲୁ, ସେହି କାମକୁ କରିବାର

ଦାୟିତ୍ୱ ବଡ଼-ବଡ଼ ବିଦେଶୀ କମ୍ପାନୀ ଉଠାଉଛନ୍ତି, ଆଉ ବହୁତ ଲାଭରେ ମଧ୍ୟ ଅଛନ୍ତି । ସେମାନେ ଆମରି ଚପଲ ଆମ ମୁଣ୍ଡରେ ଥୋଇଛନ୍ତି । ଆମ ଦେଶର ପ୍ରାକୃତିକ ସମ୍ପଦରୁ, ଆମରି ହିଁ ଲୋକଙ୍କ ପରିଶ୍ରମରୁ ସେମାନେ ଛୋଟ-ଛୋଟ ଜିନିଷ ତିଆରି କରନ୍ତି ଏବଂ ନିଜ ଦେଶର ମୋହର ଲଗାଇ, ଖର୍ଚ୍ଚରୁ ଅନେକ ଗୁଣ ଅଧିକ ମୂଲ୍ୟରେ ଆମକୁ ବିକ୍ରି କରୁଛନ୍ତି ।

ଛୋଟିଆ ଗୋଟିଏ ବିହନ ଅଙ୍କୁରିତ ହୋଇ ବିଶାଳ ବୃକ୍ଷ ହୋଇଯାଏ । ସେହିପ୍ରକାରେ, ଯେତେବେଳେ ଆମେ କୌଣସି ଛୋଟ କାମକୁ ବଡ଼ ମନରେ କରୁ, ତେବେ ସେହି କାମ ମଧ୍ୟ ଗୋଟିଏ ବଡ଼ ଗଛ ସମାନ ମହାନ ଓ ବିରାଟ ରୂପ ନେଇଯାଏ ।

ଯଦି ଆମକୁ ନିଜ ଜୀବନରେ ଶୀର୍ଷକୁ ସ୍ପର୍ଶ କରିବା ଅଛି, ତେବେ ଆମକୁ ନିଜ ଭିତରୁ ପରିବର୍ତ୍ତିତ ହେବାକୁ ପଡ଼ିବ । ଆମକୁ, ନିଜ ଅନ୍ତରକୁ ପରିବର୍ତ୍ତିତ କରିବାକୁ ହେବ ।

ଏହା ଆମ ଜୀବନର ବାହ୍ୟ ନୁହେଁ, ଆନ୍ତରିକ ଯାତ୍ରା ଅଟେ । ଆମକୁ ଦେଖିବାକୁ ହେବ ଯେ, ଆମେ, ନିଜ ଆନ୍ତରିକ ରୂପରେ କେଉଁଆଡ଼େ ଯାଉଛେ । ଆମର ଦିଗ ଠିକ୍ ଅଛି ନା ନାହିଁ ।

ବାହ୍ୟ ଭାବରେ ତ ଆମେ ସାରା ଜୀବନ ଯାତ୍ରା କରୁଛେ, ମାତ୍ର ଆମ ଆନ୍ତରିକ ଯାତ୍ରା ଗୋଟିଏ ହିଁ ରାସ୍ତାରେ ଚାଲିଥାଏ । ତାହା ଆମକୁ ସଫଳତା ମାର୍ଗରେ ନେଇଯାଏ, ନଚେତ୍ ଅସଫଳତା ମାର୍ଗ ଆଡ଼କୁ । ଏହା ଆମକୁ ହିଁ ସ୍ଥିର କରିବାକୁ ହେବ ଯେ, ଆମେ କେଉଁ ମାର୍ଗରେ ଚାଲିବାକୁ ଚାହୁଁଛେ, ସଫଳତା ମାର୍ଗରେ ନା ଅସଫଳତା ମାର୍ଗରେ । ଯଦି ଆମେ ନିଜ ଅନ୍ତରର ନକରାତ୍ମକ ଓ ରଢ଼ିବାଦୀ ଚିନ୍ତାଧାରାକୁ ବଦଳାଇ ପାରିବା, ତେବେ ସବୁକିଛି ପ୍ରାପ୍ତ କରିପାରିବା ।

ଆମକୁ ନିଜ ଭିତରେ କେଉଁ ପ୍ରକାରର ପରିବର୍ତ୍ତନ କରିବାର ଅଛି ? ଆମ ଭିତରେ ଏପରି କ'ଣ ଅଛି, ଯାହାକୁ ପରିବର୍ତ୍ତିତ କରିବା ଦରକାର ? ଆସନ୍ତୁ, ଏହା ଉପରେ ଆଲୋଚନା କରିବା -

ପ୍ରତ୍ୟେକ ବ୍ୟକ୍ତି ମନରେ ଦୁଇ ପ୍ରକାର ବିଚାରଧାରା ରହିଥାଏ - ବିଜୟ ଓ ପରାଜୟ, ସକରାତ୍ମକ ଓ ନକରାତ୍ମକ । ବିଜୟ ଓ ସକରାତ୍ମକତା ଆମକୁ ଈଶ୍ୱରୀୟ ଶକ୍ତି ବା ଈଶ୍ୱରଙ୍କ ଉପସ୍ଥିତିର ଅନୁଭବ କରାଏ, ଯେତେବେଳେକି ପରାଜୟ ଓ

ନକରାତ୍ମକତା ଆମକୁ ନାସ୍ତିକତା, ଅବିଶ୍ୱାସ ଓ ରାକ୍ଷସତାର ବୋଧ କରାଏ ।

ଅନ୍ୟ ଶବ୍ଦରେ କହିବାକୁ ଗଲେ, ଆମ ଭିତରେ ଈଶ୍ୱର ଓ ରାକ୍ଷସ, ଉଭୟ ବିଦ୍ୟମାନ ଅଛନ୍ତି । ନିଜ ଚିନ୍ତାରେ ଆମେ ଯାହାକୁ ଉଠାଉ, ସେ ହିଁ ଆମ ପାଇଁ କାମ କରିବା ଆରମ୍ଭ କରିଦିଏ । ଯାହାକୁ ଆମେ ଅଧିକ ମହତ୍ୱ ଦେଉ, ସେ ହିଁ ଆମ ପାଇଁ ଅଧିକ କାମ କରେ । ଯଦି ଆମେ କୌଣସି କାମ ବିଷୟରେ କହିଦେଉ ଯେ, 'ମୁଁ ଏହି କାମ କରିପାରିବି', ତେବେ ଆମ ଭିତରେ ଥିବା ଈଶ୍ୱର ବା ଭଗବାନ ଆମକୁ ତୁରନ୍ତ କହିଦିଅନ୍ତି ଯେ, ଆପଣ ଏହି କାମ କିପରି କରିପାରିବେ । ସେ, ଆପଣଙ୍କ ମନରେ ନୂଆ-ନୂଆ ବିଚାର ସ୍ଥାପନ କରିଦିଅନ୍ତି ତଥା ଆପଣଙ୍କ ଇଚ୍ଛାଶକ୍ତିକୁ ପ୍ରବଳ କରିଦିଅନ୍ତି ।

ଯଦି ଆପଣ ଭାବନ୍ତି ଯେ, ଆଜିର ପାଣିପାଗ ବହୁତ ଭଲ ଅଛି, ତେବେ ସାଧାରଣ ପାଣିପାଗ ମଧ୍ୟ ଆପଣଙ୍କୁ ଭଲ ଲାଗିଥାଏ । ଏହିପରି ହୋଇଥାଏ, କୌଣସି କାମ ପାଇଁ 'ହଁ' କହିଲେ, ଅର୍ଥାତ୍, ଯେପରି ଆପଣ ସକରାତ୍ମକ ବା ପଜିଟିଭ୍ ହୁଅନ୍ତି, ସେପରି ଆପଣଙ୍କ ଭିତରେ ଥିବା ଈଶ୍ୱରୀୟ ଶକ୍ତି ଜାଗୃତ ହୋଇଯାଏ ।

ଯଦି ଆପଣ କୌଣସି କାମ ପାଇଁ 'ନାହିଁ' କରନ୍ତି ଓ ଭାବନ୍ତି ଯେ, 'ଏହି କାମ ବହୁତ କଠିନ, ମୁଁ ଏହି କାମ କରିପାରିବି ନାହିଁ', ତେବେ ଆପଣଙ୍କ ଭିତରର ରାକ୍ଷସ ଉଠିପଡ଼େ ଓ ସେ ତୁରନ୍ତ ହିଁ କାରଣ ବତାଇ ସିଦ୍ଧ କରିଦିଏ ଯେ, ଆପଣ ଅମୁକ କାର୍ଯ୍ୟକୁ କାହିଁକି କରିପାରିବେ ନାହିଁ । ଏହାପରେ, ଯଦି ଆପଣ ଭାବନ୍ତି ବା କୁହନ୍ତି ଯେ, ଆଜି ପାଣିପାଗ ଖରାପ ଅଛି, ତେବେ ଯେତେ ସୁନ୍ଦର ପାଣିପାଗ ଥିଲେ ମଧ୍ୟ ଆପଣଙ୍କୁ ଭଲ ଲଗିନଥାଏ । ଆପଣ ଚିନ୍ତିତ ହୋଇଯା'ନ୍ତି । କାରଣ କେବଳ ଏହା ହୋଇଥାଏ ଯେ, ସେହି ସମୟରେ ନକରାତ୍ମକ ଓ ନିରାଶାଜନକ ଶକ୍ତିଗୁଡ଼ିକ ଜାଗୃତ ହୋଇଯାଇଥା'ନ୍ତି । ସେହି ରାକ୍ଷସ ବା ସଇତାନ, ଯିଏ ଆଳସ୍ୟ ଓ ନକରାତ୍ମକତାର ମାଲିକ ହୋଇଥାଏ, ନିଜର ସମସ୍ତ ନକରାତ୍ମକ ଶକ୍ତିଗୁଡ଼ିକ ସହିତ ଆପଣଙ୍କୁ ରୋକିବା ପାଇଁ, ପକାଇବା ପାଇଁ କିମ୍ବା ପଛକୁ ଠେଲିବା ପାଇଁ ଠିଆ ହୋଇଯାଇଥାଏ ।

ଭିତରର ଭଗବାନଙ୍କୁ ଜାଗ୍ରତ କରନ୍ତୁ

ଯଦି ଆପଣ ଜୀବନରେ ସଫଳ ହେବାକୁ ଚାହାଁନ୍ତି, ତେବେ ଆପଣଙ୍କୁ ନିଜ

ଭିତରର ସଇତାନକୁ ମାରିବାକୁ ହେବ ଓ ନିଜ ଭିତରେ ଲୁକ୍କାୟିତ ଈଶ୍ୱରଙ୍କୁ ଜାଗୃତ କରିବାକୁ ହେବ । ଯଦି ଆପଣ ନିଜ ଭିତରେ ଥିବା ଈଶ୍ୱରଙ୍କୁ ଉଠାଇବାରେ ସଫଳ ହୋଇଯାଆନ୍ତି, ତେବେ ଏହି ଦୁନିଆରେ ଏପରି କୌଣସି କାମ ନାହିଁ, ଯାହାକୁ ଆପଣ କରିପାରିବେ ନାହିଁ ।

ଆଉଥରେ ମୁଁ ଆପଣଙ୍କୁ କହିରଖୁଛି ଯେ, ଏହି ପରିବର୍ତ୍ତନ, ନୂଆ ଦୁନିଆ ସହିତ ପାଦ ମିଶାଇ ଚାଲିବା କିମ୍ବା ବିକାଶରେ ନିଜର ଅତୁଳନୀୟ ଯୋଗଦାନ କରିବା, ଏହିସବୁ ସେହି ବ୍ୟକ୍ତି କରିପାରିବ, ଯିଏ ନିଜ ମନକୁ ଜିତି ପାରିଥିବ କିମ୍ବା ଯିଏ ନିଜ ମନ ଉପରେ ଶାସନ କରିବାର କ୍ଷମତା ରଖିଥିବ । ଯିଏ ନିଜ ମନକୁ ଜିତି ପାରିବନାହିଁ, ସେ କିଛି କରିପାରିବ ନାହିଁ ।

ଗୋଟିଏ ଥରର କଥା । କୌଣସି ସହରରେ ଜଣେ ବହୁତ ଧନୀ ଲୋକ ରହୁଥିଲା । ତା'ର ଏକ ବଡ଼ ଅଜବ ସଉକ ଥିଲା । ସେ ନିଜ ଘର ଭିତରେ ଥିବା ଗୋଟିଏ ବଡ଼ ସ୍ୱିମିଙ୍ଗ୍ ପୁଲ୍‌ରେ ସାପ, କୁମ୍ଭୀର ଆଦି ଅନେକ ଜୀବ ପାଳିଥିଲା । ଦିନେ ସେ, ନିଜ ଘରେ ଏକ ପାର୍ଟୀ ଦେଲା । ସେହି ପାର୍ଟୀରେ ଅନେକ ଲୋକ ଯୋଗଦାନ କଲେ । ଖିଆ-ପିଆ ପରେ ସେ, ସମସ୍ତ ଅତିଥିମାନଙ୍କୁ ସ୍ୱିମିଙ୍ଗ୍ ପୁଲ୍ ପାଖକୁ ନେଇଯାଇ କହିଲା "ବନ୍ଧୁଗଣ, ଆପଣମାନେ ଯେଉଁ ସ୍ୱିମିଙ୍ଗ୍ ପୁଲ୍‌କୁ ଦେଖୁଛନ୍ତି, ସେଥିରେ ଗୋଟିଏରୁ ବଳି ଆଉ ଗୋଟିଏ ଭୟଙ୍କର ଜୀବ ଅଛନ୍ତି । ଆପଣମାନଙ୍କ ମଧ୍ୟରୁ ଯିଏ କେହି ଏହାକୁ ପାର କରିଯିବ, ତେବେ ମୁଁ ତାକୁ ଏକ କୋଟି ଟଙ୍କା ଦେବି କିମ୍ବା ମୋ ଝିଅ ସହିତ ବିବାହ କରିଦେବି ।"

ସବୁ ଲୋକ ସେହି ସ୍ୱିମିଙ୍ଗ୍ ପୁଲ୍ ଆଡ଼କୁ ଚାହିଁଲେ, ହେଲେ ତାକୁ ପାର କରିବାର କାହାର ସାହସ ହେଲାନାହିଁ । ଠିକ୍ ସେତିକିବେଳେ, ପାଣିରେ ପଡ଼ିବା ପରି ଶବ୍ଦ ହେଲା, ଆଉ ଲୋକମାନେ ଦେଖିଲେ ଯେ, ଜଣେ ଯୁବକ ସେହି ଭୟଙ୍କର ପୁଲ୍‌ରେ କୁମ୍ଭୀର, ସାପ ଆଦିଙ୍କଠାରୁ ନିଜକୁ ରକ୍ଷାକରି ଆଗକୁ ବଢୁଛି । ସେହିପ୍ରକାରେ ସେ, ପୁଲ୍‌କୁ ପାର କରି ଅକ୍ଷତ ଅବସ୍ଥାରେ ବାହାରକୁ ମଧ୍ୟ ବାହାରିଗଲା । ସମସ୍ତ ଲୋକ ତା'ସାହସିକତା ଦେଖି ଆଶ୍ଚର୍ଯ୍ୟ ହୋଇଗଲେ । ଧନୀ ଲୋକକୁ ବିଶ୍ୱାସ ହେଲାନାହିଁ ଯେ, କେହି ଏପରି ମଧ୍ୟ କରିପାରିଲା । ଏତେ ବର୍ଷ ମଧ୍ୟରେ କେହି, ପୁଲ୍ ପାର କରିବା ତ ଦୂର କଥା, ତାହାର ପାଣି ଛୁଇଁବାକୁ ମଧ୍ୟ ସାହସ କରିନଥିଲେ । ଧନୀ ବ୍ୟକ୍ତି, ସେହି ଯୁବକକୁ କହିଲା "ଯୁବକ! ଆଜି ତୁମେ ବହୁତ ସାହସିକତାର କାମ କରିଛ, ତୁମେ ପ୍ରକୃତରେ ସାହାସୀ । କୁହ, ତୁମେ କେଉଁ ପୁରସ୍କାର ଚାହୁଁଛ ?"

"ମୁଁ ଆପଣଙ୍କ ଝିଅ ସହିତ ବିବାହ କରିବାକୁ ଚାହୁଁଛି," ଯୁବକ କହିଲା । ତାହାପରେ ଧନୀ ବ୍ୟକ୍ତି, ସେହି ସାହସୀ ଯୁବକ ସହିତ ନିଜ ଝିଅର ବିବାହ ବହୁତ ଜାକଜକମରେ କରିଲା ଏବଂ ଅନେକ ଧନ-ରତ୍ନ ଦେଇ ବିଦାୟ କଲା । ଏହିପ୍ରକାରେ, ସେହି ଯୁବକ ଦ୍ୱାରା ନିଆଯାଇଥିବା ତତ୍କାଳ ନିଷ୍ପତ୍ତି ଓ ସାହସ କାରଣରୁ ତା'ଜୀବନରେ ବିରାଟ ପରିବର୍ତ୍ତନ ଆସିପାରିଲା ।

ଜରୁରୀ ଅଟେ ଆତ୍ମାନୁଶାସନ

ପ୍ରତ୍ୟେକ ବ୍ୟକ୍ତି ଚାହିଁଥାଏ ଯେ, ଦୁନିଆ ଉପରେ ତା' ଶାସନ ଚାଲୁ, ତା'ସତ୍ତା ସ୍ଥାପିତ ହୋଇଯାଉ । ସେ, ସମସ୍ତଙ୍କ ଉପରେ ନିୟନ୍ତ୍ରଣ ରଖୁ, ସମସ୍ତ ସ୍ଥିତି-ପରିସ୍ଥିତି ତା'ନିୟନ୍ତ୍ରଣରେ ରହୁ । ଏହାସବୁ ସମ୍ଭବ ନୁହେଁ । ଏହିଗୁଡ଼ିକ ମଧ୍ୟରୁ ପ୍ରତ୍ୟେକ ଭାବନା ସମ୍ଭବ ହୋଇପାରେ, ଯଦି ଆପଣ ନିଜ ଉପରେ ନିୟନ୍ତ୍ରଣ କରିପାରିବେ, ତେବେ ।

ସର୍ବପ୍ରଥମେ ଆପଣଙ୍କୁ ନିଜ ମନ ଓ ଜିଭ ଉପରେ ନିୟନ୍ତ୍ରଣ କରିବାକୁ ହେବ । ଯଦି ଆପଣ ମନ ଓ ଜିଭ ଉପରେ ନିୟନ୍ତ୍ରଣ ପାଇବାରେ ସଫଳ ହୋଇଯା'ନ୍ତି, ତେବେ ବିଶ୍ୱାସ କରନ୍ତୁ, ଆପଣ ଦୁନିଆ ଉପରେ ଶାସନ କରିପାରିବେ, ସଫଳତାର ଶିଖରରେ ପହଞ୍ଚିପାରିବେ, ଯେଉଁଠାରେ ଆପଣଙ୍କ ପୂର୍ବରୁ ବୋଧହୁଏ କେହି ପହଞ୍ଚି ନ ଥିବେ ।

ଯେଉଁ ବ୍ୟକ୍ତିର କଥା ଓ କାର୍ଯ୍ୟ ମଧ୍ୟରେ କୌଣସି ପ୍ରଭେଦ ନଥାଏ, ତାକୁ ସିଦ୍ଧ ପୁରୁଷ କୁହାଯାଏ ଏବଂ ସେ ହିଁ ନିଜ ମନ-ଶରୀର ଉପରେ ନିୟନ୍ତ୍ରଣ ପାଇପାରିବ ।

> **ସର୍ବପ୍ରଥମେ ଏହା ବୁଝିନିଅନ୍ତୁ ଯେ, ଆତ୍ମାନୁଶାସନ ବା ଆତ୍ମ ଅନୁଶାସନ କ'ଣ ଅଟେ ? ଆତ୍ମର ଅର୍ଥ ହେଉଛି ସ୍ୱୟଂ ବା ନିଜେ ଏବଂ ଅନୁଶାସନର ଅର୍ଥ ହେଉଛି ନିଜ ଉପରେ ନିୟନ୍ତ୍ରଣ, ଅର୍ଥାତ୍ ସତ୍ତା ଉପରେ ନିଜର ନିୟନ୍ତ୍ରଣ, ସେଲ୍ଫ୍ କଣ୍ଟ୍ରୋଲ୍ , ମନ ଉପରେ ଅଧିକାର, ମନର ଲଗାମ ନିଜ ହାତରେ ରଖିବା ।**
>
> **– ସୂର୍ଯ୍ୟ ସିହ୍ନା**

ଜିହ୍ୱା ଉପରେ କରନ୍ତୁ ନିୟନ୍ତ୍ରଣ

ଜିଭ ଆମ ଶରୀରର ଗୋଟିଏ ଛୋଟ କିନ୍ତୁ ଅତ୍ୟନ୍ତ ମହତ୍ୱପୂର୍ଣ୍ଣ ଅଙ୍ଗ ଅଟେ । ଏହି ଜିଭ ଦ୍ୱାରା ଆମେ ଅମୃତ ମଧ୍ୟ ବର୍ଷାଇପାରିବା ଏବଂ ବିଷ ମଧ୍ୟ ।

ମନକୁ ଜିତିଲେ ବିଜୟ

ସବୁପ୍ରକାରର ଜଙ୍ଗଲୀ ପଶୁ, ପକ୍ଷୀ, ସରୀସୃପ ଜନ୍ତୁ ଓ ଜଳଚର ମନୁଷ୍ୟର ବଶୀଭୂତ ହୋଇପାରନ୍ତି, ହେଲେ ସେହି ମନୁଷ୍ୟ ନିଜ ଜିଭ ଉପରେ ନିୟନ୍ତ୍ରଣ ରଖିପାରେ ନାହିଁ । ତାହା ଏପରି ଏକ ଜିନିଷ, ଯାହା ରୁହେହିଁ ନାହିଁ, କାବୁରେ ହିଁ ଆସେନାହିଁ । ଗୋଟିଏ ଥର ନିଜ ପ୍ରବାହରେ ଆରମ୍ଭ ହୋଇଗଲେ, ବାସ୍, କଇଁଚି ପରି ଚାଲିବାକୁ ଲାଗିଥାଏ । ସାମନା ଲୋକର ହୃଦୟ କଟୁଛି, ଭାବନା ଆହତ ହେଉଛି ବା ସମ୍ମାନ ଖଣ୍ଡ-ବିଖଣ୍ଡିତ ହେଉଛି, ଏହିସବୁରେ ତା'ର କୌଣସି ସମ୍ପର୍କ ନଥାଏ । ଏହି ଜିଭରେ ଆମେ ସମସ୍ତଙ୍କୁ ଭଲ-ମନ୍ଦ କହୁ, ଅଭଦ୍ର କଥା ଓ ଅପଶବ୍ଦ କହୁ, କାହାର ଅନିଷ୍ଟ କାମନା କରୁ ଓ କାହାକୁ ଅଭିଶାପ ଦେଉ । ଏପରି ହେବାକଥା ନୁହେଁ । ଏହା କେବଳ ମାନବ ଜାତି ପ୍ରତି ହିଁ ନୁହେଁ, ବରଂ ଈଶ୍ୱରଙ୍କ ପ୍ରତି ମଧ୍ୟ କରାଯାଇଥିବା ଅପରାଧ ଅଟେ ।

ଯଦି ଆମେ ନିଜ ଜିଭ ଉପରେ ନିୟନ୍ତ୍ରଣ କରିବା ଶିଖିଯିବା, ତେବେ ଆମର କୌଣସି କାମ ଅଟକିବ ନାହିଁ । ଜିଭ ଓ ମନ ହିଁ ଆମ ଭିତରେ ଅହଂକାରକୁ ଜନ୍ମ ଦିଅନ୍ତି । ଅହଂକାର କାରଣରୁ ଆମେ ଅନ୍ୟକୁ ସର୍ବଦା ଘୃଣା ଦୃଷ୍ଟିରେ ଦେଖୁ । ଆମେ, ଅନ୍ୟକୁ ତୁଚ୍ଛ ନିଜକୁ ମହାନ୍ ଭାବୁ । ଆତ୍ମ ଅନୁଶାସନର ପ୍ରଥମ ଶିକ୍ଷା ଏହିକି ଯେ, ଆମକୁ ନିଜ ଜିଭ ଉପରେ ନିୟନ୍ତ୍ରଣ କରିବା ଉଚିତ୍, ତା'ପରେ ଆମକୁ ନିଜ ଅହଂକାର ଓ ସନ୍ଦେହକୁ ତ୍ୟାଗ କରିଦେବା ଉଚିତ୍ । ଯେପରି ଉଇ କାଠକୁ ଭିତରୁ ଖାଇ ଫମ୍ପା କରିଦିଏ, ସେପରି ଅହଂକାର ଓ ସନ୍ଦେହ ଏପରି କୀଟ ଅଟନ୍ତି, ଯାହା ଆମ ଜୀବନକୁ ହିଁ ଖାଇଯାଇଥା'ନ୍ତି । ଏହି କାରଣରୁ ଅନେକ ଲୋକ ବହୁଳ ଭାବେ ଅସଫଳ ହୋଇଥା'ନ୍ତି ।

ଆପଣ ଅଧିକାଂଶ ସମୟରେ ଦେଖିଥିବେ ଯେ, ଗୋଟିଏ ସ୍ଥାନରେ ଗୋଟିଏ ପ୍ରକାରର ଦୁଇଟି ଦୋକାନ ଥାଏ । ଉଭୟ ଦୋକାନରେ ସାମଗ୍ରୀର ମୂଲ୍ୟ ମଧ୍ୟ ସମାନ ହୋଇଥାଏ । ଏହା ସତ୍ତ୍ୱେ, ଗୋଟିଏ ଦୋକାନୀକୁ ସମୟ ମିଳେନାହିଁ, ଯେତେବେଳେକି ଅନ୍ୟ ଦୋକାନୀ ଖାଲି ବସି ଗ୍ରାହକଙ୍କ ଅପେକ୍ଷା କରୁଥିବ । ଆପଣ କେବେବି ଭାବିଛନ୍ତିକି ଏପରି କାହିଁକି ହୁଏ ?

ଏହିସବୁ ଜିଭର ସୁପରିଣାମ ଓ କୁପରିଣାମ ଅଟେ । ଗୋଟିଏ ଦୋକାନୀ ନିଜ ସ୍ନେହପୂର୍ଣ୍ଣ ଜିଭ ଓ ସ୍ନେହପୂର୍ଣ୍ଣ ବ୍ୟବହାରରୁ ନିଜ ଦୋକାନରେ ଗ୍ରାହକମାନଙ୍କ ଭିଡ଼ କରିଦିଏ, ଯେତେବେଳେକି ଅନ୍ୟ ଦୋକାନୀ ନିଜ ଅହଂକାର ଓ ନିଜ ସ୍ନେହହୀନ ଜିହ୍ୱା ଚାଳନା କାରଣରୁ ଗ୍ରାହକମାନଙ୍କଠାରୁ ବଞ୍ଚିତ ରହିଯାଏ । ସ୍ନେହହୀନ ଜିହ୍ୱା ଚାଳନା ଆମ ଚରିତ୍ରକୁ କଳଙ୍କିତ କରିପାରେ । ସମଗ୍ର ଜୀବନର ପରିଶ୍ରମକୁ ବୃଥା

କରିପାରେ । ବନ୍ଧୁକୁ ଶତ୍ରୁରେ ପରିଣତ କରିପାରେ । ସେହିଠାରେ, ଜିଭରୁ ବାହାରିଥିବା ମିଠା କଥା ଶତ୍ରୁକୁ ମିତ୍ରରେ ପରିଣତ କରିପାରେ । ବିଗିଡ଼ିଥିବା କାମକୁ ସଜାଡ଼ିପାରେ ।

ଯଦି ଆମେ ନିଜ ଜୀବନରେ ସଫଳ ହେବାର ଅଛି, ତେବେ ଜିଭ ଓ ମନ ଉପରେ ନିୟନ୍ତ୍ରଣ ରଖିବା ନିତାନ୍ତ ଆବଶ୍ୟକ । ଏହି ସନ୍ଦର୍ଭରେ କୁହାଯାଇଛି - **ବଶୀକରଣ ଏକ ମନ୍ତ୍ର ଅଟେ, ତ୍ୟାଗ କର କଠୋର ବଚନ ।**

ମନ ରହୁ ନିଜ ବଶରେ

ଆତ୍ମାନୁଶାସନରେ ଜିଭ ପରେ, ଯାହାର ସବୁଠାରୁ ମୁଖ୍ୟ ଭୂମିକା ରହିଥାଏ, ତାହା ହେଉଛି - ମନ । ଯଦି ଆମେ ମନକୁ ମଧ୍ୟ ଜିଭ ଭଳି ନିୟନ୍ତ୍ରଣାଧିନ କରିପାରିବା, ତେବେ ସଫଳତାର ଶିଢ଼ି ଚଢ଼ିବାରୁ ଆମକୁ କେହି ରୋକିପାରିବେ ନାହିଁ ।

ମନ ହେଉଛି ଚଞ୍ଚଳ । ଏହାର ଗତି ପ୍ରକାଶଠାରୁ ମଧ୍ୟ ତୀବ୍ର ଅଟେ । ଏହା ଏଇନା ଏଠି, ଏଇନା ସେଠି ହେଉଥାଏ । ଏହା ବେଳେବେଳେ ଆମ ଦ୍ୱାରା ଭୁଲ୍ କାର୍ଯ୍ୟ ମଧ୍ୟ କରାଇଦେଇଥାଏ । ଅନିୟନ୍ତ୍ରିତ ମନ ଆମକୁ କେବେବି ସଠିକ୍ ପରାମର୍ଶ ଦେଇପାରେ ନାହିଁ, କିନ୍ତୁ ଦୁନିଆରେ ଭଲ ଓ ସଫଳ ମନୁଷ୍ୟ ହେବାପାଇଁ ଆମ ଦ୍ୱାରା ଏହି ମନ ଭଲ କର୍ମ ମଧ୍ୟ କରାଇଥାଏ । ଆମକୁ ଏହା ଗମ୍ଭୀର ଭାବରେ ଚିନ୍ତା କରିବାକୁ ହେବ ଯେ, ଆମ ମନ ଆମ ଦ୍ୱାରା ଯେଉଁ କାର୍ଯ୍ୟ କରାଇବାକୁ ଚାହୁଁଥାଏ, ତାହା ଭୁଲ୍ କି ଠିକ୍ । ମୋତେ ମୋର ଅନୁଭବରୁ ଏହା କହିବାରେ କୌଣସି ସଂକୋଚ ନାହିଁ ଯେ, ଯଦି ବ୍ୟକ୍ତିର ଜିଭ ଓ ମନ ତା'ନିୟନ୍ତ୍ରଣକୁ ଆସିଯାଏ, ତେବେ ସେ ମହାନ୍ ହୋଇଯାଏ ଏବଂ ନିଜର କଲ୍ୟାଣ ସହିତ ଅନ୍ୟମାନଙ୍କର ମଧ୍ୟ କଲ୍ୟାଣ କରିବାରେ ସକ୍ଷମ ହୋଇଯାଏ ।

ଆମକୁ ନିଜ ମନରେ କୌଣସି ଖରାପ ଚିନ୍ତା ଏଥିପାଇଁ ଆଣିବା ଉଚିତ ନୁହେଁ, କାରଣ ଯେଉଁ କଥା ମନରେ ଥାଏ, ତାହା ଆଜି ନହେଲେ କାଲି ଜିଭ ଆଗକୁ ଆସିଯାଏ । ଭଲ ମନୁଷ୍ୟର ମନର ଭଲ ବିଚାରରୁ ଭଲ କଥା ବାହାରିଥାଏ ଏବଂ ଖରାପ ଲୋକର ମନର ଖରାପ ବିଚାରରୁ ଖରାପ କଥା ।

ମନେରଖନ୍ତୁ, ଆପଣ ନିଜ ଜିଭ କାରଣରୁ ହିଁ ନିର୍ଦ୍ଦୋଷ ଓ ନିଜ ଜିଭ କାରଣରୁ ହିଁ ଦୋଷୀ ସାବ୍ୟସ୍ତ ହୁଅନ୍ତି । ଯଦି ଆପଣଙ୍କ ମନରେ ଅନ୍ୟମାନଙ୍କୁ ନିୟନ୍ତ୍ରଣ କରିବାର ଇଚ୍ଛା ଅଛି, ତେବେ ପ୍ରଥମେ ନିଜ ଉପରେ ନିୟନ୍ତ୍ରଣ ରଖନ୍ତୁ, ନିଜେ ଅନୁଶାସନରେ

ରୁହନ୍ତୁ । ଯଦି ଆପଣ ଏଥିରେ ସଫଳ ହୁଅନ୍ତି, ତେବେ ଅନ୍ୟମାନେ ଆପଣା ଛାଏଁଛାଏଁ ଆପଣଙ୍କ ସହିତ ଚାଲିବାକୁ ଲାଗିବେ ଏବଂ ଆପଣଙ୍କ ଅନୁକୂଳ ହୋଇଯିବେ ।

ସଂଗତିର ପ୍ରଭାବ

କୌଣସି ବିଦ୍ୱାନ କହିଛନ୍ତି - 'ଆପଣ ମୋତେ କୌଣସି ବ୍ୟକ୍ତିର ସଂଗତି ବିଷୟରେ କୁହନ୍ତୁ, ମୁଁ ଆପଣଙ୍କୁ ତା'ଚରିତ୍ର ବିଷୟରେ କହିଦେବି ।'

ଏହିକଥା ସମ୍ପୂର୍ଣ୍ଣ ସତ୍ୟ ଯେ, ସଂଗତିରୁ ବ୍ୟକ୍ତିର ଚରିତ୍ର ବିଷୟରେ ଜଣାପଡ଼ିଯାଇଥାଏ, ଆମେ ଯେଉଁ ପ୍ରକାରର ଲୋକମାନଙ୍କ ସହିତ ବସା-ଉଠା କରୁ, ସେହିପ୍ରକାରର ହୋଇଯାଉ । ଖରାପ ଲୋକମାନଙ୍କ ସଂଗତିରେ ଖରାପ ହୋଇଯାଉ, ଭଲ ଲୋକମାନଙ୍କ ସଂଗତିରେ ରହିଲେ ଭଲ ହୋଇଯାଉ । ସାଧାରଣ ସ୍ତରର ଲୋକମାନଙ୍କ ସଂଗତିରେ ସାଧାରଣ ହୋଇରହିଯିବା ଏବଂ ସଫଳ ଲୋକଙ୍କ ସଂଗତିରେ ରହିଲେ ନିଃସନ୍ଦେହରେ ସଫଳ ହୋଇଯିବା । ଏହି ସନ୍ଦର୍ଭରେ ଏକ ଜନଶ୍ରୁତି ଅଛି - 'ଚୋରକୁ ମାଦେଳିଆ ସାକ୍ଷୀ' । ଉକ୍ତ ପ୍ରସଙ୍ଗରେ ଏହି ଜନଶ୍ରୁତି ଶତ-ପ୍ରତିଶତ ଚରିତାର୍ଥ ହୋଇଥାଏ ।

ଯେଉଁପ୍ରକାରେ ଟିକିଏ ଦହୀକୁ କ୍ଷୀରରେ ମିଶାଇଲେ ସେହି କ୍ଷୀର ମଧ୍ୟ ଦହୀ ହୋଇଯାଏ, ସେହିପ୍ରକାରେ ଯଦି ଆପଣ ଖରାପ ଲୋକଙ୍କ ସଂସ୍ପର୍ଶରେ ରହିବେ, ତେବେ ଆପଣ ଯେତେ ଭଲ ହୋଇଥା'ନ୍ତୁ ନା କାହିଁକି, ଆପଣ ଯେତେ ଭଲ କାମ କରନ୍ତୁ ନା କାହିଁକି, ଆପଣ କିଛି ଖରାପ ନକଲେ ମଧ୍ୟ ଆପଣଙ୍କ ଉପରେ ଖରାପର ଦାଗ ଲାଗିଯିବ । ଲୋକମାନେ କହିବେ, ଯାହାର ସାଙ୍ଗ ଖରାପ, ସେ ବା କିପରି ଭଲ ହୋଇପାରିବ ? ନିଶ୍ଚିତ ଭାବେ ସିଏ ମଧ୍ୟ ଖରାପ ହୋଇଥିବ । ସେଥିପାଇଁ ଭଲ, ସଦ୍‌ଗୁଣୀ, କର୍ମଶୀଳ, ଚରିତ୍ରବାନ୍, କର୍ମଠ, ବୁଦ୍ଧିମାନ୍ ତଥା ସଫଳ ଲୋକମାନଙ୍କର ସଂଗତି କରନ୍ତୁ । ଏଥିରୁ ଗୋଟିଏ ଲାଭ ଏହାମଧ୍ୟ ହେବ ଯେ, ସେମାନଙ୍କର ଭଲ ଗୁଣ ଆପଣଙ୍କ ଭିତରେ ମଧ୍ୟ ପ୍ରସ୍ଫୁଟିତ ହେବାକୁ ଲାଗିବ । ଦ୍ୱିତୀୟ ଲାଭ ଏହା ହେବଯେ, ଦେଖଣାହାରୀଙ୍କ ଉପରେ ଆପଣଙ୍କର ଭଲ ପ୍ରଭାବ ପଡ଼ିବ । ସେମାନେ ଆପଣଙ୍କୁ ମଧ୍ୟ ସେମାନଙ୍କ ସମକକ୍ଷ ଭାବିବେ । ସେମାନଙ୍କ ଭଳି ଆପଣଙ୍କୁ ମଧ୍ୟ ଆଦର ଓ ସମ୍ମାନ ମିଳିବ ଏବଂ ବିଶ୍ୱାସ କରନ୍ତୁ, ସେମାନଙ୍କ ପରି ଆପଣ ମଧ୍ୟ ସଫଳ ବ୍ୟକ୍ତି ଭାବରେ ପରିଗଣିତ ହେବେ ।

ସଫଳତାର ଶତ୍ରୁ- ବାହାନାବାଜୀ

ବନ୍ଧୁଗଣ, ମୁଁ ଏପର୍ଯ୍ୟନ୍ତ ନିଜ ଜୀବନରେ ସଫଳ-ଅସଫଳ ଉଭୟ ପ୍ରକାରର ଲୋକମାନଙ୍କ ସହିତ ଭେଟିଛି । ଦିନେ ସେମାନଙ୍କର ବିଶ୍ଳେଷଣ କରିବାରୁ ଜାଣିବାକୁ ପାଇଲି ଯେ, ଅସଫଳ ଲୋକମାନେ ଅଧିକ ବାହାନାବାଜ୍ ହୋଇଥା'ନ୍ତି । ଏପରି ନୁହେଁ ଯେ, ବାହାନାବାଜ୍‌ମାନଙ୍କର କୌଣସି ଶ୍ରେଣୀ ଥାଏ । ଭଲ ଓ ଶିକ୍ଷିତ ଲୋକମାନେ ମଧ୍ୟ ବାହାନାବାଜୀ କରି କାମ ନକରୁଥିବାର ମଧ୍ୟ ଦେଖିବାକୁ ମିଳୁଛି । ଏପରି ଲୋକମାନଙ୍କୁ ଦେଖିଲେ ଆଶ୍ଚର୍ଯ୍ୟ ଲାଗେ ଏବଂ ସେହି ଲୋକମାନଙ୍କଠାରେ ଦକ୍ଷତା କମ୍ ନଥିବାର ଯେତେବେଳେ ଜଣାପଡ଼େ, ଅଧିକ କଷ୍ଟ ସେତେବେଳେ ହୁଏ ।

ଯେଉଁ କାର୍ଯ୍ୟକୁ କିଛି ଲୋକ ବାହାନାବାଜୀ କରି ଟାଳିଦିଅନ୍ତି, ସେହି କାମକୁ ଅନ୍ୟ ଲୋକ ସଫଳତାପୂର୍ବକ କରିଦେଇଥାଏ । କ'ଣ ସେହି ଲୋକ ଉକ୍ତ କାର୍ଯ୍ୟ କରିବା ପାଇଁ ବାହାନା କରିପାରିନଥା'ନ୍ତା ? ନିଶ୍ଚିତ କରିପାରିଥା'ନ୍ତା, ମାତ୍ର ସେ ସମୟର ମୂଲ୍ୟକୁ ଜାଣିଥିଲା । ତାକୁ ଜଣାଥିଲା ଯେ, ଅତିବାହିତ ସମୟ ଆଉ ଫେରି ଆସେନାହିଁ । ସମୟ ଗଡ଼ାଇ କିମ୍ବା ବାହାନାବାଜୀ କରି ସେ ନିଜର ହିଁ କ୍ଷତି କରିବ । ସେଥିପାଇଁ ସେ, ବାହାନାବାଜୀରୁ ସର୍ବଦା ନିଜକୁ ରକ୍ଷା କରିବାକୁ ଚେଷ୍ଟା କରିଆସିଛି ।

ବାହାନାବାଜୀ କରି ବ୍ୟକ୍ତି ଅନ୍ୟକୁ ଧୋକା ଦେବା ଓ ମୂର୍ଖ ବନାଇବାକୁ ଚେଷ୍ଟା କରିଥାଏ, ଯଦି ସେ ଏଥିରେ ସଫଳ ହୋଇଯାଏ, ତେବେ ତାକୁ ଏହା ଭାବିବା ଉଚିତ୍ ନୁହେଁ ଯେ, ସେ ଅନ୍ୟକୁ ଧୋକା ଦେବାରେ ଓ ମୂର୍ଖ ବନାଇବାରେ ସଫଳ ହୋଇଗଲା । ପ୍ରକୃତପକ୍ଷରେ ସେ ନିଜକୁ ଧୋକା ଦିଏ ଓ ନିଜକୁ ହିଁ ମୂର୍ଖ ବନାଏ । ଏହି ବାହାନାବାଜୀ ହିଁ ମନୁଷ୍ୟର ଅସଫଳତାର ମୁଖ୍ୟ କାରଣ ହୋଇଥାଏ ।

- ସୂର୍ଯ୍ୟ ସିହ୍ନା

ଦୁନିଆରେ ଯେତେବି ଲୋକ ସଫଳ ହୋଇଛନ୍ତି, ଯେତେବି ସୃଜନକର୍ତ୍ତା କିମ୍ବା ଆବିଷ୍କାରକ ହୋଇଛନ୍ତି, ସେମାନେ ସମସ୍ତେ ବାହାନାବାଜୀ କରିପାରିଥା'ନ୍ତେ, ମାତ୍ର କଲେନାହିଁ । ଆଜି, ସମସ୍ତେ ଦେଖିପାରୁଥିବେ ଯେ, ଏପରି ଲୋକ କେଉଁ ସ୍ତରରେ ଅଛନ୍ତି । କେତେକଙ୍କର ନାମ ତ ବିଶ୍ୱ ଇତିହାସରେ ସୁବର୍ଣ୍ଣ ଅକ୍ଷରରେ ଲିପିବଦ୍ଧ ମଧ୍ୟ ହୋଇଛି ।

ବାହାନାବାଜୀ, ଆମକୁ ଆଳସ୍ୟ ଆଡ଼କୁ ନେଇଯାଇଥାଏ ଏବଂ ଅଳସୁଆ ଲୋକ କେବେବି ସଫଳ ହୋଇପାରିବ ନାହିଁ । ଏଠାରେ ମୁଁ ଏପରି କେତେକ ପ୍ରସିଦ୍ଧ ବାହାନାର ଉଲ୍ଲେଖ କରିବାକୁ ଚାହେଁ, ଯାହା ବହୁତ ଲୋକପ୍ରିୟ ଅଟେ । ଆସନ୍ତୁ, ଆପଣବି ଜାଣନ୍ତୁ ବାହାନା କାରଣରୁ ଲୋକମାନେ କାହିଁକି ଅସଫଳ ହୁଅନ୍ତି ଏବଂ ସେମାନଙ୍କର କ'ଣ ଉପଚାର କରାଯାଇପାରେ ।

ସେ ତ ବହୁତ ଚାଲାକ୍-ଚତୁର ଓ ଶିକ୍ଷିତ ଅଟେ

କୌଣସି କାର୍ଯ୍ୟବିଶେଷ ସନ୍ଦର୍ଭରେ କିଛି ଲୋକ ଏହି ବାହାନାକୁ ଧରି ବସିଯା'ନ୍ତି ଯେ, ଏହି ପ୍ରକାରର କାର୍ଯ୍ୟକୁ ବହୁତ ଚାଲାକ୍ ଓ ଶିକ୍ଷିତ ଲୋକ ହିଁ କରିପାରିବେ । ଯେଉଁମାନେ ଏହିପ୍ରକାର କାର୍ଯ୍ୟକୁ କରିଥା'ନ୍ତି, ସେମାନଙ୍କ ବିଷୟରେ ବାହାନାବାଜ୍‌ମାନଙ୍କର ମତାମତ ହୋଇଥାଏ ଯେ, ସେ ତ ବହୁତ ଚାଲାକ୍-ଚତୁର ଓ ଶିକ୍ଷିତ ଅଟେ, ଆଉ ଆମେ ସାଦା-ସିଧା, ସାଧାରଣ ବୁଦ୍ଧିବାଲା, ଛଳ-କପଟରୁ ଦୂର ଓ ଅଳ୍ପ ଶିକ୍ଷିତ ଲୋକ । ଆମେ ବା ଏହି କାମ କିପରି କରିପାରିବୁ ?

ଯେଉଁ ଲୋକମାନେ ନିଜର ବୌଦ୍ଧିକ କ୍ଷମତାକୁ ଅନ୍ୟମାନଙ୍କଠାରୁ କମ୍ କଳନା କରନ୍ତି, ସେମାନେ ବହୁତ କ୍ଷତି ସହନ୍ତି ଏବଂ ସର୍ବଦା ଅସଫଳ ହୁଅନ୍ତି । ସେମାନେ ସର୍ବଦା ଏହା ଭାବନ୍ତି ଯେ, ଅମୁକ କାର୍ଯ୍ୟରେ ତୀକ୍ଷ୍ଣ ବୁଦ୍ଧି, ବିଚାର ତଥା ଅନୁଭବ ଆବଶ୍ୟକତା ହୋଇଥାଏ । ଯେତେବେଳେକି ସତ୍ୟତା ହେଉଛି, ସେମାନଙ୍କଠାରୁ କମ୍ ବୁଦ୍ଧି ବିଶିଷ୍ଟ ବ୍ୟକ୍ତି, ଯିଏ ବୁଦ୍ଧି, ବିଚାର ଓ ଅନୁଭବ ବିଷୟରେ ଅଜଥାରେ ମୁଣ୍ଡ ପୂରାଏନାହିଁ, ସେ, ସେହି କାର୍ଯ୍ୟକୁ ସରଳତା ଓ କୁଶଳତାର ସହ କରିଦିଏ, କେବଳ ଏହି ବିଶ୍ୱାସ ସାହାଯ୍ୟରେ – 'ମୁଁ ଏହି କାମକୁ କରିପାରିବି ।'

ପ୍ରକୃତପକ୍ଷରେ, କଥା ବୁଦ୍ଧି, ବିଚାର କିମ୍ବା ଅନୁଭବର ହୋଇନଥାଏ । ପ୍ରକୃତ

କଥା ହୋଇଥାଏ ଦୃଷ୍ଟିକୋଣର । କୌଣସି କାର୍ଯ୍ୟ ପ୍ରତି ଆପଣଙ୍କ ଦୃଷ୍ଟିକୋଣ କିପରି ଅଟେ ? ସେହି କାର୍ଯ୍ୟ କରିବାର ଆପଣଙ୍କ ରୁଚି କିପରି ଅଟେ ? ଏହା, କୌଣସି କାର୍ଯ୍ୟକୁ କରିବା ଓ ନକରିବାରେ ଆପଣଙ୍କ ସହାୟତା କରିଥାଏ ।

ଯାହାର ଚିନ୍ତା କରିବା ପ୍ରକ୍ରିୟା ହିଁ ନିରାଶାଜନକ ହୋଇଥାଏ, କାମ ଆରମ୍ଭ କରିବା ପୂର୍ବରୁ ହିଁ ସେଥିରେ ତ୍ରୁଟି ବାହାର କରିଥା'ନ୍ତି । ସେହିଭଳି ଲୋକ କୌଣସି କାର୍ଯ୍ୟ କରିବା ପୂର୍ବରୁ ହିଁ ପରାଜୟ ସ୍ୱୀକାର କରିସାରିଥା'ନ୍ତି ଏବଂ ତାହାପରେ ସେହି କାମ କରିବାକୁ ବଞ୍ଚିବା ପାଇଁ ନାନାଦି ପ୍ରକାରର ବାହାନା କରନ୍ତି । ଏପରି ଲୋକ ପ୍ରତିଭାଶାଳୀ ହୋଇଥିଲେ ମଧ୍ୟ ନକରାତ୍ମକ ଚିନ୍ତାଧାରା କାରଣରୁ ସର୍ବଦା ଅସଫଳ ରୁହନ୍ତି, ଶରୀର ଅଳସୁଆ ହୋଇଥାଏ ଏବଂ ମସ୍ତିଷ୍କ କାର୍ଯ୍ୟ କରିବା ବଦଳରେ ନୂଆ-ନୂଆ ବାହାନା ଚିନ୍ତା କରିବାରେ ବ୍ୟସ୍ତ ରହିଥାଏ । ଅନେକ ଲୋକ ଏହି ଭୟରୁ ବ୍ୟବସାୟ କରିପାରନ୍ତି ନାହିଁ ଯେ, ସେଥିରେ କ୍ଷତି ନହୋଇଯାଉ । ଅନେକ ଲୋକ କେବଳ ଏଥିପାଇଁ ପ୍ରପର୍ଟୀ କିଣିପାରନ୍ତି ନାହିଁ ଯେ, କେହି ତାଙ୍କ ଜମି ହଡ଼ପ ନକରିନେଉ, ସେ ଠକାମୀର ଶିକାର ନହୋଇଯାଆନ୍ତୁ ।

ଆମେ ନିଜର ବୁଦ୍ଧିକୁ କେବେବି, କାହାଠାରୁବି କମ୍‌କରି ତୁଳନା କରିବା ଉଚିତ୍ ନୁହେଁ । କୌଣସି କାର୍ଯ୍ୟର ସମୟ ଗଡ଼ାଇବା ବଦଳରେ, ତାକୁ କୁଶଳତାପୂର୍ବକ କରିବା ବିଷୟରେ ଚିନ୍ତା କରିବା ଉଚିତ୍ । ସର୍ବଦା ଆଶାବାଦୀ ଦୃଷ୍ଟିକୋଣ ରଖିବା ଦରକାର । ଯେବେ ଆପଣ ପ୍ରଥମେ ନିଜକୁ ସକରାତ୍ମକ କରିବେ, ତେବେ ହିଁ ଯାଇ ଆପଣ ସଫଳତାର ଶିଢ଼ି ଚଢ଼ିବାରେ ସଫଳ ହୋଇପାରିବେ ।

ମୁଁ ତ ଏବେ ବହୁତ ଛୋଟ କିମ୍ବା ମୋ ବୟସ ହିଁ ଅଧିକ ଅଟେ

ଏହି ବାହାନା, ହଜାର-ହଜାର ଲୋକଙ୍କ ପାଇଁ ସଫଳତାର ଦ୍ୱାର ବନ୍ଦ କରିଦେଇଛି । ବହୁତ ଲୋକ ଏହା ଭାବନ୍ତି ଯେ, 'ମୁଁ ତ ଏବେ ବହୁତ ଛୋଟ, ଆଉ ନା ହିଁ ମୋତେ ଏହିପ୍ରକାର କାର୍ଯ୍ୟ କରିବାର ଅନୁଭବ ଅଛି', 'ମୁଁ ଏହି କାମ କରିହିଁ ପାରିବି ନାହିଁ' କିମ୍ବା 'ମୋ ବୟସ ଅଧିକ ହୋଇଗଲାଣି, ମୁଁ ଏବେ ନୂଆ କାମ କରି କ'ଣ କରିବି ?', 'କୌଣସି ନୂଆ କାମ ଶିଖିବାର ମୋ ବୟସ ହିଁ ସରିଗଲାଣି', 'ଏବେ ମୁଁ ଏହି କାମ କାହାପାଇଁ କରିବି' କିମ୍ବା 'ମୁଁ ଏହି କାମ କାହିଁକି କରିବି ?',

'ଏବେ ତ ମୋତେ ଈଶ୍ୱର ଭକ୍ତି, ଆରାଧନାରେ ଧ୍ୟାନକେନ୍ଦ୍ରିତ କରିବା ଦରକାର ।'

ଏପରି ଲୋକ ଈଶ୍ୱରଙ୍କଠାରେ କିପରି ଧ୍ୟାନ ଲଗାଇପାରିବେ, ଘର-ପରିବାର ତ ବିକ୍ଷିପ୍ତାବସ୍ଥାରେ ପଡ଼ିଛି । ସମ୍ପୂର୍ଣ୍ଣ ଜୀବନ ନିଜକୁ ଏକତ୍ରିତ କରିବାରେ କଟାଇଦେଲେ, ତା'ପରେ ବି କିଛି କରିପାରିଲେ ନାହିଁ, ଏବେ ଚାଲିଲେ ଈଶ୍ୱରଙ୍କଠାରେ ଲୀନ ହେବାକୁ । ପ୍ରଭୁଙ୍କ ଧ୍ୟାନ ଓ ସ୍ମରଣ ମଧ୍ୟ ସତ୍‌କର୍ମ କରୁଥିବା, ନିଜ କର୍ତ୍ତବ୍ୟ ପ୍ରତି ବିଶ୍ୱସ୍ତ ତଥା ପରିଶ୍ରମୀ ବ୍ୟକ୍ତି ହିଁ କରିପାରନ୍ତି ।

ଏହି କଥା ମଧ୍ୟ ସତ୍ୟ ଯେ, ଈଶ୍ୱରଙ୍କ ସ୍ମରଣ ଏବଂ ଧ୍ୟାନ ସମସ୍ତଙ୍କୁ କରିବା ଦରକାର, ମାତ୍ର କ'ଣ ଲମ୍ବନ ଆମକୁ ଦେଓଦେବି କୌଣସି କାମ କରିବାକୁ ମନା କରନ୍ତି ? ସେହିପ୍ରକାରେ, ବାହାନା କରୁଥିବା ଲୋକ, ଏହିପରି ଚିନ୍ତାଧାରା ରଖୁଥିବା ଲୋକ କୌଣସି କାମ କରିବାକୁ ଚେଷ୍ଟା ହିଁ କରନ୍ତି ନାହିଁ ଏବଂ ସାରା ଜୀବନ ବାହାନାବାଜୀ କରି କାଟିଦିଅନ୍ତି । କମ୍ ବୟସ କିମ୍ବା ଅଧିକ ବୟସ ବାହାନାବାଜୀ ସବୁଠାରୁ ଉତ୍ତମ ବିଚାର ଅଟେ ।

ସଫଳ ବ୍ୟକ୍ତିମାନଙ୍କ ପାଇଁ କାମ କରିବାର କୌଣସି ବୟସ କିମ୍ବା ସୀମା ନଥାଏ । 'ମୋ ବୟସ କମ୍ ବା ଅଧିକ', ଏହି ବାହାନାବାଜୀ ଏବଂ ନିମ୍ନସ୍ତରର ଚିନ୍ତାଧାରା ଅନେକ ଲୋକଙ୍କ ଭବିଷ୍ୟତ ନଷ୍ଟ କରିଦେଇଛି ଓ ନିରନ୍ତର ନଷ୍ଟ କରୁଛି ।

ଯଦି ଆପଣ ନିଜର ବୟସ ବାହାନାରୁ ନିଜକୁ ରକ୍ଷା କରିବାକୁ ଚାହୁଁଛନ୍ତି, ତେବେ ନିଜକୁ ସର୍ବଦା ଯୁବକ ଭାବିବା ଦରକାର । ନିଜକୁ କେବେବି ପିଲା କିମ୍ବା ବୁଢ଼ା ବୋଲି ଚିନ୍ତା କରିବା ଉଚିତ୍ ନୁହେଁ । କୌଣସି କାର୍ଯ୍ୟକୁ କୌଣସି ବ୍ୟକ୍ତି ଜନ୍ମ ହେଉହେଉ କରିବା ଆରମ୍ଭ କରିଦିଏନାହିଁ । କୌଣସି ନା କୌଣସି ଦିନ ତାକୁ ନୂଆ କାର୍ଯ୍ୟର ପ୍ରାରମ୍ଭ କରିବାକୁ ହିଁ ପଡ଼ିଥାଏ । କୌଣସି ବ୍ୟକ୍ତି ଶରୀରରୁ ବୁଢ଼ା ହୁଏନାହିଁ, ଯେପର୍ଯ୍ୟନ୍ତ ଏହି କଥାକୁ ମନରେ ମାନିନନେଇଛି । ସେଥିପାଇଁ ମୁଁ କହୁଛି - **ମନକୁ ଜିତନ୍ତୁ । ଯଦି ମନକୁ ଜିତିନେବେ, ବୟସକୁ ଜିତିନେବେ, ଜଗତକୁ ଜିତିନେବେ ।**

'ମୁଁ ତ ସବୁବେଳେ ବେମାର ରହୁଛି', 'ମୋର ତ ସ୍ୱାସ୍ଥ୍ୟ ହିଁ ଖରାପ'

ଏହା ସ୍ୱାସ୍ଥ୍ୟଗତ ବାହାନାବାଜୀ ଅଟେ । କିଛି ଲୋକ ସର୍ବଦା ନିଜ ଅସୁସ୍ଥତା

ବିଷୟରେ କହି କାମ ନକରିବାର ବାହାନାବାଜୀ କରନ୍ତି । ସେମାନେ ଏହା ସାବ୍ୟସ୍ତ କରିବାରେ ଲାଗିଥା'ନ୍ତି ଯେ, ସେମାନେ କୌଣସି ନୂଆ କାମ କାହିଁକି କରିପାରୁନାହାଁନ୍ତି । ସେମାନେ ନିଜ ବେମାରୀ ବିଷୟରେ କହି ହୁଅନ୍ତି ଯେ, ସେମାନଙ୍କର ସମସ୍ତ ପଇସା ଚିକିତ୍ସାରେ ହିଁ ଚାଲିଯାଉଛି । ବେମାରୀ ବାହାନାରେ ସେମାନେ ନିଜ ଉପରେ କୌଣସି କାମର ଦାୟିତ୍ୱ ନେବାକୁ ଚାହାଁନ୍ତି ନାହିଁ ।

ଏହି ଦୁନିଆରେ ଲକ୍ଷ-ଲକ୍ଷ ଲୋକ କେବଳ ଏଥିପାଇଁ ଅସଫଳ ହୋଇଥା'ନ୍ତି, କାରଣ ସେମାନେ ନିଜ ସ୍ୱାସ୍ଥ୍ୟ କିମ୍ବା ଅସୁସ୍ଥତା ବାହାନାକୁ ଜାବୁଡ଼ି ଧରିନିଅନ୍ତି । ମୃତବତ୍ ମନ ଏବଂ ନିର୍ବାପିତ ଉତ୍ସାହ ସହିତ ଯଦିବି କୌଣସି କାମ କରିବାକୁ ଚାହାଁନ୍ତି, ସେଥିରେ ଅସଫଳ ହୋଇଯା'ନ୍ତି ।

ଯଦି ଆପଣଙ୍କୁ ଏହି ବାହାନାରୁ ନିଜକୁ ରକ୍ଷା କରିବାର ଅଛି, ତେବେ ବେମାରୀ ଓ ସ୍ୱାସ୍ଥ୍ୟର ଆଲୋଚନା କରିବା ତଥା ସେହି ବିଷୟରେ ଚିନ୍ତା କରିବା ବନ୍ଦ କରିବାକୁ ହେବ । ଯେବେ ଆପଣ ନିଜର କୌଣସି ଅସୁସ୍ଥତା ବିଷୟରେ ଚର୍ଚ୍ଚା କରିବେ କିମ୍ବା ଚିନ୍ତା କରିବେ, ତେବେ ସେହି ଚିନ୍ତା ଆପଣଙ୍କ ଅବଚେତନ ମନରେ ପହଞ୍ଚି ଆପଣଙ୍କୁ ସ୍ଥାୟୀ ଭାବରେ ଅସୁସ୍ଥ କରିଦେବ । ଆମକୁ ନିଜ ବେମାରୀ ଓ ସ୍ୱାସ୍ଥ୍ୟ ବିଷୟରେ ବେଶୀ ଚିନ୍ତା କରିବା ଅନୁଚିତ, ବରଂ ସର୍ବଦା ନିଜକୁ ସୁସ୍ଥ ଭାବିବା ଦରକାର । ଈଶ୍ୱରଙ୍କୁ ଧନ୍ୟବାଦ ଦିଅନ୍ତୁକି, ସେ ଆପଣଙ୍କୁ ମନୁଷ୍ୟ ଯୋନିରେ ଜନ୍ମ କରିଛନ୍ତି । ଆପଣଙ୍କ ଏହି ଜୀବନ ପ୍ରକୃତ ଆନନ୍ଦ ଉଠାଇବା ପାଇଁ ଅଟେ । ଆପଣ ଏହାକୁ ଏପରି ବାହାନାବାଜୀ କିମ୍ବା ଆଳସ୍ୟରେ ବର୍ବାଦ କରନ୍ତୁ ନାହିଁ ।

କିଛି ଲୋକଙ୍କର ସ୍ୱତ୍ୱ ବାହାନା: 'ମୋର ତ ଭାଗ୍ୟ ହିଁ ଖରାପ'

କିଛି ଲୋକମାନଙ୍କର ସ୍ୱତ୍ୱ ବା ପେଟେଣ୍ଟ୍ ବାହାନା ଅଟେ – 'ମୋର ତ ଭାଗ୍ୟ ହିଁ ଖରାପ, ଯଦି ଭାଗ୍ୟ ଭଲଥା'ନ୍ତା, ତେବେ କୌଣସି ଧନୀ ଲୋକ ଘରେ ଜନ୍ମ ହୋଇଥା'ନ୍ତି ।'

ଭାଗ୍ୟର ବାହାନାବାଜୀ ମଧ୍ୟ ବ୍ୟକ୍ତିକୁ ଅସଫଳତା ଆଡ଼କୁ ନେଇଯାଇଥାଏ । କିଛି ଲୋକ ଭାଗ୍ୟ ଭରସାରେ ବସିରୁହନ୍ତି ଏବଂ କୌଣସି କାମ କରିବାକୁ ଚାହାଁନ୍ତି ନାହିଁ । ଯେପର୍ଯ୍ୟନ୍ତ କୌଣସି ଲୋକ କୌଣସି କାମ କରିବ ନାହିଁ, ସେହି କାର୍ଯ୍ୟ କିପରି ବା ହେବ ?

ଆମ ଜୀବନରେ ଭାଗ୍ୟ ବା ସଂଯୋଗ ୧% କାମ କରିଥାଏ, ଯେତେବେଳେକି ୯୯% ସଫଳତା ଆମକୁ ନିଜ କର୍ମ କାରଣରୁ, ବୁଦ୍ଧି-ବିବେକ ଓ କର୍ମଠତା କାରଣରୁ ମିଳିଥାଏ । ଅନେକ ଜ୍ଞାତ-ଅଜ୍ଞାତ କାରଣରୁ ଅନେକ ବ୍ୟକ୍ତି ଅସଫଳ ହୋଇଯା'ନ୍ତି । ସେହି ଲୋକ ସର୍ବଦା ଏହି କାନ୍ଦଣା କାନ୍ଦନ୍ତି ଯେ, ଭଗବାନ ମୋ ଭାଗ୍ୟ ହିଁ ଖରାପ ଲେଖିଛନ୍ତି, ଯେତେବେଳେକି ଅନ୍ୟମାନଙ୍କ ବିଷୟରେ ସେମାନଙ୍କ ବିଚାର ହୋଇଥାଏ ଯେ, ସେ ବହୁତ ଭାଗ୍ୟବାନ ଅଟେ ।

ଯେତେବେଳେ କୌଣସି ଲୋକ ସାଧାରଣରୁ ଅସାଧାରଣ ହୁଏ, ତେବେ ଭାଗ୍ୟର କାନ୍ଦଣା କାନ୍ଦୁଥିବା ଲୋକ ଏହା କହନ୍ତି ଯେ, 'ନା'ଭାଗ୍ୟ ଲାଗୀ ମାଣ...ତା ଭାଗ୍ୟକୁ ଭଗବାନ ସୁନାର କଲମରେ ଲେଖିଥିବେ ବା ଇଏ ପୂର୍ବଜନ୍ମରେ ନିଶ୍ଚୟ କିଛି ବଡ଼ ପୁଣ୍ୟ କରିଥିବ ।' କହିବାର ତାତ୍ପର୍ଯ୍ୟ ଏହିକି ଯେ, ଏପରି ବାହାନାବାଜ୍ ଭାଗ୍ୟର ତଥାକଥିତ ଚକ୍ରରୁ ବାହାରି ହିଁ ପାରନ୍ତି ନାହିଁ ।

ମନେରଖନ୍ତୁ, କୌଣସି ବ୍ୟକ୍ତି ସଂଯୋଗ କିମ୍ବା ଭାଗ୍ୟରୁ ସଫଳ ହୁଏନାହିଁ । ସଫଳତାରେ ତା'ର ପରିଶ୍ରମ, ନିଷ୍ଠା, ବୁଦ୍ଧି-ବିବେକ ଓ କର୍ମଠତାର ମଧ୍ୟ ଯୋଗଦାନ ଥାଏ ।

ସାଧାରଣ ଲୋକ ଯାହାକୁ ଭାଗ୍ୟ ଭାବନ୍ତି, ତାହା କୌଣସି କାର୍ଯ୍ୟ କରିବାର ପୂର୍ଣ୍ଣ ପ୍ରସ୍ତୁତି, ଯୋଜନା, ସକରାତ୍ମକ ଚିନ୍ତାଧାରା ଓ ଦୃଷ୍ଟିକୋଣର ନିର୍ଯ୍ୟାସ ହୋଇଥାଏ । ଈଶ୍ୱର ସମସ୍ତ ବ୍ୟକ୍ତିମାନଙ୍କୁ ଜନ୍ମ ସମୟରେ ଭାଗ୍ୟ ନାଁରେ ଗୋଟିଏ ଖାଲି କାଗଜ ଧରାଇଦିଅନ୍ତି । ବ୍ୟକ୍ତି ଯେପରି କର୍ମ କରେ, ସେହି ଖାଲି କାଗଜରେ ସେହିପରି ତା'ଭାଗ୍ୟ ଲେଖିହୁଏ ।

ତେଣୁ, ବାହାନାବାଜୀ ଛାଡ଼ନ୍ତୁ । କପାଳ, ସୌଭାଗ୍ୟ, ଭାଗ୍ୟ ପରି ଶବ୍ଦର ଏକ ସୀମା ଥାଏ । ସଫଳତା ଯେଉଁ ଯୋଗ୍ୟତାରୁ ମିଳେ, ତାହା ସମ୍ପୂର୍ଣ୍ଣ ଭିନ୍ନ ଅଟେ । ନିଜକୁ ଯୋଗ୍ୟ କରନ୍ତୁ, ସଫଳ ନାୟକମାନଙ୍କ ପରି ଦକ୍ଷତା ସୃଷ୍ଟି କରନ୍ତୁ । ଯେଉଁ ମନର ଗୋଲାମ ହୋଇ ଆପଣ ବାହାନାବାଜୀ କରନ୍ତି, ସୌଭାଗ୍ୟ ବା ଦୁର୍ଭାଗ୍ୟର କଥା କୁହନ୍ତି, ସେହି ମନକୁ ସର୍ବପ୍ରଥମେ ଜିତନ୍ତୁ । ମନକୁ ଜିତିବାପରେ ଆପଣଙ୍କର ସମସ୍ତ ଦୁର୍ବଳତା ନିଜେହିଁ ଦୂର ହୋଇଯିବ । ଦାରିଦ୍ର୍ୟତା ଓ ଦୁର୍ଭାଗ୍ୟ, ପରିଶ୍ରମୀ ଓ କର୍ମଠ ବ୍ୟକ୍ତିଙ୍କୁ ସର୍ବାଧିକ ଭୟ କରନ୍ତି । ସେଗୁଡ଼ିକ ଏମାନଙ୍କ ଘରେ ପଶିବାର ସାହସ କରିପାରନ୍ତି ନାହିଁ । କେବଳ ଦୂରରୁ ହିଁ ଦେଖୁଥା'ନ୍ତି । ବାହାନାବାଜ୍ ଓ କାମଚୋରମାନଙ୍କର ସମ୍ପୂର୍ଣ୍ଣ ଜୀବନ ଉପରେ ଦାରିଦ୍ର୍ୟତା ଓ ଦୁର୍ଭାଗ୍ୟ ଜୋକ ପରି ଲାଗି ରହିଥାଏ ।

ପରୋପକାର କରିବା ମଧ୍ୟ ଶିଖନ୍ତୁ

ପ୍ରକୃତ ସୁଖ ଓ ପ୍ରକୃତ ଶାନ୍ତି କିପରି ମିଳିପାରିବ, ସେଥିପାଇଁ ଲୋକମାନେ ତୀର୍ଥଯାତ୍ରା କରନ୍ତି । ସିଦ୍ଧ ପୀଠ, ପ୍ରସିଦ୍ଧ ମନ୍ଦିର, ମସ୍‌ଜିଦ୍, ଗୀର୍ଜାଘର ଓ ଗୁରୁଦ୍ୱାରାକୁ ଯାଆନ୍ତି । ମାତ୍ର, ଯେଉଁ ଜିନିଷକୁ ସେମାନେ ପ୍ରାପ୍ତ କରିବାକୁ ଚାହାଁନ୍ତି, ତାହା କେଁଠିବି ମିଳିପାରେ ନାହିଁ । ଏହି ଯାତ୍ରା ସେପର୍ଯ୍ୟନ୍ତ ଚାଲେ, ଯେପର୍ଯ୍ୟନ୍ତ ବ୍ୟକ୍ତିର ମନରେ ଅନ୍ୟ ପ୍ରତି ପରୋପକାର, ଯନ୍ତ୍ରଣା, ସମ୍ବେଦନା, କରୁଣା ଓ ସହାନୁଭୁତିର ଭାବ ଉତ୍ପନ୍ନ ହୋଇନାହିଁ ।

ଆମର ଭାବନା କଳୁଷିତ ଅଟେ, ସେଥିପାଇଁ ଆମେ ଦିଶାହୀନ ହୋଇ ବୁଲୁଥାଉ । ଯେଉଁଦିନ ଆମ ମନରେ ଅନ୍ୟ ପାଇଁ ପରୋପକାର, ଯନ୍ତ୍ରଣା, ସମ୍ବେଦନା, କରୁଣା ଓ ସହାନୁଭୁତିର ଭାବ ଉତ୍ପନ୍ନ ହେବାକୁ ଲାଗେ ଏବଂ ଆମେ ସମସ୍ତଙ୍କ ସହିତ ଭଲ ବ୍ୟବହାର କରିବା ଆରମ୍ଭ କରିଦେଉ, ଆମ ମନକୁ ମଧ୍ୟ ଶାନ୍ତି ମିଳିଯାଏ । ଆମ ବିଚାରରେ ସୁଧାର ହେବାକୁ ଲାଗେ, ଆମ ଚିନ୍ତାଧାରା ମଧ୍ୟ ଭଲ ହେବା ଆରମ୍ଭ ହୋଇଯାଏ ।

ସତ୍‌କର୍ମ ବିନା ବିଶ୍ୱାସ ମଧ୍ୟ ମୃତବତ୍ ହୋଇଥାଏ ।

ଆମକୁ ଅନ୍ୟପାଇଁ ପ୍ରାର୍ଥନା କରିବା ଉଚିତ୍ । ଯେବେ ଆମେ ଅନ୍ୟପାଇଁ ପ୍ରାର୍ଥନା କରୁ, ଆମ ଭାବନା ଓ ବ୍ୟବହାର ବଦଳାଇବାରେ ଈଶ୍ୱର ଆମକୁ ସାହାଯ୍ୟ କରନ୍ତି, ଆମକୁ ଶକ୍ତି ଦିଅନ୍ତି ।

ଆଜିକାଲି ଅନେକ ଲୋକ ସ୍ୱାର୍ଥରେ ଆକଣ୍ଠ ମଜ୍ଜିତ ହୋଇଛନ୍ତି । ସ୍ୱାର୍ଥ ପୂର୍ତ୍ତି ବ୍ୟତୀତ ସେମାନଙ୍କୁ ଅନ୍ୟ କିଛି ଦେଖାହିଁଯାଏ ନାହିଁ । ଅନ୍ୟର ଯେତେ କ୍ଷତି ହେଉନା କାହିଁକି, ତାଙ୍କୁ କୌଣସି ଫରକ ପଡ଼େନାହିଁ । ସ୍ୱାର୍ଥ ପୂର୍ତ୍ତିରେ ହିଁ ସେମାନଙ୍କୁ ଅନନ୍ଦ ମିଳିଥାଏ । ଏହି କାରଣରୁ ସେମାନେ ପ୍ରକୃତ ଶକ୍ତି ଓ ପ୍ରକୃତ ସୁଖରୁ ବଞ୍ଚିତ ରୁହନ୍ତି । ପ୍ରକୃତ ସୁଖ ଓ ପ୍ରକୃତ ଶାନ୍ତି ଅନ୍ୟର ମଙ୍ଗଳ ବା ପରୋପକାର କରିବାରେ ହିଁ ପ୍ରାପ୍ତ ହୋଇଥାଏ । ସେଥିପାଇଁ, ସ୍ୱାର୍ଥୀ ସର୍ବଦା ଏଥିନିମନ୍ତେ ବ୍ୟାକୁଳ ରୁହନ୍ତି ।

-ସୂର୍ଯ୍ୟ ସିହ୍ନା

ଏହି ଦୁନିଆରେ ଜଣାନାହିଁ ଆମେ କେତେ ଲୋକଙ୍କର ଋଣୀ ଅଟୁ । ଅନ୍ୟକୁ ସାହାଯ୍ୟ କରିବା ପରେ ହିଁ ଆମେ ଏହି ଋଣରୁ ମୁକ୍ତ ହୋଇପାରିବା । ଅନ୍ୟକୁ ସାହାଯ୍ୟ କରିବା ଭାବନା ମନରେ ଜନ୍ମ ନେବା ଏହି କଥାର ପ୍ରମାଣ ଯେ, ଆପଣ ଅନ୍ୟର ଋଣରୁ ମୁକ୍ତ ହେବାକୁ ଚାହାଁନ୍ତି । ଋଣରୁ ମୁକ୍ତ ହେଲେ ହିଁ ମନୁଷ୍ୟକୁ ପ୍ରକୃତ ଖୁସି ହାସଲ ହୋଇଥାଏ ।

ଯେବେବି ଆପଣ ଅନ୍ୟ କାହାପାଇଁ ପ୍ରାର୍ଥନା କରନ୍ତି, ଖୋଲାମନରେ କାହାକୁ ସାହାଯ୍ୟ କରନ୍ତି, ତେବେ ଆପଣଙ୍କ ମନକୁ ଏକ ଅଜବ ଖୁସି ଓ ଶାନ୍ତି ମିଳେ । ସେତେବେଳେ ଆପଣ ନିଃସଂକୋଚ ଏହି ପରିଣାମରେ ପହଞ୍ଚିପାରିବେ ଯେ, ଆଜି ଆପଣ କୌଣସି ଜଣା-ଅଜଣା ଋଣରୁ ମୁକ୍ତ ହୋଇଛନ୍ତି । ମନେରଖନ୍ତୁ, ସେହିପରି ଶାନ୍ତି ଓ ଖୁସି, ଲକ୍ଷ-କୋଟି ଟଙ୍କା ଖର୍ଚ୍ଚ କଲେ ମଧ୍ୟ ଆପଣଙ୍କୁ ମିଳିବନାହିଁ. ଯେଉଁପରି ଖୁସି ଆପଣଙ୍କୁ ନିଃସ୍ୱାର୍ଥ ଭାବରେ ଅନ୍ୟ କାହାର ସାହାଯ୍ୟ କିମ୍ବା ପରୋପକାର କରି ମିଳିବ ।

ଆପଣଙ୍କ ଆତ୍ମା ତୃପ୍ତ ହେବ ଓ ସେ ବାରମ୍ବାର ଆପଣଙ୍କୁ କହିବ - 'ହଁ, ଆଜି ତୁ ପ୍ରକୃତରେ ଗୋଟିଏ ଭଲ କାମ କରିଛୁ ।'

ଏହା ମଧ୍ୟ ଋଣମୁକ୍ତ ହେବାର ଏକ ଉପାୟ

ଥରେ, ଜଣେ ବୃଦ୍ଧ ଲୋକ ଗୋଟିଏ ବଗିଚାରେ ଫଳ ଗଛ ଲଗାଇଥିଲେ । ସେତିକିବେଳେ ସେହି ବାଟଦେଇ ଜଣେ ପଥଚାରୀ ଗଲା । ବୃଦ୍ଧ ଲୋକକୁ ଫଳ ଗଛ ଲଗାଉଥିବାର ଦେଖି ତାକୁ ବହୁତ ଆଶ୍ଚର୍ଯ୍ୟ ହେଲା । ସେ, ବୃଦ୍ଧକୁ ପଚାରିଲା - "ବାବା, ଆପଣ ତ ଏହି ଗଛର ଫଳ ଖାଇପାରିବେ ନାହିଁ, ତେବେ ଆପଣ ଏହାକୁ କାହିଁକି ଲଗାଉଛନ୍ତି ?"

ବୃଦ୍ଧ ଉତ୍ତର ଦେଲେ - "ମୋ ଜୀବନରେ ମୁଁ ଯେତିକି ଗଛର ଫଳ ଖାଇଛି, ସେହି ସମସ୍ତ ଗଛ କ'ଣ ମୁଁ ଲଗାଇଥିଲି ? ସେହିସବୁ ଆମ ପୂର୍ବଜମାନେ ଲଗାଇଥିଲେ । ଏହି ନୂଆ ଗଛ ଲଗାଇ ମୁଁ ତ କେବଳ ସେମାନଙ୍କ ଋଣ ସୁଝାଉଛି, ଯେଉଁଥିରୁ ଆଗାମୀ ପିଢ଼ି ଏହାର ଫଳ ଖାଇବେ ଓ ମୁଁ ଋଣମୁକ୍ତ ହୋଇପାରିବି ।"

କାର୍ଯ୍ୟ ବଦଳରେ କିଛି ପ୍ରାପ୍ତ କରିବା ଋଣମୁକ୍ତି ନୁହେଁ

ଆମର ସ୍ୱଭାବ ହେଉଛି, ଯେବେବି ଆମେ କୌଣସି କାର୍ଯ୍ୟ କରୁ, ତାହାର ପ୍ରତିବଦଳରେ କିଛିନା କିଛି ପାଇବାର ଆଶା ରଖିଥାଉ । ଆମେ କୌଣସି କାମ କଲେ ଓ ତା' ପ୍ରତିବଦଳରେ ଯଦି କିଛି ପ୍ରାପ୍ତ ହୋଇଗଲା, ତେବେ ଜାଣନ୍ତୁ ଯେ, ସେହି କାର୍ଯ୍ୟର ପୈଠ ହୋଇଗଲା ।

ଯେବେ ଆମେ କିଛି ପ୍ରାପ୍ତ କରିବାର ଆଶାକୁ ତ୍ୟାଗ କରି, ବିନା କୌଣସି ଲୋଭ ବଶବର୍ତ୍ତୀ ହୋଇ କୌଣସି କାର୍ଯ୍ୟ କରୁ, ତାହାକୁ ସାହାଯ୍ୟ କୁହାଯାଏ । ଯେତେବେଳେ ଆମେ ନିଃସ୍ୱାର୍ଥ ଭାବରେ କାହାକୁ ସାହାଯ୍ୟ କରୁଥାଉ, ସେତେବେଳେ ଈଶ୍ୱର ଆମକୁ ଦେଖୁଥା'ନ୍ତି ଏବଂ ଯଦି ପ୍ରକୃତରେ ଆମ ଭିତରେ କୌଣସି ଲୋଭ କିମ୍ବା ଆସକ୍ତି, ସ୍ୱାର୍ଥ, ପ୍ରତିବଦଳରେ କିଛି ପାଇବାର ଆଶା ନଥିବ, ତେବେ ଆମେ ଋଣମୁକ୍ତ ହୋଇଥାଉ ଏବଂ ତତ୍‌ସହିତ ବଦଳରେ ତାହା ଅନେକ ଗୁଣ ଅଧିକ ହୋଇ ମଧ୍ୟ ଆମକୁ ମିଳିଥାଏ । ଏହା, ଈଶ୍ୱରଙ୍କ ପକ୍ଷରୁ ଆମ ପାଇଁ ଉପହାର ହୋଇଥାଏ । ପ୍ରକୃତ ଶାନ୍ତି ଓ ପ୍ରକୃତ ସୁଖ ତ ଆମକୁ ମିଳିହିଁଥାଏ, ପୁରସ୍କାର ମଧ୍ୟ ମିଳିଥାଏ । ଈଶ୍ୱର ଆମ ଉପରେ କୃପାଳୁ ହୋଇଯା'ନ୍ତି । ଅନ୍ୟକୁ ସାହାଯ୍ୟ କଲେ, ଆମର ନହେଉଥିବା କାମ ହେବାକୁ ଲାଗେ । ଆମକୁ ଅପ୍ରତ୍ୟାଶିତ ଭାବରେ ଲାଭ ପ୍ରାପ୍ତ ହୋଇଥାଏ । ବର୍ଷ-ବର୍ଷର କୌଣସି ସ୍ୱପ୍ନ ଯଦି ପୂରା ହୋଇଯାଏ, ତେବେ ଜାଣିନିଅନ୍ତୁ ଯେ, ପରୋପକାର ଓ ମଙ୍ଗଳ ଭାବନା ବଦଳରେ ଈଶ୍ୱର ଆମକୁ ପୁରସ୍କୃତ କରୁଛନ୍ତି ।

ଏହି ପ୍ରସଙ୍ଗରେ ମୋତେ ଗୋଟିଏ କାହାଣୀ ମନେପଡୁଛି -

ଗୋଟିଏ ପିଲା, ଯିଏ ବହୁତ ଗରିବ ଘରର ଥିଲା, ପିଲାବେଳରୁ ହିଁ ସମସ୍ତଙ୍କୁ ଯଥାସମ୍ଭବ ସାହାଯ୍ୟ କରୁଥିଲା । ଯେତେବେଳେବି କାହା ଘରେ କୌଣସି କାର୍ଯ୍ୟକ୍ରମ କିମ୍ବା କିଛିବି କାର୍ଯ୍ୟ ହେଉଥିଲା, ସେହି ପିଲା, ସେମାନଙ୍କୁ ସାହାଯ୍ୟ କରିବା ପାଇଁ ପହଞ୍ଚିଯାଉଥିଲା । ଏହିପ୍ରକାରେ ସେ ଅନ୍ୟମାନଙ୍କୁ ସାହାଯ୍ୟ କରିକରି ବହୁତ ଲୋକପ୍ରିୟ ହୋଇଗଲା । ସବୁ ଲୋକ ତାକୁ ଭଲ ପାଇବାକୁ ଲାଗିଲେ । ସେ ନିଃସ୍ୱାର୍ଥପର ଭାବରେ ଲୋକଙ୍କ ସେହିପରି ସହାୟତା କରୁଥିଲା ।

ସମୟ ଅତିବାହିତ ହେବାକୁ ଲାଗିଲା । ଦିନେ ହଠାତ୍ ତା'ମନରେ, ଗୋଟିଏ ଜମି କିଣିବାର ବିଚାର ଆସିଲା । ଜମି କିଣିବା ପାଇଁ ତା'ପାଖରେ

ପଇସା ବହୁତ କମ୍ ଥିଲା । ସେ କିଛି ଲୋକମାନଙ୍କ ପାଖକୁ ସାହାଯ୍ୟ ମାଗିବା ପାଇଁ ଗଲା ଏବଂ ଅଳ୍ପ ଅଳ୍ପ ଟଙ୍କା ସେମାନଙ୍କଠାରୁ ଗୋଟିଏ ବର୍ଷ ପାଇଁ ଧାର ଆଣିଲା । ସେହି ଟଙ୍କାରେ ସେ ଖଣ୍ଡେ ଜମି କିଣିଲା । ମାତ୍ର, ସମୟ ସହିତ ନିଃସ୍ୱାର୍ଥ ଭାବରେ ଅନ୍ୟମାନଙ୍କୁ ସାହାଯ୍ୟ କରିବାର ନିଜ ପ୍ରବୃତ୍ତିକୁ ଛାଡ଼ିଲା ନାହିଁ । ଏକ ବର୍ଷ ପୂରା ହେବା ବେଳକୁ ସେହି ଭୂମିଖଣ୍ଡର ମୂଲ୍ୟ ହଠାତ୍ ବଢ଼ିଗଲା । ସେ, ସେହି ଜମିକୁ ବିକ୍ରି କରି ସମସ୍ତଙ୍କ ଟଙ୍କା ଫେରାଇଦେଲା ଏବଂ ବଳକା ଧନରେ ପୁଣି ଏକ ଶସ୍ତା ଜମି କିଣିନେଲା । ଏହିପ୍ରକାରେ ସେ ଭୂମିଖଣ୍ଡ କିଣୁଥିଲା ଓ ବିକୁଥିଲା ଏବଂ ଦିନେ ରିୟଲ୍ ଇଷ୍ଟେଟ୍‌ରେ ବହୁତ ଉପରକୁ ଉଠିଗଲା, ଏପରିକି ସେ ରିୟଲ୍ ଇଷ୍ଟେଟ୍ ବ୍ୟବସାୟର କିଙ୍ଗ୍ ହୋଇଗଲା ।

ଏହି କାହାଣୀର ସାରମର୍ମ ହେଉଛି ଯେ, ଯଦି କୌଣସି ବ୍ୟକ୍ତି ଲଗାତାର ଅନ୍ୟର ନିଃସ୍ୱାର୍ଥ ସହାୟତା କରେ, ଖୋଲାମନରେ ପରୋପକାର କରେ, ତେବେ ଈଶ୍ୱର ସର୍ବଦା ତାକୁ ସହାୟ ହୁଅନ୍ତି । ଭଗବାନ, ତା'ମନରେ ସଫଳତାର ବିଚାର ସ୍ଥାପନ କରନ୍ତି । ସେଥିପାଇଁ, ଏହାଠାରୁ ଅଧିକ ଉତ୍ତମ କଥା ଆଉ କିଛି ହୋଇହିଁପାରିବ ନାହିଁ ଯେ, ଆପଣ ଅନ୍ୟକୁ ସାହାଯ୍ୟ କରନ୍ତୁ, ଈଶ୍ୱର ଆପଣଙ୍କୁ ସାହାଯ୍ୟ କରିବେ ।

ଯେତେବେଳେ ଆମେ ଲୋକମାନଙ୍କ ପ୍ରତି ପ୍ରକୃତ ଶ୍ରଦ୍ଧା ରଖନ୍ତି, ସମସ୍ତଙ୍କ ସହିତ ପ୍ରେମ ଭାବ ରଖନ୍ତି, ସମସ୍ତଙ୍କୁ ସାହାଯ୍ୟ କରିବାକୁ ଚାହାଁନ୍ତି, ତେବେ ସେହିପ୍ରକାରର ଭାବନା ଆମର ମୁଖମଣ୍ଡଳରେ ଆସିଥାଏ ।

ଆମକୁ ସାହାଯ୍ୟ ବଦଳରେ ସାହାଯ୍ୟ ନେବାର ଭାବନା ମନରେ ରଖିବା ଉଚିତ ନୁହେଁ । ଏହାକୁ ପରୋପକାର ନୁହେଁ, ବ୍ୟାପାର କୁହାଯାଏ । ନେଣ-ଦେଣରେ ନିଃସ୍ୱାର୍ଥତା ରୁହେନାହିଁ । ଏହା ଉପକାର ସୁଝାଇବା ପରି କଥା ହୋଇଯାଏ । ଆମକୁ ଏହି ଦୁନିଆରେ ସମସ୍ତଙ୍କ ସହାୟତା କରିବାର ଚେଷ୍ଟା କରିବା ଉଚିତ୍ । ସମସ୍ତଙ୍କୁ ନିଜ ସାଙ୍ଗ କିମ୍ବା ଭାଇ ପରି ଭାବିବା ଦରକାର । ଏପରିକି ଶତ୍ରୁ ପାଇଁ ମଧ୍ୟ ଆପଣଙ୍କ ମନରେ ସତ୍‌ବିଚାର ଓ ସାହାଯ୍ୟ ଭାବନା ରଖିବା ଉଚିତ୍ । ଆପଣ ଦେଖିବେ ଯେ, କେବଳମାତ୍ର ମନରେ ସାହାଯ୍ୟ ଓ ସହାନୁଭୂତିର ଭାବନା ରଖିଲେ ହିଁ ଶତ୍ରୁ ମଧ୍ୟ ଆପଣଙ୍କ ମିତ୍ର ହୋଇଯିବ ଏବଂ ଏହିପରି ସାରା ଦୁନିଆ ହିଁ ଆପଣଙ୍କ ମିତ୍ର ହୋଇଯିବ । ସମସ୍ତ ସଫଳତାରେ ଏହି ନିଜତ୍ୱ ଭାବନା ବହୁତ କାମ ଦେଇଥାଏ ।

ଯେତିକି ସହାୟତା ଆପଣ ଅନ୍ୟ ଲୋକମାନଙ୍କର କରନ୍ତି, ଯେତିକି ସୁଖ ଆପଣ ଅନ୍ୟ ଲୋକମାନଙ୍କୁ ଦିଅନ୍ତି ଏବଂ ଯେତିକି ଅଧିକ ଆପଣ ଅନ୍ୟ ଲୋକମାନଙ୍କର ମାର୍ଗଦର୍ଶନ କରନ୍ତି, ଆପଣଙ୍କୁ ଜାଣିଥିବା ଲୋକମାନେ ସେତିକି ହିଁ ଆପଣଙ୍କୁ ମନେପକାନ୍ତି । ଯଦି ଆପଣ କେବଳ ପରିବାରକୁ ସୁଖ ଦେଉଥିବେ, ତେବେ ଆପଣଙ୍କୁ ମଧ୍ୟ କେବଳ ପରିବାର ଲୋକ ହିଁ ମନେ ପକେଇବେ ଏବଂ ମରିବାର ତୃତୀୟ ଦିନ ଆପଣଙ୍କୁ ଅନ୍ୟ ସମସ୍ତେ ଭୁଲିଯିବେ । ଏହିପ୍ରକାରେ, ଧୀରେଧୀରେ ଆପଣଙ୍କ ଚିହ୍ନବର୍ଣ୍ଣ ନିଶ୍ଚିହ୍ନ ହୋଇଯିବ ।

ଆଜିବି ଲୋକମାନେ ମହାତ୍ମା ଗାନ୍ଧୀ, ଭଗତ ସିଂହ ଓ ସ୍ୱାମୀ ବିବେକାନନ୍ଦ ଆଦିଙ୍କ ଚିତ୍ର ନିଜ ଘରେ ଏଥିପାଇଁ ଲଗାନ୍ତି, କାରଣ ସେମାନଙ୍କ ଜୀବନ ଦେଶ ତଥା ଦେଶବାସୀମାନଙ୍କ ପାଇଁ ସମର୍ପିତ ଥିଲା । ସେମାନେ, ନିଜ ପାଇଁ ନୁହେଁ, ଅନ୍ୟମାନଙ୍କ ପାଇଁ ବଞ୍ଚୁଥିଲେ । ଏହି ମହାନ୍ ବିଭୁତିମାନଙ୍କୁ ଲୋକମାନେ ମନେପକାଇ ପ୍ରେରଣା ନିଅନ୍ତି ଓ ସର୍ବଦା ନେଉଥିବେ । ସେମାନେ ନିଜପାଇଁ କିଛି ଚାହିଁନଥିଲେ, ହେଲେ ସମଗ୍ର ଦେଶ ପାଇଁ ସୁଖର କାମନା କଲେ । ସେଥିପାଇଁ, ସେମାନଙ୍କୁ ଆଜିବି ଲୋକମାନେ ମନେପକାଉଛନ୍ତି ।

ଜଣେ ଚାଷୀ ଶଗଡ଼ ଗାଡ଼ିରେ ଗାଁକୁ ଫେରୁଥିଲା । ରାସ୍ତାରେ ଗୋଟିଏ ସ୍ଥାନରେ ଏକ ଭାରୀ ପଥର ପଡ଼ିଥିଲା । ତାକୁ ସେଠାରୁ ନକାଢ଼ିଲେ କୌଣସି ଶଗଡ଼ ଆଗକୁ ଯାଇପାରିବ ନାହିଁ । ଚାଷୀଟି ଚିନ୍ତାରେ ପଡ଼ିଗଲା । ସେତିକିବେଳେ ତା'ନଜର ନିଜ ଆଡ଼କୁ ଆସୁଥିବା ଜଣେ ଲୋକଙ୍କ ଉପରେ ପଡ଼ିଲା । ଚାଷୀ ତାକୁ ସହାୟତା ମାଗିଲା । ଉଭୟେ ମିଶି ପଥରକୁ କାଢ଼ିଲେ । ଚାଷୀଟି ରାଗିକରି ପଥର ରଖିଥିବା ଲୋକକୁ ଗାଳିଦେବାକୁ ଲାଗିଲା, ତନ୍‌ସହିତ ସାହାଯ୍ୟ କରିଥିବା ଲୋକର ଖୁବ୍ ପ୍ରଶଂସା କଲା । ଚାଷୀ ସେହି ଲୋକକୁ ମଧ୍ୟ ଶଗଡ଼ ଗାଡ଼ିରେ ବସାଇଦେଲା । ନିଜ ଗନ୍ତବ୍ୟରେ ଓହ୍ଲାଇବା ପରେ ସେହି ଲୋକଟି କହିଲା "ଯେଉଁ ଲୋକକୁ ଆପଣ ଗାଳି ଦେଉଥିଲେ, ସେ ମୁଁ ଅଟେ । ପ୍ରକୃତରେ ମୁଁ ବହୁତ ଥକିଯାଇଥିଲି । ଆରାମ କରିବା ପାଇଁ ଜାଗା ଖୋଜୁଥିବାବେଳେ ପାହାଡ଼ ଉପରେ ଥିବା ଏହି ପଥର ଉପରେ ନଜର ପଡ଼ିଲା । ଭାବିଲି, ପଥର ଉପରେ ବସି ଟିକିଏ ହାଲିଆ ମାରିଦେବି । ମୁଁ ସେହି ପଥର ଉପରେ ବସିବାକୁ ଯାଉଥିବାବେଳେ ପଥରଟି ଗଡ଼ିଆସି, ରାସ୍ତା ମଝିରେ ପଡ଼ିଗଲା । ମୁଁ ଚିନ୍ତିତ ହୋଇଗଲି । ଭାବିଲି, ଜଣେ ଲୋକ ଏହି ପଥର ଆଡ଼େଇପାରିବ ନାହିଁ ଏବଂ ପଥର ନକାଢ଼ିଲେ କୌଣସି ଶଗଡ଼ ଗାଡ଼ି ସେହି ବାଟଦେଇ ଯାଇପାରିବ ନାହିଁ । ଏଠାରେ କେହିବି ନାହାଁନ୍ତି, ସେଥିପାଇଁ ମୁଁ ଭାବିଲି ଯେ, ମୁଁ ଯଦି ଚାଲିଯିବି, ତେବେ ଶଗଡ଼ ଗାଡ଼ି ଚାଳକ ହଇରାଣ ହୋଇଯିବ । ସେଥିପାଇଁ ମୁଁ ଗଛ ଛାଇ ତଳେ ଆରାମ କରି ଅପେକ୍ଷା କରିବାକୁ ଲାଗିଲି । ଆପଣ ଆସିବାରୁ ଆପଣଙ୍କ ସହାୟତା କରି ମୋ ମନ ହାଲୁକା ହୋଇଗଲା । ଭୁଲ୍ କେହି ମଧ୍ୟ କରିପାରେ, ମାତ୍ର ସେଥିରୁ କାହାର କୌଣସି କ୍ଷତି ନହେଉ, ଏହାର ଧ୍ୟାନ ରଖିବା ଉଚିତ୍ ।"

କୌଣସି ଗ୍ରାମରେ ଜଣେ ଗରିବ ବ୍ରାହ୍ମଣ ରହୁଥିଲେ । ପୂଜାପାଠ କରି ତାଙ୍କ ଗୁଜୁରାଣ ମେଣ୍ଟାଉଥିଲେ । ଦିନେ ସେହି ଦେଶର ରାଜା, ତାଙ୍କୁ ପୂଜା କରିବା ପାଇଁ ଡାକିଲେ । ବ୍ରାହ୍ମଣ ଆନନ୍ଦରେ ରାଜାଙ୍କ ମହଲରେ ପୂଜା କଲେ । ଯେତେବେଳେ ସେ ନିଜ ଘରକୁ ଯିବାପାଇଁ ବାହାରିଲେ, ରାଜା ତାଙ୍କୁ ପଚାରିଲେ "ଭଗବାନ କେଉଁଠାରେ ରହନ୍ତି, କୁଆଡ଼େ ଦେଖନ୍ତି ଓ କ'ଣ କରନ୍ତି ?" ବ୍ରାହ୍ମଣ କିଛି ସମୟ ଭାବିଲେ ଓ ରାଜାଙ୍କୁ କହିଲେ "ମହାରାଜ! ଉତ୍ତର ଦେବାପାଇଁ ମୋତେ କିଛି ସମୟ ଦରକାର ।" ରାଜା କହିଲେ "ଠିକ୍ ଅଛି, ଗୋଟିଏ ମାସପରେ ଆସି ଉତ୍ତର ଦେବେ ।" ଦିନପରେ ଦିନ ବିତିବାକୁ ଲାଗିଲା । ବ୍ରାହ୍ମଣଙ୍କୁ ତାହାର ଉତ୍ତର ଜଣାପଡୁନଥିଲା । ତାଙ୍କର ଚିନ୍ତା ବଢ଼ିବାକୁ ଲାଗିଲା ଏବଂ ସେ ଦୁଃଖୀ ରହିବାକୁ ଲାଗିଲେ । ବ୍ରାହ୍ମଣଙ୍କର ଗୋଟିଏ ବୁଦ୍ଧିମାନ ପୁଅ ଥିଲା । ସେ, ନିଜ ପିତାଙ୍କୁ ଦୁଃଖର କାରଣ ପଚାରିଲା । ବ୍ରାହ୍ମଣ ସମସ୍ତ ଘଟଣା ବିଷୟରେ ତାକୁ ବର୍ଣ୍ଣନା କଲେ । ପୁଅ କହିଲା, "ବାପା! ଆପଣ ମୋତେ ରାଜାଙ୍କ ପାଖକୁ ନେଇଚାଲନ୍ତୁ, ମୁଁ ତାଙ୍କ ପ୍ରଶ୍ନର ଉତ୍ତର ଦେବି ।" ଠିକ୍ ଗୋଟିଏ ମାସ ପରେ ବ୍ରାହ୍ମଣ ନିଜ ପୁଅକୁ ସାଙ୍ଗରେ ନେଇ ରାଜାଙ୍କ ପାଖକୁ ଗଲେ ଏବଂ କହିଲେ "ମହାରାଜ! ଆପଣଙ୍କ ପ୍ରଶ୍ନର ଉତ୍ତର ମୋ ପୁଅ ଦେବ ।"ରାଜା, ବ୍ରାହ୍ମଣଙ୍କ ପୁଅକୁ ପଚାରିଲେ "କୁହ, ଭଗବାନ କେଉଁଠାରେ ରହନ୍ତି ।"

ବ୍ରାହ୍ମଣଙ୍କ ପୁଅ କହିଲା, "ରାଜନ୍! ପ୍ରଥମେ ଅତିଥିଙ୍କ ଆଦର-ସତ୍କାର କରାଯାଏ, ତାହାପରେ ପ୍ରଶ୍ନ ପଚରାଯାଏ । ଆପଣ ତ ବିନା କୌଣସି ଆତିଥ୍ୟ କରି ହିଁ ପ୍ରଶ୍ନ ପଚାରିବା ଆରମ୍ଭ କରିଦେଲେ ।" ରାଜା ଲଜ୍ଜିତ ହେଲେ ଓ ଅତିଥିମାନଙ୍କ ପାଇଁ କ୍ଷୀର ଆଣିବାକୁ ଆଦେଶ ଦେଲେ । କ୍ଷୀର ଗିଲାସ ଆସିଲା । ବ୍ରାହ୍ମଣଙ୍କ ପୁଅ କ୍ଷୀର ଗିଲାସରେ ଆଙ୍ଗୁଠି ବୁଡ଼ାଇ ଦେଖିବାକୁ ଲାଗିଲା । ରାଜା ପଚାରିଲେ "ଏ କ'ଣ କରୁଛ ?" ସେ ଉତ୍ତର ଦେଲା "ଶୁଣିଛି ଯେ, କ୍ଷୀରରେ ଲହୁଣୀ ଥାଏ, ତାକୁ ହିଁ ଖୋଜୁଛି ।" ରାଜା କହିଲେ "କ୍ଷୀରକୁ ଯେତେବେଳେ ସମ୍ପୂର୍ଣ୍ଣ ମନ୍ଥାଯାଏ, ସେତେବେଳେ ଲହୁଣୀ ପ୍ରାପ୍ତ ହୁଏ ।" ବ୍ରାହ୍ମଣଙ୍କ ପୁଅ କହିଲା "ଏହାହିଁ ଆପଣଙ୍କ ପ୍ରଶ୍ନର ଉତ୍ତର । ପରମାତ୍ମା ପ୍ରତ୍ୟେକ ଜୀବ ମଧ୍ୟରେ ଥାଆନ୍ତି, ତାଙ୍କୁ ପାଇବାକୁ ହେଲେ ନିୟମଗୁଡ଼ିକର ଅନୁଷ୍ଠାନ କରିବାକୁ ପଡ଼ିଥାଏ । ମନ ଦ୍ୱାରା ଧ୍ୟାନପୂର୍ବକ କରାଯାଇଥିବା ଅଭ୍ୟାସରେ ଆତ୍ମାରେ ଲୁକ୍କାୟିତ ଥିବା ପରମାତ୍ମାଙ୍କ ନିବାସର ଆଭାସ ହୋଇଥାଏ ।" ଉତ୍ତର ଶୁଣି ରାଜା ଖୁସି ହେଲେ ଓ କହିଲେ "ଏବେ ମୋର ଦ୍ୱିତୀୟ ପ୍ରଶ୍ନର ଉତ୍ତର ଦିଅ । ଈଶ୍ୱର କୁଆଡ଼େ ଦେଖନ୍ତି ?" ବ୍ରାହ୍ମଣଙ୍କ ପୁଅ ତୁରନ୍ତ ଗୋଟିଏ ମହମବତୀ ମଗାଇଲା ଓ ତାକୁ ଜଳାଇ ରାଜାଙ୍କୁ କହିଲା "ମହାରାଜ! ଏହି ମହମବତୀ କୁଆଡ଼େ ନିଜ ଆଲୋକ ପକାଉଛି ?" ରାଜା କହିଲେ "ଏହାର ଆଲୋକ ତ ଚାରିଆଡ଼େ ହେଉଛି ।" ବ୍ରାହ୍ମଣଙ୍କ ପୁଅ କହିଲା "ଏହାହିଁ ଆପଣଙ୍କ ଦ୍ୱିତୀୟ ପ୍ରଶ୍ନର ଉତ୍ତର । ପରମାତ୍ମା ସର୍ବଦ୍ରଷ୍ଟା ଅଟନ୍ତି ଏବଂ ସମସ୍ତ ପ୍ରାଣୀମାନଙ୍କ କର୍ମକୁ ଦେଖନ୍ତି ।" ରାଜା ଖୁସିହୋଇ କହିଲେ, "ଏବେ ମୋର ତୃତୀୟ ଓ ଶେଷ ପ୍ରଶ୍ନର ଉତ୍ତର ଦିଅ । ଭଗବାନ କ'ଣ କରନ୍ତି ?" ଏଥିରେ ବ୍ରାହ୍ମଣ ପୁତ୍ର ପଚାରିଲା "ରାଜନ୍! ଗୋଟିଏ କଥା କୁହନ୍ତୁ, ଆପଣ ଏହି ପ୍ରଶ୍ନ ସବୁ ଗୁରୁ ହୋଇ ପଚାରୁଛନ୍ତି ନା ଶିଷ୍ୟ ହୋଇ ?" ରାଜା ବିନମ୍ର କଣ୍ଠରେ କହିଲେ "ମୁଁ ଶିଷ୍ୟ ହୋଇ ପଚାରୁଛି ।" ବ୍ରାହ୍ମଣ ପୁଅ କହିଲା "ବାଃ ମହାରାଜ! ଆପଣ ତ ବହୁତ ବଢ଼ିଆ ଶିଷ୍ୟ । ଗୁରୁଙ୍କୁ ତଳେ ଠିଆ କରାଇ ଶିଷ୍ୟ ସିଂହାସନ ଉପରେ ବିରାଜମାନ ହୋଇଛି ।" ଏହା ଶୁଣି ରାଜା ଲଜ୍ଜିତ ହେଲେ । ସେ ନିଜ ସିଂହାସନରୁ ଅବତରଣ କରିଲେ ଓ ବ୍ରାହ୍ମଣ ପୁତ୍ରକୁ ସିଂହାସନ ଉପରେ ବିରାଜମାନ କରାଇ ପଚାରିଲେ "ଏବେ କୁହନ୍ତୁ, ଈଶ୍ୱର କ'ଣ କରନ୍ତି ?" ବ୍ରାହ୍ମଣଙ୍କ ପୁଅ କହିଲା "ରାଜନ୍, କ'ଣ ଆପଣ ଏବେବି ବୁଝିପାରିଲେ ନାହିଁ ? ଆଉ କ'ଣ କହିବା ଶେଷ ରହିଗଲା ? ଈଶ୍ୱର ଏହାହିଁ କରନ୍ତି, ରାଜାକୁ ଭିକାରୀ ଓ ଭିକାରୀକୁ ରାଜା କରିଦିଅନ୍ତି ।" ରାଜା, ସେହି ବ୍ରାହ୍ମଣ ପୁତ୍ରର ଉତ୍ତର ଶୁଣି ବହୁତ ପ୍ରଭାବିତ ହେଲେ ଏବଂ ତାକୁ ନିଜ ଦରବାରରେ ସ୍ଥାନ ଦେଲେ ।

ଆତ୍ମା ହିଁ ଅଟେ ପରମାତ୍ମା

ମନୁଷ୍ୟ ଭିତରେ ଯେଉଁ ଶକ୍ତି କାର୍ଯ୍ୟ କରେ, ଯେଉଁ ଶକ୍ତି ମନୁଷ୍ୟର ଶରୀରକୁ ଚଲାଏ, ଯିଏ ମନୁଷ୍ୟ ଦ୍ୱାରା ସବୁକିଛି କରାଇବାରେ ସମର୍ଥ ଅଟେ, ସେହି ପରମପିତା ପରମେଶ୍ୱରଙ୍କ ସୂକ୍ଷ୍ମ ଅଂଶ ହିଁ ଅଟେ, ଯାହାକୁ ଆମେ ଆତ୍ମା କହୁ । ମନେରଖନ୍ତୁ, ଆତ୍ମା ହିଁ ପରମାତ୍ମା ଅଟେ ।

ହେଲେ, ମନୁଷ୍ୟ କ'ଣ ?

କେବଳମାତ୍ର ମାଟିର କଣ୍ଢେଇ । ମୃତ୍ୟୁ ପରେ ମାଟିର ଏହି କଣ୍ଢେଇ ମାଟିରେ ହିଁ ମିଶିଯାଏ ।

ଥରେ ଜଣେ ଶିଷ୍ୟ ପାହାଡ଼କୁ ଦେଖି ନିଜ ଗୁରୁଙ୍କୁ ପଚାରିଲା - "ଗୁରୁଦେବ, ଏହି ପାହାଡ଼ଠାରୁ ମଧ୍ୟ ଅଧିକ ଶକ୍ତିଶାଳୀ ଓ କଠୋର ଏହି ସଂସାରରେ ଆଉକିଛି ଅଛି ?"

ଗୁରୁ କହିଲେ - "ଲୁହା । ଲୁହା ପାହାଡ଼ଠାରୁ ମଧ୍ୟ ଅଧିକ କଠୋର ଓ ଶକ୍ତିଶାଳୀ ଅଟେ, କାରଣ ତାହା ପାହାଡ଼ର ପଥରକୁ ମଧ୍ୟ କାଟିଦେଇପାରେ ।"

"ଲୁହାଠାରୁ ଶକ୍ତିଶାଳୀ ମଧ୍ୟ କୌଣସି ଜିନିଷ ଅଛି ?"

"ଲୁହାଠାରୁ ଶକ୍ତିଶାଳୀ ଅଗ୍ନି ଅଟେ, ଯାହା ଲୁହାକୁ ତରଳାଇ ବୁହାଇପାରେ ।"

ଯଦି ଆମେ ନିଜ ଅସ୍ତିତ୍ୱ ବଜାୟ ରଖିବାକୁ ଚାହୁଁଛେ, ତେବେ ଆମକୁ ନିଜ ଆତ୍ମା ସହିତ ଯୋଡ଼ିହେବାକୁ ହେବ, ତାକୁ ଶୁଣିବାକୁ ହେବ, କାରଣ ତାହା ହିଁ ଏପରି ଏକ ଶିଢ଼ି ଅଟେ, ଯାହା ଆମକୁ ପରମାତ୍ମାଙ୍କ ପର୍ଯ୍ୟନ୍ତ ପହଞ୍ଚାଏ ଏବଂ ପରମାତ୍ମା ଆମ ମନରେ ବିଚାରର ଏପରି ଏକ ରଜ୍ଜୁ ବାନ୍ଧନ୍ତି ଯେ, ସେହି ରଜ୍ଜୁର ସାହାଯ୍ୟରେ ଆମେ ନିଜ କର୍ମଶକ୍ତିକୁ ଜାଗ୍ରତ କରିନେଉ ।

- ସୂର୍ଯ୍ୟ ସିହ୍ନା

"ଗୁରୁଦେବ, ଅଗ୍ନିଠାରୁ ଶକ୍ତିଶାଳୀ କ'ଣ ?"

"ଅଗ୍ନିଠାରୁ ଶକ୍ତିଶାଳୀ ଜଳ ଅଟେ, ଯାହା ଅଗ୍ନିକୁ ଲିଭାଇ ନିଜ ପରି ଶୀତଳ କରିଦେଇପାରେ ।"

"ଗୁରୁଦେବ, ଆପଣଙ୍କର ଗୁଢ଼ ତଥା ଜ୍ଞାନପୂର୍ଣ୍ଣ କଥା ଶୁଣି ମୋର ଉତ୍ସୁକତା ବଢ଼ିଯାଇଛି," ଶିଷ୍ୟ ଧୀର ସ୍ୱରରେ ପଚାରିଲା "ଜଳଠାରୁ ଅଧିକ ଶକ୍ତିଶାଳୀ କିଏ ?"

"ତୁମେ ନିଜର ସମସ୍ତ ଉତ୍ସୁକତାର ଶମନ କର । ମୋ କାର୍ଯ୍ୟ ହିଁ ତୁମକୁ ଜ୍ଞାନ ଦେବା ଅଟେ ।" ଗୁରୁ ସ୍ନିଗ୍ଧତାର ସହିତ ଉତ୍ତର ଦେଲେ "ଜଳଠାରୁ ଅଧିକ ଶକ୍ତିଶାଳୀ ସୂର୍ଯ୍ୟ ଅଟନ୍ତି, କାରଣ ସେ ଜଳକୁ ବାଷ୍ପରେ ପରିଣତ କରିଦେଇପାରନ୍ତି ।"

"ସୂର୍ଯ୍ୟଙ୍କଠାରୁ ଶକ୍ତିଶାଳୀ କିଏ, ଗୁରୁଦେବ ?"

"ସୂର୍ଯ୍ୟଙ୍କଠାରୁ ଅଧିକ ଶକ୍ତିଶାଳୀ ହେଉଛି ବାଦଲ, ଯାହା ସୂର୍ଯ୍ୟଙ୍କୁ ମଧ୍ୟ ଲୁଚାଇଦେଇପାରନ୍ତି ।"

"ବାଦଲଠାରୁ ମଧ୍ୟ ଶକ୍ତିଶାଳୀ କିଏ ଅଛିକି ଗୁରୁଦେବ ?"

"ବାୟୁ, ବାଦଲଠାରୁ ଶକ୍ତିଶାଳୀ ଅଟେ, ଯିଏ ବାଦଲକୁ ଉଡ଼ାଇଦିଏ ଏବଂ ବାୟୁ କାରଣରୁ ହିଁ ମନୁଷ୍ୟ ଜୀବିତ ରୁହେ ।"

"ତେବେ, ତା'ଠାରୁ ମହତ୍ୱପୂର୍ଣ୍ଣ ବା କ'ଣ ହୋଇପାରେ ?"

"ମନୁଷ୍ୟ, ନିଜ ସଂକଳ୍ପ ଶକ୍ତି ଦ୍ୱାରା ବାୟୁକୁ ମଧ୍ୟ ନିୟନ୍ତ୍ରିତ କରିପାରେ ।"

"ତେବେ, ଏହାର ଅର୍ଥ ହେଉଛି, ମନୁଷ୍ୟ ହିଁ ସର୍ବଶକ୍ତିମାନ ।"

"ନା, ମନୁଷ୍ୟଠାରୁ ବଡ଼ ଶକ୍ତି ହେଉଛି ଈଶ୍ୱରଙ୍କ ଶକ୍ତି । ମନୁଷ୍ୟ କିଛି ନୁହେଁ । ସେ ତ ଆତ୍ମା ଅଟେ ଏବଂ ଆତ୍ମା ପରମାତ୍ମାଙ୍କର ହିଁ ଅଂଶ ଅଟେ । ଯେଉଁପ୍ରକାରେ ମନୁଷ୍ୟ, ନିଜ ବସ୍ତ୍ର ଚିରିଯିବା ପରେ ଅନ୍ୟ ବସ୍ତ୍ର ପରିବର୍ତ୍ତନ କରିବାକୁ ଭୟ କରେନାହିଁ, ସେହିପ୍ରକାରେ ପରମପିତା ପରମେଶ୍ୱର ମଧ୍ୟ, ଆମ ଶରୀର ଜର୍ଜର ହୋଇଯିବା ପରେ, ଆତ୍ମାକୁ ନୂଆ ଶରୀରରେ ପକାଇଦିଅନ୍ତି । ଏହି କଥାକୁ କେବେବି ଭୁଲ ନାହିଁ ଯେ, ଯାହାବି କାର୍ଯ୍ୟ ହୁଏ, ତାହା ପରମାତ୍ମାଙ୍କ ଇଚ୍ଛାନୁସାରେ ହୋଇଥାଏ ।"

ଗୁରୁଙ୍କଠାରୁ ଜ୍ଞାନ ପାଇ ଶିଷ୍ୟର ଉତ୍ସୁକତା ଶାନ୍ତ ହୋଇଗଲା । ସେ

ଜାଣିପାରିଲା ଯେ, ଆତ୍ମା ହିଁ ପରମାତ୍ମା ଅଟେ ଏବଂ ତାହାଠାରୁ ବଡ଼ କୌଣସି ଅନ୍ୟ ଶକ୍ତି ନଥାଏ ।

ପରମାତ୍ମାଙ୍କ ସହିତ ସଂଲଗ୍ନ ହୁଅନ୍ତୁ

ଯଦି ଆମେ ନିଜର ଅସ୍ତିତ୍ୱ ବଜାୟ ରଖିବାକୁ ଚାହୁଁଛେ, ତେବେ ପରମାତ୍ମାଙ୍କ ସହିତ ସଂଲଗ୍ନ ହେବାକୁ ପଡ଼ିବ ବା ନିଜକୁ ତାଙ୍କ ସହିତ ଯୋଡ଼ିବାକୁ ହେବ । ଯିଏ ପରମାତ୍ମାଙ୍କ ସହିତ ଜଡ଼ିତ ହୁଅନ୍ତି ନାହିଁ, ସେ ସମାପ୍ତ ହୋଇଯା'ନ୍ତି । ପରମାତ୍ମା ଏକ ମହାଶକ୍ତି ଅଟନ୍ତି ଏବଂ ଆମେ ସମସ୍ତେ ସେହି ମହାଶକ୍ତିର ଗୋଟିଏ ଗୋଟିଏ ବୁନ୍ଦମାତ୍ର । ଈଶ୍ୱରଙ୍କ ଶକ୍ତି ଅକାତ ଅଟେ ସମୁଦ୍ର ପରି ଏବଂ ଆମେ ବୃଷ୍ଟିର ଏକ ବୁନ୍ଦ । ଆପଣ ଦେଖିହିଁ ଥିବେ ଯେ, କିଛି ବୁନ୍ଦ ବାଲିଆ ସ୍ଥାନରେ ପଡ଼େ, କିଛି ପାହାଡ଼ରେ, କିଛି ବୃକ୍ଷ ଉପରେ, କିଛି ଘର ଉପରେ । କିଛି ସୌଭାଗ୍ୟଶାଳୀ ବୁନ୍ଦ ଶାମୁକାରେ ପଡ଼େ ଓ କିଛି ସମୁଦ୍ରରେ ।

ବାଲିଆ ସ୍ଥାନ, ପାହାଡ଼, ଶୁଖିଲା ସ୍ଥାନ, ଗଛ, ଘର ଆଦିରେ ପଡ଼ିଥିବା ବୁନ୍ଦ କିଛି ସମୟ ପରେହିଁ ନିଜର ଅସ୍ତିତ୍ୱ ହଜାଇଦିଅନ୍ତି । ଶାମୁକାରେ ପଡ଼ିଥିବା ବୁନ୍ଦ ମୋତିରେ ପରିଣତ ହୋଇଯାଏ ଓ ସମୁଦ୍ରରେ ପଡ଼ିଥିବା ବୁନ୍ଦ ସମୁଦ୍ରର ଗୋଟିଏ ଅଂଶ ହୋଇ ନିଜେ ହିଁ ସମୁଦ୍ର ହୋଇଯାଏ ।

ଏହିପ୍ରକାରେ, ଯେତେବେଳେ ଆମେ ଈଶ୍ୱରଙ୍କ ସହିତ ଜଡ଼ିତ ହେଉ, ତେବେ ଆମେ ମଧ୍ୟ ମହାଶକ୍ତିଶାଳୀ ହୋଇଯାଉ, କାରଣ ସେତେବେଳେ ଈଶ୍ୱରଙ୍କ ଶକ୍ତି ମଧ୍ୟ ଆମ ସହିତ ଯୋଡ଼ି ହୋଇଯାଏ ।

ଥରେ ଆକାଶରୁ ପାଣିର ଗୋଟିଏ ବୁନ୍ଦ ଗଛର ପତ୍ରରେ ପଡ଼ିଲା । ତାହା ମଝିରେ ହିଁ ଅଟକିଗଲା । ଗଛ ତଳେ ଗୋଟିଏ ନଦୀ ପ୍ରବାହିତ ହେଉଥିଲା । ସେହି ବୁନ୍ଦ ଯେତେବେଳେ ତଳକୁ ପଡ଼ିବାକୁ ହେଲା, ସେ, ପତ୍ରକୁ ଜାବୁଡ଼ିକି ଧରିଦେଲା । ସେ ଭାବିଲା ଯେ, ନଦୀରେ ପଡ଼ିଲେ ତା'ର ଅସ୍ତିତ୍ୱ ହିଁ ସମାପ୍ତ ହୋଇଯିବ । ତାକୁ ବା କ'ଣ ଜଣାଥିଲା ଯେ, ନଦୀର ପାଣିହିଁ ତା'ର ଅସ୍ତିତ୍ୱ ଅଟେ ? ସେ, ପାଣିର ହିଁ ଏକ ଅଂଶ । ପବନ ତାକୁ ତଳେ ପକାଇବାକୁ ବହୁତ ଚେଷ୍ଟା କଲା, ମାତ୍ର ସେହି ବୁନ୍ଦଟି ନିଜ ଭୟ କାରଣରୁ ପତ୍ରକୁ ଜାବୁଡ଼ି ଧରିପକାଇଲା । ଏହିପ୍ରକାରେ ସେ, ପତ୍ରରେ ଶୁଖି ନଷ୍ଟ ହୋଇଗଲା ।

ସମଭାବରେ, ଆମକୁ ମଧ୍ୟ ପରମାତ୍ମାଠାରୁ ଭୟ କରିବା ଉଚିତ୍ ନୁହେଁ । ଆମକୁ ଏହା ସବୁବେଳେ ମନେରଖିବାକୁ ହେବ ଯେ, ଆମେବି ପରମାତ୍ମାଙ୍କର ଏକ ଅଂଶ ଅଟୁ । ପରମାତ୍ମାଙ୍କ ସହିତ ସମ୍ବନ୍ଧ ଗଠନ କରିବାରେ ଯଦି ଭୟ କରିବା, ତେବେ ପାଣିର ସେହି ବୁନ୍ଦ ପରି ଶୁଖି ନଷ୍ଟ ହୋଇଯିବା । ଆମର ଅସ୍ତିତ୍ୱ ହିଁ ସମାପ୍ତ ହୋଇଯିବ ।

ଭଗବାନ ଯାହା କରନ୍ତି ଭଲ କରନ୍ତି

ଭଗବାନ ଶ୍ରୀକୃଷ୍ଣ ଗୀତାରେ କହିଛନ୍ତି – 'ହେ ମନୁଷ୍ୟ ! ତୁ କେବଳ କର୍ମ କର, ଫଳର ଆଶା କରନା । ଫଳ ଦେବା ବା ନଦେବା ମୋ କାମ । ଫଳ କିପରି ମିଳିବ, ମିଳିବକି ନମିଳିବ, ଏହିକଥା ଚିନ୍ତା କରିବାର ଅଧିକାର ତୋର ନାହିଁ ।' ଏହି ସତ୍ୟତାକୁ ସଂସାରର ପ୍ରାୟ ସବୁ ଲୋକ ଜାଣନ୍ତି । ଏପରି ଅନେକ ଉଦାହରଣ ଆପଣଙ୍କୁ ମିଳିଯିବ ଯେତେବେଳେ ଲୋକମାନଙ୍କୁ ନିଜ କର୍ମାନୁସାରେ ଫଳପ୍ରାପ୍ତି ହୋଇନାହିଁ ଏବଂ କାହାକୁ ଏତେ ପ୍ରତିଫଳ ମିଳିଗଲା ଯେ, ସମ୍ଭାଳିବା କଷ୍ଟକର ହୋଇଗଲା । ଗୋଟିଏ ଶାଶ୍ୱତ ସତ୍ୟ ଏହାମଧ୍ୟ ଯେ, ଆପଣଙ୍କର ଅସଫଳ ହେବାରେ ମଧ୍ୟ ଈଶ୍ୱରଙ୍କର କୌଣସି ଉଦ୍ଦେଶ୍ୟ ଥାଇପାରେ । ବୋଧହୁଏ ସେ, ଆପଣଙ୍କୁ ଅନ୍ୟ କୌଣସି କାମରେ ଆହୁରି ଅଧିକ ଉନ୍ନତି ଦେବାକୁ ଚାହୁଁଥିବେ ।

ଏହି ସନ୍ଦର୍ଭରେ ଆପଣଙ୍କୁ ଗୋଟିଏ ଛୋଟ ଘଟଣା କହୁଛି । ଦେଖନ୍ତୁ, କିପରି ଯଦି ଈଶ୍ୱର ଗୋଟିଏ ଦୁଆର ବନ୍ଦକରନ୍ତି, ଆଉ ଗୋଟିଏ ଦୁଆର ଖୋଲି ଆପଣଙ୍କୁ ସଫଳତାର ସିଂହାସନରେ ବସାନ୍ତି –

ଗୋଟିଏ ପିଲା ନିଜ ଆଜୀବିକା ପାଇଁ ଚାକିରି ଖୋଜୁଥିଲା । ତାକୁ କେହି କହିଲା ଯେ, ବସ୍ ଷ୍ଟାଣ୍ଡ୍ ପାଖରେ ଥିବା ସୁଲଭ ଶୌଚାଳୟରେ ଟଏଲେଟ୍ ଆଟେଣ୍ଡାଣ୍ଟ୍‌ର ପୋଷ୍ଟ ଖାଲିଅଛି । ସେହି ପିଲା, ଚାକିରି ପାଇଁ ସେଠାକୁ ଗଲା । ତା'ଦ୍ୱାରା କାମ କରାଯାଇ ଦେଖିବା ପରେ ତାକୁ ଚୟନ କରିନିଆଗଲା । ପରେ, ତାକୁ ଗୋଟିଏ ଫର୍ମରେ ହସ୍ତାକ୍ଷର କରିବାକୁ କୁହାଗଲା । ସେହି ପିଲାଟି କହିଲା ଯେ, ସେ ପାଠ ପଢ଼ିନାହିଁ, ସେଥିପାଇଁ ହସ୍ତାକ୍ଷର କରିପାରିବ ନାହିଁ । ହସ୍ତାକ୍ଷର ନକରିପାରିବା କାରଣରୁ ତାକୁ ଚାକିରି ମିଳିପାରିଲା ନାହିଁ ।

ପରେ ସେହି ପିଲା ଗୋଟିଏ ଫଳ ଦୋକାନରେ କାମ କରିବାକୁ ଲାଗିଲା ଓ ଧୀରେ ଧୀରେ ବ୍ୟାପାରରେ ପାରଙ୍ଗମ ହୋଇଗଲା । ଦିନେ ଈଶ୍ୱରଙ୍କ ପ୍ରେରଣାରୁ ତା'ମନରେ ଗୋଟିଏ ବିଚାର ଆସିଲାକି, ସେ ଅନ୍ୟ କାହାପାଖରେ ଚାକିରି କରିବା ବଦଳରେ ନିଜର ଫଳ ବ୍ୟବସାୟ କରିବା ଉଚିତ୍ ।

ଏହିପ୍ରକାରେ, ସେ ନିଜେ ଫଳ ବ୍ୟାପାର କରିବାକୁ ଲାଗିଲା । ତାକୁ ସେହି କାମରୁ ବହୁତ ସଫଳତା ମିଳିଲା । ଫଳ ବ୍ୟାପାରରେ ତା'ନାମ ବିଖ୍ୟାତ ହୋଇଗଲା । ବ୍ୟବସାୟ ଏତେ ବଢ଼ିଗଲା ଯେ, ସେ ଅନ୍ୟ ଦେଶରେ ମଧ୍ୟ ଆମଦାନି-ରପ୍ତାନି କରିବାକୁ ଲାଗିଲା ।

ଦିନେ, ବ୍ୟାପାରକୁ ଆହୁରି ବଢ଼ାଇବା ପାଇଁ ତା' ଆକାଉଣ୍ଟାଣ୍ଟ, ବ୍ୟାଙ୍କ୍‌ରୁ ଲୋନ୍ ନେବାପାଇଁ ପରାମର୍ଶ ଦେଲା । ଏହି ପ୍ରସଙ୍ଗରେ ସେ ଗୋଟିଏ ବ୍ୟାଙ୍କ୍ ମ୍ୟାନେଜର୍‌ଙ୍କ ସହିତ ଦେଖାକଲା । ବ୍ୟାଙ୍କ୍ ମ୍ୟାନେଜର୍, ତାକୁ ଲୋନ୍ ଦେବାପାଇଁ ଡିଲିଙ୍ଗ୍ ସମ୍ବନ୍ଧୀୟ ଗୋଟିଏ ଫର୍ମ ଦେଲେ ଓ ଫର୍ମରେ ସ୍ୱାକ୍ଷର କରିବାକୁ କହିଲେ । ସେହି ପିଲା, ବିନା କୌଣସି ସଂକୋଚରେ, ତାକୁ ସ୍ୱାକ୍ଷର କରିଆସେନାହିଁ ବୋଲି କହିଲା ।

ବ୍ୟାଙ୍କ୍ ମ୍ୟାନେଜର୍ ଆଶ୍ଚର୍ଯ୍ୟର ସହିତ ତାକୁ ଦେଖି କହିଲା "ଯଦି ଆପଣଙ୍କୁ ହସ୍ତାକ୍ଷର କରିଆସୁନି, ତେବେ ଆପଣ ନିଜ ବ୍ୟାପାରକୁ ଏତେ ସଫଳତାପୂର୍ବକ କିପରି ବୃଦ୍ଧିକଲେ ? ଯଦି ଆପଣ ଶିକ୍ଷିତ ହୋଇଥା'ନ୍ତେ, ତେବେ ଆହୁରି ଅଧିକ ଉନ୍ନତି କରିଥା'ନ୍ତେ ।"

ଏହାଶୁଣି ସେହି ପିଲା କହିଲା "ଯଦି ମୋତେ ହସ୍ତାକ୍ଷର କରିଆସିଥା'ନ୍ତା, ତେବେ ମୁଁ ବସ୍ ଷ୍ଟାଣ୍ଡ୍ ଶୌଚାଳୟରେ ପାଇଖାନା ସଫା କରୁଥା'ନ୍ତି ।"

ଏହି କାହାଣୀରୁ ଆମକୁ ପ୍ରେରଣା ମିଳେ ଯେ, ଆମକୁ ଅସଫଳତାରୁ ବ୍ୟତିବ୍ୟସ୍ତ ହେବା ଉଚିତ୍ ନୁହେଁ, ନା ହିଁ ଅସଫଳତାର ଦୋଷ ଅନ୍ୟ କାହା ମୁଣ୍ଡରେ ଲଦିବା ଉଚିତ୍ । ପ୍ରତ୍ୟେକ ଅସଫଳତାକୁ ଈଶ୍ୱରଙ୍କ ଇଚ୍ଛା ବୋଲି ଭାବି ନିରନ୍ତର କର୍ମ କରୁଥିବା ଦରକାର । ଯେବେ ଆପଣ ଲଗାତାର କର୍ମ କରୁଥିବେ, ତେବେ ଦିନେ ଆପଣ ନିଶ୍ଚିତ ବହୁତ ଅଧିକ ସଫଳ ହେବେ । ତେଣୁ, ଅସଫଳତାରେ ବିଚଳିତ ହୁଅନ୍ତୁ ନାହିଁ, ବରଂ ଏହା ଭାବନ୍ତୁ ଯେ, – 'ଭଗବାନ, ମୋତେ ମାତ୍ର କର୍ମ କରିବା ପାଇଁ ଏହି ସଂସାରକୁ ପଠାଇଛନ୍ତି । ମୋର ଏକମାତ୍ର କର୍ତ୍ତବ୍ୟ ହେଉଛି କର୍ମ କରିବା ।'

କର୍ମ ନକରିବା ବ୍ୟକ୍ତି ଶୀଘ୍ର ନଷ୍ଟ ହୋଇଯାଏ । ନିମ୍ନଲିଖିତ କାହାଣୀରୁ ଏହି କଥା ସ୍ପଷ୍ଟ ହୋଇଯାଏ -

ଗୋଟିଏ ସହରରେ ଜଣେ ସେଠ୍ ରହୁଥିଲେ । ଦିନେ ସେ, ନିଜ ମୁନିମ୍‌ଙ୍କୁ ଡାକି ପଚାରିଲେ, "ଆମ ପାଖରେ କେତେ ଧନ ଅଛି ?" ମୁନିମ୍ କହିଲେ "ଯଦି ଆପଣଙ୍କର ଆଗାମୀ ସାତ ପୁରୁଷ ମଧ୍ୟ ଖାଲି ବସି ଖାଇବେ, ତେବେବି ସରିବନାହିଁ ।"

ସେଠାରେ ସେହି ସେଠଙ୍କ ଏକମାତ୍ର ପୁଅ ବସିଥିଲା । ସେହିକଥା ଶୁଣି ସେ ଭାବିଲା ଯେ, ଯଦି ଆମ ପାଖରେ ଏତେ ଧନ ଅଛି, ତେବେ ଆମକୁ କାମ କରିବା କ'ଣ ଆବଶ୍ୟକ ? ସେ କାମ କରିବା ବନ୍ଦ କରିଦେଲା । ସେ ଦିନ ତମାମ ଖାଲି ବସେ, ଶୁଏ କିମ୍ବା ମନୋରଞ୍ଜନ ସାଧନ ମାଧ୍ୟମରେ ମନୋରଞ୍ଜନ କରୁଥାଏ । ଭୋକ ଲାଗିଲେ ଭିନ୍ନ ଭିନ୍ ପ୍ରକାରର ଖାଦ୍ୟ ମିଳିଯାଏ । ଏହିପ୍ରକାର ଖାଲି ବସିବସି ତା'ଶରୀର ଅସୁସ୍ଥ ହେବାକୁ ଲାଗିଲା, ମୋଟାପଣ ବଢ଼ିଗଲା, ଯେଉଁଥିରୁ ସେ ସମ୍ପୂର୍ଣ୍ଣ ଅଳସୁଆ ହୋଇଗଲା । ତାକୁ ମେଦବହୁଳତାଜନିତ ରୋଗ ଘେରିଗଲା । ସେହି ସମୟରେ ମଧ୍ୟ ତାକୁ ଅନୁଭବ ହେଲାନାହିଁ ଯେ, ତାକୁ ଶାରୀରିକ ଶ୍ରମ କରିବା ଦରକାର । ସେତେବେଳେ ମଧ୍ୟ କିଛି କର୍ମ କରିବା ପାଇଁ ତା'ର ଜ୍ଞାନୋଦୟ ହେଲାନାହିଁ । ପରିଣାମ ଏହାହେଲା, ରୋଗ କାରଣରୁ ସେ ଅତ୍ୟଧିକ କଷ୍ଟ ଭୋଗକଲା ଓ ଶେଷରେ ମୃତ୍ୟୁବରଣ କଲା । ଏଥିସହିତ ସେହି ସେଠ୍‌ର ବଂଶ ମଧ୍ୟ ଲୋପ ହୋଇଗଲା ।

ଏହି କାହାଣୀରୁ ଆମକୁ ଏହା ଶିକ୍ଷା ମିଳେ ଯେ, କର୍ମ ସର୍ବଦା ଧନ-ସମ୍ପତ୍ତି ପାଇଁ ହିଁ କରାଯାଏ ନାହିଁ । କର୍ମ ତ ସ୍ୱାସ୍ଥ୍ୟ ଓ ଆୟୁ ବଢ଼ାଇବା ପାଇଁ ମଧ୍ୟ କରାଯାଇଥାଏ । ଈଶ୍ୱର ଆମକୁ ଏହି ଶରୀର କେବଳ କର୍ମ କରିବା ପାଇଁ ଦେଇଛନ୍ତି । ଯେଉଁ ବ୍ୟକ୍ତି କର୍ମ କରିବ ନାହିଁ, ସେ, ଉକ୍ତ ସେଠ୍‌ର ବଂଶ ପରି ନଷ୍ଟ ହୋଇଯିବ ।

ସେଥିପାଇଁ ବନ୍ଧୁଗଣ, ଆମକୁ ନିରନ୍ତର କର୍ମ କରିବା ଉଚିତ । କର୍ମ ଉପରେ ଆମର ଅଧିକାର ଅଛି । ଆମେ କର୍ମ କରିବା ପାଇଁ ହିଁ ଗଠିତ ହୋଇଛେ । ଯଦି ଆମେ ମନ ଲଗାଇ କର୍ମ କରିବା, ତେବେ ଆମେ ଯେଉଁପରି ସଫଳତା ପାଇବାକୁ ଚାହୁଁଛେ, ସେହିପରି ସଫଳତା ପ୍ରାପ୍ତ କରିପାରିବା । ଯଦି ଆମେ, ନିଜ ମନକୁ କର୍ମରେ ଲୀନ କରିଦେବା, ତେବେ ଆମ ଦ୍ୱାରା କରାଯାଉଥିବା କର୍ମ ଅତ୍ୟନ୍ତ ସରଳ ହୋଇଯିବ ।

ଆମର ଆତ୍ମା ସେହି କର୍ମରେ ଲିପ୍ତ ହୋଇଯିବ ଏବଂ ପରମାତ୍ମାଙ୍କ ସଙ୍ଗ ଆମକୁ ମିଳିବାକୁ ଲାଗିବ । ଆମକୁ ଅନୁଭବ ହେବାକୁ ଲାଗିବ ଯେ, ଏବେ ଭଗବାନ ଆମ ସହିତ ଅଛନ୍ତି, କାରଣ ଆମେ ସେହି କର୍ମକୁ ନିଜ ମନ ଦେଇ କରୁଥିବା । ସେହି ସମୟରେ ଆମେ ନିଜ ମନକୁ ଜିତି ନେଇଥିବା ଏବଂ ଯେତେବେଳେ ଆମେ ନିଜ ମନକୁ ଜିତି ନେବା, ସେତେବେଳେ ସଫଳତା ଆମଠାରୁ ଦୂରରେ ବା କିପରି ରହିପାରିବ ? ସଫଳତା ତ ଆମ ହାତ ମୁଠାରେ ଥିବ, କାରଣ କୁହାଯାଇଛି ଯେ -

ମନକୁ ଜିତିଲେ ବିଜୟ, ମନଠାରୁ ହାରିଲେ ପରାଜୟ ।

ଏବେ, ଯେତେବେଳେ ଆମେ ନିଜ ମନକୁ ଜିତି ନେଇଛେ, ପରାଜୟର ପ୍ରଶ୍ନ ହିଁ ଉଠୁନାହିଁ । ପରାଜୟକୁ ତ ଆମେ ବହୁତ ଦୂରରେ ଛାଡ଼ିଆସିଛେ ।

ଏବେ ତ ବାସ୍ ସଫଳତା ହିଁ ସଫଳତା, ନିରନ୍ତର ସଫଳତା । ଏବେ ଆମର ନିରନ୍ତର ବିଜୟ ଅଛି, କେବଳ ବିଜୟ, କାରଣ ଆମେ ନିଜ ମନକୁ ଜିତି ନେଇଛେ ।

ବନ୍ଧୁଗଣ, **ନିଜ ମନକୁ ଜିତନ୍ତୁ, ଆପଣଙ୍କ ବିଜୟ ନିଶ୍ଚିତ ।**

ଏହାହିଁ କାରଣ, ଯେଉଁଥିପାଇଁ ମୁଁ ବାରମ୍ବାର କହୁଛି -

'ମନକୁ ଜିତିଲେ ବିଜୟ'...'ମନକୁ ଜିତିଲେ ବିଜୟ' ।

ଆଚାର୍ଯ୍ୟ ଉପକୌଶଳ ନିଜ ପୁତ୍ରୀ ପାଇଁ ଯୋଗ୍ୟ ବର ଖୋଜୁଥିଲେ । ତାଙ୍କ ଗୁରୁକୁଳରେ ଅନେକ ବିଦ୍ୱାନ ବ୍ରହ୍ମଚାରୀ ଥିଲେ, କିନ୍ତୁ ସେ କନ୍ୟାଦାନ ପାଇଁ ଏପରି ସୁପାତ୍ର ଖୋଜୁଥିଲେ, ଯିଏ କଠିନରୁ କଠିନ ପରିସ୍ଥିତିରେ ମଧ୍ୟ ନିଜ ଆତ୍ମାକୁ ନିର୍ଯ୍ୟାତିତ କରିବନାହିଁ । ପରୀକ୍ଷା ପାଇଁ ସମସ୍ତ ବ୍ରହ୍ମଚାରୀମାନଙ୍କୁ ଗୁପ୍ତ ଭାବରେ ଆଭୂଷଣ ଆଣିବାକୁ କହିଲେ, ଯାହାକୁ ମାତା-ପିତା କ'ଣ, କେହିବି ଜାଣିବେ ନାହିଁ ।

ସମସ୍ତ ଛାତ୍ର ଚୋରୀକରି କିଛିନା କିଛି ଆଭୂଷଣ ଆଣିଲେ । ଆଚାର୍ଯ୍ୟ, ସେହି ସମସ୍ତ ଆଭୂଷଣକୁ ସମ୍ଭାଳି ରଖିଲେ । ଶେଷରେ, ବାରାଣାସୀର ରାଜକୁମାର ବ୍ରହ୍ମଦତ୍ତ ଖାଲିହାତରେ ଫେରିଲେ । ଆଚାର୍ଯ୍ୟ ତାଙ୍କୁ ପଚାରିଲେ, "ତୁମକୁ କ'ଣ ଏକାନ୍ତ ମିଳିଲାନାହିଁ ?" ବ୍ରହ୍ମଦତ୍ତ କହିଲେ, "ଏକାନ୍ତ ତ ମିଳିଲା, ହେଲେ ମୋ ଆତ୍ମା ଓ ପରମାତ୍ମା ତ ମୋ ଚୋରୀ ଦେଖୁଥିଲେ ।" ଉପକୌଶଳଙ୍କୁ ନିଜ ମନଲାଖି ଜ୍ୱାଇଁ ମିଳିଗଲା, ଯାହାକୁ ସେ ଖୋଜୁଥିଲେ । ସେ ସମସ୍ତ ଶିଷ୍ୟଙ୍କୁ ସେମାନଙ୍କର ଆଭୂଷଣ ଫେରାଇଦେଲେ ।

ଦୁଇଟି ବେଙ୍ଗ ଥିଲେ । ସେମାନେ, ଜଙ୍ଗଲରେ ଥିବା ପୋଖରୀ ତୁଠରେ ଗୋଟିଏ ଗଛ ତଳେ ରହୁଥିଲେ । ଦିନେ ସେମାନେ ଚିନ୍ତାକଲେ ଯେ, 'ଆମେ ତ ବାହାର ଦୁନିଆ ଦେଖିନାହାନ୍ତି, ଜଙ୍ଗଲ ବାହାରେବି କିଛି ଥିବ । ଯାଇ, ଲୋକମାନଙ୍କ ଦୁନିଆରେ ଟିକିଏ ବୁଲିଆସିଲେ ଭଲ ହୁଅନ୍ତା ।' ଖାଇବା-ପିଇବାର ସାମଗ୍ରୀ ଧରି ସେମାନେ ବୁଲିବାକୁ ବାହାରିପଡ଼ିଲେ । ସେମାନେ ବହୁତକିଛି ଦେଖିଲେ, ବଡ଼-ବଡ଼ ଅଟ୍ଟାଳିକା, ପ୍ରଦୂଷଣ ବ୍ୟାପ୍ତ କରୁଥିବା ଯାନ-ବାହାନ, ରୋଜଗାର ପାଇଁ ଦୌଡୁଥିବା ମଣିଷ, ଖେଳ-କୁଦ ଓ ପାଠପଢ଼ାରେ ମଗ୍ନ ଛୋଟ-ଛୋଟ ପିଲା, କୋଳାହଳ, କୋଳାହଳ ଓ ବହୁତ କୋଳାହଳ । ସେମାନଙ୍କୁ ନିଜ ଘର କଥା ମନେପଡ଼ିଲା । ସେମାନେ ବହୁତ କ୍ଳାନ୍ତ ମଧ୍ୟ ହୋଇଯାଇଥିଲେ । ସେମାନଙ୍କର ମନ ହେଉଥିଲା ଯେ, ସେମାନଙ୍କୁ କେଉଁଠାରୁ ଟିକିଏ ପାଣି ମିଳିଯା'ନ୍ତା ଓ କୌଣସି ଓଦା ଜାଗାରେ ଟିକିଏ ବିଶ୍ରାମ କରନ୍ତେ । ଖୋଜି ଖୋଜି ସେମାନେ ଗୋଟିଏ କ୍ଷୀରବାଲା ଦୋକାନରେ ପଶିଗଲେ ।

ସେଠାରେ ଗୋଟିଏ ବାଲ୍ତି ଥିଲା । ସେମାନେ ଭାବିଲେ ଯେ, ସେହି ବାଲ୍ତିରେ ନିଶ୍ଚିତ ପାଣି ଥିବ । ବାସ୍, ସେମାନେ ଗୋଟିଏ ଡିଆଁରେ ବାଲ୍ତି ଭିତରେ । ହେଲେ, ଏ କ'ଣ ? ବାଲ୍ତିଟିରେ ପାଣି ନଥାଇ ସର ଭର୍ତ୍ତି ଥିଲା । ବିଚାରା ବେଙ୍ଗ ଦୁଇଜଣ ସେହି ସରରେ ବୁଡ଼ିବାକୁ ଲାଗିଲେ, ଅଣନିଶ୍ୱାସୀ ହୋଇଗଲେ, ନିଶ୍ୱାସ ବନ୍ଦ ହେବାକୁ ଲାଗିଲା, ଆଖି ଓଲଟିଗଲା । ଗୋଟିଏ ବେଙ୍ଗ ହାର ମାନିଗଲା । ସେ ଭାବିଲା, 'ମୋର ଅନ୍ତିମ ସମୟ ଆସିଗଲା, ହାଏରେ ମୋ ଭାଗ୍ୟ ! ସହରକୁ ଆସି ଏହି ଅଜଣା ଲୋକମାନଙ୍କ ମଝିରେ ମରିବାର ଥିଲା ?' ସେ ନିଜ ଇଷ୍ଟଙ୍କୁ ସ୍ମରଣ କରିବାକୁ ଲାଗିଲା ଓ ମୃତ୍ୟୁର ଅପେକ୍ଷା କରିବାକୁ ଲାଗିଲା । ଅନ୍ୟ ବେଙ୍ଗଟି ହାର ମାନିବାକୁ ପ୍ରସ୍ତୁତ ନଥିଲା । ସେ, ମନେମନେ ଭାବିଲା, 'କିଛିବି ହେଇଯାଉ, ମୋତେ ବାଲ୍ତିରୁ ବାହାରକୁ ବାହାରିବାକୁ ହିଁ ପଡ଼ିବ, ଜିତିବାକୁ ହିଁ ହେବ ।' ସର ବାଲ୍ତିରୁ ବାହାରକୁ ବାହାରିବା ପାଇଁ ସେ ଚେଷ୍ଟା କରିବାକୁ ଲାଗିଲା । ସେ, ଜୋର୍ ଜୋର୍‌ରେ ଗୋଡ଼ ଚଲାଇବାକୁ ଲାଗିଲା । ବହୁତ ଚେଷ୍ଟା କଲେ ମଧ୍ୟ ବାରମ୍ବାର ତା'ଗୋଡ଼ ଖସିଯାଉଥାଏ । ଏସବୁ ସତ୍ତ୍ୱେ, ସେ ଦୁଃଖୀ ହେଲାନାହିଁ, ସାହସ ଛାଡ଼ିଲା ନାହିଁ । ସେ ଲଗାତାର ଚେଷ୍ଟା କରିବାକୁ ଲାଗିଲା ଓ ଗୋଡ଼ ଚଲାଇବାକୁ ଲାଗିଲା । ଆରେ, ଏ କ'ଣ ! ହଠାତ୍ ଦେଖିଲା ଯେ, ସେ ଉପରକୁ ଉଠିବାକୁ ଲାଗୁଛି । ତା'ର ଲଗାତାର ଗୋଡ଼ ଚଲାଇବା କାରଣରୁ ସର ମଧ୍ୟ ହଲୁଥିଲା ଓ ତାହା ଲହୁଣୀରେ ପରିବର୍ତ୍ତନ ହେଉଥିଲା । ବେଙ୍ଗକୁ ଆଶାର କିରଣ ଦେଖାଯିବାକୁ ଲାଗିଲା । ସେ ବହୁତ କ୍ଳାନ୍ତ ହୋଇଯାଇଥିଲା, ତଥାପି ଗୋଡ଼ ଚଲାଇବାକୁ ଲାଗିଲା ।

ବାସ୍, ଆଉ କ'ଣ ଥିଲା ! ଲହୁଣୀ ହେବାକୁ ଲାଗିଲା ଓ ଶେଷରେ ସେହି ଲହୁଣୀ ଉପରେ ବସି ସେହି ସାହସୀ ବେଙ୍ଗ ଉପରକୁ ଉଠିବାକୁ ଲାଗିଲା । ଯେତେବେଳେ ଲହୁଣୀ ପୂରା ଉପରକୁ ଉଠିଗଲା, ବେଙ୍ଗଟି ବାହାରକୁ ଡିଆଁମାରି ନିଜ ଘର ଆଡ଼କୁ ପଳାଇଗଲା ।

ନିଜ ସାହସ, ନିଷ୍ଠା, ପରିଶ୍ରମ, ବଞ୍ଚିବାର ଆଶା ଓ ନିଜ ମନକୁ ଜିତିବା କାରଣରୁ ସେ ବଞ୍ଚିଗଲା, କିନ୍ତୁ ନିରାଶାବାଦୀ ବେଙ୍ଗ ସେହି ସର ବାଲ୍ତିରେ ବୁଡ଼ି ମରିଗଲା ।

ଶେଷରେ

ସୁଧୀ ପାଠକ,

ଏହି ପୁସ୍ତକକୁ ପଢ଼ିବା ପରେ ଆପଣ ବୁଝିଯାଇଥିବେ ଯେ, ଯଦି ବ୍ୟକ୍ତି ନିଜ ମନକୁ ଜିତିନେବ, ତେବେ ସେ କେଉଁଠାରୁ କେଉଁଠାକୁ ପହଞ୍ଚିପାରେ ।

ଯଦି ଆପଣଙ୍କୁ ନିଜ ଜୀବନରେ ସଫଳ ହେବାକୁ ଅଛି, ତେବେ ଆପଣଙ୍କୁ ନିଜ ମନକୁ ଜିତିବାକୁ ହିଁ ହେବ । ଯିଏ ମନକୁ ବଶ କରିପାରେ, ସିଏ ପୂରା ଦୁନିଆକୁ ବଶ କରିପାରେ । ସେଥିପାଇଁ ଆପଣଙ୍କୁ ନିଜ ଭିତରେ ବିଶ୍ୱାସର ପ୍ରଦୀପ ପ୍ରଜ୍ୱଳିତ କରିବାକୁ ହେବ । ଆପଣଙ୍କୁ ସତ୍‌କର୍ମ କରିବାକୁ ହେବ । ସତ୍‌କର୍ମ ଦ୍ୱାରା ଆପଣ ମନକୁ ଜିତିପାରିବେ ଏବଂ ଏହିପ୍ରକାରେ ଆପଣଙ୍କ ଜୀବନ ଉଜ୍ଜ୍ୱଳମୟ ହୋଇପାରିବ ।

ଆମକୁ, ମନ ଉପରେ ବିଜୟ ପାଇବା ସହିତ ହିଁ ଅନେକ ତ୍ରୁଟି ଓ ଅନେକ ଖରାପ ଅଭ୍ୟାସରୁ ମୁକ୍ତି ମିଳିଯାଏ । ଏକପ୍ରକାରେ, ଆମର ନୂଆ ଜନ୍ମ ହୋଇଥାଏ । ଆମେ, ନିଜକୁ ବିଜେତା ଘୋଷିତ କରି, ପ୍ରତ୍ୟେକ ଲକ୍ଷ୍ୟକୁ ବିଜେତା ପରି ଭେଦିପାରିବା । ସେତେବେଳେ ଆମ ମଧ୍ୟରେ ଅଖଣ୍ଡ ବିଶ୍ୱାସ ଉତ୍ପନ୍ନ ହୋଇଯାଇଥାଏ । ମାତ୍ର, ଏହାମଧ ମନେରଖନ୍ତୁ ଯେ, କେବଳମାତ୍ର ବିଶ୍ୱାସ ଦ୍ୱାରା ଆମକୁ ସଫଳତା ମିଳିବନାହିଁ, କାରଣ କର୍ମ ବିନା ବିଶ୍ୱାସ ଅସମ୍ପୂର୍ଣ୍ଣ ଅଟେ ଏବଂ ଯେଉଁ କର୍ମ କରିବା ସମୟରେ ଆମେ ଉତ୍ସାହିତ ରହିଛେ, ସେହି କର୍ମ ମାଧ୍ୟମରେ ଆମକୁ ସଫଳତାର ଶିଢ଼ି ଚଢ଼ିବାରୁ କେହି ରୋକିପାରିବ ନାହିଁ ।

ଜୀବନରେ ସଫଳତା ପ୍ରାପ୍ତ କରିବା ପାଇଁ ଇଚ୍ଛା ଓ କାମନାର ମଧ୍ୟ ବହୁତ ମହତ୍ତ୍ୱପୂର୍ଣ୍ଣ ଯୋଗଦାନ ରହିଥାଏ । ଯଦି ଆମ ମଧ୍ୟରେ କୌଣସି କାର୍ଯ୍ୟ କରିବାର ଇଚ୍ଛା ଓ କାମନା ହିଁ ନଥିବ, ତେବେ ଆମେ ସେହି କାର୍ଯ୍ୟକୁ କରିହିଁ ପାରିବାନାହିଁ । ଯଦି ଆମେ ଘରୁ ବାହାରିବା ହିଁ ନାହିଁ, ତେବେ ଆମେ ପହଞ୍ଚିବା କେମିତି ? ଆମେ ତ ଘରେ ହିଁ ରହିଥିବା ।

ବନ୍ଧୁଗଣ, ମୁଁ ହେଉଛି ମାନବ ପ୍ରଶିକ୍ଷକ । ମୋର ସଦା ଏହି ପ୍ରୟାସ ରହିଥାଏ

ଯେ, ଦୁନିଆର ପ୍ରତ୍ୟେକ ବ୍ୟକ୍ତି ସୁଖରେ ଓ ଶାନ୍ତିରେ ରହୁ ଏବଂ ଜୀବନରେ ଉନ୍ନତି ମାର୍ଗରେ ନିରନ୍ତର ଆଗକୁ ବଢୁଥାଉ । ଯଦି ମୋ ପ୍ରୟାସ ଦ୍ୱାରା ଏହି ସଂସାରରେ କୌଣସି ଗୋଟିଏ ମଧ୍ୟ ଲୋକର ଜୀବନ ସଫଳ ହୋଇଯାଏ, ତେବେ ମୁଁ ନିଜ ଜୀବନକୁ ଧନ୍ୟ ମନେକରିବି ।

ମୁଁ କୌଣସି ମହାପୁରୁଷ ନୁହେଁ । ମୁଁ ମଧ୍ୟ ଆପଣଙ୍କ ପରି ଜଣେ ସାଧାରଣ ମନୁଷ୍ୟ । ହେଲେ, ମୁଁ ଜୀବନରେ ବହୁତ କିଛି ହରାଇଛି, ବହୁତ କିଛି ପାଇଛି । ସଂଘର୍ଷ କରିଛି, ସାଧନା କରିଛି, ଯାହା କାରଣରୁ ମୁଁ ନିଜକୁ ଏହି ଯୋଗ୍ୟ କରିପାରିଛି । ଯେଉଁପ୍ରକାରେ, ଦର୍ପଣରେ ଧୂଳି ଜମିଗଲେ, ମୁହଁ ସ୍ପଷ୍ଟ ଦେଖାଯାଏନାହିଁ ଏବଂ ଧୂଳି କାଢ଼ିଦେବା କ୍ଷଣି ମୁହଁ ସ୍ପଷ୍ଟ ଦେଖାଯାଏ, ସେହିପ୍ରକାରେ ମୁଁ କେବଳମାତ୍ର ଆପଣଙ୍କ ମସ୍ତିଷ୍କର ଦର୍ପଣରୁ ଧୂଳି କାଢ଼ିବାକୁ ଚାହୁଁଛି, ଯେଉଁଥିରୁ ଆପଣ ନିଜର ପ୍ରକୃତ ସ୍ୱରୂପକୁ ଚିହ୍ନିପାରିବେ ।

ମୁଁ ଜାଣିଛି ଯେ, ଆପଣ ବହୁତ ବୁଦ୍ଧିମାନ, ତେଜସ୍ୱୀ ଅଟନ୍ତି ଏବଂ ଆପଣଙ୍କ ଭିତରେ ମହାନ୍ ହେବାର ସମସ୍ତ କ୍ଷମତା ରହିଛି । ଏହି ସମସ୍ତ ସେପର୍ଯ୍ୟନ୍ତ ବ୍ୟର୍ଥ ଅଟେ, ଯେପର୍ଯ୍ୟନ୍ତ ଆପଣ ନିଜ ମନକୁ ଜିତି ନାହାଁନ୍ତି । ତେଣୁ, ମନ ଉପରେ ବିଜୟପ୍ରାପ୍ତ କରିବା ନିହାତି ଜରୁରୀ । ଏହା ଚଳାୟମାନ ଅଟେ । ବାୟୁଠାରୁ ମଧ୍ୟ ଏହାର ଗତି ଅଧିକ । ଏହାକୁ ଜଣେ ଉତ୍ତମ ସାରଥୀ ପରି ଲଗାମ ଦ୍ୱାରା ନିୟନ୍ତ୍ରଣରେ ରଖନ୍ତୁ । ଲଗାମ ଢିଲା ହୋଇଯିବା କ୍ଷଣି, ଚଳାୟମାନ ମନ ଆପଣଙ୍କୁ, ଆଧ୍ୟାତ୍ମିକ ଭାବରେ କହିବାକୁ ଗଲେ, ନର୍କ ଆଡ଼କୁ ଏବଂ ବ୍ୟାବହାରିକ ଭାବରେ କୁହାଗଲେ, ଜୀବନରେ ଅସଫଳତା ଆଡ଼କୁ ନେଇଯାଇଥାଏ ।

ଆପଣ ସଫଳ ହୁଅନ୍ତୁ, ଆପଣଙ୍କୁ ପ୍ରକୃତ ସୁଖ ଓ ଶାନ୍ତି ପ୍ରାପ୍ତ ହେଉ, ଏହି କାମନା ସହିତ ମୁଁ ଏହି ପୁସ୍ତକ ସମାପ୍ତ କରୁଛି । ଆପଣଙ୍କ ପରାମର୍ଶ, ଆଲୋଚନା, ସମାଲୋଚନା ସର୍ବଦା ଆମନ୍ତ୍ରିତ।

ଆପଣଙ୍କର,

ସୂର୍ଯ୍ୟ ସିହ୍ନା

website: www.suryasinha.com,

email: surya@suryasinha.com, winnerztrack@gmail.com

ବୁକିଙ୍ଗ୍ ପାଇଁ ଆଦେଶପତ୍ର

ନାମ ________________________________

ଠିକଣା ________________________________

____

ଫୋନ୍ ______________ ମୋବାଇଲ୍ ___________

ଇ-ମେଲ୍ ________________________________

କର୍ମଶାଳା / ସେମିନାର୍ - ☐ ସାତ ଦିବସୀୟ ☐ ପାଞ୍ଚ ଦିବସୀୟ ☐

ତିନି ଦିବସୀୟ ☐ ଦୁଇ ଦିବସୀୟ ☐ ଏକ ଦିବସୀୟ

(ଯେଉଁ କର୍ମଶାଳା / ସେମିନାରର ଚୟନ କରିବେ, ସେହି ବକ୍ସରେ ✓ ଚିହ୍ନ ଲଗାନ୍ତୁ ।)

ଦୟାକରି ଧ୍ୟାନ ଦିଅନ୍ତୁ

✓ ସମସ୍ତ କର୍ମଶାଳା / ସେମିନାରଗୁଡ଼ିକର ଭିନ୍ନ-ଭିନ୍ ପ୍ରୋଫେଶନାଲ୍ ଫୀସ୍ ରହିଛି ।

✓ ଏକାଧିକ ସେମିନାର୍ / କର୍ମଶାଳା କରାଇବା ଉପରେ ପ୍ୟାକେଜ୍ ରିହାତି ମିଳିବ ।

✓ ଉଡ଼ା ଜାହାଜ ଭଡ଼ା ଏବଂ ଲଜିଙ୍ଗ୍ ଓ ଫୁଡିଙ୍ଗ୍ ପାଇଁ ଅତିରିକ୍ତ ଚାର୍ଜେସ୍ ଲାଗିବ ।

✓ ଚୟନିତ କର୍ମଶାଳା / ସେମିନାର୍ ବୁକିଙ୍ଗ୍ ପାଇଁ ଶୁଳ୍କର ୫୦% ବ୍ୟାଙ୍କ୍ ଡ୍ରାଫ୍ଟ/ ଚେକ୍ ମାଧ୍ୟମରେ ଅଗ୍ରିମ ପୈଠ କରିବା ଆବଶ୍ୟକ ।

ଯଦି ଆପଣଙ୍କୁ ନିଜ ସହରରେ ସୂର୍ଯ୍ୟ ସିହ୍ନାଙ୍କର କୌଣସି ପୁସ୍ତକ କିମ୍ବା କ୍ୟାସେଟ୍ ମିଳିବାରେ କିମ୍ବା କର୍ମଶାଳା / ସେମିନାର୍ ଫୀସ୍ ଓ ବୁକିଙ୍ଗ୍ କରିବା ପାଇଁ ଅସୁବିଧା ହେଉଛି

ଆମକୁ ଫୋନ୍ କରନ୍ତୁ କିମ୍ବା ଇ-ମେଲ୍ ମାଧ୍ୟମରେ ସମ୍ପର୍କ କରନ୍ତୁ

E-mail : winnerztrack@gmail.com

Website :www.suryasinha.com
www. winnerztrack.com
www. authorsuryasinha.com

ଫୋନ୍ - ୦୯୩୧୩୬-୩୨୯୮୧, ୦୯୩୫୦୫-୨୭୨୦୪

'ଭିନର୍ଜ ଟ୍ରେକ୍' ପ୍ରସ୍ତୁତ କରୁଛି
ବ୍ୟକ୍ତିତ୍ୱ ବିକାଶ, ସୁବ୍ୟବସ୍ଥିତ ହେବା ପାଇଁ
ପ୍ରଶିକ୍ଷଣ କାର୍ଯ୍ୟକ୍ରମ

ଲେଖକ, ମାନବ ପ୍ରଶିକ୍ଷକ ଓ ପ୍ରେରକ **ସୂର୍ଯ୍ୟ ସିହ୍ନା**ଙ୍କର ଏକ ଦିବସୀୟ, ଦୁଇ ଦିବସୀୟ, ତିନି ଦିବସୀୟ, ପାଞ୍ଚ ଦିବସୀୟ ଓ ସାତ ଦିବସୀୟ କର୍ମଶାଳା ଓ ସେମିନାର୍, ଯେଉଁଥିରେ ଅଂଶଗ୍ରହଣ କରି ଆପଣ ପ୍ରାପ୍ତ କରିପାରିବେ ନିଜ ବ୍ୟକ୍ତିତ୍ୱରେ ନୂତନ ଉଜ୍ଜ୍ୱଳତା, ଯାହା ଆପଣଙ୍କୁ କରିବ ଜଣେ ସଫଳ, ସୁବ୍ୟବସ୍ଥିତ ତଥା ଦାୟିତ୍ୱବାନ୍ ବ୍ୟକ୍ତିତ୍ୱର ସ୍ୱାମୀ ।

ଏହି କର୍ମଶାଳା ଏବଂ ସେମିନାର୍ ନିମ୍ନଲିଖିତ ବିଷୟଗୁଡ଼ିକ ଉପରେ ଆୟୋଜିତ କରାଯାଉଛି -

- ❑ ସଫଳତା ପ୍ରାପ୍ତି (Gain Success)
- ❑ ବ୍ୟକ୍ତିତ୍ୱ ବିକାଶ (Personality Development)
- ❑ ଭାଷଣ ଏବଂ ପ୍ରସ୍ତୁତିକରଣ କଳା (Public Speaking & Presentation Skill)
- ❑ ସଂପ୍ରେରଣ କଳା (Communication Skill)
- ❑ ଧ୍ୟାନ ସାଧନା ଏବଂ ଚିନ୍ତା ମୁକ୍ତି (Meditation & Art of Relaxation)
- ❑ ବ୍ୟବହାର କୁଶଳତା (Relationship Mastery)
- ❑ ସ୍ମୃତି ବିକାଶ (Memory Development)
- ❑ ଅଧ୍ୟୟନ କୌଶଳ (Study Technology)
- ❑ ଶିକ୍ଷା କୌଶଳ (Teaching Technology)
- ❑ ସମୟ ପରିଚାଳନା (Time Management)
- ❑ ଲକ୍ଷ୍ୟ ନିର୍ଦ୍ଧାରଣ (Goal Setting)
- ❑ ନେତୃତ୍ୱ (Leadership)
- ❑ ବ୍ୟବସାୟ ବିକାଶ (Business Development)
- ❑ ସେଲ୍ସ ପ୍ରମୋଶନ୍ (Sales Promotion)
- ❑ ଡି.ଟି.ଡବ୍ଲ୍ୟୁ. (Distributors Training Workshop)

ବୁକିଙ୍ଗ୍ ପାଇଁ ଆଦେଶପତ୍ର

ନାମ ________________________________

ଠିକଣା ________________________________

____

ଫୋନ୍ ______________ ମୋବାଇଲ୍ ____________

ଇ-ମେଲ୍ ________________________________

କର୍ମଶାଳା / ସେମିନାର୍ - ☐ ସାତ ଦିବସୀୟ ☐ ପାଞ୍ଚ ଦିବସୀୟ ☐

ତିନି ଦିବସୀୟ ☐ ଦୁଇ ଦିବସୀୟ ☐ ଏକ ଦିବସୀୟ

(ଯେଉଁ କର୍ମଶାଳା / ସେମିନାର୍‌ର ଚୟନ କରିବେ, ସେହି ବକ୍ସରେ ✓ ଚିହ୍ନ ଲଗାନ୍ତୁ ।)

ଦୟାକରି ଧ୍ୟାନ ଦିଅନ୍ତୁ

✓ ସମସ୍ତ କର୍ମଶାଳା / ସେମିନାର୍‌ଗୁଡ଼ିକର ଭିନ୍ନ-ଭିନ୍ ପ୍ରୋଫେଶନାଲ୍ ଫୀସ୍ ରହିଛି ।

✓ ଏକାଧିକ ସେମିନାର୍ / କର୍ମଶାଳା କରାଇବା ଉପରେ ପ୍ୟାକେଜ୍ ରିହାତି ମିଳିବ ।

✓ ଉଡ଼ା ଜାହାଜ ଭଡ଼ା ଏବଂ ଲଜିଙ୍ଗ୍ ଓ ଫୁଡିଙ୍ଗ୍ ପାଇଁ ଅତିରିକ୍ତ ଚାର୍ଜେସ୍ ଲାଗିବ ।

✓ ଚୟନିତ କର୍ମଶାଳା / ସେମିନାର୍ ବୁକିଙ୍ଗ୍ ପାଇଁ ଶୁଳ୍‌କର ୫୦% ବ୍ୟାଙ୍କ୍ ଡ୍ରାଫ୍ଟ/ ଚେକ୍ ମାଧ୍ୟମରେ ଅଗ୍ରିମ ପୈଠ କରିବା ଆବଶ୍ୟକ ।

ଯଦି ଆପଣଙ୍କୁ ନିଜ ସହରରେ ସୂର୍ଯ୍ୟ ସିହ୍ନାଙ୍କର କୌଣସି ପୁସ୍ତକ କିମ୍ବା କ୍ୟାସେଟ୍ ମିଳିବାରେ କିମ୍ବା କର୍ମଶାଳା / ସେମିନାର୍ ଫୀସ୍ ଓ ବୁକିଙ୍ଗ୍ କରିବା ପାଇଁ ଅସୁବିଧା ହେଉଛି

ଆମକୁ ଫୋନ୍ କରନ୍ତୁ କିମ୍ବା ଇ-ମେଲ୍ ମାଧ୍ୟମରେ ସମ୍ପର୍କ କରନ୍ତୁ

E-mail : winnerztrack@gmail.com

Website :www.suryasinha.com

www. winnerztrack.com

www. authorsuryasinha.com

ଫୋନ୍ - ୦୯୩୧୩୬-୩୨୯୮୧, ୦୯୩୫୦୫-୨୭୨୦୪

ନିମନ୍ତ୍ରଣ

ଯଦି ଆପଣ ନିଜ ବ୍ୟକ୍ତିତ୍ୱ ବିକଶିତ କରିବାକୁ ଚାହୁଁଛନ୍ତି ଏବଂ ବ୍ୟକ୍ତିଗତ ଭାବେ ଲେଖକ, ମାନବ ପ୍ରଶିକ୍ଷକ ତଥା ପ୍ରେରକ ସୂର୍ଯ୍ୟ ସିହ୍ନାଙ୍କର **'ପର୍ସନେଲିଟୀ ଡେଭେଲପ୍‌ମେଣ୍ଟ ପ୍ରୋଗ୍ରାମ୍'** ଆଟେଣ୍ଡ୍ କରିବାକୁ ଚାହୁଁଛନ୍ତି, ତେବେ ଆପଣ ଏହି ରେଜିଷ୍ଟ୍ରେସନ୍ ଫର୍ମ ପୂରଣ କରି ଆମକୁ ପଠାଇପାରିବେ । ଆମେ ଆପଣଙ୍କୁ ଆମର **'ପର୍ସନେଲିଟୀ ଡେଭେଲପ୍‌ମେଣ୍ଟ ପ୍ରୋଗ୍ରାମ୍'**ରେ ଯୋଗଦେବା ପାଇଁ ଆପଣଙ୍କ ନିକଟତମ ସହରକୁ ନିମନ୍ତ୍ରିତ କରିପାରୁ ।

ରେଜିଷ୍ଟ୍ରେସନ୍ ଫର୍ମ

ଆବେଦକଙ୍କ ନାମ : ....

ପିତା / ସ୍ୱାମୀଙ୍କ ନାମ : ....

ମାତାଙ୍କ ନାମ : ....

ବୟସ : .... ବର୍ଷ

ଲିଙ୍ଗ : ପୁରୁଷ ( ) ସ୍ତ୍ରୀ ( )

ଶିକ୍ଷାଗତ ଯୋଗ୍ୟତା : ....

ଆବେଦକଙ୍କ ବୃତ୍ତି : ....

ଘର ଠିକଣା : ....

....

....

ଫୋନ୍ ନଂ. : ....

ମୋବାଇଲ୍ ନଂ. : ....

କାର୍ଯ୍ୟାଳୟ ଠିକଣା : ....

....

....

ଫୋନ୍ ନଂ. ....

ସ୍ଥାନ : ....

ତାରିଖ : ....

....

ଆବେଦକଙ୍କ ହସ୍ତାକ୍ଷର